BIBLIOTHECA
SCRIPTORVM GRAECORVM ET ROMANORVM
TEVBNERIANA

BT 2024

SCHOLIA IN CLAVDII AELIANI LIBROS DE NATVRA ANIMALIVM

EDIDIT ET APPARATV CRITICO INSTRVXIT
CLAUDIO MELIADÒ

DE GRUYTER

ISBN 978-3-11-040131-8
e-ISBN (PDF) 978-3-11-040190-5
ISSN 1864-399X

Library of Congress Cataloging-in-Publication Data
A CIP catalogue record for this book has been applied for at the Library of Congress.

Bibliographic information published by the Deutsche Nationalbibliothek
The Deutsche Nationalbibliothek lists this publication in the Deutsche Nationalbibliografie; detailed bibliographic data are available on the Internet at http://dnb.dnb.de.

Printing: Hubert & Co. GmbH & Co. KG, Göttingen
♾ Printed on acid-free paper

Printed in Germany

www.degruyter.com

HOC VOLVMINE CONTINENTVR

PRAEFATIO

Saeculo XIX exeunte Eduardus Aloysius De Stefani, cum manuscriptorum recognitionem libros Aelianeos *De natura animalium* continentium aggressus esset, codicum congeriem in ordinem summa cum sagacitate redegit, de ratione inter eos intercedente plane disseruit et archetypum **α** ante initium saeculi X exaratum esse intellexit[1]. Eius stemma codicum M. García Valdés, L. A. Llera Fueyo et L. Rodríguez-Noriega Guillén iterum adfirmant[2]:

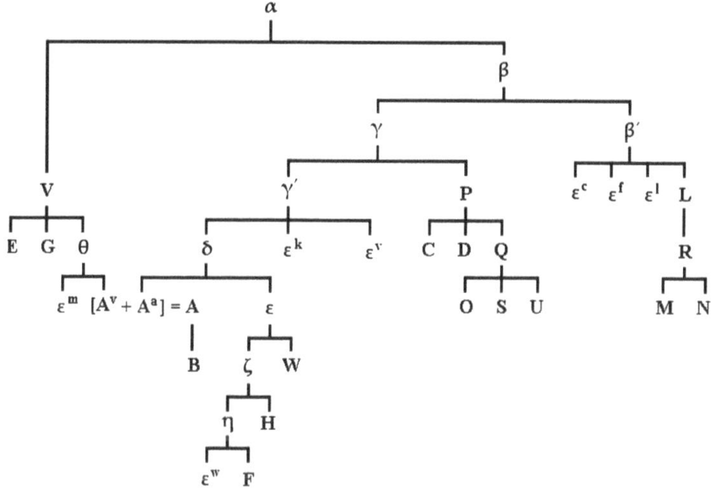

Ab archetypo **α** duae familiae originem ducunt: una est **V**, altera, per subarchetypum **β**, ceteros libros in hac editione memoratos complectitur. **β** in duas classes diffluit, **β′** in quam conveniunt **L** et codices qui *Excerptorum Constantini* partem **ε**^{c} usurpatam, *Excerpta Florentina* (**ε**^{f})[3] et *Excerpta Laurentiana* (**ε**^{l}) tradunt, et **γ** a qua manant **P** (Parisiensis gr. 1756, saec. XIV) et, per **γ′**, **AWHF** et

1 De Stefani 1899, 1902 et 1904.

2 García Valdés – Llera Fueyo – Rodríguez-Noriega Guillén 2009, pp. VII–VIII. Hanc editionem capitulorum ordine secuti sumus.

3 A Laurentiano pluteo VIII 22 tradita, non 822 ut De Stefani 1904, p. 149, dicit.

manuscripti partem *Excerptorum Constantini* ε^{k} appellatam, *Excerpta Vaticana* (ε^{v}) et *Excerpta Vindobonensia* (ε^{w}) continentes. Nova excerptorum ecloga cum schedographia more Moschopuli instructa in Marciano gr. 487 (**f**) et Marciano gr. XI 1 (**n**) reperta est[4]; eadem, quae *Excerpta Marciana* appellari potest, in Oxoniensi Canoniciano gr. 13 (**g**), Vindobonensi Theol. gr. 203 (**h**) et Atheniensi Musei Benacensis T.A. 152 (**q**) invenitur.

I. CONSPECTVS CODICVM IN HAC EDITIONE ADHIBITORVM

A **Monacensis gr. 564**, charta orientali, saec. XIV in., a Gabriele monacho exaratus[5], constat foliis 355: (ff. 104^{r}–238^{v}) Aeliani de natura animalium libri XVII. Imagines lucis ope confectas inspexi.

F **Laurentianus pluteus LXXXVI 8**[6], chartaceus, saec. XV, constat foliis 329: (ff. 14^{r}–94^{v}) Aeliani de natura animalium textus sine librorum distinctione, sed capitula secundum argumentum congregata sunt. Ipse contuli.

H **Vaticanus Palatinus gr. 260**[7], charta orientali, saec. XIV, constat foliis 301: (ff. 1^{r}–223^{r}) Aeliani de natura animalium libri XVII. Ipse contuli.

K **Vaticanus gr. 1376**[8], chartaceus, saec. XIV, constat foliis 223: (ff. 1^{r}–29^{r}) Aeliani de natura animalium libri (usque ad V 6). Ipse contuli.

4 Marcheselli Loukas 1971–1972. Sed cf. iam De Stefani 1904, p. 153, de *Excerptis Laurentianis* loquentem: «A questi estratti il Marciano [*scil.* Marcianus gr. XI 1] (ff. 50^{r}–61^{v}) ne premette altri, che però non formano con quelli un sol corpo, poiché sono anteposti al titolo della silloge; sono: Ael. h. a. I 52 (= n.° 13) II 29 (= n.° 9) V 31. II 34. X. 18. 15. 12. XI 13».

5 Pontani 2009, p. 2 et adn. 7. De librario vide Mondrain 2008, pp. 122–126.

6 Bühler 1987, p. 268 adn. 102, et González Suárez 2007, pp. 36–66.

7 González Suárez 2007, pp. 19–35.

8 González Suárez 2007, pp. 67–70.

Laurentianus pluteus LXXXVI 7, membranaceus, saec. XII[9], constat foliis 256: (ff. 1–217r) Aeliani de natura animalium libri XVII. Ipse contuli. L

Athous Monasterii Maximae Laurae M 123[10], chartaceus, saec. XIV, constat foliis 325, incipit (I 1] Ἕλλην κατάρῃ ξένος) et desinit (XV 2 ἱμᾶσί τισιν ἢ σχοίνοις κατα[) mutilus: Aeliani de natura animalium libri XVII. Imagines lucis ope confectas inspexi. T

Parisinus suppl. gr. 352, chartaceus, saec. XII ex.[11] vel XIII, constat foliis 182: (ff. 23r–106r) Aeliani de natura animalium libri XVII. Imagines lucis ope confectas inspexi. V

Vindobonensis med. gr. 51, chartaceus, saec. XIV, constat foliis 169: (ff. 1r–168v) Aeliani de natura animalium libri XVII. Imagines lucis ope confectas inspexi. W

Vaticanus gr. 96, charta orientali, ante annum 1152 exaratus[12], constat foliis 229: (ff. 132r–229r) *Excerptorum Vaticanorum* ex Aeliani de natura animalium libris XVII recensio amplior. Ipse contuli. a

Vaticanus Palatinus gr. 360, chartaceus, saec. XV a Michaele Apostolio exaratus, constat foliis 346: (ff. 80r–89v, 96r–152v) d

9 Guida 2008, pp. 154-155 adn. 17.

10 Hunc codicem, cuius textus a γ descendit, et De Stefani et García Valdés – Llera Fueyo – Rodríguez-Noriega Guillén 2009 plane ignorasse videntur. De scholiis vide infra.

11 Wilson 1977, p. 238, et Stefec 2011b, p. 289 adn. 1.

12 Wilson 1977, p. 235, Stefec 2011a, p. 762, et 2013, pp. 105–106. Inter testes recensionis amplioris Excerptorum Vaticanorum a De Stefani 1904, p. 155, enumerati etiam Vaticanus Palatinus gr. 93 invenitur, charta orientali, ante annum 1152 exaratus (de quo Wilson 1977, p. 237, Stefec 2011a, p. 762 n. 54, et 2013, pp. 108–109). Hic codex a Vaticano gr. 96 descriptus est, ut demonstravit Biedl 1955, pp. 88 et 105; vide etiam Dorandi 2009, pp. 79–90. Uterque liber a Costantinopoli proficiscitur, cf. Knoepfler 1991, pp. 144–146.

Excerptorum Vaticanorum ex Aeliani de natura animalium libris XVII recensio brevior. Ipse contuli.

e **Vaticanus Reginensis gr. 147**, chartaceus, saec. XIV in., constat foliis 153: (f. 142^{r}) excerpta ex Aeliani de natura animalium libris (XVI 17 cum scholio et XV 20). Ipse contuli.

f **Marcianus gr. 487**, chartaceus, saec. XIV in., constat foliis 273: (ff. 83^{r}–99^{v}) *Excerpta Marciana* ex Aeliani de natura animalium libris. Ipse contuli.

g **Oxoniensis Canonicianus gr. 13**, chartaceus, saec. XVI in., constat foliis 273: (ff. 49^{r}–61^{r}) *Excerpta Marciana* ex Aeliani de natura animalium libris. Ipse contuli.

h **Vindobonensis theol. gr. 203**, chartaceus, saec. XIV med., ab Augerio von Busbeck in Costantinopoli emptus, constat foliis 317: (ff. 96^{v}–105^{r}) *Excerpta Marciana* ex Aeliani de natura animalium libris; (ff. 170^{v}–188^{r}) *Excerpta Laurentiana* (**ε^{l}**) e M. Aurelii Antonini commentariis ad se ipsum et Aeliani de natura animalium libris. Imagines lucis ope confectas inspexi.

l **Laurentianus pluteus LV 7**[13], chartaceus, saec. XIV, constat foliis 453, a quodam Nicolao exaratus: (ff. 265^{r}–271^{v}) *Excerpta Laurentiana* (**ε^{l}**) e M. Aurelii Antonini commentariis ad se ipsum et Aeliani de natura animalium libris. Ipse contuli.

m **Laurentianus pluteus LIX 44**, chartaceus, saec. XIV, constat foliis 311: (ff. 207^{r}–221^{v}) *Excerpta Laurentiana* (**ε^{l}**) e M. Aurelii Antonini commentariis ad se ipsum et Aeliani de natura animalium libris. Ipse contuli.

n **Marcianus gr. XI 1**, membranaceus, saec. XIII ex., constat foliis 108: (ff. 31^{r}–38^{v}, 61^{v}–76^{r}) *Excerpta Laurentiana* (**ε^{l}**) e M. Aurelii Antonini commentariis ad se ipsum et Aeliani de natura

13 Bühler 1987, p. 270–271, et Muratore 2001, pp. 33–35.

animalium libris; (ff. 50^{r}–61^{v}, 78^{v}–79^{v}) *Excerpta Marciana* ex Aeliani de natura animalium libris. Ipse contuli.

Mutinensis α. U. 9. 11 **(gr. 63 Puntoni)**, chartaceus, saec. XV–XVI, constat foliis 108: (ff. 75^{r}–126^{r}) *Excerptorum Vaticanorum* ex Aeliani de natura animalium libris XVII recensio brevior. Ipse contuli. **p**

Atheniensis Musei Benacensis T.A. 152, chartaceus, saec. XV, constat foliis 237: (ff. 214^{r}–237^{r}) *Excerpta Marciana* ex Aeliani de natura animalium libris. Imagines lucis ope confectas inspexi. **q**

Vaticanus gr. 20, chartaceus, saec. XIV a. m., a Georgio (RGK III 134) exaratus, constat foliis 134: (ff. 86^{r}–94^{v}) *Excerpta Laurentiana* (**ε^{1}**) e M. Aurelii Antonini commentariis ad se ipsum et Aeliani de natura animalium libris. Ipse contuli. **s**

Vaticanus gr. 926, chartaceus, saec. XIV med., constat foliis I + 236: (27^{r}–52^{v}) *Excerpta Laurentiana* (**ε^{1}**) e M. Aurelii Antonini commentariis ad se ipsum et Aeliani de natura animalium libris cum scholiorum recensione ampliore. Ipse contuli. **y**

Vaticanus gr. 1852, chartaceus, miscellaneus, saec. XIV med., XV, XV–XVI, constat foliis II + 477: (ff. 85^{r}–88^{v}, saec. XIV med.) scholia in Aeliani de natura animalium libros. Ipse contuli. **z**

II. DE SCHOLIORVM CORPORE PRIMIGENIO RESTITVENDO[14]

In codicum pervestigatione De Stefani sex scholia in testimoniis a subarchetypo **β** fluxis invenit et edidit[15]: unum, quod auctoritatem Palamedis Eleatae (fr. 6 Bagordo) adhibet de σχαδόνες (V 11), in codicibus **F** et **H** repertum est, cetera testimonio solius codicis **L** prolata. Hae quinque adnotationes, ab eadem manu ac textus Aeliani scriptae, ut rara vocabula inlustrent, locos lyricos, tragicos

14 De hoc fuse disserui in Meliadò s.p.
15 De Stefani 1899 et 1902.

et comicos plerumque aliter ignotos proferunt et a Diogeniano manant[16], ut ostendit comparatio cum glossis Hesychianis, quarum Diogeniani lexicon fons erat. Ita apparet in scholiis ad φριμάττεται (VI 10) et αὐλῶσιν (VI 11)[17], quae tradunt fragmenta nova e Pindari carmine incerto (332 M.) et ex Aeschyli Nioba (164a R.), et in scholio ad σέρφον (IX 3)[18], in quo Aristophanis *Vespae* versum 352 invenitur. Hesychius textum breviorem adnotationibus a De Stefani editis semper praebet. Scholia ad τρασίαις (III 10) et πλαισίου (VI 41), fragmentis Sophoclis secundi *Amphiarai* (118 R.) et Platonis Comici *Sophistarum* (160 K.-A. = 160 Pirrotta) exornata, cum lexici Zonarae falso tributi glossis congruunt

> III 10 (p. 57, 8) ⟨τρασιαῖς·⟩ τρασιαὶ λέγεται ὁ τόπος ἔνθα τὰ σῦκα ξηραίνεται, παρὰ τὸ τερσαίνειν. ὁ δὲ Σοφοκλῆς ἐν τῷ ἑτέρῳ Ἀμφιαράῳ ἐπὶ τῆς ἅλω τέθεικεν τὴν λέξιν ~ [Zon.] s.v. τρασίαι. ὁ τόπος, ἔνθα τὰ σῦκα ξηραίνεται. παρὰ τὸ τερσαίνειν, τὸ ξηραίνειν. ὁ δὲ Σοφοκλῆς ἐν τῷ ἑτέρῳ Ἀμφιαράῳ ἐπὶ τῆς ἅλω τέθεικε τὴν λέξιν. Αἰλιανός (III 10)· ἐν ταῖς τρασίαις κυλίειν φασὶ καὶ τῶν ἰσχάδων τὰς περιπαρείσας.
>
> VI 41 (p. 147, 23) ⟨πλαισίου·⟩ πλαίσιον ἡ ἐν τετραγώνῳ τῶν στρατιωτῶν τάξις, ὡς Πλάτων ἐν Σοφισταῖς· καὶ ⟨τὰ⟩ διὰ ξύλων τετράγωνα σχήματα πλαίσια ἔλεγον ~ [Zon.] s.v. πλαίσιον. εἶδος μέτρου. ἢ ἡ ἐν τετραγώνῳ τῶν στρατιωτῶν τάξις, ὡς Πλάτων ἐν Σοφιστῇ. καὶ τὰ διὰ ξύλων τετράγωνα σχήματα πλαίσια ἔλεγον.

In [Zon.] s.v. τρασίαι Aeliani locum dilucidandum describitur, ut etiam sub vocibus πεπιασμένοις, πυγόνος, ῥινᾷ et φλόνος evenit. Quam ob rem has glossas omnes a scholiorum corpore uberiore

16 Latte 1953, p. XLIII.

17 Schol. VI 10 (p. 135, 7) ⟨φριμάττεται·⟩ Πίνδαρος (fr. 332 M.) κυρίως ἐπὶ τῶν ἀγρίων αἰγῶν εἴρηκεν· οἷον σκιρτᾷ καὶ ἐπεγείρεται· φρυάσσεται δὲ ἐπὶ τῶν ἵππων ~ Hsch. φ 889 φριμάσσεται· σκιρτᾷ. ἐπεγείρεται. Schol. VI 11 (p. 135, 17) a. ⟨τοῖς αὐλῶσιν·⟩ αὐλῶνες οἱ ἐπ' εὐθείας τόποι Αἰσχύ⟨λος⟩ Νιόβῃ (fr. 164a R.), καὶ τὴν τάφρον δ' αὐλῶνα ὁ αὐτός ~ Hsch. α 8315 αὐλῶνες· οἱ ἐπ' εὐθείας τόποι. Αἰσχύλος καὶ τὴν τάφρον καὶ τὴν πυράν. Cf. Meliadò 2015.

18 ⟨σέρφον·⟩ πτερωτὸν μύρμηκα ὡς Ἀριστοφάνης Σφηξί (v. 352). καὶ παροιμία ὕπεστιν· «ἔνεστιν κἀν μύρμηκι καὶ σέρφῳ χολή». ἄλλοι δὲ θηρίδιόν τι μικρὸν ἀποδεδώκασι ~ Hsch. σ 433 σέρφοι· οἱ πτερωτοὶ μύρμηκες.

codicis **L** fluxisse existimavit K. Alpers[19] et eius coniecturam aliae adnotationes firmant, quae et in Lexico Tittmanniano et in Aeliani manuscriptis inveniri possunt:

- e codice **L** scholia ad ἄγκεσι (VI 11), νῶσι (VII 12) et μαλακιεῖν (IX 4)

 VI 11 (p. 135, 16) ⟨ἐν τοῖς ἄγκεσι·⟩ ἄγκεα οἱ φ⟨α⟩ραγγώδεις καὶ ἀγκωνοειδεῖς τόποι καὶ κοῖλοι καὶ καταδύσεις ἔχοντες ~ [Zon.] s.v. ἄγκη καὶ ἄγκεα. οἱ φαραγκώδεις καὶ ἀγκωνοειδεῖς καὶ σκοτοειδεῖς τόποι καὶ κοῖλοι καὶ καταδύσεις ἔχοντες. ἢ σύνδενδροι καὶ ὑλώδεις τόποι καὶ ὑψηλοί.

 VII 12 (p. 169, 28) ⟨νῶσι·⟩ ἀντὶ τοῦ νήθουσι ~ [Zon.] s.v. νῶσιν. ἀντὶ τοῦ νήθουσιν. νήθω δὲ τὸ κλώθω· «καὶ ταῖς χερσὶ νῶσι λῖνον» (*NA* VII 12).

 IX 4 (p. 209, 20) ⟨μαλακιεῖν·⟩ μαλακιεῖν λέγουσι τοὺς ὑπὸ κρύους κεκμηκότας καὶ συνεσπασμένους ~ [Zon.] s.v. μαλακιεῖν. τοὺς ὑπὸ κρύους κεκμηκότας λέγουσι καὶ συνεσπασμένους.

- e **H** ad φλόμου (I 58)

 I 58 (p. 25, 22) ⟨φλόμου·⟩ φλόμος ἐστὶ πόα τις ᾗ καὶ ἀντὶ ἐλλυχνίου χρῶνται. ἡ αὐτὴ δὲ θρυαλλὶς καλεῖται ~ [Zon.] s.v. φλόνος. φυτόν. καὶ φλῶμος, βοτάνη, ᾗ καὶ ἀντὶ τοῦ ἐλλυχνίου χρῶνται. ἡ αὐτὴ δὲ καὶ θρυαλλίς. Αἰλιανός (I 58)· «ἐμβαλὼν δὲ εἰς τὴν λίμνην φλώμου φύλλα ἢ κάρυα, ἀπώλεσε τοὺς γυρίνους ὁ τῶν μελισσῶν δεσπότης ῥᾷστα».

- e **F** et **H** ad πυγόνος (V 3)

 V 3 (p. 102, 5) ⟨πυγόνος·⟩ πήχεως ~ [Zon.] s.v. πυγόνος. ἀντὶ τοῦ πήχεος. Αἰλιανός (V 3)· «τετράγωνοι δὲ ἄμφω, πυγόνος δὲ τὸ μῆκος».

- e codice **a**, qui *Excerptorum Vaticanorum* recensionem ampliorem (**ε**^{V}) tradit, ad συρμαΐζειν (V 46):

 V 46 (p. 123, 2) ⟨συρμαΐζειν·⟩ βρωμάτιόν τι ἐστὶ διὰ στέατος καὶ μέλιτος, ὃ λέγεται συρμαισμός ~ [Zon.] s.v. συρμαΐζειν. βρωμάτιόν τι ἐστὶ διὰ στέατος καὶ μέλιτος, ὅπερ λέγεται συρμαϊσμός. καὶ ἔστι πρὸς κάθαρσιν ἐπιτήδειον. ἔστι δὲ καὶ πόμα δι' ὕδατος καὶ ἁλῶν. Αἰγυπτιακὴ δὲ ἡ λέξις.

Comprobatio venit etiam a Vaticano gr. 1852, **z** hac in editione, qui in foliis 41–104^{v} excerpta ex scholiis ad Philostratum (quibus inscriptio ἐκ τῶν Ἡρωϊκῶν τοῦ Φιλοστράτου· κυροῦ Μαξίμου τοῦ Πλανούδη σχόλια praeposita est), Sophoclem, Homerum, Aristo-

19 Alpers 1972, cc. 750–751 et 1981, p. 4.

phanem, Lucianum et Aelianum continet. Notandum est quod scholia Aelianea cum marginalibus in libris **FHLa** traditis et cum lexico Tittmanniano plerumque congruunt, at codex **z** redactionem saepe dissonam, mendosam demutatamque praebet, fortasse opera grammatici vel librarii cuiuspiam qui textum obscurum ac corruptum ope ingenii emendare conatus sit:

> III 10 τρασιαῖς ~ **L**, Zon.; III 13 ἀσχωλιάζουσαι ~ **FH**; V 11 κυττάροις ~ **a**; σχαδόνες ~ **FHa**; συρμαΐζειν ~ **a,** Zon.; VI 3 ῥινᾷ ~ Zon.; VI 10 φριμάττεται ~ **L**; VI 11 αὐλῶσιν ~ **L**; ἄγκεσι ~ **L**, Zon.; VI 41 πλαισίου ~ **L**, Zon.

Quae cum ita sint, veri simile est auctorem lexici Zonarae tributi et virum doctum, qui composuit eclogam in codice Vaticano 1852 servatam, adnotationes adgregatas in corpore scholiorum primigenio invenire potuisse et ab eo hausisse, quae scholia nunc in codicibus a subarchetypo **β** descensis omnia dispersa sunt. Ex quibus observationibus satis fidenter inferre possumus hoc scholiorum corpus iam in **β** vel in quodam eius progenitore confectum et exaratum esse.

III. DE RATIONE INTER CODICES L ET T INTERCEDENTE

Praeter scholia ab eodem librario qui textum scripsit, Laurentianus pluteus LXXXVI 7 (**L**) a manu recentiore (saec. XIV p. m.) crebris locis adnotatus est. Glossae commentariusque, indole plerumque exegetica et paraphrastica, interdum ad animalium et plantarum nomina inlustranda spectant et saepe in linguam graecam vulgarem vertunt[20], lexica medica et botanica sane adhibendo, sic ut designationes κατ᾿ ἰ̣α̣τρούς vel παρ᾿ ἰατροῖς monstrare videntur[21].

20 Vide sis: I 31 (p. 15, 11) ⟨καράβῳ·⟩ κάραβος ἡ λεγομένη λιχούσδα; 58 (p. 25, 17) ⟨κροκόδειλοι·⟩ τὰ λεγόμενα σαμαμίθια; V 35 (p. 117, 18) ⟨προηγορεῶνι·⟩ πρηγορεὼν ἡ λεγομένη κοινῶς σγάρα; 37 (p. 117, 27) ⟨ὀπὸν κυρηναῖον·⟩ ὅν φασι σκορδολάζαρον.

21 IV 42 (p. 91, 13) ⟨σανδαράκην·⟩ σανδαράκ̣[ι]νον κατ᾿ ἰ̣α̣τροὺς τὸ ἀ[ρ]σ̣ενίκι[ον], ὅπερ κα̣[ὶ ἀ]ττ̣ικ̣όν. καὶ ζήτει; VI 46 (p. 151, 14) ⟨εὐζώμου·⟩ εὔζωμον παρ᾿ ἰατροῖς ἡ βοτάνη ἡ λεγομένη ῥόκ[α]; IX 15 (p. 214, 1–2) ⟨τῷ τοξικῷ·⟩ εἶδος βοτάνης οὕτω λεγόμενον παρ᾿ ἰατροῖς.

Aliae adnotationes nomina geographica[22] seu mythologica inlustrant; eminet inter omnes longum scholium de Icarii historia, quod [Nonni] Scholia mythologica IV 68 redolet:

7, 25 (p. 178, 27)	[Nonn.] *Schol. myth.* 4, 68
⟨Ἰκάριον·⟩ οὕτω φέρεται ἡ ἱστορία περὶ τοῦ Ἰκαρίου· ἐπιξενωθεὶς γὰρ τούτῳ ποτὲ Διόνυσος καὶ φιλοφρόνως ὑποδεχθεὶς ἐδωρήσατο τὴν ἄμπελον[23]. **ὁ δὲ φυτεύσας καὶ γεωργήσας οἶνον, καὶ πιὼν μετέδωκε τοῖς γειτονοῦσι ποιμέσιν**· οὗτοι δὲ **μεθυσθέντες καὶ φαρμαχθῆναι νομίσαντες**, οὔπω γὰρ ἦν ἡ τοῦ οἴνου χρῆσις, ἀνεῖλον τὸν Ἰκάριον. καὶ μαθοῦσα διὰ τοῦ συνόντος κυνὸς αὐτῷ ἡ θυγάτηρ Ἠριγόνη καὶ μὴ φέρουσα τὸν θάνατον τοῦ πατρὸς ἔμελλεν ἀναιρήσειν ἑαυτήν· **ἐλεήσαντες δὲ ταύτην** οἱ μυθευόμενοι θεοὶ εἰς ἀστέρα μετέβαλον μετὰ τοῦ κυνὸς καὶ ἐν οὐρανῷ κατηστέρισαν.	περὶ δὲ τοῦ Ἰκαρίου ἐστὶν αὕτη. λέγεται ὅτι ὁ οἶνος παρὰ τοῦ Διονύσου εὕρηται, διὸ καὶ ἔφορον τῆς ἀμπέλου λέγουσι τὸν Διόνυσον. οὗτος οὖν ὁ Διόνυσος ἐλθὼν ἐν Ἀθήναις Ἰκαρίῳ τινὶ περιτυχών, δέδωκεν αὐτῷ κλῆμα ἀμπέλου φυτεῦσαι. καὶ **ἐφύτευσε, καὶ ἐγεώργησεν οἶνον**, καὶ ἔπιε καὶ αὐτός, καὶ **δέδωκε καὶ ποιμέσι πιεῖν**. οἱ δὲ ποιμένες μεθυσθέντες διὰ τὸ ἐκ παραδόξου πρῶτον πιεῖν **νομίσαντες φαρμαχθῆναι** παρὰ τοῦ Ἰκαρίου, ἀποκτείνουσιν αὐτόν. ἡ δὲ Ἠριγόνη, ἡ τούτου θυγάτηρ, διὰ τῆς κυνὸς τοῦ Ἰκαρίου γνοῦσα ὅτι τέθνηκεν, ἐποτνιᾶτο καὶ ἤσχαλλεν. καὶ **ταύτην ἐλεήσαντες** οἱ θεοὶ διὰ τὸ πάθος, μετέθηκαν αὐτὴν εἰς τὸν οὐρανόν. καὶ νῦν ἐστι, φησίν, ἐν τοῖς ἄστροις ἡ Ἠριγόνη.

22 III 33 (p. 68, 4) ⟨ἠπειρωτικαί·⟩ ἤπειρος ἡ ἀντικειμένη μοῖρα τῇ θαλάττῃ· ἤγουν ἡ ξηρὰ ἰδίως [γ]ῆ, ἡ νῦν λεγομένη Βαγενετία; V 1 (p. 100, 1) ⟨γῆν τὴν Παριανῶν·⟩ a. Παρία γῆ ἡ περὶ τὰς Πηγὰς καὶ Κύζικον· ὡς διατρίψαντος αὐτόθι τοῦ Πάριδος; 56 (p. 129, 21) ⟨αἶδε·⟩ ἡ Ἤπειρος ἡ νῦν λεγομένη Βαγενετία καὶ ἡ Κέρκυρα.

23 Cf. etiam Schol. Lucian. 79, 22 Ἰκάριον· Ἀθηναῖος οὗτος ὁ Ἰκάριος, ᾧ πρώτῳ **Διόνυσος ἐπιξενωθεὶς γεωργῷ ὄντι φιλοφρονήματι τοῦτον τετίμηκε τῆς ξενίας τὴν τῆς ἀμπέλου φιλοπονίαν διδάξας**. φυτεύσας τοιγαροῦν καὶ ἐπιμελησάμενος τοῦ δωρήματος, εἶτα κατὰ καιρὸν τρυγήσας καὶ ἀποθλίψας τὸν οἶνον καὶ πιεῖν τοῖς συνεργαζομένοις παρασχὼν ἀήθει τῷ πόματι εἶχε παρειμένους τοὺς πεπωκότας. νομίσαντες οὗτοι τὸν γεύσαντα τούτου τοῦ οἴνου περιειργάσθαι αὐτὸν κτείνουσιν ὡς φαρμακέα.

Magni momenti sunt scholia quae ad textum constituendum pertinent et varias lectiones referunt, formulis suetis prolatas (ὀφείλει γράφεσθαι vel γράφειν, δεῖ γράφειν, ἐν ἄλλοις, γράφεται[24], ἔν τινι, ἐν ἑτέρῳ). Harum lectionum multae in libris manu scriptis ab editoribus adhibitis inveniuntur[25], nonnullae tamen adhuc ignotae sunt. Re ipsa veri simillimum videtur virum doctum, qui **L** adnotavit, codice Athoo Monasterii Maximae Laurae **M** 123 (**T** hac in editione) usum esse. In III 22 (p. 63, 13) **L** pro sano ἐγχρίσει (**P**p.c.**A**) ἐν χρήσει praebet; scholiastes explicat: ἐγχρίμψει ὀφείλει γράφεσθαι ὡς οἶμαι[26]. **T** habet ἐγχρί⟦μ⟧ψει (μ manu recentiore deleto). In VII 2 (p. 161, 22–23) **L** cum ceteris manuscriptis καὶ [del. Hercher] ᾄδονται τε [γε VA] ὡς ὑλαίοις τισὶ θεοῖς καὶ ναπαίοις τοῦ χώρου δεσπόταις πάνυ μέλονται tradit. In scholio ad locum legitur ἔν τινι μέλη· ἤγουν ᾄδονται μέλη τοῖς ἐλάφοις ὡς θεοῖς et μέλη solus codex **T** profert. In VII 9 (p. 167, 3) **L** textum corruptum praebet: οἱ τοίνυν τὴν τούτων ἐγκεχειρισμένοι κομιδὴν πρὸς τοὺς ἀγνοοῦντας λέγουσιν ἐν ταῖς νεοττιαῖς ἑκάστους (ἐν ἄλσει γὰρ ἱερῷ τρέφονται) τίκτειν· †ὁμολογεῖσθαι [ἐπιμελεῖσθαι Jacobs] δὲ τὴν ἄλλων μέν [ante et post ἄλλων vac. **V**], ἐκ τούτων δὲ ἔτι καὶ μᾶλλον†. Scholiastes scribit ἔν τινι ἀπὸ διορθώσεως ἐξ

24 Compendia γρ´ in VI 57 (p. 155, 21), VII 8 (p. 166, 19–20), 37 (p. 185, 1), IX 53 (p. 227, 20), X 17 (p. 240, 16), 24 (p. 244, 21), 27 (p. 246, 3), XI 15 (p. 266, 23) et γρ in VII 8 (p. 165, 16), 32 (p. 182, 9), VIII 2 (p. 192, 17) et IX 48 (p. 226, 9) ut γρ(άφε) solvi possunt.

25 I 55 (p. 23, 18) ἑκάτερον; V 35 (p. 117, 18) πρηγορεῶνι; VI 1 (p. 130, 18) κονιόμενος; 23 (p. 141, 1) μηχανὰς αὐτοῖς μυρίας; 57 (p. 155, 21) Πινυτήν; VII 8 (p. 165, 16) μαρτυρεῖσθαι; 8 (p. 166, 19–20) προσαναβάλλοιτο αὐτὰ ταῦτα; 19 (p. 174, 5) τοὺς Μεμφίτου; 32 (p. 182, 9) εἰ μήποτε; VIII 20 (p. 203, 18) Ἀντάνδρῳ; IX 53 (p. 227, 20) δεκάδα; X 10 (p. 236, 8) ἀφίστασθαι; 24 (p. 244, 21) ἀπότομον; 48 (p. 255, 10) ταῦτα τὸν νεανίαν ᾖσεν; 48 (p. 255, 22) χῆρον; XI 15 (p. 266, 23) ἐναργεστάτην; 18 (p. 269, 1) παρθένος λύσασα; XII 16 (p. 290, 13) μῆδος ὄνος.

26 Aeliani loci et vocis ἔγχριμψις interpretatio sequitur: τὸ γὰρ ἁπαλὸν τῆς μίτυος ἔκκειται, ἤγουν ἀφύλακτον καὶ ἕτοιμόν ἐστι τῇ ἀσπίδι εἰς τὸ πλησιάσαι αὐτῷ. τοῦτο γὰρ δηλοῖ τὸ ἐγχρίμψει τῇ τῆς ἀσπίδος καὶ ἰοῦ μεταδοῦναι. τὸ γὰρ ἄλλο σῶμα τοῦ ἰχνεύμονος συγκεκάλυπται τῷ πηλῷ· ἔστι δὲ εὐθεῖα ἡ ἔγχριμψις.

ἄλλων μὲν; ἐξ ἄλλων μὲν **T**[27]. Haud dissimiliter: VII 37 (p. 185, 1) ἔμβραχυ **L**, κἂν βραχύ **T**, et schol. ad loc. γράφεται κἂν βραχύ; VIII 18 (p. 202, 18) τῇ Πυρρινίδι **L**, τῇ Τυρηνίδι **T** et scholium[28]. Quod scholiastes codice Athoo usus est etiam eadem scholia minora in **L** et **T** exarata demonstrant[29]; saepe tamen **L** versionem mutatam ampliorremque praebet.

Alias varias lectiones[30] a scholiis codicis **L** prolatas in libris manu scriptis adhuc reperire non potui et emendationes ope ingenii esse non est infitiandum; vide sis: III 45 (p. 71, 28) ⟨συνθεῖν·⟩ εἰ συνωθ̣[εῖν] γράφ[εται], ἀλωμ̣[ένας] γραπτ[έον] (ἀλωμένας iam con. Hercher), X 10 (p. 236, 20) ⟨κατεάξαντες·⟩ κατάξαντες ὀφείλει (κατάξαντες iam con. Hercher), XI 24 (p. 272, 18) ‹ἔχει μὲν πρόμηκες τὸ στόμα·› ἢ ἔνι μὲν προμήκης τὸ στόμα, ἢ ἔχει μὲν πρόμηκες τὸ στόμα et XII 16 (p. 290, 18) ⟨ἔχουσα·⟩ εἰ μὲν τὸ ὑπομεῖναι ἀπαρέμφατον νοήσαιμεν, ἔχουσαν ὀφείλει γράφειν, εἰ δὲ

27 Imagines lucis ope confectae prohibuerunt quo minus emendationem agnoscerem.

28 τῇ Τυρρηνίδι **A**, τῇ Τυρηννίδι **P**, Τυρηναίῳ **H**, τῇ τυραννίδι καὶ **V**.

29 I 11 (p. 7, 2) ad κατηγορεῖ; 35 (p. 17, 7) ad πετήλοις; 39 (p. 18, 18) ad τῆς πείρας; 42 (p. 19, 25) ad ἀναγκαῖον; 43 (p. 20, 5) ad εὐστομώτατα; 44 (p. 20, 12) ad τεκμηριῶσαι; 48 (p. 21, 19) ad ὀττεύονται; II 1 (p. 28, 5) ad πειρῶνται; 1 (p. 28, 11) ad τῷ ταρσῷ; 11 (p. 33, 16) ad ἐπιδραμών; 11 (p. 34, 18) ad διαχέοντες; 13 (p. 36, 21) ad ἀτεκμάρτῳ; 13 (p. 36, 25) ad τὸ ζῷον; III 42 (p. 70, 19) ad κονιώμενος; IV 14 (p. 78, 19) ad ἀβρώτους; 17 (p. 79, 11) ad παλεύουσιν; 47 (p. 94, 25) ad ἐπιχωρίοις; 53 (p. 97, 17) ad τίμημα; V 11 (p. 107, 4) ad κάκῃ; 21 (p. 112, 8) ad ἐκρίθη; 24 (p. 113, 4) ad βρίθοντος; 38 (p. 118, 8) ad τακερῶς; VI 13 (p. 135, 24) ad κατὰ; 54 (p. 154, 30) ad πιέζει; 58 (p. 156, 8) ad συμβῆναι; VII 6 (p. 163, 18) ad ὑποτέμνονται; 8 (p. 165, 16) ad μαρτύρεσθαι; VIII 4 (p. 194, 14) καθιέντων; 4 (p. 194, 18) ad προάγονται; IX 17 (p. 214, 21) ad τῆς εὐθημοσύνης; 17 (p. 215, 5) ad στεγανόν.

30 II 26 (p. 42, 11) ⟨ἀναμένει·⟩ ζήτει εἰ ἀνανεύει; VI 1 (p. 130, 6) ⟨ἀλκήν·⟩ οὕτως ὤφειλε[ν]· αὐτά δ[ὲ] ἑαυτοῖ[ς] παροξῡ̣[νει] τὴν ἀλ[κήν]; VII 12 (p. 170, 5–6) ⟨ἐπεὶ δέ·⟩ ἐπειδὴ ὀφεί[λει]; X 17 (p. 240, 16) ⟨ταῖς τροφαῖς·⟩ γράφεται τῶν τροφῶν; 27 (p. 246, 3) ⟨πτοίαν·⟩ γράφεται ἀσχολίαν, ὡς φαμὲν ἐπτόητο ὁ δεῖνα περὶ λόγους.

εὐκτικόν, ἔχουσα· εἶτα ἐξ ἀποστάσεως «οἱ σοφοὶ τοὺς τούτων γάμους φασίν»[31].

IV. DE SCHOLIIS ET GLOSSIS AD EXCERPTA LAVRENTIANA

Sub Palaeologis schedographiae et anthologiae commentariis glossisque adornatae in usum scholarum manaverunt et usque ad saeculum XVI lectitatae sunt[32]. Ecloga huius generis complectitur[33]: Philostrati maioris Imagines (I 1–26)[34]; Anthologiae Planudeae Syllogam Vaticanam[35] et Anacreonticam de Thermis Pythiis Paulo Silentiario falso tributam, quam a Leone Magistro confectam esse S. G. Mercati demonstravit[36]; excerpta e Marco Aurelio[37] et Aeliani de natura animalium libris, sine manifesta ratione permixta et digesta. De paternitate huius anthologiae, ob discordantes notitias a libris manu scriptis traditas, diu quaesitum est. Paulus Canart[38], cum priores disceptationes recepisset perpendissetque, quaestionis recognitionem nuperrime proposuit et compositionem eclogae, quae Syllogam epigrammatum Vaticanam, Leonis Magistri

31 In VII 8 (p. 166, 21) **L** principio λαγῷ δὲ ἐν τοῖς αὐτοῖς χωρίοις ὀσσόμενοι πολλοὶ δηλοῦσιν εὐδίαν tradebat, sed postea ὀσσόμενοι in ὁρώμενοι emendatum est. ὁρώμενοι in omnibus libris invenitur, praeter **W** (ὀσσόμενοι) et **HF** (ἐσόμενοι). Scholium marginale memoriam lectionis ante correcturam servat: ὀσσόμενοι εἶχε τὸ πρωτότυπον. De usu vocis πρωτότυπον vide Devreesse 1954, p. 85, et Micunco 2015, pp. 110–113.

32 Canart 2010 et 2011.

33 Gallavotti 1960, pp. 11–16. Vide etiam Keaney 1971, pp. 303–321, Bühler 1987, pp. 41–43, Gaul 2008, pp. 173–174 et Pontani 2015, p. 418.

34 Lindstam 1925; Keaney 1969, pp. 201–207; Id. 1971. Scholia huius partis a Webb 1992, pp. 215–248 edita sunt.

35 Gallavotti 1960, pp. 11–16; Gallavotti 1982, pp. 36–48; Mioni 1971–1972; Derenzini 1984. Scholia edidit Luppino 1959–1960.

36 Lond. BL Add. 36749 (saec. X ex.) in f. 131^{v} auctorem aperte memorat. Vide Mercati 1923–1925; Gallavotti 1990.

37 Cf. Dalfen 1987, pp. V–XL. De scholiis ad Marcum Aurelium, adhuc ineditis, tractavit Dalfen 1978.

38 Canart 2011, pp. 309–312.

carmen[39] et excerpta a Marco Aurelio et Aeliano continebat, consilio Maximi Planudis, saeculo decimo tertio exeunte, tribuit[40]. Brevi post tempore Moschopulum partem Philostrati Imagines I 1–26 continentem composuisse veri simile est, commentario usum, quem Maximus Planudes in universum librum primum confecerat[41], adnotationibus schedographicis[42] et glossis Harpocrationis lexici additis. Scholia huius recensionis amplioris in Collectionem Atticorum vocabulorum (Συλλογὴ Ἀττικῶν ὀνομάτων) vulgo in codicibus Moschopulo tributam confluxerunt.

De Excerptis Laurentianis fuse disseruit De Stefani[43], qui textum Aeliani ab apographo subarchetypi **β**, non apto e codice **L**, descendere demonstravit et libros qui ea tradunt recensuit: Guelferbitanus Gudianus gr. 77 (XV)[44], Laurentianus pluteus LV 7 (XIV – **l**), Laurentianus pluteus LIX 44 (XIV – **m**), Marcianus gr. XI 1 (XIII ex. – **n**), Marcianus gr. XI 15 (XIV in.), Parisinus gr. 1698

39 Keaney 1971, pp. 316–317, propter usum Harpocrationis lexici, commentarium huius carminis Moschopulo, fortasse recte, ascribit. Opera Maximi Planudis discipuli in scholia ad syllogam epigrammatum et excerpta a Marco Aurelio et Aeliano redigendo exigua fuit et eius labor schedographicus in saeculi XIV decade prima explicatus est (p. 319). Usum lexici Harpocrationis in schol. Ael. *NA* I 12 (p. 7, 23) agnovit Keaney 1969, p. 207: ⟨κακώσεως δίκην·⟩ κακώσεως δίκη ἐστὶ ταῖς τε ἐπικλήροις κατὰ τῶν γεγαμηκότων, καὶ κατὰ τῶν παίδων τοῖς γονεῦσι καὶ κατὰ τῶν ἐπιτρόπων τοῖς ὑπὲρ τῶν ὀρφανῶν. ἐπίκληρος δέ ἐστιν ἡ ἐπὶ παντὶ τῷ κλήρῳ ὀρφανὴ καταλελειμμένη μὴ ὄντος αὐτῇ ἀδελφοῦ. ἡ δ' αὐτὴ λέγεται καὶ ἐπικληρῖτις; huic addendum est scholium ad I 8 (p. 5, 21) ⟨ἀδηφαγίας·⟩ ἀδηφάγος ὁ πολλὰ ἐσθίων, ἀφ' οὗ «ἀδηφάγοι τριήρεις» (cf. Lys. frr. 121a–b Carey), αἱ πολλὰ ἀναλίσκουσαι, καὶ ἀδηφάγος λύχνος (cf. Alc. fr. 21 K.-A.), ὁ πότης e 24 ⟨τῆτες·⟩ τούτῳ τῷ ἔτει (cf. Harp. s.v. ἀδηφάγους τριήρεις).

40 Sic iam Stich 1882, p. XII, de excerptis a Marco Aurelio et Aeliano haustis opinatus est.

41 Vestigia huius operis in epimerismis a Lindstam 1919–1920 editis inveniuntur, de quo vide Keaney 1971, pp. 315–316, et infra.

42 Super subsidia huius generis Keaney 1971; Lemerle 1977, pp. 235–48; Hunger 1978, pp. 22–29; Gallavotti 1983; Robins 1993, pp. 125–148; Webb 1994; Pontani 2015, pp. 370–372.

43 De Stefani 1904, pp. 150–153, 165–166, 173–175 (cum editionis texti et scholiorum specimine).

44 In saeculo XIV exaratum esse Canart 2011, p. 308 adn. 47, opinatur.

(XIV), Parisinus gr. 2075 (XV), Parisinus suppl. gr. 1164 (XIV in.)[45], Parisinus Coislinianus 341 (XIV), Vaticanus gr. 20 (XIV – **s**), Vaticanus gr. 98 (XIII), Vaticanus gr. 100 (XIV–XV), Vaticanus gr. 926 (XIV med. – **y**), Vaticanus gr. 953 (XIV), Vaticanus gr. 1404 (XIV). Quibus addendi sunt: Atheniensis Metochii Sancti Sepulcri 512 (XV a. m.)[46], Athous Monasterii Iberorum 189 (XIV)[47], Hauniensis Fabricii 74, 4 (XIII ex.), Londiniensis Burneianus 80 (XVI), Parisinus Mazarinus 4591 (XIV), Vaticanus Barberinianus gr. 278 (XVI), Vaticanus gr. 1823 (XIV in.), Vindobonensis Theol. gr. 203 (XIV med. – **h**) et Vaticanus gr. 18 (XIV–XV), qui in f. 106 tantum *NA* I 2 cum glossis et scholiis continet[48].

Anthologiae usus in schola celere copiosumque textus praeconium adiuvit, sed pariter eius congruentiam exemplo pertractavit et, omnibus libris commentariisque collatis, effulsit scholiorum corpus, si res poposcerit, rescriptum atque auctum esse. In hac editione codices **hlmnsy** adhibiti sunt, qui cuiusque recensionis optimi testes videntur. In **hlmy** idem ordo excerptorum invenitur[49]: I 21, 24, 27; V 22; II 29; I 16, 33, 3, 52, 49; IV 26, 51, 50, 59, 61; I 1, 2, 4, 7, 12, 8, 9, 10, 15. Codices **n** et **s** diversum ordinem praebent[50]: I 21, 24, 27; V 22; I 16, 33, 3, 49; IV, 50, 59, 61; I 1, 8, 2; IV 26, 51; I 4, 7, 12, 9, 10, 15. Desiderantur igitur excerpta II 29 et I 52 et eorum scholia.

Codices **n** et **s**, qui Excerptorum Laurentianorum antiquiores testes sunt, inter se plerumque consentiunt contra ceteros libros:

45 Ucciardello 2011, pp. 232 et 255.

46 Stefec 2011b, p. 289 adn. 2.

47 Stefec 2011b, p. 291.

48 Guelferbytanus Gudianus gr. 77, Londiniensis Burneianus 80, Parisinus gr. 2075 et Vaticanus Barberianianus gr. 278 textum sine commentario praebent.

49 Tabula excerptorum e Marco Aurelio Aelianeis permixtorum apud De Stefani 1904, pp. 152–153. In codice **l** excerpta I 49, 4, 7, 12, 8, 9, 10 et 15 glossis et scholiis carent; quibusdam foliis abscissis, desunt in **m** excerpta I 21 et 24.

50 Ob erratam libri glutinationem in codice **n** haec sylloga turbate composita est: a) in ff. 62^{r}–68^{v} excerpta I 21, 24, 27; V 22; I 16, 33, 3, 49; IV, 50, 59, 61; I 1, 8; b) in ff. 31^{r}–38^{v} excerpta I 2; IV 26, 51; I 4, 7, 12, 9; c) in ff. 73^{r}–74^{v} excerpta I 9, 10 et 15. Cum folium 73bis fere penitus perierit, excerpti I 10 minima vestigia manent.

e.g. I 1 (p. 2, 7) μὲν ἁπλῶς **ns** ~ ἁπλῶς μὲν **hlmy**; I 2 (p. 2, 10) ἐπὶ τοῦ ἀνδρός **ns** ~ ἐπὶ ἀνδρῶν **hlm** et ἤτοι **ns** ~ ἤγουν **hlm**; I 2 (p. 2, 12) καὶ ante ἁλωτός om. **ns**, ἐν πολέμῳ om. **ns**, ἢ μὴ λέγεται **ns** ~ λέγεται ἢ μὴ κρατουμένων **hlmy**; I 2 (p. 2, 19) τί **ns** ~ τινά **hm**; I 4 (p. 3, 20) ἀντὶ τοῦ om. **ns**; I 4 (p. 3, 26) ἔδωκεν[1] om. **nsy**; I 8 (p. 5, 5) ἔστι δέ om. **ns**; I 8 (p. 5, 21) ἀδηφάγος om. **ns**, τριήρεις ἀδδηφάγοι ns ~ ἀδηφάγοι τριήρεις **hmy**, ἀδδηφάγος **ns** ~ ἀδηφάγος **hmy**; I 9 (p. 5, 25) ἤγουν om. **ns**; I 9 (p. 5, 25–26) δέ om. **ns**, ἡ ante ἴδη om. **ns**; IV 50 (p. 95, 30) ἀποπατεῖν τὸ ἐκκρίνειν ἤγουν **ns** ~ ἀποπατεῖν καὶ ἐκκρίνειν **hlm**, γράφεται καὶ τὸ χέζειν· «ἐλευθέρα Κέρκυρα, χέζ' ὅπου θέλεις» om. **ns**. Quotienscumque **s** a codice **n** differt, textum deteriorem praebet: e.g. I 1 (p. 2, 1) ἔρχεται **n** ~ ἔρχεσθαι **s**, λέγεται δὲ κατάγεσθαι **n** ~ λέγεται κατάγεσθαι **s**; λέγεται **hmn** ~ λέγονται **s**; I 2 (p. 2, 10) ἐσθίει **hmnr** ~ ἐσθίειν **s**; I 9 (p. 5, 28) εὐπραγία καὶ δυσπραγία **hmny** ~ εὐπραγία ἢ δυσπραγία **s**. Quaedam scholia, etiam ab aliis manuscriptis praeter **n** tradita, in hoc codice inveni: I 3 (p. 3, 9) ⟨ἀτρεμοῦντος·⟩ μὴ κινουμένου. **hmsy**; I 4 (p. 3, 15) ⟨προνέουσιν·⟩ προπορεύονται, ἀπὸ τοῦ νέω τὸ κολυμβῶ. **hmsy**; I 4 (p. 3, 28) ⟨πεφυκότες·⟩ φύσιν ἔχοντες. **hms**; I 7 (p. 4, 23–24) ⟨τῳτηνικαῦτα·⟩ τῳτότε. **hmsy**; I 7 (p. 4, 25) ⟨τῶν κυνηγετούντων·⟩ ἀπό. **hmsy**.

l lectiones singulares et scholia aliunde ignota exhibet: I 1 (p. 2, 2) ὑποδέχεται **l** ~ ὑποδέχηται **hmy**; I 3 (p. 3, 4) a. ⟨τοῖς ἕλεσι·⟩ τοῖς λιμνώδεσι καὶ καλαμώδεσι. **hmns**, b. ἕλος τὸ λιμνῶδες καὶ καλαμῶδες. **l**; I 3 (p. 3, 6) ἐπιτίθεται· ἀντὶ τοῦ ante βαρὺς γίνεται add. **l**; I 16 (p. 9, 16) συμπορευόμενα om. **l**; I 33 (p. 16, 9) τὸ ἀπόσφαγμα ante τὸ ἐν αὐτῇ add. **l**; ὅπερ **l** ~ ᾧπερ **hm**, ὥσπερ **nsy**; II 29 (p. 43, 6) ⟨ἐξέλοις·⟩ a. ἐκβάλοις. **hmnq**, b. ἐκβάλοις τοῦ ὕδατος αὐτήν. **y**, c. ⟨ἐξέλῃς·⟩ ἐκβάλῃς. **l**; IV 50 (p. 95, 30) ἀποπάτημα τὸ αὐτό **l** ~ ἀποπάτημα τὸ χεζόμενον **hmns**; IV 51 (p. 96, 4) λεγόμενον δέ **l** ~ δέ om. **hmns**.

Similiter codex **m** agit: I 4 (p. 3, 19) ἀποφαγεῖν **m** ~ φαγεῖν **hns**; I 4 (p. 3, 22) ἁμαρτίας **m** ~ ἁμαρτίαν **hns**; I 33 (p. 16, 8) συμβαλοῦσα **m** ~ om. **hlnsy**; IV 59 (p. 99, 11) ὅταν **m** ~ ὅτε **hlnsy**; ποιῇ **m** ~ ποιεῖ **hlnsy**. In his locis **l** et **m** a ceteris libris semper dissentiunt.

Codex **y** faciem peculiarem habet, quandoquidem recensionem commentarii et glossarum ampliorem tradit et scholia aliunde ignota. Vide exempli gratia:

I 1 (p. 2, 1) a. ⟨κατάρῃ·⟩ ἀνάγεσθαι λέγομεν τὴν ναῦν, ὅταν ἀπὸ γῆς εἰς πέλαγος ἔρχηται. κατάγεσθαι δὲ καὶ καταίρειν, ὅταν ἀπὸ πελάγους εἰς γῆν. λέγεται τὸ κατάγεσθαι κατὰ μεταφορὰν ἀπὸ τούτου καὶ ἐπὶ τῶν ὁδοιπορούντων, ὅταν εἰς καταγώγιον ἔλθωσι, καὶ ἐπὶ τῶν φυγάδων, ὅταν εἰς τὴν ἑαυτῶν ἐπανέρχωνται πατρίδα. **hlmns**

b. ἀνάγεσθαι λέγομεν τὴν ναῦν, ὅταν ἀπὸ γῆς εἰς πέλαγος ἔρχηται καὶ φέρηται, ὡς κουφοτέρου ὄντος τοῦ ὕδατος καὶ ὑψηλοτέρου. κατάγεσθαι δὲ τὴν ναῦν καὶ καταίρειν λέγομεν, ὅταν ἀπὸ πελάγους εἰς γῆν ἔρχηται, ἀπὸ ὕψους εἰς ὁμαλὸν τόπον, ἐπείπερ τὸ ὕδωρ ὑψηλότερον τῆς γῆς ὡς κουφότερον καὶ ἀνωφερέστερον. λέγεται τὸ κατάγεσθαι κατὰ μεταφορὰν ἐπὶ τούτου καὶ ἐπὶ τῶν ὁδοιπορούντων, ὅταν εἰς καταγώγιον, ἤγουν ξενοδοχεῖον, ἔλθωσιν. τὸ κατάγεσθαι λέγεται καὶ ἐπὶ τῶν φυγάδων, ὅταν εἰς τὴν ἑαυτῶν ἐπανέρχωνται καὶ ὑποστρέφωσι πατρίδα, καὶ κατελθεῖν αὐτούς φασιν. **y**

Hic codex cum **hlm** plerumque concordat, sed nonnumquam easdem lectiones vel omissiones a **n** et **s** prolatas ostendit: I 4 (p. 3, 26) ἔδωκεν[1] om. **nsy**; I 33 (p. 16, 9) ὥσπερ **nsy** ~ ᾧπερ **hm**, ὅπερ **l**; ὡς om. **ny**; I 33 (p. 16, 10) ὄψιν λέγει νῦν om. **nsy**; I 49 (p. 21, 26) δηλονότι om. **nsy**; I 49 (p. 21, 29) τῆς om. **nsy**; IV 26 (p. 83, 6) θλίβοιτο **nsy**. Quaedam scholia tantum a **nsy** traduntur: I 1 (p. 2, 7) ⟨τὴν προτέραν·⟩ τὸ πρότερον λέγεται ἐπὶ δύο· τὸ δὲ πρῶτον ἐπὶ πολλῶν. **nsy**; I 2 (p. 2, 18) ⟨περιφερής·⟩ κυκλοτέρης κατὰ ⟨τὸ σχῆμα⟩. **ny**; I 4 (p. 3, 21) ⟨ἀφῆκαν·⟩ εἴασαν. **nsy**; I 12 (p. 7, 24) ⟨ἀκόλαστοι·⟩ ἀπαίδευτοι. **sy**; IV 59 (p. 99, 9) ⟨ἀπεργάζεσθαι·⟩ ποιεῖν. **nsy**.

Saeculo XIII in Planudis schola, fortasse ab ipso magistro, primigenia recensio Excerptorum Laurentianorum creata est, quam λ usurpare possumus; hanc tradunt codices **n** et **s**. Impulsu alicuius additione excerptorum I 52 et II 29 aucta est. Huius recensionis amplioris (μ), quae fere in omnibus libris manu scriptis anthologiam scholasticam continentibus invenitur, codex **h** formam integriorem tradere videtur; **l** et **m** lectiones singulares et scholia aliunde ignota exhibent, quoniam probabiliter recensionis μ redactiones diversas praebent. **y** a recensione λ′, quae media inter λ et μ erat, originem ducere potest.

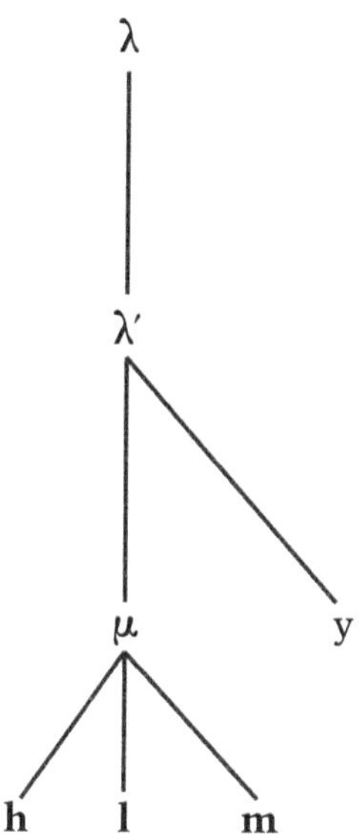

V. DE SCHOLIIS ET GLOSSIS AD EXCERPTA MARCIANA

L. Marcheselli Loukas de ecloga antea ignota[51] in duobus Venetis codicibus reperta, Marciano gr. 487 (XIV in. – **f**) et Marciano gr. XI 1 (XIII ex. – **n**), admonuit, sed eandem Oxoniensis Canonicianus gr. 13 (**g**), Vindobonensis Theol. gr. 203 (**h**) et Atheniensis Musei Benacensis T.A. 152 (**q**) servant[52]. Aeliani textus cum uberrimo commentario schedographico et glossis nonnumquam interscriptis traditur[53]. Ordo excerptorum in libris **fg** et **q** (I 52; II 29; V 31; II 34; X 18, 15, 12; XI 13; I 3, 6, 16, 21, 27, 32, 33, 49, 43) idem est,

51 Sed confer adn. 4.

52 Libri **h** et **n** Excerpta Laurentiana Marcianaque continent.

53 I 16 (**q**), 27 (**q**), 32 (**hq**), 49 (**q**), 52 (**hnq**); II 29 (**nq**), 34 (**n**); V 31 (**n**); X 12 (**n**), 15 (**n**), 18 (**n**); XI 13 (**n**). Excerptorum quaedam habet etiam sylloga Laurentiana (I 3, 16, 21, 27, 33, 49, 52 e II 29) et saepe glossae eaedem inveniuntur.

quamquam in **g** textus et commentarius excerptorum I 3, I 52, et XI 13 et textus excerptorum I 27 et II 29 desiderantur.

In foliis 50ʳ–61ᵛ codex **n** seriem excerptorum a I 52 usque ad XI 13 tradit, cui altera manus tantum commentarium ad I 3 et 16 in ff. 78ᵛ–79ᵛ post Excerpta Laurentiana addidit. Dissimilem ordinem praebet **h**: X 12; I 22, 28, 33, 34, 49, 43, 3, 52.

Quod in Marciano gr. 487 f. 90ᵛ a singula linea textus occupatur, eius f. 91ʳ vacuum est, spatium aptum ad inscriptionem continendam in f. 91ᵛ ante seriem secundam (I 3, 6, 16, 21, 27, 32, 33, 49, 43), et crebritas excerptorum e libro primo in extrema parte eclogae suaserunt L. Marcheselli Loukas ut hanc anthologiam a duobus syllogis compositam esse opinaretur. Quibus indiciis addendum est quod in Atheniensi Musei Benacensis T.A. 152 post excerptum XI 13 librarius sine scriptura folium 225ʳ reliquit et in f. 225ᵛ scribere resumpsit I 3, 6, 16, 21, 27, 32, 33, 49, 43[54].

Ut fit de Excerptis Laurentianis, veri simile est codicem **n** recensionem primigeniam tradere, quae tantum I 52, II 29, V 31, II 34, X 18, 15, 12, XI 13 habebat, etenim saepe commentarium diversum brevioremque praebet.

Aeliani textus, ab Excerptis Marcianis prolatus, libro manu scripto de subarchetypo β descenso oritur, ut exempli gratia in his locis patet: I 3 (p. 3, 8) προσάπτεται] β, ἅπτεται **VA**ᵛ; I 49 (p. 21, 26) φασι] β, φησι **VA**ᵛ; X 12 (p. 237, 3) ὄγκος ἐστὶ τῶν σαρκῶν] β, τῶν σαρκῶν ὄγκος ἐστίν **V**; (p. 237, 4) τὰ κρέα αὐτοῦ] β, αὐτοῦ τὰ κρέα **V**. Cum Laurentiana Marcianaque syllogae eadem capitula habeant, non raro de texto inter se dissentiunt: I 3 (p. 3, 4) τῶν ἐν τοῖς ἕλεσι βιούντων **fhq**, ἐν om. Exc. Laur.; (p. 3, 8) οὐ πρότερον δὲ αὐτοῦ προσάπτεται **fhq**, αὐτοῦ om. Exc. Laur.; I 16 (p. 9, 16) **Κύων θαλαττία fq**, δὲ ante θαλαττία add. Exc. Laur.; τὰ σκυλάκια **fq**, τὰ σκυλάρια Exc. Laur.; (p. 9, 18–19) τότε πρόεισιν αὖθις ὥσπερ ἀνατικτόμενον **f** (κατὰ τὸ ἄρθρον – πρόεισιν αὖθις propter homoeoteleuton om. **q**), αὖθις om. Exc. Laur.; I 21 (p. 11, 26) οὔτε **fhq** et Hercher, οὐδέ Exc. Laur.; I 33 (p. 16, 7–8) οἱ τούτων ἀγαθοὶ θηραταί **fhq**, τῶν ante τούτων add. Exc. Laur.; (p. 16, 9) καταχεῖ-

54 Haud dubie hic librarius in margine commentarii ad XI 13 λείπει adposuit quoniam, cum folium vacuum ante I 3 in antigrapho non comprehendisset, aliquid defecisse arbitratus est.

ται αὐτῆς **fhq**, τοῦτο ante αὐτῆς add. Exc. Laur.; (p. 16, 12) ὡς Ὅμηρος λέγει **fhq**, om. Exc. Laur.; I 52 (p. 22, 21) ἰέναι **fhnq**, ἀπιέναι Exc. Laur.

Differentiae et tanta commentariorum diversitas impellunt ad credendum auctorem anthologiae Laurentianae non esse ipsum qui hanc syllogam composuit, quamquam utraque ecloga in eodem circulo orta est. Ut iam vidimus, glossae eaedem interdum inveniuntur, sed aliae adfinitates agnosci possunt:

scholia in Excerpta Laurentiana	scholia in Excerpta Marciana
I 3 (p. 3, 6) a. ⟨ἐπιτίθεται·⟩ βαρὺς γίνεται, ἀπὸ τούτου λέγεται καὶ ὅταν ἐπιδοίη τις ἑαυτὸν πράξει τινὶ καὶ ἔγκειται αὐτῇ, οἷον δρασμῷ ἐπεθέμην ἢ τοιούτῳ τινί. hlm	c. ἐπιτίθημι ἕτερον ἑτέρῳ πράγματι, ἤγουν ἐπάνω αὐτοῦ τοῦτο τίθημι· ἐπιτίθεμαι δὲ ἐγὼ ἀντὶ τοῦ βαρὺς γίνομαι. fhnq
I 16 (p. 9, 19) ⟨ἀνατικτόμενον·⟩ a. ἐκ δευτέρου τικτόμενον. hmnsy	b. ἀνατικτόμενον τὸ ἐκ δευτέρου τικτόμενον. ἡ ΑΝΑ γὰρ ἢ δευτέραν σχέσιν δηλοῖ ἢ τὴν εἰς τοὐπίσω κάμψιν, ὡς ἀνέστρεψεν, ἀνεπόδισεν ἢ τὸ ἄνω, οἷον ἀναβλέπω, ἀνατρέχω. fgnq
I 49 (p. 21, 26) ⟨ἔμπαλιν·⟩ a. ἀντιστρόφως. hmnqsy	b. ἔμπαλιν ἐπίρρημα ἀντὶ τοῦ ἀντιστρόφως, γράφεται δὲ καὶ χωρὶς τοῦ Ν ποιητικῶς διὰ τὰ μέτρα. fghq
II 29 (p. 43, 5) ⟨ἀνέχει·⟩ a. ἀναβαστάζει ἑαυτὴν δηλονότι, ἤγουν οὐκ ἀναδύεται. hlmnq	c. ἀνέχει τίς τι ἀντὶ τοῦ ἀναβαστάζει, καὶ ἀνέχει τι εἰς ὕδωρ ἐμπεσόν, ἤγουν οὐ καταδύεται. ἐξέχει δὲ ἀντὶ τοῦ ἐξαίρετόν ἐστι, καὶ ἔξοχον τὸ ἐξαίρετον, καὶ ἔξοχα ὁμοίως, ὃ ποιητικῶς λέγεται ὄχα, χωρὶς τῆς προθέσεως, ἀντὶ τοῦ ἐξόχως. fgnq

Itaque cogitare licet quempiam Maximi Planudis sodalem, paulo post Excerpta Laurentiana collecta sunt, syllogam Marcianam congessisse; indoles commentarii mere schedographica ut Manueli Moschopulo tribui possit adhortatur. Etiam scholia in Excerpta Marciana in Collectionem Atticorum vocabulorum (Συλλογὴ Ἀττικῶν ὀνομάτων) Moschopulo tributam confluxerunt.

Infrequentia testimoniorum et eorum lacunae prohibent quo minus certo definiremus quam rationem inter codices intercedere. Soli libri **f** et **q** integram seriem excerptorum tradunt, at saepe valde mendose. Tantum **h** veram lectionem praebet in I 21 (p. 11, 28) ΠΕΡΙ παρὰ τοῖς κοινοῖς h, ΠΕΡΙ om. fgq; I 27 (p. 14, 1) ἡ ante ἵππος om. fgq; I 49 (p. 21, 29) τοπικῆς h, τονικῆς fgq; X 12 (p. 237, 4) τὰς μὲν εὐθείας πλαγίας h, τὰς μὲν εὐθείας πλαγείας f, τὰς εὐθείας πλαγίας nq; una cum codice **q** in I 21 (p. 11, 24) γαιήιος hq, γαίϊος f, γαλήϊος g. In I 16 (p. 9, 16), cum in **fgq** νευροί et νευρίς inveniantur, tantum **n** νεβροί et νεβρίς tradit. In excerpto I 52, a duobus libris tradito, **q** dissentit a codice **f** et textum genuinum praebet: (p. 22, 18) σχόμενος **q**, σχώμενος **f**; (p. 22, 21) βάλλεο **q**, βάλλε **f**. Alibi **g** et **q** ad rectas lectiones praebendas conspirant: V 31 (p. 115, 17) ἀφ' οὗ κληρονομία **gq**, ἀφ' οὗ κληρονονομία **f**, ἀφ' οὗ καὶ κληρονόμος **n**; X 15 (p. 239, 19) δηλῶ **gq**, δηλοῖ **fn**; X 18 (p. 241, 4) καὶ τάφρος **gq**, κατάφορος **f**, καὶ τάφρου **n**; διαφέρει δὲ τῷ τὸ μὲν ἀριθμόν **gq**, διαφέρει δὲ τὸ τῷ μὲν ἀριθμόν **f**, διαφέρει μὲν τῷ τὸ μὲν ἀριθμόν ([δ]ὲ τό in marg.) **n**. Praeter hos locos, quibus addi potest X 18 (p. 241, 4) καὶ ἐπὶ τοῦ ὀσφρωμένου **gn**, ἐπί om. **f**, ὀσφραινομένου **q**, concursus codicis **g** exiguus videtur, etsi in X 18 (p. 241, 8) textum ampliorem ceterorum librorum habeat, licet lubricum: καὶ ἀνόρθωσις καὶ ἡ ἀνόρθωσις διὰ τοῦ **I**, καὶ ἡ ἀνάκτησις **g**, καὶ ἡ ἀνόρθωσις διὰ τοῦ **I**, καὶ ἡ ἀνάκτησις om. **fnq**, καὶ ἡ ἀνόρθωσις καὶ ἡ ἀνάκτησις dub. scripsi. Aliquando codex **f** veram lectionem praebet: I 3 (p. 3, 8–9) καί ante τὸ ἐξ οὐρίας om. **hnq**; V 31 (p. 115, 20) ἐντεθειμένα **f**, ἐντιθέμενα **gnq**; X 15 (p. 239, 19) ἀπὸ γὰρ τοῦ ἀρόσαι **f**, ἀπὸ γὰρ τοῦ ἀρόσομαι **g**, ἀπὸ τοῦ ἀρόσαι **n**, ἀπὸ γὰρ τὸ ἀρόσαι **q**.

VI. DE AELIANI VERBORVM INTERPRETATIONIBVS APVD EPIMERISMOS INVENTIS

De Epimerismis Maximo Planudi tributis iam supra breviter disserui; hic perpauca addi opus est. Ut Elpidius Mioni admonuit[55], pars epimerismorum una cum technologiis in Philostratum

55 Mioni 1982, pp. 130–132, qui tantum litteras β e γ edidit (pp. 133–135).

instructis in Lexicum alphabeticum a Laurentiano pluteo LVII 47 et Ferrariense 155[56] traditum fluxit. Sigfridus Lindstam, cum Ambrosianum L 44 sup. (saec. XIV in.), Laurentianum pluteum LVII 24 (saec. XV) et Ambrosianum M 51 sup. (saec. XIV) adhiberet[57], omnia quae ad Philostrati Heroicum et Imagines pertinent edidit. In parte adhuc inedita complures interpretationes locorum ab Aeliani de natura animalium libris depromptorum inveni, quarum hic specimen e Laurentiano pluteo XCI sup. 10 (= ε^{1}), Vaticano gr. 2222 (= ε^{2}), Laurentiano pluteo LVII 24 (= ε^{3}), Neapolitano II E 18 (= ε^{4}), Laurentiano Conventi Soppressi 141 (= ε^{5}), Vaticano gr. 93 (= ε^{6}), Vaticano gr. 97 (= ε^{7}), Vaticano gr. 953 (= ε^{8}), Marciano gr. X 3 (= ε^{9}), Vaticano gr. 113 (= ε^{10}) et Laurentiano pluteo LVII 47 (= λ) praebeo:

I 20 (p. 11, 15) ⟨τὴν δὲ ἀράχνην·⟩ ἀράχνη θηλυκόν καὶ ἀράχνης [ἀράχνις ε^{1}] ἀρσενικῶς [ἀρσενικὸν ε^{1}, ἀρρενικῶς ε^{9}] τὸ ζῷον, ἀράχνιον [ἀράχνειον ε^{9}] δὲ τὸ λεπτὸν ὕφασμα, ὃ τῷ τοιούτῳ ζῴῳ ἐξήνυσται. ε^{1} (f. 120^{v}), ε^{4} (f. 228^{v}), ε^{6} (f. 110^{v}), ε^{9} (f. 110^{r}), λ (f. 131^{v})

I 20 (p. 11, 18) ⟨ἐξάγουσα·⟩ διάγουσα ἀντὶ τοῦ διατρίβουσα, περιάγουσα δὲ τὴν πομπήν, ἀντὶ τοῦ καταφανῆ ποιοῦσα. ε^{1} (f. 120^{v}), ε^{4} (f. 228^{v}), ε^{6} (f. 110^{v}), ε^{9} (f. 110^{r})

I 20 (p. 11, 18) ⟨θήρατρα·⟩ θήρα ἡ ἄγρα, θηρατὴς ὁ θηρεύων, θήρατρα δι᾽ ὧν θηρεύουσι. ε^{1} (f. 120^{v}), ε^{4} (f. 228^{v}), ε^{6} (f. 110^{v}), ε^{9} (f. 110^{r})

I 20 (p. 11, 19) ⟨ἐκπεταννῦσα·⟩ γράφεται ἐκπετάσασα καὶ ἐκπεταννῦσα [γράφεται post ἐκπεταννῦσα trans. λ]· κρεῖττον δὲ [δὲ om. ε^{1}] τοῦτο ἢ ἐκεῖνο, τὸ μὲν γάρ ἐστιν ἀττικόν, τὸ δὲ κοινόν,

56 Codex Ferrariensis hoc lexicon Planudi aperte tribuit.

57 Eosdem Epimerismos in aliis libris manu scriptis vir doctus invenit, qui sunt: Marcianus gr. X 3 (saec. XIV in.); Uppsaliensis gr. 28 (saec. XV in.); Vallicellianus F 24 (saec. XVI); Vaticanus gr. 93 (saec. XIV); Vaticanus gr. 113 (saec. XIV, vide Pérez Martín 1999, pp. 501-502); Vaticanus gr. 953 (saec. XIV); his addendi sunt Vaticanus gr. 97 (saec. XIV) et Papiensis 363 (saec XV), de quibus Mioni 1982, p. 131, praetereaque Vaticanus gr. 2222 (saec. XIV med.), Laurentianus pluteus XCI sup. 10 (saec. XIV), Neapolitanus II E 18 (saec. XV) et Laurentianus Conventi Soppressi 141 (saec. XV–XVI).

καὶ ἐκεῖνο μὲν μετοχὴ ἀορίστου, τοῦτο δὲ ἐνεστῶτος [κρεῖττον δέ ἐστι τὸ δεύτερον pro κρεῖττον δὲ – ἐνεστῶτος λ]. ε^{1} (f. 120^{v}), ε^{4} (f. 228^{v}), ε^{6} (f. 110^{v}), ε^{9} (f. 110^{r}), λ (f. 145^{v})

I 20 (p. 11, 21) ⟨εὔχειρας·⟩ εὔχειρας γυναῖκας φησὶ [φασὶ ε^{9}] τὰς ἐχούσας πρὸς χρῆσιν ἐργασιῶν, χεῖρας ἀγαθὰς ἐργάζεσθαι εὐκόλως κινουμένας. τὸ γὰρ ΕΥ τὸ εὔκολον σημαίνει ἐνταῦθα. ε^{1} (f. 120^{v}), ε^{4} (f. 228^{v}), ε^{6} (f. 110^{v}), ε^{9} (f. 110^{r})

I 20 (p. 11, 22) ⟨ἐκπονῆσαι·⟩ ἐκπονῶ τὸ μετὰ πόνου ἐνεργῶ· ἐξεπόνησε νεὼν τῷ μάρτυρι, οὕτω συντακτέον. ε^{1} (f. 120^{v}), ε^{4} (f. 228^{v}), ε^{6} (f. 110^{v}), ε^{9} (f. 110^{r})

I 20 (p. 11, 22) ⟨ἀντιπαραβάλλεσθαι·⟩ ἀντιπαραβάλλεσθαι, ἀντεξετάζεσθαι [ἀντιπαρεξετάζεσθαι ε^{4}], ἀντισυγκρίνεσθαι, ἀντιπαρατίθεσθαι ταυτοσήμαντα. ε^{1} (f. 120^{v}), ε^{4} (f. 228^{v}), ε^{6} (ff. 110^{v}–111^{r}), ε^{9} (f. 110^{r})

III 17 (p. 60, 22) ⟨ἐνοικεῖ·⟩ οἰκεῖ τὴν γῆν αἰτιατικῇ, ἐνοικεῖ δὲ δοτικῇ καὶ αἰτιατικῇ. ε^{1} (f. 120^{v}), ε^{4} (f. 228^{v}), ε^{6} (f. 111^{r}), ε^{9} (f. 110^{r})

III 17 (p. 60, 22) ⟨ἔστιν οἷς·⟩ ἔστιν οἷς ἀττικῶς ἀντὶ τοῦ τισίν. οὕτω παρ᾽ Ἀττικοῖς ἐπὶ τῶν πληθυντικῶν ἔστιν ἃ ἀντὶ τοῦ τινά, καὶ ἔστιν οἳ καὶ τινές. ε^{1} (f. 120^{v}), ε^{4} (f. 228^{v}), ε^{6} (f. 111^{r}), ε^{9} (f. 110^{r})

III 17 (p. 60, 25) ⟨ἀποδύσηται·⟩ περιδύουσιν ἀντὶ τοῦ βιαίως καὶ ληστρικῶς τὰ ἱμάτια ἀφαιροῦνται, ἀποδύεται [δὲ add. ε^{4}] ὁ ἄνθρωπος ἑκουσίᾳ γνώμῃ τὰ ἱμάτια ἀποβάλλων. ε^{1} (f. 120^{v}), ε^{4} (f. 228^{v}–229^{r}), ε^{6} (f. 111^{r}), ε^{9} (f. 110^{r})

III 17 (p. 60, 26) ⟨ἐπιλήψεων·⟩ ἐπίληψις καὶ ἐπιληψία ἡ κατοχὴ τοῦ ἡγεμονικοῦ. καλεῖται δὲ ἡ ἐπίληψις καὶ παιδίον καὶ ἡράκλειον καὶ νόσος ἱερά. παιδίον μὲν ὅτι [ὅτε ε^{6}] ὡς ἐπιτοπλεῖστον [ἐπὶ τὸ πλεῖστον ε^{6}] τοῖς παιδίοις συμβαίνει, ἡράκλειον δὲ ὡς μέν τινές φασιν ἐπειδὴ τῷ Ἡρακλεῖ συνέβη [συμβαίνει ε^{6}], ὡς δ᾽ ἔχει ἡ ἀλήθεια ἐπειδὴ δυσανταγώνιστός [δυσκαταγώνιστος λ] ἐστι καὶ ἰσχυρὰ καὶ ἰσχύος Ἡρακλέους δεομένη, ἱερὰ δὲ διὰ τὸ ὑπονοεῖν [ὑπονοὴν ε^{6}] γίνεσθαι αὐτὴν διὰ θεικὴν μῆνιν, ἢ διὰ τὸ ἐν ἱερῷ τόπῳ γίνεσθαι. ε^{1} (f. 120^{v}), ε^{4} (f. 229^{r}), ε^{6} (f. 111^{r}), ε^{9} (f. 110^{r}), λ (f. 136^{v})

III 17 (p. 60, 27) ⟨οἶδε – ἔχων·⟩ οἶδεν ἔχων καὶ τοῦτο ἀττικόν. τὰ γὰρ γνωστικὰ ῥήματα μετὰ μητοχῆς δεῖ συντάσσειν· «ἴστω τὴν ἐκκλησίαν σχίσας [σχίσαι ε^{6}]» παρὰ Συνεσίῳ (Epist. 58) [ἴστω – Συνεσίῳ om. λ]. ε^{1} (f. 120^{v}), ε^{4} (f. 229^{r}), ε^{6} (f. 111^{r}), ε^{9} (f. 110^{r}), λ (f. 144^{r})

III 17 (p. 61, 1) ⟨ἴυγγας δὲ ἐρωτικάς·⟩ ἐρωτικὰς ἴυγγας τὰς τοὺς ἔρωτας ὑπαναπτούσας [τὰς ἔρωτι ὑπαναπτούσας ε^{9}]. ε^{1} (f. 120^{v}), ε^{4} (f. 229^{r}), ε^{6} (f. 111^{r}), ε^{9} (f. 110^{r})

III 17 (p. 61, 4) ⟨οἱ γόητες·⟩ γόητες κυρίως οἱ ἐπῳδαῖς [ἐπωδαῖ ε^{4}ε^{6}] τισι χρώμενοι ἐπὶ ἀνακλήσει τῶν κατοιχομένων, καὶ γοητεία ἡ ἐπὶ ἀναγωγῇ τῶν νεκρῶν γινομένη, ἀπὸ τοῦ γόος ὁ θρῆνος, ὥσπερ μαγγανεία ἡ ἐπίκλησις δαιμόνων τινῶν [τινῶν om. ε^{4}ε^{6}] ἀγαθοποιῶν πρὸς ἀγαθοῦ τινὸς σύστασιν. ε^{1} (f. 120^{v}), ε^{4} (f. 229^{r}), ε^{6} (f. 111^{r}), ε^{9} (f. 110^{r}), λ (f. 132^{v})

III 17 (p. 61, 7) ⟨μεταλαγχάνειν·⟩ λαγχάνω αἰτιατικῇ τὸ κληροῦμαι [κληρονομοῦμαι ε^{1}], μεταλαγχάνω δὲ γενικῇ. ε^{1} (f. 120^{v}), ε^{4} (f. 229^{r}), ε^{6} (f. 111^{r}), ε^{9} (f. 110^{r}), λ (f. 141^{v})

I 39 (p. 18, 18) ⟨διαμαρτάνουσι·⟩ ἁμαρτάνω καὶ ἐξαμαρτάνω καὶ διαμαρτάνω γενικῇ συντάσσονται [συντάσσεται ε^{9}]· οἷον ἁμαρτάνω τῆς ἀληθείας, ἐξαμαρτάνω τοῦ σκοποῦ, διαμαρθάνω τοῦ ὀρθοῦ [οἷον – τοῦ ὀρθοῦ om. λ]. καὶ τὰ ὀνόματα· ἁμαρτία καὶ διαμαρτία καὶ ἐξαμαρτία. ε^{1} (f. 120^{v}), ε^{4} (f. 229^{r}), ε^{6} (f. 111^{r}), ε^{9} (f. 110^{r}), λ (f. 131^{v})

I 39 (p. 18, 20) ⟨θέλγονται·⟩ θέλγονται τῇ ἀκοῇ, ἤγουν τῇ ᾠδῇ. ἀκοὴ καὶ τὸ ὠτίον τὸ δεκτικὸν [τῶν δεκτικῶν ε$^{6a.c.}$] τῶν φωνῶν, ἀκοὴ καὶ ἡ φήμη καὶ ᾠδή. ε^{1} (f. 120^{v}), ε^{4} (f. 229^{r-v}), ε^{6} (f. 111^{r}), ε^{9} (f. 110^{r})

I 39 (p. 18, 21) ⟨προσίασιν·⟩ προσίασι καὶ προσέρχονται, προΐασι δὲ καὶ προέρχονται. ε^{4} (f. 229^{v}), ε^{6} (f. 111^{r}), ε^{9} (f. 110^{r})

I 39 (p. 18, 21) ⟨ὑπαναχωροῦσιν·⟩ ὑπαναχωροῦσιν [ἐπαναχωροῦσιν ε^{6}ε^{9}] ἡσυχῇ καὶ βάδην τουτέστιν ἐπὶ πόδα ἔρχονται [καὶ add. ε^{1}] σχολαίῳ ποδί. ε^{1} (f. 120^{v}–121^{r}), ε^{4} (f. 229^{v}), ε^{6} (f. 111^{r}), ε^{9} (f. 110^{r}), λ (f. 148^{v})

II 1 (p. 28, 3) ⟨ἀπολείπωσι·⟩ ἀπολείπειν [ἀπολίπειν ε^{4}] ἀντὶ τοῦ ἀφίστασθαι, καταλείπειν [καταλίπειν ε^{4}] δὲ ἀντὶ τοῦ παντελῶς ἐᾶσαι καὶ μὴ ὑποστρέψαι αὖθις, διαλείπειν δὲ ἀντὶ τοῦ παύσασθαι τοῦ ἔργου, καὶ καιρὸν ὁσονοῦν διαβιβάσαι εἶτ' αὖθις τοῦ ἔργου ἅψασθαι. ε^{1} (f. 121^{r}), ε^{4} (f. 229^{v}), ε^{6} (f. 111^{r}), ε^{9} (f. 110^{r})

II 1 (p. 28, 3) ⟨θρακώους[58]·⟩ θρακώους τοὺς [τοὺς om. $ε^1ε^6ε^9$] τόπους τοὺς τῆς Θρᾴκης, ὃ κρεῖττον λέγειν ἢ θρᾳκικούς, ἐπὶ δὲ πραγμάτων καὶ ἑτέρων θρᾳκικὰ καὶ θρᾳκικὸς στρατός. $ε^1$ (f. 121^r), $ε^4$ (f. 229^v), $ε^6$ (f. 111^r), $ε^9$ (f. 110^r)

II 1 (p. 28, 3) ⟨αἱ γέρανοι·⟩ τὰς γεράνους θηλυκῶς [θηλικῶς $ε^4$] ἀεί ποτε γράφει [γράφε $ε^6ε^9$] καὶ [καὶ om. $ε^1$] οὐχὶ [οὐ $ε^9$] τοὺς γεράνους ὁ ἀττικίζειν βουλόμενος, οὕτω καὶ τὰς [τοὺς $ε^9$] ἵππους. $ε^1$ (f. 121^r), $ε^4$ (f. 229^v), $ε^6$ (f. 111^r), $ε^9$ (f. 110^r)

XIV 18 (p. 342, 11–12) ⟨ἀνίσχοντι τῷ ἡλίῳ·⟩ σημείωσαι μὴ μόνον ἐπὶ τοῦ ἡλίου τὸ ἀνίσχειν καὶ τὸ [om. $ε^6ε^9$] ἀνατέλλειν, ἀλλὰ καὶ τὸ ὑπερβάλλειν τάττεται, ὥς που παρὰ ῥήτορι κεῖται, «οὗτοι ὑπερβάλλοντι [ὑπερβάλλουσι $ε^{1a.c.}$] τῷ ἡλίῳ καταρῶνται» (Hdt. IV 184), ἤτοι [ἤγουν $ε^1ε^4ε^6ε^9$] ἀνίσχοντι· συντακτέον δ' [δὲ $ε^2ε^6ε^9$] οὕτως ὑπερβάλλοντι τὸν ὁρίζοντα δηλονότι. ὑπερβάλλω σημαίνει καὶ τὸ νικῶ· ὑπερέβαλε [ὑπερέβαλλε $ε^4ε^6ε^7$] τὸν δεῖνα ἐν λόγοις, ἐν τῷ δέ τινι, καὶ παθητικῶς, οἷον ὑπερεβάλετο [ὑπερεβάλλετο $ε^1ε^7ε^8ε^{10}$] πάντας. $ε^1$ (f. 121^r), $ε^2$ (f. 320^r), $ε^3$ (f. 81^v), $ε^4$ (f. 231^r), $ε^6$ (f. 112^r), $ε^7$ (f. 166^v), $ε^8$ (f. 133^r), $ε^9$ (f. 111^r), $ε^{10}$ (f. 278^v)

XIV 18 (p. 342, 13) ⟨τῆς εὐνοίας·⟩ εὔνους εἰμί σοι, καὶ [οὐ $ε^1$; καὶ cett.] τὸ ῥῆμα ὡσαύτως εἰς [πρὸς $ε^2$] δοτικήν, εὐνοῶ σοι· καὶ ταυτί [ταυτο $ε^4$] παραπλησίως βούλομαί σοι πᾶν ἀγαθόν, «Τρωσὶ δ' ἐβούλετο νίκην» παρ' Ὁμήρῳ (Il. VII 21 etc.), φρονῶ σοι [φρονῶσι $ε^7$] εὖ, νοῶ σοι καλά [νοῶσι καλά $ε^7$; εὐνοῶ σοι καλά $ε^2$; νοῶ σοι καλά om. $ε^1ε^4ε^6ε^9$]. $ε^1$ (f. 121^r), $ε^2$ (f. 320^r), $ε^3$ (f. 81^v), $ε^4$ (ff. 231^{r-v}), $ε^6$ (f. 112^r), $ε^7$ (f. 166^v), $ε^8$ (ff. 133^{r-v}), $ε^9$ (f. 111^r), $ε^{10}$ (f. 278^v)

I 50 (p. 22, 6) ⟨κοῖτον·⟩ εὕροις μοι [μοι om. $ε^2ε^6$] δ' ἂν παρὰ τοῖς [τοῖς om. $ε^5$] Ἀττικοῖς [παρ' Ἀττικοῖς $ε^9$] πλάνον τὴν πλάνην καὶ κοῖτον τὴν κοίτην. Αἰλιανός· τῆς φύσεως τὰ ἀλλήλων διῳκισμένα συναγούσης εἰς ἐπιθυμίαν [καὶ ἐπιθυμίας $ε^8$, εἰς ἐπιθυμίας $ε^{10}$, εἰς ἐπιθυμίαν cett.] τε καὶ ὁμόνοιαν καὶ κοῖτον τὸν αὐτόν. πλὴν σπάνιον οὐ σύνηθες [Αἰλιανός – οὐ σύνηθες om. $ε^2$; Αἰλιανός – τὸν αὐτόν om. $ε^6$, add. in mg. $ε^9$; καὶ ante οὐ σύνηθες add. $ε^5ε^9$]. $ε^2$ (f. 324^v), $ε^3$ (f. 85^v), $ε^5$ (f. 226^v), $ε^6$ (f. 105^v), $ε^7$ (f. 171^r), $ε^8$ (f. 138^v), $ε^9$ (f. 105^v), $ε^{10}$ (f. 282^v)

58 Lectio codicis **P**, Θρᾳκίους cett.

I 54 (p. 23, 3) ⟨φαρμακίς·⟩ φαρμακὸς ἀνὴρ παρὰ τοῖς Ἀθηναίοις ὁ γόης, καὶ φαρμακὶς γυνή· φαρμακοπώλης δὲ ὁ κοινὸς [κοινῶς ε^{7}ε^{8}ε^{10}ε^{9}] λεγόμενος νῦν [νῦν om. ε^{5}ε^{7}ε^{8}ε^{10}] γουρτικάρης. ἔστι [ἔτι ε^{5}] δὲ τὸ ὄνομα τῶν Ἀθηναίων, ὡς Ἀριστοφάνης ἐν Νεφέλαις (766)· εἶδες [εἶδον ε^{7}] τὴν [τὸν ε^{4}ε^{6}ε^{7}] παρὰ φαρμακοπώλαις [φαρμακοπόλον ε^{5}] λίθον. ε^{1} (f. 123^{v}), ε^{2} (f. 324^{v}), ε^{3} (f. 85^{v}–86^{r}), ε^{4} (f. 236^{r}), ε^{5} (f. 226^{v}), ε^{6} (f. 114^{r}), ε^{7} (f. 171^{r}), ε^{8} (f. 138^{v}), ε^{9} (f. 112^{v}), ε^{10} (f. 282^{v})

IX 39 (p. 223, 16)[59] ⟨ἐν τῇ κράμβῃ·⟩ τὴν κράμβην οἱ Ἀθηναῖοι κοράμβην [κοράβην ε^{4}] καλοῦσιν [λέγουσι ε^{2}], ὡς Ἀριστοφάνης παρὰ τῷ τῶν Ἀχαρνέων (sed Eq. 539[60]) [παρὰ τῷ τῶν Ἀχαρνέων ε^{4}ε^{5}ε^{6}ε^{8}ε^{10}; παρὰ τῷ τῶν Ἀχαρναίων ε^{1}ε^{3}; παρὰ τῶν Ἀχαρνέων ε^{7}ε^{9}; Ἀχαρνεῦσι ε^{2}], ἣν ἐξ ἐτυμολογίας ἀποδιδόασιν οὕτως [οὕτω ε^{3}ε^{5}ε^{8}ε^{10}] ἀπὸ τοῦ ἀμβλύνειν [καὶ γίνεται ante ἀπὸ τοῦ ἀμβλύνειν add. ε^{5}] τὰς [τοὺς ε^{1}] κόρας, ὅθεν καὶ παροιμία· δὶς κράμβη θάνατος. ε^{1} (f. 123^{v}), ε^{2} (f. 324^{v} mg. inf.), ε^{3} (f. 86^{r}), ε^{4} (f. 236^{r}), ε^{5} (f. 226^{v}), ε^{6} (f. 114^{r}), ε^{7} (f. 171^{r}), ε^{8} (f. 138^{v}), ε^{9} (ff. 112^{v}–113^{r}) ε^{10} (f. 282^{v})

I 55 (p. 23, 8) ⟨προήκουσι·⟩ προήκει ἐς ἡλικίαν ἀντὶ τοῦ προβεβηκώς ἐστι, προήκει δὲ [καὶ ε^{2}] ἀντὶ τοῦ προέρχεται· Αἰλιανός· προήκουσι δὲ καὶ [καὶ om. ε^{5}ε^{9}] ἐς πήχυς [πήχεις ε^{1}ε^{2}] τὸ μέγεθος. προσήκει δὲ ἀντὶ τοῦ πρέπει καὶ ἁρμόζει, οἷον προσήκει μοι τόδε, καὶ προσήκει μοι τοῦδε ἀντὶ τοῦ μέτεστί μοι τοῦδε [καὶ προσήκει μοι τοῦδε ἀντὶ τοῦ μέτεστί μοι τοῦδε om. ε^{1}ε^{4}ε^{6}ε^{9}; post τῆς πατρὸς ἀργῆς οὔσης transp. ε^{5}]. παρὰ δὲ τοῖς ποιηταῖς λαμβάνεται ἀντὶ τοῦ ἔρχεται [ἄρχεται ε^{10}]. ε^{1} (f. 123^{v}–124^{r}), ε^{2} (f. 324^{v}), ε^{3} (f. 86^{r}), ε^{4} (f. 236^{r}), ε^{5} (f. 226^{v}), ε^{6} (f. 114^{r}), ε^{7} (f. 171$^{r–v}$), ε^{8} (ff. 138^{v}–139^{r}), ε^{9} (f. 113^{v}), ε^{10} (f. 282^{v})

I 55 (p. 23, 14) ⟨ἐς τὸ λευκὸν·⟩ τῆς πατρὸς ἀργῆς οὔσης, καὶ τὴν χρόαν ἐς [εἰς ε^{2}ε^{3}ε^{7}ε^{8}ε^{10}] τὸ λευκὸν ἀποκρίνονται [ὑποκρίνονται ε^{2}ε^{3}ε^{7}ε^{8}ε^{10}], ἀντὶ τοῦ λευκοί εἰσιν [εἰσι ε^{1}; καὶ τὴν χρόαν – ἀντὶ τοῦ λευκοί εἰσιν om. ε^{5}], ἐς [ἐς om. ε^{5}] τὸ φιλικὸν ἀπεκρίθη

59 vel XIII 3 (p. 309, 10).

60 Cf. schol. Aristoph. Eq. 539c κράμβη δ' ἐστὶ λάχανον οὕτω καλούμενον, ἣν Ἀττικοὶ κοράμβλην λέγουσι διὰ τὸ τὰς κόρας βλάπτειν. Vide etiam [Zon.] s.v. Κράμβη. τὸ λάχανον. τινὲς κοράμβη, ἡ ἀμβλύνουσα τὰς κόρας. βέλτιον δὲ ἡ τῷ κόρῳ ἀναβαίνουσα.

τάγμα, ἤγουν τοῖς φίλοις [φιλοσόφοις ε^{2}] συνηριθμήθη [ἐς τὸ φιλικὸν – συνηριθμήθη om. $\varepsilon^{4}\varepsilon^{6}$, add. in mg. ε^{9}; καὶ ἐς τοὺς φίλους ἀποκρίνεται ε^{1}; καὶ τὴν χρόαν εἰς τὸ λευκὸν ἀπεκρίνονται (sic), ἀντὶ τοῦ λευκοί εἰσι, καὶ εἰς τοὺς φίλους ἀποκρίνεται hic add. ε^{5}]. ε^{1} (f. 124^{r}), ε^{2} (f. 324^{v}), ε^{3} (f. 86^{r}), ε^{4} (f. 236^{r}), ε^{5} (f. 226^{v}), ε^{6} (f. 114^{r}), ε^{7} (f. 171^{v}), ε^{8} (f. 139^{r}), ε^{9} (f. 113^{v}), ε^{10} (f. 282^{v})

I 55 (p. 23, 14) ⟨ἀνήκουσαν·⟩ ἀνήκει μοι τόδε τὸ πρᾶγμα, ἀνήκει δὲ [καὶ add. $\varepsilon^{1}\varepsilon^{4}\varepsilon^{6}\varepsilon^{9}$] ἀντὶ τοῦ ἀνέρχεται [ἔρχεται $\varepsilon^{1}\varepsilon^{4}\varepsilon^{6}\varepsilon^{7}$]· Αἰλιανός· τὴν κεφαλὴν ἀνήκουσαν [ἀνήκουσιν ε^{5}] εἰς ὀξύ. ε^{1} (f. 124^{r}), ε^{2} (f. 325^{r}), ε^{3} (f. 86^{r}), ε^{4} (f. 236^{r}), ε^{5} (f. 226^{v}), ε^{6} (f. 114^{r}), ε^{7} (f. 171^{v}), ε^{8} (f. 139^{r}), ε^{9} (f. 113^{v}), ε^{10} (f. 282^{v})

IV 20 (p. 80, 20) ἄγει σχολήν· ἄγει ἀπραξίαν, ἀντὶ τοῦ σχολάζει καὶ ἀπρακτεῖ· ἄγουσιν ἑορτὴν ἀντὶ τοῦ ἑορτάζουσι. ε^{1} (f. 124^{r}), ε^{2} (f. 325^{r}), ε^{3} (f. 86^{r}), ε^{4} (f. 236^{r-v}), ε^{5} (f. 226^{v}), ε^{6} (f. 114^{r}), ε^{7} (f. 171^{v}), ε^{8} (f. 139^{r}), ε^{9} (f. 113^{v}), ε^{10} (f. 282^{v})

III 44 (p. 71, 19) ἐποφθαλμιάσωσιν· ἀντὶ τοῦ ἔφ' ἑτέροις ἐρείσωσιν ἐρωτικῶς τοὺς ὀφθαλμούς, τουτέστιν ἐρασθῶσιν ἑτέρων. λ (f. 144^{v})

Alia sylloga epimerismorum, quae Ἀναγκαία γραμματικὰ ζητήματα inscribitur, in Parisino Suppl. gr. 1194 (saec. XV, ff. 1^{r}–128^{v}) a H. Omont reperta est[61]. Interpretationum locorum ab Aeliani de natura animalium libris depromptorum, quas in illa inveni, specimen e Parisino Suppl. gr. 1194 (= ζ^{1}, f. 1^{v}), teste Omont, Vaticano gr. 2222 (= ζ^{2}, f. 295^{r}), Marciano gr. X 3 (= ζ^{3}, f. 21^{v}), Darmstadtensi 2773 (= ζ^{4}, f. 5^{r}) et Vaticano gr. 12 (= ζ^{5}, f. 257^{V}) praebeo:

I 8 (p. 5, 6) ⟨ἀνθρηνίοις·⟩ ἀνθρήνια [ἐνθρήνια $\zeta^{4a.c.}$] τὰ σίμβλα [σύμβλα $\zeta^{4a.c.}$]. $\zeta^{1}\zeta^{2}\zeta^{4}\zeta^{3}\zeta^{5}$

I 11 (p. 7, 12)[62] ⟨εὐερμίᾳ·⟩ εὐερμία εὐτυχία ἐπὶ ἄγρας. $\zeta^{1}\zeta^{2}\zeta^{3}\zeta^{4}\zeta^{5}$

61 Vide Omont 1897, pp. 105–114, qui adnotationes tantum in foliis 1^{r}–3^{v} inventas edidit. Hanc eclogam vel eius partem Marcianus gr. X 3 (saec. XIV in., ff. 21^{r}–101^{v}), Vaticanus gr. 2222 (ff. 295^{r}–312^{v}), Darmstadtensis 2773 (XIV p. m., ff. 4^{v}–6^{v}) et Vaticanus gr. 12 (saec. XIV med., ff. 157^{r}–159^{v}) praebent. Cf. Ucciardello 2011, pp. 259–262.

62 vel I 32 (p. 16, 4–5).

III 23 (p. 64, 2) ὅταν ὑποστρέφωσιν εἰς τὰ ἴδια καὶ οἵδε καὶ αἵδε· ἤτοι πελαργοὶ καὶ γέρανοι. $\zeta^1\zeta^2\zeta^3\zeta^4$
III 37 (p. 69, 10–11) τοὺς δὲ βατράχους βοᾶν καὶ ἐρεσχελεῖν τὸν ἥρωα· καὶ [καὶ om. ζ^4] λυπεῖν δηλονότι. $\zeta^1\zeta^2\zeta^3\zeta^4$
V 11 (p. 106, 19) ⟨κυττάροις·⟩ κυττάριον [κιττάριον ζ^2] τὸ σίμβλον. $\zeta^1\zeta^2\zeta^3\zeta^4\zeta^5$
V 50 (p. 125, 22) ⟨κρίξασαν·⟩ κρίξασα [θρίξασα $\zeta^1\zeta^2$; κνίξασα ζ^5] ἡ γαλῆ. $\zeta^1\zeta^2\zeta^3\zeta^4\zeta^5$
VI 10 (p. 134, 20) φασκώλιον· τὸ σακκούλιον. $\zeta^1\zeta^2\zeta^3\zeta^4\zeta^5$
VIII 6 (p. 195, 9) ⟨τοῖς μέροψι·⟩ μέροψ ὁ φλῶρος. $\zeta^1\zeta^2\zeta^3\zeta^4\zeta^5$
X 48 (p. 254, 8) ⟨Ἠμαθίας·⟩ Ἠμαθία [ἀμαθία ζ^4] ἡ νῦν Μακεδονία. $\zeta^1\zeta^2\zeta^3\zeta^4\zeta^5$
XI 10 (p. 263, 7) ⟨τὰ θεοφάνια·⟩ θεοφάνια ἔλεγον Αἰγύπτιοι τὴν Ἄπιδος ἀνάδειξιν. $\zeta^1\zeta^2\zeta^3\zeta^4\zeta^5$
V 3 (p. 102, 25) ἀκόντιον ἐνηγκύληται [ἐνηγκήληται ζ^3, εὐηγγύληται ζ^4] καὶ μάχαιραν παρήρτηται· ⟨ ⟩. $\zeta^1\zeta^2\zeta^3\zeta^4$
VII 24 (p. 176, 20) εἰ μέλλουσιν [εἰ μέλλουσιν $\zeta^1\zeta^3\zeta^4$, ἀγγέλλουσιν ζ^2] ἰέναι τῷ ῥῷ ὁμόσε· ἤτοι εἰς ἀνάρρουν. $\zeta^1\zeta^2\zeta^3\zeta^4$

VII. DE HVIVS EDITIONIS RATIONE ET DE ADPARATIBVS REDIGENDIS

Novam capitulorum numerationem accepi, quam M. García Valdés, L. A. Llera Fueyo et L. Rodríguez-Noriega Guillén instituerunt; in cancellis inclusas invenies, lector, illius editionis paginas et lineas, ex. gr. VII 8 (p. 165, 15).

Fere omnia scholia in codicibus reperta nunc primum in lucem profero, praeter nonnulla nimis lacunosa et quae nullius momenti iudicavi. Scholiorum ad Excerpta Laurentiana recensionem μ edere conatus sum, sed discrepantes lectiones codicum **n** et **s**, qui priorem et imperfectam redactionem (λ) probabiliter tradunt, in adparatu critico inveniri possunt. Scholia quoque edidi recensionis λ, quae in μ non confluxerunt. Ubi amplior commentarii recensio a codice **y** allata cum ceteris libris multo dissidet, tum scholia plane transcripsi. Similiter scholiorum ad Excerpta Marciana recensio primigenia, a codice **n** tradita, tantum ubi cum ceteris libris magnopere dissidet edita est; discrepantias minores in adparatu item memoravi.

Crebro ἤγουν, ἤτοι, καί[63] scholia et glossas praegrediuntur, sed hanc consuetudinem librarii inconstanter retinuerunt, proinde, ne variis lectionibus minimi momenti adparatum infercirem, illas particulas abolevi. Lemmata omnia a librariis praetermissa e codicum textu qui scholia tradunt addidi.

In adparatu critico lectiones tantum a textu recepto dissentientes afferuntur, quamquam, ad ambiguitates vitandas, interdum omnium codicum lectiones exposui. Spiritus, accentus et interpunctionem plerumque tacite correxi et ad consuetas normas et regulas restitui; raro, ubi utile visum est, emendationes in adparatu inveniuntur. Haud dissimiliter fit de mendis orthographicis. In constituendo textu locorum aliorum scriptorum, quos scholia laudant, nihil corrigere ausus sum.

Ut fontes scholiorum inveniri et eorum fortuna manifesta reddi possit, locos similes satis copiose congessi; vide e.g. quae in Collectionem Atticorum vocabulorum (Συλλογὴ Ἀττικῶν ὀνομάτων) Moschopulo tributam confluxerunt.

Nunc in extremo opere ex animo gratias ago quam maximas eis qui mihi adfuerunt. Praecipue nominandi sunt Maria Cannatà Fera, cuius auxilium mihi numquam defuit, Francus Montanari, cuius benevolentia hoc opus in lucem prodisse permisit, Klaus Alpers, Emmanuel Dettori, Augustus Guida et Iosephus Ucciardello, qui textum adparatusque perlegerunt et emendaverunt. Gratias quoque ago omnibus sodalibus et amicis qui aut opibus aut consilio me summa cum benignitate adiuverunt, inter quos memoro Davidem Baldi, Danielem Bianconi, Iohannem Cascio, Dominicum Cufalo, Anytam Di Stefano, Maximum Giuseppetti, Catharinam Legutke, Henricum Magnelli, Iacobum Mancuso, Andream Martano, Stephanum Martinelli Tempesta, Stephanum Micunco, Marcellum Nobili, Serenam Pirrotta, Henricum Emmanuelem Prodi, Nicholaum Reggiani, Florianum Ruppenstein, Christinam Savino, Claudium Schiano, Davidem Speranzi, Franciscum Valerio. Parentibus meis carissimis hunc librum dico.

Dabam Rhegii Iulii
ineunte anno MMXVII

Claudio Meliadò

63 In codice **y** constanter καί pro ἤγουν vel ἤτοι invenitur.

COMPENDIA LIBRORVM

Alpers 1972: K. Alpers, «'Zonarae' Lexicon», *RE* X a (1972), cc. 732–763.

Alpers 1981: K. Alpers, *Das attizistische Lexikon des Oros. Untersuchung und kritische Ausgabe der Fragmente*, Berlin – New York 1981.

Biedl 1955: A. Biedl, *Zur Textgeschichte des Laertios Diogenes. Das grosse Exzerpt Φ*, Città del Vaticano 1955.

Bühler 1987: *Zenobii Athoi proverbia vulgari ceteraque memoria aucta* edidit et enarravit W. Bühler, I, *Prolegomena complexum, in quibus codices describuntur*, Gottingae 1987.

Canart 2010: P. Canart, «Pour un répertoire des anthologies scolaires commentées de la période des Paléologues», in A. Bravo García – I. Pérez Martín, *The Legacy of Bernard de Montfaucon: Three Hundred Years of Studies on Greek Handwriting. Proceedings of the Seventh International Colloquium of Greek Palaeography (Madrid – Salamanca, 15–20 September 2008)*, Turnhout 2010, pp. 449–462.

Canart 2011: P. Canart, «Les anthologies scolaires commentées de la période des Paléologues, à l'école de Maxime Planude et de Manuel Moschopoulos», in P. van Deun – C. Macé, *Encyclopedic Trends in Byzantium? Proceedings of the International Conference held in Leuven, 6–8 May 2009*, Leuven – Paris – Walpole, MA 2011, pp. 297–331.

Dalfen 1978: J. Dalfen, «Scholien und Interlinearglossen in Marc Aurel-Handschriften», *SIFC* 50, 1978, pp. 5–26 (= G. Petersmann – Chr. Wagner (edd.), *J. Dalfen. Kleine Schriften*, Grazer Beiträge Suppl. VIII, Salzburg – Horn 2001, pp. 261–277).

Dalfen 1987: *Marci Aurelii Antonini ad se ipsum libri XII*, edidit J. Dalfen, Leipzig 1987[2].

De Stefani 1899: E. A. De Stefani, «Scholia codicis Laurentiani LXXXVI,7 in Aeliani Hist. Animal.», *SIFC* 7, 1899, p. 414.

De Stefani 1902a: E. A. De Stefani, «Palamedis grammatici fragmentum», *SIFC* 10, 1902, p. 40.

De Stefani 1902b: E. L. De Stefani, «I manoscritti della 'Historia animalium' di Eliano», *SIFC* 10, 1902, pp. 175–222.

De Stefani 1904: E. L. De Stefani, «Gli excerpta della 'Historia animalium' di Eliano», *SIFC* 12, 1904, pp. 145–180.

Derenzini 1984: G. Derenzini, «Per la tradizione dell'*Antologia Planudea*: nota paleografica tricliniana», *RSBS* 4, 1984, pp. 11–30.

Devreesse 1954: R. Devreesse, *Introduction à l'étude des manuscrits grecs*, Paris 1954.

Dorandi 2009: T. Dorandi, *Laertiana. Capitoli sulla tradizione manoscritta e sulla storia del testo delle Vite dei filosofi di Diogene Laerzio*, Berlin – New York 2009.

Gallavotti 1960: C. Gallavotti, «Planudea (II)», *BollClass* 8, 1960, pp. 11–16.

Gallavotti 1982: C. Gallavotti, «Planudea (V)», *BollClass* 4, 1982, pp. 36–56.

Gallavotti 1983: C. Gallavotti, «Nota sulla schedographia di Moscopulo e suoi precedenti fino a Teodoro Prodromo», *BollClass* 4, 1983, pp. 1–35.

Gallavotti 1990: C. Gallavotti, «Planudea (X)», *BollClass* 11, 1990, pp. 78–103.

García Valdés – Llera Fueyo – Rodríguez-Noriega Guillén 2009: *Claudius Aelianus, De natura animalium*, ediderunt M. García Valdés – L. A. Llera Fueyo – L. Rodríguez-Noriega Guillén, Berolini et Novi Eboraci 2009.

Gaul 2008: N. Gaul, «Moschopulos, Lopadiotes, Phrankopulos (?), Magistros, Staphidakes: Prosopographisches und Methodologisches zur Lexikographie des frühen 14. Jahrhunderts», in E. Trapp – S. Schönauer (edd.), *Lexicologica Byzantina. Beiträge zum Kolloquium zur byzantinischen Lexikographie (Bonn, 13.–15. Juli 2007)*, Göttingen 2008, pp. 163–196.

Géhin 2005: P. Géhin et al., *Les manuscrits grecs datés des XIII*[e] *et XIV*[e] *siècles conservés dans les bibliothèques publiques de France*, II, *Première moitié du XIV*[e] *siècle*, Turnhout 2005.

González Suárez 2007: M. González Suárez, *Los manuscritos H (*Vaticanus Palatinus gr. *260) y F (*Laurentianus *86, 8) en la 'Historia de los animales' de Claudio Eliano*, Diss. Oviedo 2007.

Guida 2008: A. Guida, «Estratti da Eunapio non identificati», in C. Griggio – F. Vendruscolo (curr.), *"Suave mari magno...". Studi offerti dai colleghi udinesi a Ernesto Berti*, Udine 2008, pp. 151–160.

Hunger 1978: H. Hunger, *Die hochsprachliche Literatur der Byzantiner*, 2, München 1978.

Keaney 1969: J. J. Keaney, «Moschopoulos and Harpocration», *TAPhA* 100, 1969, pp. 201–207.

Keaney 1971: J. J. Keaney, «Moschopulea», *BZ* 64, 1971, pp. 303–321.

Knoepfler 1991: D. Knoepfler, *La Vie de Ménédème d'Érétrie de Diogène Laërce. Contribution à l'histoire et à la critique du texte des Vies des philosophes*, Basel 1991.

Latte 1953: *Hesychii Alexandrini Lexicon*, rec. et em. K. Latte, 1, Hauniae 1953.

Lemerle 1977: P. Lemerle, *Cinq Études sur le XI*[e] *siècle byzantin*, Paris 1977.

Lindstam 1919–1920: S. Lindstam, «Senbyzantinska epimerismsamlingar och ordböcker», *Eranos* 19, 1919–1920, pp. 57–92.

Lindstam 1925: S. Lindstam, «Die Philostratoskommentare und die Moschopulos-Sylloga», *Göteborgs Högskolas Årsskrift* 31, 1925, pp. 173–184.

Luppino 1959–1960: A. Luppino, «Scholia graeca inedita in Anthologiae epigrammata selecta», *AAP* 9, 1959–1960, pp. 25–62.

Marcheselli Loukas 1971–1972: L. Marcheselli Loukas, «Note schedografiche inedite del Marc. gr. Z 487 = 883», *RSBN* 8–9, 1971–1972, pp. 241–260.

Meliadò 2015: C. Meliadò, «Pindaro ed Eschilo negli scolii a Eliano», *SemRom.* 4, 2015, pp. 235–241.

Meliadò s.p.: C. Meliadò, «Gli scolii a Eliano: la genesi del corpus», in E. Cingano (ed.), *Atti del Convegno Internazionale 'Il commento ai testi greci. Problemi, metodi e tendenze dell'erudizione antica e bizantina'* (sub prelo).

Mercati 1923–1925: S. G. Mercati, «Intorno all'autore del Carme εἰς τὰ ἐν Πυθίοις θερμά (Leone Magistro Choirosphaktes)», *RSO* 10, 1923–1925, pp. 212–248 (= *Collectanea Byzantina*, 1, Bari 1970, pp. 271–309).

Micunco 2015: S. Micunco, «Biblioteche di patriarchi: Fozio nella collezione di Metrofane III», *BollClass* 36, 2015 [2017], pp. 77–122.

Mioni 1971–1972: E. Mioni, «Nuovi contributi alla Silloge Vaticana dell' Antologia planudea», *RSBN* 8–9, 1971–1972, 87–107.

Mioni 1982: E. Mioni, «Un lessico inedito di Massimo Planude», *JÖB* 32, 1982, pp. 129–138.

Mondrain 2008: B. Mondrain, «La réutilisation de parchemin ancien dans les livres à Constantinople au XIVe et au XVe siècle: quelques exemples, de la *Collection philosophique* aux folios palimpsestes du *Parisinus gr.* 1220», in S. Lucà (ed.), *Libri palinsesti greci: conservazione, restauro digitale, studio*, Roma 2008, 111–129.

Muratore 2001: D. Muratore, *Le Epistole di Falaride. Catalogo dei manoscritti*, Roma 2006.

Omont 1897: H. Omont, *Catalogue des manuscrits grecs Latins, Francais et Espagnols et des Portulans*, Paris 1897, 105–114.

Pérez Martín 1999: I. Pérez Martín, Una tecnología léxico-gramatical en el *Vaticanus graecus* 113, in Τῆς φιλίης τάδε δῶρα. Miscelánea léxica en memoria de Conchita Serrano, Madrid 1999, pp. 501-506.

Pontani 2009: F. Pontani, «Achille, occhio degli Achei (Antehomerica Uffenbachiana)», *RHT* 4, 2009, p. 1–29.

Pontani 2015: F. Pontani, «Scholarship in the Byzantine Empire (529–1453)», in F. Montanari – S. Matthaios – A. Rengakos (edd.), *Brill's Companion to Ancient Greek Scholarship*, I, Leiden – Boston 2015, pp. 297–455.

Robins 1993: R. H. Robins, *The Byzantine Grammarians: Their Place in History*, Berlin 1993.

Stefec 2011a: R. Stefec, Cens. ad «T. Dorandi, Laertiana. Capitoli sulla tradizione manoscritta e sulla storia del testo delle Vite dei filosofi di Diogene Laerzio, Berlin – New York 2009», *BZ* 104, 2011, pp. 757–764.

Stefec 2011b: R. Stefec, Cens. ad «García Valdés – L. A. Llera Fueyo – L. Rodríguez-Noriega Guillén 2009: *Claudius Aelianus, De natura animalium*, ediderunt M. García Valdés – L. A. Llera Fueyo – L. Rodríguez-Noriega Guillén, Berolini et Novi Eboraci 2009», *Gymnasium* 118, 2011, pp. 289–291.

Stefec 2013: R. Stefec, «Die Überlieferung der Deklamationen Polemons», *Römische historische Mitteilungen* 55, 2013, pp. 99–154.

Stich 1882: *D. Imperatoris Marci Antonini Commentariorum quos sibi ipsi scripsit libri XII*, iterum recensuit I. Stich, Lipsiae 1882.

Ucciardello 2011: G. Ucciardello, «I 'lessici retorici' dall'antichità all'Umanesimo: nuove acquisizioni e prospettive di ricerca», in J. Hamesse – J.

Meirinhos (edd.), *Glossaires et Lexiques médiévaux inédits: bilan et perspectives*, Porto 2011, pp. 227–270.

Webb 1992: R. Webb, *The Transmission of the Eikones of Philostratos and the Development of Ekphrasis from late Antiquity to the Renaissance*, Diss. London 1992.

Webb 1994: R. Webb, «A Slavish Art? Language and Grammar in Late Byzantine Education and Society», *Dialogos* 1, 1994, pp. 82–104.

Wilson 1977: N. G. Wilson, «Scholarly Hands of the Middle Byzantine Period», in *La paléographie grecque et byzantine*, Paris 1977, pp. 221–239.

CONSPECTVS SIGLORVM ET NOTARVM

A Monacensis gr. 564 (saec. XIV in.)
F Laurentianus pluteus LXXXVI 8 (saec. XV)
H Vaticanus Palatinus gr. 260 (saec. XIV)
K Vaticanus gr. 1376 (saec. XIV)
L Laurentianus pluteus LXXXVI 7 (saec. XII)
L[1] Laurentiani scholia a manibus recentioribus exarata
T Athous Monasterii Maximae Laurae M 123 (saec. XIV)
V Parisinus suppl. gr. 352 (saec. XII ex. vel XIII)
W Vindobonensis med. gr. 51 (saec. XIV)
a Vaticanus gr. 96 (ante annum 1152 exaratus)
d Vaticanus Palatinus gr. 360 (saec. XV)
e Vaticanus Reginensis gr. 147 (saec. XIV in.)
f Marcianus gr. 487 (saec. XIV in.)
g Oxoniensis Canonicianus gr. 13 (saec. XVI in.)
h Vindobonensis theol. gr. 203 (saec. XIV med.)
l Laurentianus pluteus LV 7 (saec. XIV)
m Laurentianus pluteus LIX 44 (saec. XIV)
n Marcianus gr. XI 1 (saec. XIII ex.)
p Mutinensis α. U. 9. 11 (saec. XV–XVI)
q Atheniensis Musei Benacensis T.A. 152 (saec. XV)
s Vaticanus gr. 20 (saec. XIV a. m.)
y Vaticanus gr. 926 (saec. XIV med.)
z Vaticanus gr. 1852 (saec. XIV med.)

Diog Scholia quae a Diogeniano manant
mosch Scholia in Moschopuli circulo verisimiliter creata
plan Scholia in Planudis circulo verisimiliter creata

Ael. NA: Claudius Aelianus, De natura animalium, ediderunt M. García Valdés – L. A. Llera Fueyo – L. Rodríguez-Noriega Guillén, Berolini et Novi Eboraci 2009.

Ammon.: Ammonii qui dicitur liber De adfinium vocabulorum differentia, ed. K. Nickau, Lipsiae 1966.

An. Par.: Anecdota Graeca e codd. manuscriptis Bibliothecae Regiae Parisiensis, ed. J. A. Cramer, IV, Oxonii 1841.

Ap. Soph.: K. Steinicke, Apollonii Sophistae lexicon Homericum, Diss. Gottingae 1957 (α–δ); Apollonii Sophistae lexicon Homericum, ex recensione I. Bekkeri, Berolini 1833.

[Archyt.]: pseudo-Archytas in H. Thesleff, The Pythagorean texts of the Hellenistic period, Åbo 1965, pp. 3-48.

Arist. Quint. Mus.: Aristidis Quintiliani De musica libri tres, ed. R. P. Winnington-Ingram, Lipsiae 1963.

Choer. Epim.: Georgii Choerobosci Dictata in Theodosii Canones necnon Epimerismi in Psalmos e codicibus manuscriptis ed. Th. Gaisford, III, Georgii Choerobosci Epimerismi in Psalmos e codice manuscripto Bibl. Reg. Paris., Oxonii 1842.

Choer. in Hephaest.: Commentarius Georgii Choerobosci in Hephaestionem, in Hephaestionis Enchiridion cum commentariis veteribus, ed. M. Consbruch, accedunt variae metricorum graecorum reliquiae, Stutgardiae 1906, pp. 175–254.

Choer. in Theodos. I: Georgii Choerobosci Prolegomena et scholia in Theodosii Alexandrini Canones isagogicos de flexione nominum ed. A. Hilgard, Gr. Gr. IV 1, Lipsiae 1894, pp. 103–417.

Choer. in Theodos. II: Georgii Choerobosci Prolegomena et scholia in Theodosii Alexandrini Canones isagogicos de flexione verborum ed. A. Hilgard, Gr. Gr. IV 2, Lipsiae 1894, pp. 1–371.

Cyr.: A. B. Drachmann, Die Überlieferung des Cyrillglossars, København 1936 (Dr.). Das sogenannte „Kyrill"-Lexikon in der Fassung der Handschrift E (Codex Bremensis G 11), ed. U. Hagedorn, 1–2, 2005 [http://kups.ub.uni-koeln.de/1813/] (Hag.).

Cyran.: D. Kaimakis, Die Kyraniden, Meisenheim am Glan 1976.

Diogen. Paroem.: Παροιμίαι δημώδεις ἐκ τῆς Διογενιανοῦ συναγωγῆς, in Corpus Paroemiographorum Graecorum, I, Zenobius, Diogenianus, Plutarchus, Gregorius Cyprius cum appendice proverbiorum, ed. E. L. a Leutsch et F. G. Schneidewin, Gottingae 1839, 177–320.

Epim. Hom.: Epimerismi Homerici, ed. A. R. Dyck, Pars altera Epimerismos continens qui ordine alphabetico traditi sunt, Berlin – New York 1995.

Erotian.: Erotiani Vocum Hippocraticarum collectio cum fragmentis, recensuit E. Nachmanson, Gotoburgi 1918.

Et. Gen.: Etymologicum Magnum Genuinum, Symeonis Etymologicum una cum Magna Grammatica, Etymologicum Magnum auctum, synoptice ed. F. Lasserre – N. Livadaras, I (α–ἀμωσγέπως), Roma 1976, II (ἀνά–βώτορες), Ἀθῆναι 1992; K. Alpers, Bericht über Stand und Methode der Ausgabe des Etymologicum Genuinum (mit einer Ausgabe des Buchstaben Λ), København 1969, 25–58.

Et. Gud.: Etymologicum Gudianum quod vocatur, recensuit et apparatum criticum indicesque adiecit E. A. de Stefani, I–II, Lipsiae 1909–1920 (ἀάλιον–ζειαί); Etymologicum graecae linguae Gudianum et alia grammaticorum scripta e codicibus manuscriptis nunc primum edita. Accedunt notae ad Etymologicon Magnum ineditae E. H. Barkeri, I. Bekkeri, L. Kulencampii, A. Peyroni aliorumque, quas digessit et una cum suis ed. F. G. Sturzius cum indice locupletissimo, Lipsiae 1818.

Et. M.: Etymologicum Magnum seu verius Lexicon saepissime vocabulorum origines indagans ex pluribus lexicis scholiastis et grammaticis anonymi cuiusdam opera concinnatum. Ad codd. mss. recensuit et notis variorum instruxit Th. Gaisford, Oxonii 1848.

Et. Sym.: Etymologicum Magnum Genuinum, Symeonis Etymologicum una cum Magna Grammatica, Etymologicum Magnum auctum, synoptice ed. F. Lasserre – N. Livadaras, II (ἀνά–βώτορες), Ἀθῆναι 1992; Etymologicum Symeonis (γ–ε), recensuit et prolegomena adiecit D. Baldi, Turnhout 2013.

Eust. in Il.: Eustathii Archiepiscopi Thessalonicensis Commentarii ad Homeri Iliadem pertinentes, ed. M. van der Valk, I–IV, Lugduni Batavorum 1971–1987.

Eust. in Od.: Eustathii Archiepiscopi Thessalonicensis Commentarii ad Homeri Odysseam ad fidem exempli Romani editi, ed. J. G. Stallbaum, I–II, Lipsiae 1825–1826.

[Galen.] Lex. bot.: [Galenus], Lexicon botanicum, in Anecdota Atheniensia et alia, II, Textes grecs relatifs à l'histoire des sciences édités par A. Delatte, Liège – Paris 1939, pp. 385–393.

Galen. Meth. med.: Galenus, De methodo medendi, in Claudii Galeni Opera omnia, editionem curavit C. G. Kühn, X, Lipsiae 1825.

Gennad. Schol. Gramm.: Gennadius Scholarius, Grammatica, in M. Jugie – L. Petit – X. A. Siderides, Œuvres complètes de Georges (Gennadios) Scholarios, VIII, Paris 1936, pp. 351–498.

Georg. Lacap. Epim.: Georgii Lacapeni et Andronici Zaridae Epistulae XXXII cum epimerismis Lacapeni. Accedunt duae epistulae Michaëlis Gabrae ad Lacapenum, edidit S. Lindstam, Gothoburgi 1924.

Greg. Pard. Synt.: D. Donnet, Le traité Περὶ συντάξεως λόγου de Grégoire de Corinthe. Études de la tradition manuscrite, édition, traduction et commentaire par D. Donnet, Bruxelles – Rome 1967.

Harp.: Harpocrationis lexicon in decem oratores Atticos, ex recensione G. Dindorfii, I, Oxonii 1853; Harpocration. Lexeis of the Ten Orators, ed. by J. J. Keaney, Amsterdam 1991.

Hdn. κλίσ. ὀνομ.: Herodianus, Περὶ κλίσεως ὀνομάτων, in Herodiani Technici reliquiae, collegit disposuit emendavit explicavit praefatus est A. Lentz, II 2, Gr. Gr. III 2.2, Lipsiae 1867, pp. 634–777.

Hdn. ὀρθογρ.: Herodianus, Περὶ ὀρθογραφίας, in Herodiani Technici reliquiae, collegit disposuit emendavit explicavit praefatus est A. Lentz, II 1, Gr. Gr. III 2.2, Lipsiae 1867, pp. 407–611.

Hdn. παρων.: Herodianus, Περὶ παρωνύμων, in Herodiani Technici reliquiae, collegit disposuit emendavit explicavit praefatus est A. Lentz, II 2, Gr. Gr. III 2.2, Lipsiae 1867, pp. 849–897.

[Hdn.] Epim.: Herodiani partitiones, e codd. Parisinis ed. J. F. Boissonade, Londini 1819.

[Hdn.] Philet.: A. Dain, Le "Philétæros" attribué à Hérodien, Paris 1954.

Hsch.: Hesychii Alexandrini Lexicon, recensuit et emendavit K. Latte, I–II (α–ο), Hauniae 1953–1966; Hesychii Alexandrini Lexicon, III (π–σ), editionem post K. Latte continuans recensuit et emendavit P. A. Hansen,

SGLG 11.3, Berlin – New York 2005; Hesychii Alexandrini Lexicon, IV (τ–ω), editionem post K. Latte continuantes recensuerunt et emendaverunt P. A. Hansen – I. C. Cunningham, SGLG 11.4, Berlin – New York 2009.

[Hippocr.] Epist. ad Ptol.: [Hippocrates], Epistola ad Ptolemaeum regem de hominis fabrica, in Anecdota medica graeca e codicibus mss. exprompsit F. Z. Ermerins, Lugduni Batavorum 1840, pp. 277–297.

Lex. Cas. in Greg. Naz.: Lexicon in carmina Gregorii Nazianzeni e cod. Casinensi Arch. Abbat. T 550, in D. Kalamakis, In sancti Gregorii Nazianzeni carmina lexicon Casinense, Ἀθηνᾶ 81, 1995, pp. 251–299.

Lex. Coisl. in Greg. Naz.: Lexicon in carmina Gregorii Nazianzeni e cod. Paris. Coisl. 394, in D. Kalamakis, Λεξικὰ τῶν ἐπῶν Γρηγορίου τοῦ Θεολόγου μετὰ γενικῆς θεωρήσεως τῆς πατερικῆς λεξικογραφίας, Ἀθῆναι 1992, pp. 145–227.

Lex. Herm.: Fragmentum lexici graeci e Paris. gr. 3027 (fort. auctore Nicephoro Gregora), in G. Hermann, De emendanda ratione graecae grammaticae, pars prima, accedunt Herodiani aliorumque libelli nunc primum editi, Lipsiae 1801, pp. 319–352.

Lex. Hex.: M. Th. Fögen, Das Lexikon zur Hexabiblos aucta, in Fontes Minores VIII. Lexica Iuridica Byzantina, ed. L. Burgmann et al., Frankfurt am Main 1990, pp. 153–214.

Lex. rhet.: M. N. Naoumides, Ῥητορικαὶ λέξεις, Ἀθῆναι 1975.

Lex. spir.: Lexicon de spiritibus ap. L. C. Valckenaer, Ammonius, De differentia adfinium vocabulorum, accedunt opuscula nondum edita, Eranius Philo de differentia significationis, Lesbonax de figuris grammaticis, incerti scriptores de soloecismo et barbarismo, Lexicon de spiritibus dictionum ex operibus Tryphonis, Choerobosci, Theodoriti etc. selectum, Lipsiae 1822, pp. 188–215.

Lex. synt.: Lexicon syntacticum e Laur. 59, 16, in L. Massa Positano – M. Arco Magrì, Lessico sintattico Laurenziano, Napoli s.a.

Lex. Theaet.: R. Pintaudi, Lexicon quod Theaeteti vocatur, *JÖB* 25, 1976, pp. 105-120.

Lex. Vind.: Lexicon Vindobonense, recensuit et adnotatione critica instruxit A. Nauck, accedit appendix duas Photii Homilias et alia opuscula complectens, Petropoli 1867.

Mich. Apost.: Μιχαήλου Ἀποστόλου τοῦ Βυζαντίου Συναγωγὴ παροιμιῶν καὶ συνθήκη, in Corpus Paroemiographorum Graecorum, II, ed. E. L. a Leutsch, Gottingae 1851, 232–744.

Moer.: Das attizistische Lexicon des Moeris. Quellenkritische Untersuchung und Edition, hrsg. von D. U. Hansen, SGLG 9, Berlin – New York 1998.

Moschop. Constr.: Moschopulus, De constructione nominum et verborum, in Theodori Grammatices libri IIII. De mensibus liber eiusdem. Georgii Lecapeni De constructione verborum. Emmanuelis Moschopuli De constructione nominum & uerborum. Eiusdem De accentibus, Venetiis, in aedibus Aldi et Andreae Asulani soceri, 1525.

Moschop. Sched.: Τοῦ σοφωτάτου καὶ λογιωτάτου Μανουήλου τοῦ Μοσχοπούλου Περὶ σχεδῶν ἤτοι Γραμματικὴ ἐν σχήματι τεχνολογικῷ, ed. J. Kurzböck, Wien 1773.

Moschop. Comm. Hes. Op.: Manuelis Moschopuli Commentarium in Hesiodi Opera et Dies ed. S. Grandolini, Roma 1991.

[Moschop.] Voc. Att.: Τῶν ὀνομάτων Ἀττικῶν ξυλλογὴ ἐκλεγεῖσα ἀπὸ τῆς τεχνολογίας τῶν Εἰκόνων τοῦ Φιλοστράτου, ἣν ἐξέδοτο ὁ σοφώτατος κύριος Μανουὴλ ὁ Μοσχόπουλος, καὶ ἀπὸ τῶν βιβλίων τῶν ποιητῶν, in Dictionarium Graecum, cum interpretatione latina, omnium quae hactenus impressa sunt copiosissimum, Venetiis, in aedibus Aldi et Andreae Asulani soceri, 1524, cc. 135r–164r.

[Neoph.] Lex. bot.: [Neophytus], Lexicon botanicum, in Anecdota Atheniensia et alia, II, Textes grecs relatifs a l'histoire des sciences édités par A. Delatte, Liége – Paris 1939, pp. 277–302.

Nicom. Lex. bot.: Nicomedes, Lexicon botanicum, in Anecdota Atheniensia et alia, II, Textes grecs relatifs à l'histoire des sciences édités par A. Delatte, Liège – Paris 1939, pp. 302–318.

[Nonn.] Comm. in Greg. Naz.: Pseudo-Nonniani in IV orationes Gregorii Nazianzeni commentarii, editi a J. Nimmo Smith, Turnhout 1992.

Philop. Voc.: Iohannis Philoponi de vocabulis quae diversum significatum exhibent secundum differentiam accentus, ed. L. W. Daly, Philadelphia 1983.

Philox.: Die Fragmente des Grammatikers Philoxenos, hrsg. von Chr. Theodoridis, SGLG 2, Berlin – New York 1976.

Phot.: Photii Patriarchae Lexicon, ed. Chr. Theodoridis, I–III (α–φ), Berlin – New York 1982–2013.

Planud. Constr. verb.: Planudes, De constructione verborum α, in A. Guida, Sui lessici sintattici di Planude e Armenopulo, con edizione della lettera α di Armenopulo, *Prometheus* 25, 1999, pp. 1–34.

Planud. Dial. Gramm.: Τοῦ σοφωτάτου Μαξίμου τοῦ Πλανούδη περὶ γραμματικῆς διάλογος, in Anecdota Graeca e codd. mss. Bibl. Reg. Parisin. descripsit L. Bachmannus, II, Lipsiae 1828, pp. 2–101.

Planud. Epim.: Planudes, Epimerismi, in S. Lindstam, «Senbyzantinska epimerismsamlingar och ordböcker», *Eranos* 19, 1919–1920, pp. 57–92.

Planud. Epim. ined.: Planudes, Epimerismi inediti e Vaticano gr. 93 (ε^6) et Marciano gr. X 3 (ε^9), vide supra pp. XXVI–XXXIII.

Plut. Apoph. Lac.: Plutarchus, Apophthegmata Laconica, in Plutarchi Moralia, recensuerunt et emendaverunt W. Nachstädt – W. Sieveking – J. B. Titchener, II, Leipzig 1971.

Poll. On.: Pollucis Onomasticon e codicibus ab ipso collatis denuo edidit et adornavit E. Bethe, I–III, Lipsiae 1900–1937.

Porph. Quaest. Hom.: Porphyrii Quaestionum Homericarum liber I, ed. A. R. Sodano, Napoli 1970; Porphyry's Homeric Questions on the Iliad, Text, Transl., Comm. by J. A. MacPhail, Berlin – New York 2011.

Psell. Opusc.: Michaelis Pselli Philosophica Minora ed. J. M. Duffy et D. J. O'Meara, I, Opuscula logica, physica, allegorica, alia ed. J. M. Duffy, Stutgardiae et Lipsiae 1992.

Ptol. Diff. voc.: G. Heylbut, Ptolemaeus περὶ διαφορᾶς λέξεων, *Hermes* 22, 1887, pp. 38–410; V. Palmieri, Ptolemaeus, De differentia vocabulorum, *AFLN* 24, 1981-2, pp. 155–233.

Schol. Aeschyl.: Scholia Graeca in Aeschylum quae extant omnia, pars I, scholia in Agamemnonem Choephoros Eumenides Supplices contines, ed. O. L. Smith, Stutgardiae – Lipsiae 1993²; Scholia Graeca in Aeschylum quae extant omnia, pars II 2, scholia in Septem adversus Thebas contines, ed. O. L. Smith, Leipzig 1982; Aeschyli tragoediae superstites et deperditarum fragmenta ex recensione G. Dindorfii, III, Scholia Graeca ex codicibus aucta et emendata, Oxonii 1851; H. W. Smyth, The Commentary on Aeschylus' Prometheus in the Codex Neapolitanus, *HSCPh* 32, 1921, 1–98; Demetrii Triclinii in Aeschyli Persas scholia iterum ed. L. Massa Positano, accedunt appendices tres et tabula phototypica, Napoli 1963; The older scholia on the Prometheus bound, ed. by C. J. Herington, Leiden 1972.

Schol. Anth. Pal.: A. Luppino, Scholia graeca inedita in Anthologiae epigrammata selecta, *AAP* 9, 1959–1960, pp. 25–62.

Schol. Ap. Rh.: Scholia in Apollonium Rhodium vetera, recensuit C. Wendel, Berolini 1935.

Schol. Arat.: Scholia in Aratum vetera, ed. J. Martin, Stutgardiae 1974.

Schol. Aristoph.: Scholia in Aristophanis Acharnenses, ed. N. G. Wilson, Groningen 1975; Scholia vetera et recentiora in Aristophanis Aves, ed. D. Holwerda, Groningen 1991; Scholia vetera in Aristophanis Equites, ed. D. Mervyn Jones. Scholia Tricliniana in Aristophanis Equites, ed. N. G. Wilson, Groningen – Amsterdam 1969; Scholia vetera in Nubes, ed. D. Holwerda, Groningen 1977; Scholia recentiora in Nubes, ed. W. J. W. Koster, Groningen 1974; Jo. Tzetzae commentarii in Aristophanem, I, Prolegomena et commentarium in Plutum, ed. L. Massa Positano, Groningen 1960; Jo. Tzetzae commentarii in Aristophanem, III, Commentarium in Ranas et in Aves. Argumentum Equitum, ed. W. J. W. Koster, Groningen 1962; Scholia græca in Aristophanem cum prolegomenis grammaticorum, varietate lectionis optimorum codicum integra, ceterorum selecta, annotatione criticorum item selecta, cui sua quædam inseruit F. Dübner, Parisiis 1877.

Schol. Dion. Thr.: Scholia in Dionysii Thracis Artem grammaticam recensuit et apparatum criticum indicesque adiecit A. Hilgard, Gr. Gr. III, Lipsiae 1901.

Schol. Eur.: Scholia in Euripidem, collegit recensuit edidit E. Schwartz, I–II, Berolini 1887–1891; Scholia graeca in Euripidis Tragoedias ex codicibus aucta et emendata ed. G. Dindorfius, I–IV, Oxonii 1863.

Schol. Hes. Op.: Poetæ Minores Græci, præcipua lectionis varietate et indicibus locupletissimis instruxit Th. Gaisford, II, Scholia ad Hesiodum, Lipsiae 1823.
Schol. Hom.: Scholia Graeca in Homeri Iliadem (scholia vetera), recensuit H. Erbse, I–VII, Berolini 1969–1988; Scholia D in Iliadem, proecdosis aucta et correctior, secundum codices manu scriptos, edita ab H. van Thiel, Köln, Elektronische Schriftenreihe der Universitäts- und Stadtbibliothek 7, 2014; Scholia graeca in Odysseam ed. F. Pontani, I (α–β)–II (γ–δ)–III (ε–ζ), Roma 2007–2015; Scholia græca in Homeri Odysseam ex codicibus aucta et emendata ed. G. Dindorfius, I–II, Oxonii 1855.
Schol. Lucian.: Scholia in Lucianum, ed. H. Rabe, Lipsiae 1906.
Schol. Lyc.: Lycophronis Alexandra, recensuit E. Scheer, vol. II scholia continens, Berolini 1908.
Schol. Nic.: Scholia in Nicandri Alexipharmaca cum glossis ed. M. Geymonat, Milano 1974; Scholia in Nicandri Theriaca cum glossis ed. A. Crugnola, Milano – Varese 1971.
Schol. Opp.: Scholia et paraphrasis in Oppianum, ex codicibus correxit, auxit et annotatione critica instruxit U. C. Bussemaker, in Scholia in Theocritum, auctiora reddidit et annotatione critica instruxit F. Dübner, Parisiis 1849, 243–375.
Schol. Philostr. Im.: Scholia in Philostrati Imagines, in R. Webb, *The Transmission of the Eikones of Philostratos and the Development of Ekphrasis from Late Antiquity to the Renaissance*, Diss. London 1992, pp. 216–248.
Schol. Pind.: Δ. Χ. Σεμιτέλος, Πινδάρου Σχόλια Πατμιακά, Ἀθήνησιν 1875.
Schol. Plat.: Scholia Graeca in Platonem, I. Scholia ad dialogos Tetralogiarum I–VII continens, ed. D. Cufalo, Roma 2007; Scholia Platonica contulerunt atque investigaverunt F. de Forest Allen, I. Burnet, C. Pomeroy Parker, omnia recognita praefatione indicibusque instructa ed. G. Ch. Greene, Haverfordiae 1938.
Schol. Soph.: Scholia in Sophoclis Oedipum Coloneum, ed. V. de Marco, Romae 1952; Scholia Byzantina in Sophoclis Oedipum Tyrannum, ed. O. Longo, Padova 1971; Γ. Α. Χριστοδούλου, Τὰ ἀρχαῖα σχόλια εἰς Αἴαντα τοῦ Σοφοκλέους, ἐν Ἀθήναις 1977.
Schol. Theocr.: Scholia in Theocritum vetera, recensuit C. Wendel, Lipsiae 1914.
Schol. Thuc.: Scholia in Thucydidem ad optimos codices collata, ed. C. Hude, Lipsiae 1927.
Sophron. Narr. mirac.: Sophronius, Narratio miraculorum sanctorum Cyri et Joannis, in N. Fernández Marcos, Los Thaumata de Sofronio. Contribución al estudio de la incubatio cristiana, Madrid 1975.
Steph. Byz.: a) Stephani Byzantii Ethnica, II: Δ–Ι, recensuerunt, Germanice vertunt, adnotationibus indicibusque instruxerunt M. Billerbeck et Chr. Zubler, Berolini – Novi Eboraci 2011. b) Stephani Byzantii Ethnica, IV: Π–Υ, recensuerunt, Germanice verterunt, adnotationibus indicibusque

instruxerunt M. Billerbeck et A. Neumann-Hartmann, Berolini – Novi Eboraci 2016.

Steph. Comm. Hipp. Progn.: J. M. Duffy, Commentary on Hippocrates' Prognosticon, Buffalo 1975.

Su.: Suidae Lexicon, ed. A. Adler, I–V, Lipsiae 1928–1938.

Syn.: Synagoge. Συναγωγὴ λέξεων χρησίμων, Texts of the Original Version and of MS. B, ed. by I. C. Cunningham, SGLG 10, Berlin – New York 2003.

Syncell. Synt.: D. Donnet, Le 'Traité de la construction de la phrase' de Michel le Syncelle de Jérusalem. Histoire du texte, édition, traduction et commentaire, Bruxelles – Rome 1982.

Theodor. Hist.: Théodoret de Cyr, Histoire des moines de Syrie, «Histoire Philothée» I–XIII, Introduction, texte critique, traduction, notes par P. Canivet et A. Leroy-Molinghen, I, Paris 1977.

Theodos. Can.: Theodosii Alexandrini Canones isagogici de flexione verborum, ed. A. Hilgard, Gr. Gr. IV 1, Lipsiae 1894, pp. 43–99.

[Theodos.] Gramm.: Theodosii Alexandrini Grammatica, e codicibus manuscriptis edidit et notas adiecit C. G. Goettling, Lipsiae 1822.

Thom. Mag. Ecl.: Thomae Magistri sive Theoduli Monachi Ecloga vocum Atticarum, ex recensione et cum prolegomenis F. Ritschelii, Halis Saxonum 1832.

Tzetz. Chil.: Ioannis Tzetzae Historiae, iterum edidit P. A. M. Leone, Galatina 2007.

Tzetz. Exeg. in Il.: Ἐξήγησις Ἰωάννου γραμματικοῦ τοῦ Τζέτζου εἰς τὴν Ὁμήρου Ἰλιάδα, ἐκδίδει Μ. Παπαθωμόπουλος, Ἀθῆναι 2007.

Vit. Arist.: Vita Aristotelis vulgata, in I. Düring, Aristotle in the ancient biographical tradition, Göteborg 1957, pp. 131–136.

[Zon.]: Iohannis Zonarae Lexicon, ex tribus codicibus manuscriptis nunc primum edidit, observationibus illustravit et indicibus instruxit I. A. H. Tittmann, I–II, Lipsiae 1808.

SCHOLIA IN CLAVDII AELIANI DE NATVRA ANIMALIVM LIBROS XVII

Prooem. (p. 1, 4) ‹μαστεύειν·› ἐπιζητεῖν. *L*

I 1 (p. 1, 27) ‹καλεῖται·› ὀνομάζεται. *y* plan

I 1 (p. 1, 28) ‹οὗτοι·› οἱ ἐρῳδιοί. *y* plan

I 1 (p. 1, 28) ‹τοὺς βαρβάρους·› τοὺς οἰκοῦντας τὴν νῆσον. *y* plan

I 1 (p. 1, 28–2, 1) ‹προσίασιν·› προσέρχονται. *hmnsy* plan

I 1 (p. 2, 1) a. ‹κατάρῃ·› ἀνάγεσθαι λέγομεν τὴν ναῦν, ὅταν ἀπὸ γῆς εἰς πέλαγος ἔρχηται. κατάγεσθαι δὲ καὶ καταίρειν, ὅταν ἀπὸ πελάγους εἰς γῆν. λέγεται τὸ κατάγεσθαι κατὰ μεταφορὰν ἀπὸ τούτου καὶ ἐπὶ τῶν ὁδοιπορούντων, ὅταν εἰς καταγώγιον ἔλθωσι, καὶ ἐπὶ τῶν φυγάδων, ὅταν εἰς τὴν ἑαυτῶν ἐπανέρχωνται πατρίδα. *hlmns* plan

b. ἀνάγεσθαι λέγομεν τὴν ναῦν, ὅταν ἀπὸ γῆς εἰς πέλαγος ἔρχηται καὶ φέρηται, ὡς κουφοτέρου ὄντος τοῦ ὕδατος καὶ ὑψηλοτέρου. κατάγεσθαι δὲ τὴν ναῦν καὶ καταίρειν λέγομεν, ὅταν ἀπὸ πελάγους εἰς γῆν ἔρχηται, ἀπὸ ὕψους εἰς ὁμαλὸν τόπον, ἐπείπερ τὸ ὕδωρ ὑψηλότερον τῆς γῆς ὡς κουφότερον καὶ ἀνωφερέστερον. plan

1 Hsch. μ 352 μαστεύει· ζητεῖ, ἐρευνᾷ, ψηλαφᾷ, ἐπιζητεῖ. **2** Lex. Herm. p. 341, § 143 καλῶ τὸ ὀνομάζω, ὡς παρὰ Πλάτωνι (Gorg. 463b), «καλῶ δέ ἐγω αὐτοῦ τὸ κεφάλαιον κολακείαν» (= An. Par. IV, p. 258, 5 e Paris. gr. 2720). **5** Hsch. π 3796 *προσίασι· προσέρχονται, προσφέρουσι. Cf. schol. I 1 (p. 2, 1) ad προσίασι. **6–2,5** Planud. Epim. p. 72 Lindstam ἀνάγεται μὲν ἡ ναῦς ἀπὸ γῆς εἰς πέλαγος. κατάγεται δὲ καὶ καταίρει ἀπὸ τοῦ πελάγους εἰς γῆν. κατάγονται δὲ καὶ οἱ φυγάδες εἰς τὴν πατρίδα ἐπανιόντες. κατάγεται καὶ ὁδοιπορῶν εἰς καταγώγιον. [Moschop.] Voc. Att. s.v. ἀνάγεσθαι λέγομεν τὴν ναῦν, ὅτε ἀπὸ γῆς εἰς πέλαγος ἔρχεται. κατάγεσθαι δὲ καὶ καταίρειν, ὅτε ἀπὸ πελάγους εἰς γῆν. λέγεται δὲ τὸ κατάγεσθαι κατὰ μεταφορὰν ἀπὸ τούτου καὶ ἐπὶ τῶν ὁδοιπορούντων, ὅταν εἰς καταγώγιον ἔλθωσι, καὶ ἐπὶ τῶν φυγάδων, ὅταν εἰς τὴν ἑαυτῶν ἐπανέρχωνται πατρίδα. **16** Schol. Eur. Tr. 1126 αὐτὸς δ' ἀνῆκται· ἀναγωγὴ λέγεται ἡ ἀπὸ τοῦ λιμένος εἰς τὸ πέλαγος ἀναχώρησις· δοκεῖ γὰρ ὑψηλοτέρα εἶναι θάλασσα τῆς γῆς. Schol. Hom. Il. XIV 77 ὕψι δ' ἐπ' εὐνάων ὁρμίσσομεν· τὸ γὰρ ὑγρὸν ὑψηλότερον τῆς γῆς· διὸ ἀνάπλους μὲν ἡ ἀναγωγή, κατάπλους δὲ ἡ προσόρμισις. καὶ «ὑψοῦ δ' ἐν νοτίῳ τήν γ' ὅρμισαν» (Hom. Od. IV 785).

7 ἔρχεται h n ἔρχεσθαι s **8** λέγεται δὲ κατάγεσθαι n | τὸ om. s **10** ἐπανέρχονται h n

λέγεται τὸ κατάγεσθαι κατὰ μεταφορὰν ἐπὶ τούτου καὶ ἐπὶ τῶν ὁδοιπορούντων, ὅταν εἰς καταγώγιον, ἤγουν ξενοδοχεῖον, ἔλθωσιν. τὸ κατάγεσθαι λέγεται καὶ ἐπὶ τῶν φυγάδων, ὅταν εἰς τὴν ἑαυτῶν ἐπανέρχωνται καὶ ὑποστρέφωσι πατρίδα, καὶ κατελθεῖν αὐτούς φασιν. *y*

plan c. ἐλλιμενίσῃ, εἰς τὸ λιμένα ἔλθῃ. *y*

plan **I 1 (p. 2, 1)** ‹ξένος·› ἀπὸ ξένης χώρας. *y*

plan **I 1 (p. 2, 1)** ‹οἵ·› οἱ ἐρῳδιοί. *hmns*

plan **I 1 (p. 2, 1)** ‹προσίασι·› προσέρχονται. *y*

plan **I 1 (p. 2, 2)** ‹πτέρυγας·› τὰς ἑαυτῶν. *y*

plan **I 1 (p. 2, 2)** ‹ἁπλώσαντες·› ἐκτείναντες. *y*

plan **I 1 (p. 2, 2)** ‹οἱονεί·› καθάπερ. *y*

plan **I 1 (p. 2, 2)** ‹χεῖρας·› ἁπλώσαντες. *y*

plan **I 1 (p. 2, 2)** ‹δεξίωσιν·› a. δεξίωσις κυρίως ὅταν ὑποδέχηταί τίς τινα τὴν δεξιὰν αὐτοῦ χεῖρα προτείνων, καὶ ἀπὸ τούτου ἁπλῶς ἐπὶ τῶν χάριν ποιούντων πρός τινας. *hlmy*

plan b. φιλοφροσύνην. *y*

plan **I 1 (p. 2, 3)** ‹περιπλοκάς·› ἀσπασμούς. *y*

plan **I 1 (p. 2, 3)** ‹ἁπτομένων·› τῶν ἐρῳδιῶν. *y*

plan **I 1 (p. 2, 3)** ‹οὐχ ὑποφεύγουσιν·› οὐ μετρίως ἐκκλίνουσιν. *y*

plan **I 1 (p. 2, 4)** ‹ἀτρεμοῦσι·› ἠρεμοῦσι. *y*

plan **I 1 (p. 2, 4)** ‹ἀνέχονται·› ὑπομένουσι. *hmnsy*

plan **I 1 (p. 2, 4)** ‹καθημένων·› τῶν Ἑλλήνων δηλονότι. *hmnsy*

plan **I 1 (p. 2, 5)** ‹ὥσπερ·› καθάπερ. *y*

6 Schol. Aristoph. Eq. 1367a καταγομένοις· καταίρουσιν, ἐλλιμενίζουσιν. **7** Lex. Vind. ξ 6 ξένος καὶ ὁ δεχόμενος τὸν ξένον καὶ ὁ ἀπὸ ξένης ἥκων. **9** Cf. schol. 1, 1 (p. 1, 28) ad προσίασιν. **11** Hsch. ε 1698 ἐκτείνας· ἁπλώσας, τανύσας. **14–16** Planud. Epim. ined. (ε^{6} f. 107^{r}, ε^{9} f. 106^{v}) = [Moschop.] Voc. Att. s.v. δεξίωσις κυρίως ὅταν δέχηταί [ὑποδέχηται ε^{6}ε^{9}] τίς τινα τὴν δεξιὰν αὐτοῦ χεῖρα προτείνων, καὶ ἀπὸ τούτου ἁπλῶς ἐπὶ τῶν χάριν ποιούντων πρός τινας. **17** Syn. φ 133 φιλοφροσύνη· δεξίωσις ἢ προσήνεια (Su. φ 440; Phot. φ 204). **21** Erotian. α 97 ἀτρεμέοντα· ἠρεμοῦντα. Hsch. η 750 *ἠρέμα· ἀτρέμα. **22** [Moschop.] Voc. Att. s.v. ἀνέχομαι δὲ παθητικῶς τὸ ὑπομένω, αἰτιατικῇ. Cf. schol. I 9 (p. 6, 5) ad ἀνέχονται. **24** Hsch. ω 446 *ὥσπερ· καθώς, καθάπερ.

14 ὑποδέχεται l **15** ἐπὶ τούτου y **23** δηλονότι om. s y

I 1 (p. 2, 5) ‹ξενίᾳ·› ξενοδοχίᾳ. ξενία λέγεται ἡ τῶν ξένων ὑποδοχή. *y* plan

I 1 (p. 2, 6) ‹ἑταῖροι·› φίλοι. *y* plan

I 1 (p. 2, 6) ‹οἵ σὺν αὐτῷ·› λέγονται. *y* plan

I 1 (p. 2, 6) a. ‹τῶν ὅπλων·› ὅπλα λέγεται τὰ φυλακτήρια, οἷον θώραξ, κράνος, κνημῖδες. ἀμυντήρια δέ, δι᾽ ὧν μάχεταί τις, οἷον· σπάθη, μάχαιρα. *hmns* plan

b. ὅπλα λέγονται τὰ φυλακτήρια, οἷον θώραξ, κράνος, κνημῖδες. ἀμυντήρια δέ, δι᾽ ὧν μάχεταί τις, οἷον· σπάθη, μάχαιρα, αἰχμή, βέλη τὰ πεμπόμενα διὰ τόξου. *y* plan

I 1 (p. 2, 7) ‹μετεσχηκέναι·› κοινωνοὶ εἶναι. *y* plan

I 1 (p. 2, 7) a. ‹τὴν προτέραν·› τὸ πρότερον λέγεται ἐπὶ δύο· τὸ δὲ πρῶτον ἐπὶ πολλῶν. *nsy* plan

b. ‹τὴν προτέραν φύσιν·› τὴν ἀνθρωπίνην οὐσίαν. *y* plan

I 1 (p. 2, 7) a. ‹τῶν ὀρνίθων·› ὄρνιθες ἁπλῶς μὲν πάντα τὰ plan

1–2 Hsch ξ 43 ξενία· ὑποδοχή, φιλοτιμία, *φιλία. δῶρα (Eur. Hec. 794). **3** Cf. schol. I 4 (p. 3, 25) ad ἑταῖρον. **5–10** [Moschop.] Voc. Att. s.v. ὅπλα κυρίως τὰ φυλακτήρια, οἷον θώραξ, κράνος, κνημῖδες. ἀμυντήρια δέ, δι᾽ ὧν μαχόμενός τις ἀμύνεται τοὺς ἐχθροὺς αὐτοῦ, οἷον σπάθη, μάχαιρα, ἔγχος. Schol. Anth. Pal. IX 440, 28 p. 41 Luppino ὅπλα τὰ φυλακτήρια. ἐνταῦθα δὲ τὸ τόξον καὶ τὰ βέλη καὶ τὴν φαρέτραν λέγει ὅπλα, ἃ ἀμυντήρια μᾶλλον λέγεται ὥσπερ ἡ σπάθη καὶ τὰ ἀκόντια καὶ τἄλλα δι᾽ ὧν ἀμύνεταί τις. Schol. Eur. Hec. 14b (ed. Dindorf) ὅπλα· τὰ φυλακτήρια, οἷον θώραξ, κράνος· ἔγχος δὲ καὶ σπάθη ἀμυντήρια. **11** Schol. Eur. Ph. 1709 (ed. Dindorf) κοινοῦσθαι· μετέχειν. κοινωνὸς εἶναι. **12–13** [Moschop.] Voc. Att. s.v. τὸ πρότερον λέγεται ἐπὶ δύο· τὸ δὲ πρῶτον ἐπὶ πολλῶν. **15–4,3** [Moschop.] Voc. Att. s.v. ὄρνιθες ἁπλῶς μὲν πάντα τὰ πετόμενα. ἰδίως δὲ οἱ εἰς μαντείαν συντείνοντες, καὶ ἀπὸ τούτου καὶ ἡ μαντεία, ὡς τὸ «δέχου τὸν ἄνδρα καὶ τὸν ὄρνιν τοῦ θεοῦ» (Aristoph. Plut. 63). ἀφ᾽ οὗ καὶ πᾶν τὸ εἰς μαντείαν συντεῖνον ὄρνιν ἐκάλουν, οἷον πταρμὸν ἢ παλμὸν ἢ τοιοῦτό τι. Thom. Mag. Ecl. pp. 256, 13–257, 7 ὄρνιθες ἁπλῶς μὲν πάντα τὰ πετόμενα· ἰδίως δὲ οἱ εἰς μαντείαν συντελοῦντες ὄρνιθες, ἀφ᾽ οὗ καὶ πᾶν τὸ εἰς μαντείαν συντεῖνον ὄρνιν ἔλεγον, οἷον πταρμὸν ἢ παλμὸν ἤ τι τοιοῦτον. καὶ τὴν ἁπλῶς δὲ μαντείαν ὄρνιν ἐκάλουν. Ἀριστοφάνης ἐν Πλούτῳ (63)· «δέχου τὸν ἄνδρα καὶ τὸν ὄρνιν τοῦ θεοῦ». Schol. Soph. Oed. tyr. 52 ὄρνιθες ἁπλῶς μὲν πάντα τὰ πετόμενα, ἰδίως δὲ οἱ εἰς μαντείαν συντείνοντες· ἀφ᾽ οὗ ἔλεγον καὶ πᾶν τὸ εἰς μαντείαν συντεῖνον ὄρνιν, οἷον πταρμόν, ἢ παλμόν, ἢ τοιοῦτό τι. οὐ μόνον δὲ τὰ εἰς μαντείαν συντείνοντα, ἀλλ᾽ ἤδη καὶ αὐτὴν ἁπλῶς τὴν μαντείαν ὄρνιν καλοῦσιν, καθ᾽ ὃ λέγεται ἐνταῦθα.

5 λέγεται h m n λέγονται s **15** μὲν ἁπλῶς n s

πετόμενα, ἰδίως δὲ οἱ εἰς μαντείαν συντείνοντες, ἀφ᾽ οὗ ἔλεγον καὶ πᾶν τὸ εἰς μαντείαν συντεῖνον ὄρνιν, οἷον πταρμὸν ἢ παλμὸν ἢ τοιοῦτό τι. *hlmnsy*

plan b. πτηνῶν. *y*

plan **I 1 (p. 2, 8)** ‹μετεβάλοντο·› μετέτρεψαν. *y*

plan **I 1 (p. 2, 8)** ‹εἶδος·› μορφήν. *y*

plan **I 1 (p. 2, 8)** ‹διαφυλάττουσι·› τηροῦσι. *y*

plan **I 2 (p. 2, 10)** ‹πόας·› βοτάνας. *y*

plan **I 2 (p. 2, 10)** ‹σιτεῖται·› ἐσθίει. *hmns*

plan **I 2 (p. 2, 10–11)** a. ‹λαγνίστατος·› λάγνος ἐπὶ ἀνδρῶν, ἤγουν λίαν γόνιμος, μαχλὰς ἐπὶ γυναικῶν. *hlmns*

plan b. λάγνος ἐπὶ ἀνδρῶν, ὁ λίαν γόνιμος, μαχλὰς ἐπὶ γυναικῶν, ἡ ἐρῶσα τῆς συνουσίας τῶν ἀνδρῶν. *y*

plan c. λίαν ἄπληστος εἰς ἀφροδίσια. *y*

plan **I 2 (p. 2, 11)** a. ‹ἦν·› ἀντὶ τοῦ ἐστὶν ἀττικῶς. *hmns*

plan b. ἔστιν. *y*

plan c. τὸ ἦν ἀντὶ τοῦ ἐστὶν ἀττικῶς, ὡς ἐνταῦθα «λαγνίστατος ἰχθύων πάντων ἦν». *y*

plan **I 2 (p. 2, 12)** ‹ἀκόρεστος·› ἀχόρταστος. *y*

8 Hsch π 2655 *πόα· βοτάνη ἑκάστη, καὶ πόα καὶ ἡ τῆς γῆς αὐτομάτως βλαστάνουσα φυτεία καὶ ὁ σῖτος. καὶ κοινῶς τὸ ἀπὸ ῥίζης φυλλοβολοῦν φυτόν. **9** Hsch. σ 770 σιτούμενος· ἐσθίων (Aristoph. Eq. 414. 416). Syn. σ 94 σιτούμενος· ἐσθίων (Su. σ 504. Phot. σ 252). Gennad. Schol. Gramm. p. 483 σιτοῦμαι, τὸ ἐσθίω. **10–13** [Hdn.] Philet. 228 λάγνος ἐπὶ τῶν ἀνδρῶν· οὕτως Ἀριστοφάνης (fr. 534 K.-A.)· παρά τισι λάγνης· μάχλος δὲ ἐπὶ τῶν γυναικῶν· καὶ μαχλάς, ὡς Μένανδρος (fr. 495 K.-A.). καί ἐστι λάγνος σύνθετον ἐκ τοῦ λα ἐπιτατικοῦ μορίου καὶ τοῦ γόνος· ἔστι γὰρ πολύγονος. Planud. Epim. ined. (ε^{6} f. 107^{r}, ε^{9} f. 106^{v}) λάγνος (λάγνως ε^{6}) ἐπὶ ἀνδρῶν [ἀνδρός ε^{9}], ἤγουν λίαν γόνιμος, μαχλὰς ἐπὶ γυναικῶν. **15** Planud. Epim. ined. (ε^{6} f. 107^{r}, ε^{9} f. 106^{v}) ἦν ἀντὶ τοῦ ἐστὶν ἀττικῶς. Schol. Aristoph. Plut. 406 (ed. Dübner) πολλάκις οἱ Ἀττικοὶ λαμβάνουσιν τὸν παρατατικὸν ἀντὶ ἐνεστῶτος, ὡς τὸ ἦν ἀντὶ τοῦ ἐστίν, καὶ τὸ ἐχρῆν ἀντὶ τοῦ χρή. Cf. schol. X 12 (p. 237, 6) ad ἦν. **19** Hsch α 39 ἄατος· χαλεπός, δυσχερής· *ἀκόρεστος, ἀχόρταστος. Schol. Opp. Hal. I 698 ἀκόρεστον· ἀχόρταστον.

9 ἐσθίειν s **10** ἐπὶ τοῦ ἀνδρός n s **11** ἤγουν h l m ἤτοι n s | τὰ ante ἐπὶ γυναικῶν add. n μαχλὰς δὲ ἐπὶ γυναικός s **15** ἀντὶ τοῦ om. s ἀντὶ τοῦ ἐστὶν om. n

I 2 (p. 2, 12) a. ‹ἁλώσεως·› ἅλωσις καὶ ἁλωτὸς καὶ ἀνάλωτος κυρίως ἐπὶ τῶν κρατουμένων ἐν πολέμῳ λέγεται ἢ μὴ κρατουμένων, καταχρηστικῶς δὲ καὶ ἐπὶ τῶν ἄλλως κρατουμένων ἢ μὴ κρατουμένων. *hlmnsy* plan

b. κρατήσεως. *y* plan

I 2 (p. 2, 12) ‹αἰτία·› πρόξενος. *y* plan

I 2 (p. 2, 13) ‹αὐτῷ συνεγνωκότες·› μετ᾽ αὐτοῦ ἐγνωκότες. *y* plan

I 2 (p. 2, 13) ‹σοφοὶ τῶν ἁλιέων·› εἰδήμονες τῆς ἁλιευτικῆς τέχνης. *y* plan

I 2 (p. 2, 13) ‹τῶν ἁλιέων·› ἀπό. *hmn* plan

I 2 (p. 2, 13) ‹ἐπιτίθενταί οἱ·› βαρέως ἔρχονται αὐτῷ. *hmny* plan

I 2 (p. 2, 13) ‹οἱ·› αὐτῷ. *y* plan

I 2 (p. 2, 13–14) ‹τὸν τρόπον τοῦτον·› κατὰ ταύτην τὴν ὁδόν. *hmny* plan

I 2 (p. 2, 14) ‹συλλάβωσιν·› κρατήσωσιν. *y* plan

I 2 (p. 2, 14) a. ‹ὁρμιᾷ·› διὰ ὁρμιᾶς λεπτῆς. *hmn* plan

b. διὰ μιᾶς ὁρμιᾶς. ὁρμιὰ ἡ λεπτὴ σχοῖνος λέγεται. *y* plan

I 2 (p. 2, 14) ‹σπάρτου·› ἀπό. *hmny* plan

I 2 (p. 2, 15) ‹τοῦ στόματος ἄκρου·› ἀπὸ τοῦ ἄκρου στόματος. *hmny* plan

I 2 (p. 2, 15) ‹ἐπισύρουσι·› ἐπάγονται. *hmny* plan

I 2 (p. 2, 16) ‹ἴσασι·› γινώσκουσι. *hmny* plan

I 2 (p. 2, 16) ‹εὐνάς›· τοὺς τόπους ἔνθα κοιτάζονται. *hmny* plan

I 2 (p. 2, 16) a. ‹διατριβάς·› τοὺς τόπους ἔνθα διατρίβουσιν. *hmny* plan

1–4 [Moschop.] Voc. Att. s.v. ἅλωσις καὶ ἁλωτὸς καὶ ἀνάλωτος κυρίως ἐπὶ τῶν κρατουμένων ἐν πολέμῳ λέγεται ἢ μὴ κρατουμένων, καταχρηστικῶς δὲ καὶ ἐπὶ τῶν ἄλλως κρατουμένων ἢ μὴ κρατουμένων. **6** [Zon.] s.v. αἰτία· ἡ ἀρχὴ τῆς ἀρχῆς, ἤγουν ἡ πηγὴ καὶ ἡ ῥίζα. ἡ αἰτία καὶ ἡ πρόξενος. **12** Cf. schol. I 3 (p. 3, 7) ad οἱ. **17** Hsch. ο 1253 ὁρμιά· σχοινίον λεπτόν. **21** Schol. Eur. Med. 461 (ed. Dindorf) ἐφέλκεται· ἐπάγεται, ἐπισύρεται. Cf. schol. I 2 (p. 2, 19) ad ἐπισύρεται. **22** Hsch. ι 911 *ἴσασιν· οἴδασι (Act. ap. 26,4), γινώσκουσι (Hom. Il. VI 151). Su. ι 615 ἴσασι· γινώσκουσιν. Cf. schol. IV 61 (p. 99, 22) ad ἴσασι.

1 καὶ ante ἁλωτὸς om. n s **2** ἐν πολέμῳ om. n s **2–3** ἢ μὴ κρατουμένων h l m n s καὶ μὴ κρατουμένων y **3–4** λέγεται ἢ μὴ κρατουμένων h l m y ἢ μὴ λέγεται n s **11** αὐτῷ om. y **16** ‹ὁρμι›ᾶς n **19–20** τοῦ ante στόματος add. n **23** κατοικίζονται n **24** τοὺς om. n

plan b. τοὺς τόπους ἔνθα διάγουσι. *y*

plan **I 2 (p. 2, 17)** ‹ὅπου·› ἐν ποίοις τόποις. *y*

plan **I 2 (p. 2, 17)** ‹συναγελάζονται·› συναθροίζονται. *hmny*

plan **I 2 (p. 2, 17)** ‹αὐτοῖς·› ὑπ' αὐτῶν. *hmny*

plan **I 2 (p. 2, 17)** ‹πεποίηται·› ἐποιήθη. *y*

plan **I 2 (p. 2, 18)** a. ‹τὴν ὁλκήν·› κατά· ἤγουν τὸν σταθμόν. *hmn*

plan b. κατὰ τὸ ποσὸν καὶ τὸν σταθμόν. *y*

plan **I 2 (p. 2, 18)** a. ‹περιφερὴς τὸ σχῆμα·› κυκλοτερὴς κατὰ ‹τὸ σχῆμα›. *ny*

plan **I 2 (p. 2, 18)** ‹μῆκος·› μάκρος. *hmny*

plan **I 2 (p. 2, 19)** ‹διείληπται·› κεκράτηται. *y*

plan **I 2 (p. 2, 19)** ‹σχοίνῳ·› διὰ σχοίνου. *y*

plan **I 2 (p. 2, 19)** ‹ἐπισύρεται·› a. τὸ ἐπισύρεσθαι καὶ ἐπάγεσθαι ὅταν ἐφ' ἑαυτόν τις ἄγῃ τινὰ λέγεται. *hmnsy*

plan b. ἐπάγεται. *y*

plan **I 2 (p. 2, 19)** ‹τεθηραμένον·› ἠγρευμένον ἰχθῦν. *y*

plan **I 2 (p. 2, 20)** ‹τις τῶν ἐν τῇ πορθμίδι·› τις ἀπὸ τῶν ὄντων ἐν τῷ πλοιαρίῳ. *hmy*

plan **I 2 (p. 2, 20)** ‹τῶν ἐν τῇ πορθμίδι·› ἀπό. *n*

plan **I 2 (p. 2, 20)** ‹πορθμίδι·› πλοιαρίῳ. *n*

plan **I 2 (p. 2, 20)** ‹παραρτήσας·› παρακρεμάσας. *hmny*

plan **I 2 (p. 2, 20)** ‹ἐπάγεται·› ἐπισύρεται. *y*

plan **I 2 (p. 2, 20)** ‹εὐρύν·› πλατύν. *hmny*

plan **I 2 (p. 2, 21)** ‹τὸ στόμα·› κατά. *hmny*

plan **I 2 (p. 2, 21)** ‹ἑαλωκότα·› κρατηθέντα. *y*

plan **I 2 (p. 2, 21)** ‹τέτραπται·› ἀφορᾷ. *hmny*

plan **I 2 (p. 2, 22)** ‹βαρεῖται·› ὑπὸ βάρους κατέρχεται. *y*

6–8 Hsch. ο 582 ὁλκή· δύναμις. ῥοπή. ἰσχύς. βάρος. ῥυτήρ, [ἢ ῥυρή] σταθμός. Cyr. ο 74 Hag. ὁλκή· δύναμις. Syn. ο 110 ὁλκῇ· δυνάμει ἢ βάρει ἢ σταθμῷ (Su. ο 174; Phot. ο 225). **9** Hsch. κ 4479 κυκλοτερές· περιφερές. ἐπικαμπές (Hom. Il. IV 124). **11** Hsch. μ 1176 μῆκος· μάκρος. **14–16** Cf. schol. 1, 2 (p. 2, 15) ad ἐπισύρουσι. **24** Schol. D Hom. Il. I 229 εὐρύν· πλατὺν καὶ μέγιστον. Lex. Coisl. in Greg. Naz. ε 433 εὐρὺν· πλατύν. **26** Cf. schol. I 2 (p. 3, 2) ad ἑαλώκασι.

4 ἀπὸ ‹αὐτ›ῶν n **6** κατά· ἤγουν om. n **15** τινὰ h m τὶ n s | λέγεται post ἐπάγεσθαι transp. y **18** τις om. y

I 2 (p. 2, 22) ‹ἡσυχῇ·› μετρίως. *hmn* plan

I 2 (p. 2, 22) ‹οὗτος·› ὁ κύρτος. *y* plan

I 2 (p. 2, 22) ‹λίθῳ·› ὑπὸ λίθου. *hmny* plan

I 2 (p. 2, 23) ‹ὥσπερ·› καθά. *y* plan

I 2 (p. 2, 23) ‹νύμφην ἐρωτικήν·› χάριτας ἐρώτων ἔχουσαν. *hmny* plan

I 2 (p. 2, 23) ‹θεασάμενοι·› ἰδόντες. *y* plan

I 2 (p. 2, 23) ‹οἰστροῦνται·› μαίνονται· ἡ μεταφορὰ ἀπὸ τῶν βοῶν τῶν ἐλαυνομένων τῷ ζωυφίῳ τῷ λεγομένῳ οἴστρῳ. *hmnsy* plan

I 2 (p. 2, 24) ‹μεταθέουσι·› ἀκολουθοῦσι. *hmny* plan

I 2 (p. 2, 24) ‹ἐπείγονται·› σπεύδουσι. *hmsy* plan

I 2 (p. 2, 24) a. ‹φθάσαι·› τὸ φθάνειν, ὅτε μὲν πρὸς τὸ τέλος λέγεται τῆς κινήσεως, τὸ καταλαμβάνειν δηλοῖ, ὅτε δὲ πρός τινα ἐρίζοντα, τὸ προλαμβάνειν. ἀπὸ τούτων δὲ κατὰ μεταφορὰν λέγεται καὶ τὸ διαρκεῖν. *hlmns* plan

b. τὸ φθάνειν, ὅτε μὲν πρὸς τὸ τέλος λέγεται τῆς κινήσεως, τὸ καταλαμβάνειν δηλοῖ, οἷον ὁ δεῖνα ἔφθασε πρὸς τὸ ἄκρον τῆς ἀρετῆς, οἷον κατέλαβεν· ὅτε δὲ λέγεται πρός τινα ἐρίζοντα, τὸ προλαμβάνειν δηλοῖ· «καὶ ἐπείγεται φθάσαι ἄλλος ἄλλον», ἤγουν σπεύδει προλαβεῖν ἄλλος ἄλλον, καὶ τὸ ἔσπευδον φθάσαι τὸν plan

7 Cf. schol. I 24 (p. 13, 10) ad θεάσαιο. **8–9** Planud. Epim. ined. (ε[6] f. 107[r], ε[9] f. 106[v]) οἰστροῦνται ἤγουν μαίνονται· ἡ μεταφορὰ ἀπὸ τῶν βοῶν τῶν ἐλαυνομένων τῷ ζωυφίῳ τῷ λεγομένῳ οἴστρῳ. Schol. Opp. Hal. I 252 οἶστρος· ἔρως, μανία, ἐρεθισμός, κυρίως δ' οἶστρός ἐστι ζωΰφιον ἐμφυόμενον ταῖς τῶν βοῶν λαγόσι καὶ ποιῶν ἐκείνους πλανᾶσθαι, καὶ γίνεται ἀπὸ τοῦ οἴω τὸ κομίζω. **11** Hsch. ε 4317 ἔπειγε· πορεύου. σπεῦδε. Moschop. Sched. p. 152 ἐπείγω ἀντὶ τοῦ ἐπισπεύδω. **12–8,3** Thom. Mag. Ecl. pp. 381, 19–382, 8 τὸ φθάνειν ὅταν μὲν πρός τινα ἐρίζοντα λέγηται, τὸ προλαμβάνειν δηλοῖ· ὅταν δὲ πρὸς τὸ τέλος τῆς κινήσεως ὁ κινούμενος ᾖ, τὸ καταλαμβάνειν. καθὸ σημαινόμενον λέγεται τὸ οὐκ ἂν φθάνοις ἰὼν εἰς τὸ δικαστήριον, ἤγουν οὐκ ἂν καταλαμβάνοις τοὺς ἕλκοντας, οὕτω σε ἕλξουσι συντόμως. ἀπὸ μεταφορᾶς τούτου λέγεται καὶ ἐφ' ἑτέρων, οἷον οὐκ ἂν φθάνοιτε ἀποθνήσκοντες, ἤγουν ἀνάρπαστοι γενήσεσθε. ἀπὸ τούτου αὖθις κατὰ μεταφορὰν καὶ τὸ διαρκεῖν.

3 ‹λίθ›ου n **5** κατὰ ante χάριτας add. y **5–6** ἔχουσα n **8** μαίνονται om. s καταφορὰ n **9** ἤγουν σπεύδουσι post οἴστρῳ add. s, sed ad ἐπείγονται referendum **13** πρός τινα h l m n[p.c.] πρὸς τὸν s **14** ἀπὸ τούτου h **19** προσλαμβάνειν y : correxi

ἔσχατον ἀγῶνα, ἤγουν προλαβεῖν. ἀπὸ τούτων δὲ κατὰ μεταφορὰν λέγεται καὶ τὸ διαρκεῖν· ἔφθασε δ' οὗτος μέχρι καὶ ἑξήκοντα ἐτῶν ἀσκῶν ἀρετήν, ἤγουν διήρκεσεν. *y*

plan c. προλαβεῖν. *y*

plan **I 2 (p. 2, 25)** ‹παραψαῦσαι·› μετρίως ψαῦσαι. *hmy*

plan **I 2 (p. 2, 25)** a. ‹δυσέρωτες·› ἄνθρωποί τινος ἐρῶντες καὶ δυσκόλως τυγχάνοντες τοῦ ἐρωμένου. *y*

plan b. δύσερως ἄνθρωπος ὁ ἐρῶν μέν τινος, εἶτα δυσκόλως τυγχάνων τοῦ ἐρωμένου καὶ μὴ θέλγων τὸν ἐρώμενον αὐτοῦ, ὥστε πρᾶξαι τὰ ἐραστὰ καὶ ἀρέσκοντα ἑαυτῷ· ἀπὸ ΔΥΣ τὸ δύσκολον καὶ τοῦ ἔρως. δυσέρως ὁ ἀμήχανον ἔχων ἔρωτα καὶ μὴ δυνάμενος εὐκόλως τυγχάνειν τοῦ ἐρωμένου. *y*

plan **I 2 (p. 2, 26)** ‹κνίσμα·› ἐρωτικὴν λύπην. *y*

plan **I 2 (p. 2, 26)** ‹θηρώμενοι·› θηρῶντες, κρατοῦντες. *y*

plan **I 2 (p. 2, 26)** ‹κλέμμα ἐρωτικόν·› ἀπάτην ἔρωτος μετέχουσαν. *y*

plan **I 2 (p. 2, 27)** ‹τὸν θῆλυν·› σκάρον. *y*

plan **I 2 (p. 2, 27)** ‹ἡσυχῇ·› ἠρέμα. *y*

plan **I 2 (p. 2, 27)** ‹πεφεισμένως·› μετὰ φειδοῦς καὶ ἠρεμίας. *y*

plan **I 2 (p. 2, 27)** ‹λοχῶν·› ἐνεδρεύων ἀπὸ τοῦ λόχου τοῦ δηλοῦντος τὸ κοινῶς ἔγκρυμμα. *hmy*

plan **I 2 (p. 2, 27–28)** ‹ἐπιβουλεύων·› κατὰ τῶν ἰχθύων βουλὰς συντιθείς. *y*

plan **I 2 (p. 2, 28)** ‹εὐθύ·› κατ' εὐθεῖαν. *y*

plan **I 2 (p. 2, 28)** ‹ἐρωμένῃ·› ἀγαπωμένῃ ὑπ' αὐτῶν θηλείᾳ. *y*

5 Moschop., Comm. Hes. Op. 734 παραφαίνω τὸ ἀμυδρῶς δεικνύω· καθ' ὃ λέγεται καὶ παραψαύειν τὸ μετρίως ψαύειν. **14** Cf. schol. I 4 (p. 3, 14) ad τεθηρᾶσθαι. **18** Phot. η 235 ἠρέμα· ἀτρέμα, πράως, ἡσυχῇ· ἡ γὰρ ἠρεμία ἡσυχία. **19** Cf. schol. I 7 (p. 4, 29) ad πεφεισμένως. **20–21** Ap. Soph. s.v. λόχος ἐνέδρα, ἀπὸ τοῦ λέχους· οἱ γὰρ ἐνεδρεύοντες κατακλίνουσιν ἑαυτούς. Hsch. λ 1318 λόχος· *ἐνέδρα. στρατηγικὸν τάγμα, *τάξις, φάλαγξ. ἀπὸ τοῦ λέχους· οἱ γὰρ ἐνεδρεύοντες κατακλίνουσιν ἑαυτοὺς ὡς ἐπὶ λέχους. κρυπτοὶ τόποι. Cyr. λ 118 Hag. λοχῶντες· ἐνεδρεύοντες· κρυπτόμενοι. λ 176 Hag. λόχῳ· ἐνέδρᾳ. Hag. Syn. λ 149 λοχεύει· ἐνεδρεύει (Su. λ 708; Phot. λ 422). λ 149 λοχῶντες· ἐνεδρεύοντες (Su. λ 721; Phot. λ 427). Hsch. ε 2853 *ἐνέδρα· ἔγκρυμμα, δολερὸν ὑποκάθισμα. Cyr. ε 314 Hag. ἐνέδρα· ἔγκρυμμα.

I 2 (p. 2, 28) ‹φαίης·› εἴποις. *hmy* plan

I 2 (p. 2, 28) ‹ἐραστάς·› ἐρῶντας. *y* plan

I 2 (p. 2, 29) ‹μεθῆκεν·› ἔρριψεν. *hmy* plan

I 2 (p. 3, 1) ‹θηρατής·› ὁ ἀγρευτής. *y* plan

I 2 (p. 3, 1) ‹εἰς τὰ εἴσω·› εἰς τὰ ἐντός. *hy* plan

I 2 (p. 3, 1) ‹ὁ δέ·› ὁ μόλυβδος. *y* plan

I 2 (p. 3, 1) ‹ἐμπίπτων·› μετὰ βάρους πίπτων. *y* plan

I 2 (p. 3, 1) ‹κατασπᾷ·› καθέλκει. *hmy* plan

I 2 (p. 3, 2) ‹τὸν θῆλυν·› σκάρον. *y* plan

I 2 (p. 3, 2) a. ‹συνεισρεύσαντες·› συνελθόντες· λέγεται δὲ κατὰ μεταφορὰν ἀπὸ τῶν ὑγρῶν. *hmns* plan

b. συνελθόντες· συνεισρέω λέγεται κατὰ μεταφορὰν ἀπὸ τῶν ὑγρῶν. *y* plan

I 2 (p. 3, 2) a. ‹ἑαλώκασι·› ἐκρατήθησαν. *y* plan

b. ‹ἑάλωκα·› ἐκρατήθην ἐπὶ πάθους, καὶ ἑαλώκειν ἐπὶ πάθους, ἤγουν ἐκρατήθην, οὕτως ἑαλώκειν τοῦ πάθους, ἤγουν ἐκρατήθην ὑπὸ τοῦ πάθους. *y* plan

I 2 (p. 3, 2) ‹διδόασι δίκην·› τιμωροῦνται. *y* plan

I 2 (p. 3, 3) ‹δίκην·› τιμωρίαν. *hmy* plan

I 2 (p. 3, 3) a. ‹ὁρμῆς ἀφροδισίου·› ἕνεκα. *hm* plan

b. ἕνεκα κινήσεως καὶ μίξεως τῆς περὶ τὴν θήλειαν. *y* plan

I 2 (p. 3, 3) ‹ταύτην·› τὸν ἰχθῦν. *y* plan

I 3 (p. 3, 4) ‹ὁ ἰχθύς·› χρὴ γινώσκειν ὅτι τὰ εἰς ΥΣ ψιλὸν ὀνόματα μονοσύλλαβα εἴτε ἀρρενικὰ εἴτε θηλυκά εἰσι καὶ μὴ ἀπὸ συναιρέσεως ὄντα ὅμως καὶ μακροκαταληκτοῦσι καὶ περισπῶνται, οἷον μῦς, δρῦς, ὗς. τὰ δὲ ὑπὲρ μίαν συλλαβὴν ἐπὶ τέλους ἔχοντα τὸν τόνον μὴ ἀπὸ συναιρέσεως μὲν ὄντα ὀξύνονται, οἷον ἰχθύς, mosch

1 Schol. D Hom. Il. III 392 οὐδέ κε φαίης. οὐδὲ ἂν εἴποις. IV 429 φαίης· ὑπολάβοις, εἴποις. Schol. Opp. Hal. II 594 φαίης κε· εἴποις ἄν. **4** Cf. schol. I 33 (p. 16, 8) ad θηραταί. **5** Moschop. Sched. p. 194 εἴσω ἀντὶ τοῦ ἐντός. Schol. Aristoph. Plut. 768 (ed. Dübner) ἰοῦσ᾽ εἴσω· ἐλθοῦσα ἐντός. 1088 (ed. Dübner) εἴσιθ᾽ εἴσω· εἴσελθε ἐντός. **14** Cf. schol. I 2 (p. 2, 21) ad ἑαλωκότα. **19** Cyr. δ 269 Hag. δίκην· τιμωρίαν. Syn. δ 289 δίκης· δικαιοσύνης ἢ τιμωρίας (Su. δ 1093; Phot. δ 602).

1 εἴποις ἂν y **6** μόλιβδος y : correxi **10** συνεισελθόντες h **23** εἰς om. f **24** ἀρσενικὰ h **26** μῦς, ὗς, δρῦς n ὀφρύς, πηλαμύς· ἀπὸ δὲ συναιρέσεως περισπῶνται, οἷον τοὺς ἰχθῦς καὶ τὰς ὀφρῦς. *fhnq*

mosch **I 3 (p. 3, 4)** ‹ὁ ἰχθὺς ὁ κέφαλος·› ἰστέον ὅτι ὅταν δύο ὀνόματα ᾖ, τὸ ἓν καθολικώτερον τοῦ ἑτέρου, εἰ μὲν προτάσσεται τὸ καθολικώτερον δυσὶν ἄρθροις ἐκφέρονται, ὡς ἐνταῦθα «ὁ ἰχθὺς ὁ κέφαλος», εἰ δὲ τὸ ἕτερον καὶ δυσὶ καὶ ἑνὶ μετὰ τοῦ καθολικωτέρου λεγομένῳ, οἷον κέφαλος ὁ ἰχθὺς οὐδέποτε ἀγκίστρῳ ἀγρεύεται. εἰ δὲ ἐπίθετον καὶ προσηγορικόν ἐστιν, εἰ μὲν προτάττεται τὸ προσηγορικὸν μετὰ τοῦ ἄρθρου ἀμφότερα λέγονται, οἷον οἱ ἵπποι οἱ μέλανες ἀγαθοί, εἰ δὲ τὸ ἐπίθετον τοῦτο τὸ ἄρθρον ἔχει ἀεὶ τοῦ ἑτέρου χωρὶς ἄρθρου λεγομένου, οἷον οἱ μέλανες ἵπποι. ἐπὶ δὲ τῶν κτητικῶν καὶ κτημάτων εἰ καὶ δοκεῖ τὸ κτητικὸν ἄρθρον ἔχειν, ἀλλ' οὐδέποτε ἔχει. συμβαίνει γε μὴν τοῦ κτητικοῦ προταττομένου ἓν ἄρθρον εἶναι αὐτοῖς μετὰ τοῦ κτητικοῦ λεγόμενον καὶ ἀφορῶν πρὸς τὸ κτῆμα, οἷον ὁ ἐμὸς οἶκος, εἰ δὲ τὸ κτῆμα προτάττεται καὶ τὸ κτῆμα ἄρθρον ἔχει καὶ τὸ κτητικόν, ὅμως καὶ τὸ τοῦ κτητικοῦ πρὸς τὸ κτῆμα ἀφορᾷ· δύο δὲ ἄρθρα καθ' ἑνὸς ὀνόματος λέγονται, οἷον ὁ οἶκος ὁ ἐμός, ὥσπερ ἂν εἰ ἦν ὁ οἶκος ὁ τοῦ Γεωργίου. τὸ γὰρ ἓν ἔχει ἀναπόλησιν τοῦ κτήματος, τὸ δὲ ἕτερον τοῦ κεκτημένου. ἐπιθέτου δὲ ὄντος καὶ κυρίου τὸ ἐπίθετον ἔχει ἄρθρον ἀεὶ ὁπότερον ἂν προτάττοιτο, τὸ δὲ κύριον οὐδαμῶς, οἷον Πλάτων ὁ σοφὸς εἴρηκε τόδε, καὶ ἀνάπαλιν ὁ σοφὸς Πλάτων· εἰ μὴ ποιητὴς παραχρήσαιτο ὡς Ὅμηρος «τὸν Χρύσην ἀρητῆρα» (Il. I 11) λέγει, ὀφείλων εἰπεῖν τὸν ἀρητῆρα Χρύσην. εἰ δὲ πρὸς ἀγνοοῦντα λέγω ὁ κέφαλος ἰχθὺς καὶ ὁ οἶκος ἐμὸς καὶ ὁ Πλάτων σοφός, καὶ θέλω διδάσκειν ταῦτα αὐτὸν μετὰ τοῦ μερικωτέρου καὶ τοῦ κτήματος καὶ τοῦ κυρίου, ὀφείλω λέγειν ἀεὶ τὸ ἄρθρον ὁπότερον ἂν προτάττοιτο καὶ ἐπιφέρειν ἐκεῖνα μετὰ τοῦ ὑπαρκτικοῦ ῥήματος, οἷον ὁ κέφαλος ἰχθύς ἐστι καὶ ὁ οἶκος ἐμὸς καὶ ὁ Πλάτων σοφός. *fhnq*

1 περισπῶνται post τὰς ὀφρῦς transp. q **3** ζήτει ante ἰστέον add. n | ὅτι post ἰστέον om. n **4–5** εἰ μὲν προτάσσεται τὸ καθολικώτερον f n q εἰ μὲν προτάττεται τὸ προσηγορικὸν h **6–7** μετὰ τοῦ καθολικωτέρῳ λεγομένῳ f **8** προτάσσεται f **9** τοῦ ante ἄρθρου om. f n q **11–12** ἐπὶ δὲ τῶν κτητικῶν κτημάτων εἰ καὶ δοτικῇ n **16** τὸ ante τοῦ κτητικοῦ om. n **17** ἀνθ' ἑνὸς h **19** ἀπόλυσιν h ἀναπόλησιν cett. **20** ἔχει τὸ ἄρθρον n **21** ἂν πράττοιτο n **25** ὅτι ante ὁ κέφαλος add. h n q **25–30** καὶ θέλω διδάσκειν – καὶ ὁ Πλάτων σοφός om. h **27** ὀφείλων λέγειν n **29** οἳ q οἷον cett.

I 3 (p. 3, 4) ‹τῶν ἐν τοῖς ἕλεσι βιούντων·› a. εἷς δηλονότι. *hmns* plan

b. εἷς ἐστι τῶν ἐν τοῖς λιμνώδεσι καὶ καλαμώδεσι ζώντων ἰχθύων. *y* plan

I 3 (p. 3, 4) ‹τοῖς ἕλεσι·› a. τοῖς λιμνώδεσι καὶ καλαμώδεσι. *hmns* plan

b. ἕλος τὸ λιμνῶδες καὶ καλαμῶδες. *l* plan

I 3 (p. 3, 4) ‹βιούντων·› a. τῶν ζώντων. *hm* plan

b. βιόω βιῶ τὸ ζῶ, καὶ ἀπὸ τούτου ῥῆμα εἰς ΜΙ ἕτερον βιῶμι ἄχρηστον μὲν ἐν τῷ ἐνεστῶτι. κανονίζεται δὲ ἀπὸ τούτου τὸ ἐβίων καὶ βιῶναι καὶ ὁ βιούς, ὥσπερ ἀπὸ τοῦ γνῶμι ἀχρήστου καὶ αὐτοῦ τὸ ἔγνων καὶ γνῶναι καὶ ὁ γνούς. *fhnq* mosch

I 3 (p. 3, 5) a. ‹πεπίστευται·› πιστεύεται. *ns* plan

b. ἐβεβαιώθη. *y* plan

I 3 (p. 3, 5) ‹γαστρός·› γαστὴρ ἡ κοιλία· καὶ κλίνεται τῆς γαστέρος καὶ γαστρὸς κατὰ συγκοπήν. ἀπὸ τούτου, κατὰ σύνθεσιν, γαστριμαργία, καὶ γαστρίμαργος ὁ τὴν γαστέρα μάργος, ἤγουν μαινόμενος, καθ' Ὅμηρον, ὡς τὸ «διέπρεπε γαστέρι μάργῃ» (Od. XVIII 2), ἢ ὁ ἀργὸς αὐτὴν κατ' ἀντίφρασιν· κατὰ τὸν εἰρηκότα τοὺς Κρῆτας γαστέρας ἀργούς (cf. Paul. Ep. ad Tit. 1, 12 mosch

5–7 [Moschop.] Voc. Att. s.v. ἄλσος μὲν καὶ δρυμὼν καὶ λόγχμη, τὸ ἐπὶ στερεᾶς γῆς. ἕλος δὲ τὸ λιμνῶδες καὶ καλαμῶδες. Thom. Mag. Ecl. p. 223, 17–19 ἄλσος δὲ καὶ δρυμὼν καὶ λόχμη ἐπὶ ἀγρίων δένδρων ἱσταμένων ἐπὶ ξηρᾶς· ἕλος δὲ τόπος λιμνώδης καὶ καλαμώδης. **15–12,2** Hsch. γ 192 γαστέρι μάργῃ· τῇ γαστριμαργίᾳ (Hom. Od. XVIII 2). Su. γ 68 γαστήρ· ἡ κοιλία. Ὅμηρος (Od. XVIII 2) διαπαντὸς γαστέρας καλεῖ οὐ κοιλίας. καὶ παροιμία· γαστέρα μοι προφέρεις, κάλλιστον ὄνειδος ἁπάντων, ἡ πλήρης μὲν ἐλαφροτέρη, κενεὰ δὲ βαρεῖα· ἐπὶ τῶν γαστριμαργούντων. [Zon.] s.v. γαστήρ· ἡ κοιλία. Ὅμηρος (Od. XVIII 2) διαπαντὸς γαστέρας καλεῖ, οὐ κοιλίας. [Moschop.] Voc. Att. s.v. γαστὴρ ἡ κοιλία καὶ κλίνεται τῆς γαστρὸς κατὰ ἀποκοπήν. ἀπὸ τούτου κατὰ σύνθεσιν γαστριμαργία, καὶ γαστρίμαργος ὁ τὴν γαστέρα μάργος, ἤγουν μαινόμενος, καθ' Ὅμηρον, ὡς τὸ «διέπρεπε γαστέρι μάργῃ» (Od. XVIII 2), ἢ ὁ ἀργὸς αὐτὴν κατ' ἀντίφρασιν· κατὰ τὸν εἰρηκότα τοὺς Κρῆτας γαστέρας ἀργοὺς (cf. Paul. Ep. ad Tit. 1, 12 = Epimen. fr. 41 Bernabé) ἤγουν γαστριμάργους. ὡς καὶ λαίμαργος ὁ τὸν λαιμὸν ἀργός. Cf. schol. I 8 (p. 5, 20) ad γαστριμαργίας.

15 [γα]στὴρ n **17** γαστριμαρτία h **18** ἤγουν μαινόμενος om. h

= Epimen. fr. 41 Bernabé), ἤγουν γαστριμάργους. ὡς καὶ λαίμαργος ὁ τὸν λαιμὸν ἀργός. *fhnq*

plan **I 3 (p. 3, 5)** ‹κρατεῖν·› κυριεύειν. *y*

plan **I 3 (p. 3, 5)** a. ‹διαιτᾶσθαι·› τρέφεσθαι. *hmy*

mosch b. δίαιτα κυρίως ἡ παρὰ τῶν ἰατρῶν ὁριζομένη τροφὴ τοῖς ἀσθενέσι, καὶ διαιτῶ οὕτως καὶ διαιτῶμαι, ὅθεν καὶ ἐκδεδιῃτημένος ὁ ἀκόλαστος καὶ ἔξω διαίτης· καὶ συνδιατῶμαι τὸ συνδιάγω τινὶ καὶ συναναστρέφομαι. *fhnq*

plan **I 3 (p. 3, 5–6)** ‹σωφρόνως·› ἐγκρατῶς. *hmnsy*

plan **I 3 (p. 3, 6)** ‹ζῴῳ·› ζῶντι ἰχθύι. *y*

plan **I 3 (p. 3, 6)** ‹ἐπιτίθεται·› βαρὺς γίνεται, ἀπὸ τούτου λέγεται καὶ ὅταν ἐπιδοίῃ τις ἑαυτὸν πράξει τινὶ καὶ ἔγκειται αὐτῇ, οἷον δρασμῷ ἐπεθέμην ἢ τοιούτῳ τινί. *hlmy*

mosch b. ἐπιτίθημι ἕτερον ἑτέρῳ πράγματι, ἤγουν ἐπάνω αὐτοῦ τοῦτο τίθημι· ἐπιτίθεμαι δὲ ἐγὼ ἀντὶ τοῦ βαρὺς γίνομαι. *fhnq*

mosch **I 3 (p. 3, 6)** ‹ἀλλά·› ΑΛΛΑ σύνδεσμος συμπλεκτικός, διὰ δύο ΛΛ διὰ καλλιφωνίαν. *fhq*

plan **I 3 (p. 3, 7)** a. ‹ἔνσπονδος·› φιλικός. *hlmy*

mosch b. σπένδω τὸ δι' ὑγρῶν θυσιάζω, σπένδομαι δὲ τὸ φιλιοῦμαι, ὅθεν καὶ σπονδαὶ καὶ ἔνσπονδοι οἱ ἐν τῇ φιλίᾳ μένοντες, καὶ σπείδω καὶ σπείδομαι ὁμοίως. *fhnq*

plan **I 3 (p. 3, 7)** ‹πέφυκεν·› φύσιν ἔχει. *hmnsy*

plan **I 3 (p. 3, 7)** a. ‹ὅτῳ·› ᾧτινι. *h*

3 Hsch. κ 3993 κρατεῖ· [μένει. κρύπτει]. κυριεύει. δυνάμει ἄρχει. **4** Et. M. s.v. γαστρίζεσθαι· λαμπρότερον τρέφεσθαι, λαιμάργως διαιτᾶσθαι. **11–13** Planud. Epim. ined. (ε⁶ f. 106ᵛ, ε⁹ f. 106ᵛ) ἐπιτίθεται ἤγουν [ἤγουν om. ε⁹] βαρὺς γίνεται, ἀπὸ τούτου λέγεται καὶ ὅταν δῷ τις ἑαυτὸν πράξει τινὶ καὶ ἔγκηται [ἔγκειται ε⁹], οἷον δρασμῷ (scripsi: δαρμῷ ε⁶, δασμῷ ε⁹) ἐπεθέμην ἢ τοιούτῳ τινί. **14–15** [Moschop.] Voc. Att. s.v. ἐπιτίθημι ἕτερον πράγματι, ἤγουν ἐπάνω αὐτοῦ τοῦτο τίθημι, ἐπιτίθεμαι δὲ ἐγὼ ἀντὶ τοῦ βαρὺς γίνομαι. **19–21** Lex. Vind. σ 3 σπένδω ἐνεργητικῶς τὸ θυσιάζω. σπένδομαι παθητικῶς τὸ φιλιοῦμαι, καὶ τὸ θυσία γίνομαι. Θεολόγος (Or. II 54, 18–19)· «ἄρτι τὴν ἐκδημίαν ποθεῖ καὶ σπένδεται». **22** Schol. Thuc. IV 61, 5 πέφυκε· φύσιν ἔχει. Cf. schol. I 4 (p. 3, 28) ad πεφυκότες. **23** Hsch. ο 7534 *ἐφ' ὅτῳ· ἐφ' ᾧτινι, ἐπί τινι.

8 ἀναστρέφομαι n **11** ἐπιτίθεται· ἀντὶ τοῦ ante βαρὺς γίνεται add. l | καὶ ἐχθρὸς post γίνεται add. y **12–13** ἤγουν δρασμῷ y οἷον δρασμῷ cett. **16** ⟦ΑΛΛΑ⟧ reliquis omissis h **19** θύω h θυσιάζω cett.

b. ᾧτινι ἀπὸ τῶν ἰχθύων. *y* plan

I 3 (p. 3, 7) ‹ἐντύχῃ·› a. συναντήσῃ. *y* plan

b. τυχεῖν γενικῇ συντάσσεται, ἐντυχεῖν δὲ καὶ περιτυχεῖν δοτικῇ. *fhnq* mosch

I 3 (p. 3, 7) ‹κειμένῳ·› a. ἀποθανόντι. *y* plan

b. κείμενοι οἱ ἀνακεκλιμένοι καὶ οἱ τεθνηκότες. *fhnq* mosch

I 3 (p. 3, 7) ‹οἱ·› αὐτῷ. *hmy* plan

I 3 (p. 3, 8) a. ‹προσάπτει·› προσψαύει. *hmy* plan

b. τὸ προσάπτεσθαι ἔλαττον τοῦ ἅπτεσθαι· τὸ γὰρ ἅπτεσθαι ἀόριστόν ἐστι, τὸ δὲ προσάπτεσθαι ἤγουν ἐσκεμμένως καὶ ἀκροθιγῶς ἅπτεσθαι. Φιλόστρατος (Her. p. 27, 10–12 De Lannoy)· «καὶ παρακελεύσασθαι πρεσβύτεροι νέοις μὴ σκυλεύειν Ἱέραν, μὴ δὲ προσάπτεσθαι κειμένης», ἤγουν μὴ δ' ἀκροθιγῶς ἅπτεσθαι μὴ δ' ὁπωσοῦν. *y* plan

c. ἰστέον ὅτι τὸ μὲν ἅπτεσθαι ἀόριστον ἔχει τὴν ἀφήν, τὸ δὲ προσάπτεσθαι τὸ ὑπεσταλμένως καὶ οἱονεὶ ἄκροις δακτύλοις ἅπτεσθαι δηλοῖ, ὥσπερ καὶ ψαύειν καὶ προσψαύειν, καὶ ἐγγίζειν καὶ προσεγγίζειν. *fhnq* mosch

I 3 (p. 3, 8–9) ‹τῇ οὐρᾷ·› a. διὰ τῆς οὐρᾶς. *hmnsy* plan

b. οὐρὰ τὸ ὄπισθεν τῶν ζῴων, καὶ ἀπὸ τούτου οὐρὰ καὶ ἡ πρύμνα τῆς νεώς, ὅθεν οὖρος ποιητικῶς ὁ ἀπὸ τῆς οὐρᾶς φορὸς καὶ ἐπιτήδειος ἄνεμος, ὃς κοινῶς λέγεται οὔριος· ὅθεν καὶ τὸ ἐξ οὐρίας πλεῖν. *fhnq* mosch

I 3 (p. 3, 9) ‹ἀτρεμοῦντος·› μὴ κινουμένου. *hmsy* plan

I 3 (p. 3, 9) ‹ἔχει τὴν ἄγραν·› ἀγρεύει τὸν κείμενον ἰχθῦν. *y* plan

I 3 (p. 3, 9) ‹ἄγραν·› ἄγρα λέγεται καὶ τὸ θηρώμενον καὶ τὸ ἔργον. *fhnq* mosch

I 3 (p. 3, 9) ‹κινηθέντος·› βαδίσαντος. *y* plan

I 3 (p. 3, 10) ‹ἀνεχώρησεν·› ἀπῆλθεν. *y* plan

2 Schol. rec. Aristoph. Nub. 689b ἐντυχών· συναντήσας, ὁμιλήσας. 7 Cf. schol. I 2 (p. 2, 13) ad οἱ. **20–23** [Moschop.] Voc. Att. s.v. οὐρὰ τὸ ὄπισθεν τῶν ζῴων, καὶ ἀπὸ τούτου οὐρὰ καὶ ἡ πρύμνα τῆς νεώς, ὅθεν οὖρος ποιητικῶς ὁ ἀπὸ τῆς οὐρᾶς φορὸς καὶ ἐπιτήδειος ἄνεμος, ὃς κοινῶς λέγεται οὔριος· ὅθεν καὶ τὸ ἐξ οὐρίας πλεῖν. **26–27** Poll. On. V 12 οὐ γὰρ μόνον τὸ ἔργον ἀλλὰ καὶ τὸ θηρώμενον ἄγραν καλοῦσιν.

6 ἀνακεκλημένοι n **19** ‹οὐρ›ᾶς s **21** ὅθεν καὶ οὖρος n q **22** καί ante τὸ ἐξ οὐρίας om. h n q **26** καί post λέγεται om. n | θηρόμενον f plan **I 4 (p. 3, 11)** ‹τιμωροῦσιν·› βοηθοῦσιν. κυρίως δὲ τὸ τιμωρεῖν ἐπὶ ἐκδικήσεως λέγεται καὶ τιμωρὸς ὁ ἐκδικητής. *hmnsy*

plan **I 4 (p. 3, 12)** ‹οὖν·› δή. *hmnsy*

plan **I 4 (p. 3, 12)** ‹θήρας·› ἄγρας. *y*

plan **I 4 (p. 3, 13)** ‹ἐπιστήμονες·› ἔμπειροι. *y*

plan **I 4 (p. 3, 13)** ‹φιλοῦσιν·› εἰώθασιν. *hmnsy*

plan **I 4 (p. 3, 13)** ‹ὀνομάζειν·› καλεῖν. *y*

plan **I 4 (p. 3, 13)** ‹τὰ ἤθη·› a. κατὰ τὰς συνήθεις αὐτοῖς διατριβάς. *hmy*

plan b. κατά. *hmy*

plan **I 4 (p. 3, 14)** ‹πελαγίους·› ἐν τῷ πελάγει διάγοντας. *y*

plan **I 4 (p. 3, 14)** ‹τούτων·› τῶν ἀνθιῶν. *y*

plan **I 4 (p. 3, 14)** ‹νοήσωσι·› αἴσθωνται. *y*

plan **I 4 (p. 3, 14)** ‹τεθηρᾶσθαι·› κρατηθῆναι. *y*

plan **I 4 (p. 3, 14–15)** ‹τὸν σύννομον·› a. ἐπὶ τῶν ζῴων λέγεται τοὔνομα τῶν ὁμοῦ βοσκομένων. *hm*

plan b. σύννομος κυρίως ἐπὶ τῶν ζῴων τῶν ὁμοῦ βοσκομένων, ἀπὸ τοῦ νέμω τὸ βόσκω. καταχρηστικῶς δὲ καὶ ἐπ᾽ ἀνθρώπων ὁ ὁμοδίαιτος καὶ σύσσιτος λέγεται. Θεολόγου (Greg. Naz. Or. XLIII 24, 5)· «ἐπὶ τὸν σύννομον ἐφερόμην». *y*

plan c. αὐτοῖς καὶ σύσσιτον καὶ ὁμοδίαιτον. *y*

plan **I 4 (p. 3, 15)** ‹προνέουσιν·› προπορεύονται, ἀπὸ τοῦ νέω τὸ κολυμβῶ. *hmsy*

plan **I 4 (p. 3, 15)** ‹ὤκιστα·› ταχύτατα. *hmnsy*

1–2 Erotian. τ 17 τιμωρέουσα· βοηθοῦσα. ὡς καὶ Εὐριπίδης ἐν Οἰνεῖ φησιν (fr. 559 Kann.)· «ἐγὼ δὲ πατρὸς αἷμ᾽ ἐτιμωρησάμην | σὺν τοῖς ἐφηβήσασι καὶ τῶν ὀλωλότων». Su. τ 635 τιμωρεῖν· ἀντὶ τοῦ βοηθεῖν καὶ τιμωρός, ὁ ἐκδικητής. **4** Hsch. θ 516 *θήρα· κυνηγία, ἄγρα. **5** Su. ε 2628 ἐπιστήμονος· τοῦ ἐμπείρου. **7** Cf. schol. I 1 (p. 1, 27) ad καλεῖται. **14** Cf. schol. I 2 (p. 2, 26) ad θηρώμενοι. **15–20** Georg. Lacap. Epim. p. 138, 19–21 Lindstam ὅτι νέμω λέγεται καὶ τὸ βόσκω. καὶ νομεὺς ἀπὸ τούτου· ὁ βοσκός. καὶ σύννομοι· οἱ ὁμοῦ βοσκόμενοι, εἴτε ἵπποι, εἴτε βόες. Cf. schol. I 9 (p. 5, 26) ad σύννομοι. **22–23** Moer. ν 5 νεῖν καὶ νήχεσθαι Ἀττικοί· κολυμβᾶν Ἕλληνες. Hsch. ν 237 νεῖν· νήθειν στήμονα. κολυμβᾶν, νήχεσθαι. [Zon.] s.v. νεῖν· ἀντὶ τοῦ κολυμβᾶν. Moschop. Comm. Hes. Op. 628 νεῖν δὲ καὶ κολυμβᾶν ταὐτόν· ἀπὸ τοῦ κολυμβᾶν ὄνομα ὁ κολυμβητής. **24** [Zon.] s.v. ὤκιστος· ταχύτατος. Schol. Aeschyl. Sept. 65e ὤκιστος· ταχύτατος.

1 κυρίως δὲ τὸ τιμωρεῖν h m τὸ om. n s τὸ τιμωρεῖν κυρίως y

I 4 (p. 3, 15–16) ‹ἀπερείδουσι·› στηρίζουσι. *hmnsy* plan

I 4 (p. 3, 16) ‹ἐμπίπτοντες·› ἄλλοι ἐπάνω ἄλλων πίπτοντες. *hmsy* plan

I 4 (p. 3, 16) ‹ὠθούμενοι·› ὑπ' ἀλλήλων. *y* plan

I 4 (p. 3, 16) ‹τῇ δυνάμει·› τῇ ἰσχύι αὐτῶν. *y* plan

I 4 (p. 3, 17) ‹ἕλκεσθαι·› σύρεσθαι βίαις τὸν ἠγρευμένον. *y* plan

I 4 (p. 3, 18) ‹εἰς τὴν οἰκείαν ἀγέλην·› εἰς τοὺς ὁμογενεῖς. L^1

I 4 (p. 3, 18) ‹ἀγέλην·› πληθὺν τὴν αὐτοῖς ὁμοειδῆ. *y* plan

I 4 (p. 3, 18) ‹τιμωροί·› βοηθοί, ἐκδικηταί. *y* plan

I 4 (p. 3, 19) ‹προίασι·› a. προέρχονται. *hmnsy* plan
b. τῶν ὀπῶν δηλονότι. L^1

I 4 (p. 3, 19) ‹ἀποτραγεῖν·› a. φαγεῖν καὶ ἀποκόψαι. *hmns* plan
b. ἀπὸ τοῦ ὅλου δι' ὀδόντων κόψαι. *y* plan

I 4 (p. 3, 19) ‹σπεύδουσιν·› σπουδάζουσιν. *y* plan

I 4 (p. 3, 20) ‹τὸν ᾑρημένον·› τὸν κεκρατημένον. *mnsy* plan

I 4 (p. 3, 20) ‹πολλάκις·› τὸ πολλάκις οὐδέποτε ἀντὶ τοῦ σπανιάκις λαμβάνεται, εἰ μὴ παρὰ τοῖς κοινοῖς. *hmnsy* plan

I 4 (p. 3, 20) ‹ἀποκόψαντες·› ἀποτεμόντες τὴν ὁρμιάν. *y* plan

I 4 (p. 3, 21) ‹ἀφῆκαν·› εἴασαν. *nsy* plan

I 4 (p. 3, 21) ‹αἰτοῦσι·› ζητοῦσιν αὐτούς. *y* plan

I 4 (p. 3, 21) ‹ζωάγρια·› a. χαριστήρια τινὰ διδόμενα ὑπὲρ τῆς ζωῆς αὐτῆς. *y* plan

10 Georg. Lacap. Epim. pp. 27, 6–28, 2 Lindstam προΐασι· τὸ προέρχονται, ὡς τὸ προπάντες οἱ λόγοι διὰ τῶν χειλέων προΐασι. προϊᾶσι δὲ οὐχ εὑρίσκεται, ὥσπερ δὴ καὶ τὸ προσιᾶσι. **12** Su. τ 887 τραγεῖν· φαγεῖν. **14** Hsch. σ 1486 σπεύδων· σπουδάζων, ἐνεργῶν. **15** Et. Sym. α 1356 ἀρημένον· κεκρατημένον· αἱρῶ αἱρήσω ᾕρηκα ᾕρημαι ᾑρημένον καὶ ἀρημένον. σημαίνει δὲ καὶ τὸν βεβλαμμένον, ἀπὸ τοῦ ἀρά, ἡ βλάβη. Schol. Hom. Od. VI 2a[2] τὸ ἀρημένος ἀντὶ τοῦ ᾑρημένος καὶ νενικημένος καὶ κεκρατημένος. Cf. scholl. I 33 (p. 16, 7) ad αἱρεῖν et X 18 (p. 241, 6) ad αἱρῇ. **16–17** [Moschop.] Voc. Att. s.v. τὸ πολλάκις οὐδέποτε ἀντὶ τοῦ σπανιάκις λαμβάνεται, εἰ μὴ παρὰ τοῖς κοινοῖς. **19** Su. π 603 παρεῖσαν· εἴασαν, ἀφῆκαν. **21–16,2** Su. ζ 112 ζωάγρια καὶ ζώγρια· δι' ὧν λύτρων τὸ ζῆν περιγίνεται. ζωάγρια γὰρ τὰ τῆς ζωῆς χαριστήρια. Et. Gud. s.v. ζωάγρια, ἄποινα, τὰ ὑπὲρ τοῦ ζῆν διδόμενα. συντάσσεται μετὰ δοτικῆς.

2–3 ἄλλος ἐπάνω ἄλλω πίπτοντες s **12** ἀποφαγεῖν m **15** τὸν om. s y **16–17** λαμβάνεται ante ἀντὶ τοῦ σπανιάκις transp. y ἀντὶ τοῦ om. n s **19** εἴησαν s

plan b. ζωγρέω ζωγρῶ τινα τὸ ζῶντα κρατῶ, καὶ ζωάγρια τὰ διδόμενα χαριστήρια ὑπὲρ τῆς ζωῆς τινος. *y*

plan **I 4 (p. 3, 22)** ‹ἔτυχον·› ἐπέτυχον τοῦ σκοποῦ. *y*

plan **I 4 (p. 3, 22)** ‹ἥμαρτον·› a. ἀπέτυχον. *hmns*

plan b. ἀπέτυχον τοῦ σκοποῦ. *y*

plan c. ἥμαρτον ἀντὶ τοῦ ἁμαρτίαν ἐποίησα, ἔστι δὲ τὸ ῥῆμα ἀμετάβατον καὶ ἥμαρτον ἀντὶ τοῦ ἀπέτυχον καὶ ἔχει τὴν σύνταξιν πρὸς γενικήν. *hmns*

plan d. ἥμαρτον ἀντὶ τοῦ ἁμαρτίαν ἐποίησα, ἔστι δ' ἀμετάβατον καὶ ἥμαρτον ἀντὶ τοῦ ἀπέτυχον καὶ συντάσσεται γενικῇ· ἥμαρτον τοῦ σκοποῦ καὶ ἁμαρτάνω τοῦ ὀρθοῦ, ἤγουν ἀποτυγχάνω, ὃ καὶ μετὰ τῆς ΔΙΑ προθέσεως γράφεται παρὰ ῥήτορσι· διήμαρτε τῆς ἀληθείας, ἤγουν ἀπέτυχε, καὶ διαμαρτάνει τῶν ὀρθῶν φρενῶν, ἤγουν ἀποτυγχάνει. *y*

plan **I 4 (p. 3, 22)** ‹τὸ δ' οὖν ἑαυτῶν·› τὸ δυνατὸν αὐτοῖς. *hmnsy*

plan **I 4 (p. 3, 23)** ‹ἐμπεσεῖν·› ἐντὸς πεσεῖν. *y*

plan **I 4 (p. 3, 24)** ‹τὸ οὐραῖον μέρος·› τὸ τῆς οὐρᾶς. *y*

plan **I 4 (p. 3, 24)** ‹ἐκβαλεῖν·› ἔξω βαλεῖν. *y*

plan **I 4 (p. 3, 24)** ‹ἀθηράτους·› ἀκρατήτους. *y*

plan **I 4 (p. 3, 24)** ‹περινέοντας·› a. κύκλῳ πορευομένους τῇ νήξει, περινηχομένους. *hmns*

plan b. κύκλῳ νηχομένους. *y*

plan **I 4 (p. 3, 25)** ‹ἐνδακεῖν·› τὸ μέρος αὐτοῦ τῆς οὐρᾶς. *y*

plan **I 4 (p. 3, 25)** ‹ἑταῖρον·› φίλον. *y*

plan **I 4 (p. 3, 25)** ‹προαγαγεῖν·› ἐκβαλεῖν. *y*

4–5 Et. Gud. s.v. ἥμαρτον, ἀπέτυχον ἀγαθῶν. Schol. Aeschyl. Ag. 1194a (Tricl.) ἥμαρτον· ἀπέτυχον. Schol. Eur. Phoen. 874 (ed. Dindorf) ἥμαρτον ἀμαθῶς· ἀπέτυχον ἀπαιδεύτως. **6–14** Georg. Lacap. Epim. p. 43, 8–12 Lindstam ἁμαρτάνειν δίχα μὲν προθέσεως κοινῶς λέγεται καὶ ἀμεταβάτως καὶ μεταβατικῶς. ἀμεταβάτως μέν, ὅτε δηλοῖ τὸ πταίω καὶ ἁμαρτίαν ἐργάζομαι, ὡς τὸ ἥμαρτον εἰς τὸν οὐρανόν. μεταβατικῶς δὲ ἀντὶ τοῦ ἀποτυγχάνω, συντασσόμενον γενικῇ, οἷον· «ἥμαρτε τοῦ σκοποῦ» (Iulian. Contra Gal. p. 228, 15). καθὸ καὶ τὸ ἤμβροτες ποιητικῶς ἀντὶ τοῦ ἀπέτυχες, τὸ κοινῶς λεγόμενον ἠστόχησας. Schol. Eur. Hec. 594 (ed. Dindorf) ἁμαρτοῦσ'· ἁμαρτάνω, τὸ ἁμαρτίαν ποιῶ, ἀμεταβάτως· ἁμαρτάνω δὲ τὸ ἀποτυγχάνω, καὶ συντάσσεται γενικῇ, ὡς τὸ ἥμαρτον τοῦ σκοποῦ. **24** Cf. schol. I 1 (p. 2, 6) ad ἑταῖροι.

6 ἁμαρτίας m

I 4 (p. 3, 25) ‹ἐξίοι·› ἐξέλθοι. *hmnsy* plan

I 4 (p. 3, 26) ‹ὁ ἔξω·› ὢν σκάρος. *y* plan

I 4 (p. 3, 26) ‹ὤρεξεν·› a. ἔδωκεν, ἐκτείνας ἔδωκεν. *hmns* plan
b. ἐκτείνειν ἔδωκεν. *y* plan

I 4 (p. 3, 26) ‹περιχανών·› a. ἐνδακών. *hmnsy* plan
b. περιλαβὼν τῷ χάσματι τοῦ στόματος. *L*[1]

I 4 (p. 3, 27) ‹φιλεῖν·› ἀγαπᾶν. *y* plan

I 4 (p. 3, 27–28) ‹οὐ μαθόντες·› οὐ διδαχθέντες. *hmnsy* plan

I 4 (p. 3, 28) ‹ἀλλὰ πεφυκότες·› ἀλλ᾽ ἀπὸ φύσεως ἔχοντες τὸ ἀλλήλους ἀγαπᾶν. *y* plan

I 4 (p. 3, 28) ‹πεφυκότες·› φύσιν ἔχοντες. *hms* plan

I 5 (p. 3, 32) ‹καρτεροί·› καρτερὸς κυρίως ἐπὶ ψυχῆς ὁ ὑπομένων τὰ ἐπιόντα ἀδεῶς. νῦν δὲ ἐπὶ σώματος, ἤγουν ὁ ἰσχυρός. *L*[1]

I 5 (p. 4, 3) ‹λαβάς·› λαβαὶ ἐξ ὧν αἱ ὁρμια[ὶ] δέδενται. *L*[1]

I 6 (p. 4, 17) ‹γλαύκης·› γλαὺξ ὄρνεόν τι καὶ κλίνεται γλαυκός. Γλαύκη δὲ ὄνομα γυναικός. *fgq* mosch

I 6 (p. 4, 17) ‹ἀκούω·› ἀκούω λόγον καὶ ἀκούω ἀντὶ τοῦ νοῶ, καὶ παρακούω ἀντὶ τοῦ παρανοῶ, καὶ ἀκούεται ὁμοίως καὶ παρακούεται. *fgq* mosch

I 6 (p. 4, 17) ‹ἐρασθῆναι·› ἐρῶ κοινῶς, ἔραμαι δὲ ποιητικῶς τὸ αὐτό, καὶ ἠράσθην πάλιν κοινόν. *fgq* mosch

I 6 (p. 4, 18) ‹Κιλικίας·› κύλιξ τὸ ποτήριον καὶ κλίνεται τῆς κύλικος, ‹Υ› ψιλὸν καὶ Ι, οἱ Κίλικες δὲ ὄνομα ἔθνους, Ι τὰ δύο. *fg* mosch

I 6 (p. 4, 19) ‹παιδός·› παῖς ἡ νέα καὶ ἡ δούλη καὶ ἐπὶ ἀρσενικοῦ ὁμοίως, ὃ ποιητικῶς λέγεται πάϊς διαλελυμένως. ἀπὸ τούτου παιδοτρίβης καὶ παιδαγωγός, ὁ ἑπόμενος καὶ παιδεύων mosch

3 Hsch. ω 320 ὤρεξε· παρέσχεν, ἔδωκεν. Schol. Opp. Hal. III 268 ὤρεξε· ἔδωκεν. 4, 58 ὤρεξε· ἔδωκεν. **9–11** Cf. schol. I 3 (p. 3, 7) ad πέφυκεν. **12–14** Cyr. κ 113 Hag. καρτερός· ἰσχυρός· γενναῖος. **18–20** Schol. Philostr. Im. I 9 p. 229 Webb ἀκούω σοῦ τοὺς λόγους, ἐνίοτε δὲ καὶ ἀκούω σοῦ τῶν λόγων. καὶ ἀκούω τινὸς ἀντὶ τοῦ ἀκροατὴς αὐτοῦ εἰμί, ἀφ᾽ οὗ παρακούω τὸ παρανοῶ, ἤγουν, ὅπερ τις εἰς ἑτέραν ἔννοιαν εἶπεν, ἐγὼ δὲ ἑτέρως ἐνόησα. καὶ παρακούω τὸ παρέργως ἀκούω, καὶ μὴ μετὰ σπουδῆς. Cf. schol. X 18 (p. 241, 4) ad ἀκούω.

3 ἔδωκεν[1] om. n s **8** οὐ om. y **15** supplevi **21** παθητικῶς g **24** ‹Υ› addidi **25** ἡ ante παῖς add. q

τὰ ἤθη τῶν παίδων, ὁ δὲ τοὺς ἵππους ἡμερῶν πωλοδάμνης λέγεται. *fgq*

mosch **I 6 (p. 4, 20)** ‹ἐν Σπάρτῃ·› Σπάρτη ἡ βασιλεύουσα πόλις ἐν τῇ Λακωνικῇ, τὰ δὲ πέριξ αὐτῆς Λακεδαιμονία καὶ Λακωνική, ὥσπερ καὶ Ἀθῆναι μὲν ἡ κυριεύουσα πόλις, τὰ δὲ περὶ αὐτὴν χωρία Ἀττική, καὶ Ἴλιος, ἢ καὶ Ἴλιον λέγεται οὐδετέρως, ἡ ἐξέχουσα πόλις, τὰ δὲ πέριξ αὐτῆς Τροία. *fgq*

mosch **I 6 (p. 4, 20)** κολοιός· ὄρνεον θορυβῶδες, ἀπὸ τούτου κολωὸς ὁ θόρυβος, καὶ κολούειν τὸ θορυβεῖν ποιητικῶς· γέγονε δὲ τοὔνομα ἀπὸ τῆς κραυγῆς τοῦ ζῴου. *fgq*

plan **I 7 (p. 4, 21)** ‹φιλανθρωπότατον·› φιλεῖ συνδιάγειν τοῖς ἀνθρώποις. *y*

plan **I 7 (p. 4, 22)** ‹περιτύχῃ·› συναντήσῃ. *y*

plan **I 7 (p. 4, 22)** ‹οἷον·› καθά. *y*

plan **I 7 (p. 4, 23–24)** ‹τῳτηνικαῦτα·› τῳτότε. *hmsy*

plan **I 7 (p. 4, 24)** ‹ἐπαμύνει·› a. βοηθεῖ. *hmy*

plan b. ἀμύνω τὸ βοηθῶ καὶ ἐκδικῶ· ἀμύνομαι δὲ τὸ τιμωροῦμαι. ἤγουν κολάζω. *hmns*

plan c. ἀμύνω τὸ βοηθῶ, δοτικῇ συντάσσεται· ἀμύνομαι δὲ τὸ τιμωροῦμαι, ἤγουν κολάζω, αἰτιατικῇ. *y*

plan **I 7 (p. 4, 24)** ‹αὐτῷ·› τῷ ἀνθρώπῳ. *y*

plan **I 7 (p. 4, 25)** ‹τῶν κυνηγετούντων·› ἀπό. *hmsy*

8–10 Ap. Soph. s.v. κολωός θόρυβος. ἡ μεταφορὰ ἀπὸ τῶν κολοιῶν· θορυβητικὸν γὰρ τὸ ζῷον. Et. M. s.v. κολωιός· ὁ θόρυβος· ἡ μεταφορὰ ἀπὸ τοῦ κολοιοῦ, ὅ ἐστι θορυβῶδες καὶ κραυγαστικὸν ὄρνεον. ἀπὸ τοῦ κλῶ, τὸ φωνῶ καὶ κλάζω, γίνεται κλὸς, καὶ πλεονασμῷ, κολοιός· κρακτικὸν γὰρ τὸ ζῷον. **11–12** Cf. schol. I 52 (p. 22, 17) ad φιλάνθρωπος. **14** Cf. schol. I 7 (p. 4, 30) ad οἷον. **16–20** Hsch. α 3847 ἀμῦναι· ἐκδικῆσαι. βοηθῆσαι (Eur. Or. 556). Schol. Eur. Hec. 160 (ed. Dindorf) ἀμύνω τὸ ἐκδικῶ καὶ βοηθῶ δοτικῇ, ἀμύνομαι τὸν ἐχθρόν μου ἀντὶ τοῦ κολάζω, ἀεὶ αἰτιατικῇ. ἐκ τούτου λέγεται καὶ ἄμυνα ἐπὶ θηλυκοῦ, καὶ ἀμυντήρια ὅπλα, οἷον ξίφος ἢ δόρυ ἢ τόξον ἢ ἄλλο τι τοιοῦτον. δι' οὗ ἀναστέλλομεν μηκόθεν τὸν πολέμιον. Planud. Constr. verb. α III 3 (p. 26, 28–29 Guida) ἀμύνω καὶ ἐπαμύνω, τὸ βοηθῶ καὶ ἐκδικῶ· ἀμύνομαι δὲ τὸ κολάζω, εἰς αἰτιατικήν. Planud. Epim. p. 75 Lindstam ἀμύνω σοι· βοηθῶ σοι. ἀμύνομαί σε δὲ ἀντὶ τοῦ τιμωροῦμαί σε. [Moschop.] Voc. Att. s.v. ἀμύνω τὸ βοηθῶ καὶ ἐκδικῶ· ἀμύνομαι δὲ τὸ τιμωροῦμαι. ἤγουν κολάζω.

1 πολοδάμνης f **8** κολοὸς codd. : correxi **17** ἀμύνωμαι h

I 7 (p. 4, 25) ‹ἀπροόπτως·› a. ἀπροόπτως φέρεταί τις ὅταν οὐ προορᾷ τὴν ὁδόν, μή τι ἔχῃ δεινόν, ἀλλ' ἀμερίμνως ταύτην διέρχηται. *hmnsy* plan

b. μὴ προορῶν τὴν ὁδὸν μή τι ἔχῃ δεινόν· κρημνὸν ἢ λάκκον ἢ σκόλοπας. *y* plan

I 7 (p. 4, 26) ‹ἀνθρακευτῶν·› ἀνθρακευταὶ οἱ τοὺς ἄνθρακας ἐν τοῖς ὄρεσιν ἐργαζόμενοι. *hmnsy* plan

I 7 (p. 4, 26) ‹κατηνέχθη·› κατέπεσεν. *y* plan

I 7 (p. 4, 27) ‹οὐκ ἀπέστησαν·› οὐκ ἀνεχώρησαν. *hmns* plan

I 7 (p. 4, 27) ‹κνυζώμενοι·› a. κνυζᾶται κύων ὅτε προσερχόμενός τινι κλαυθμυρίζεται καὶ τὸ οὐραῖον κινεῖ· κνίζεται δὲ ὁ ἐρωτικῶς λυπούμενος. *hmnsy* plan

b. κλαυθμυρίζοντες καὶ τὸ οὐραῖον κινοῦντες. *y* plan

I 7 (p. 4, 28) ‹ὠρυόμενοι·› ἰστέον δ' ὅτι ὠρυώμενος καὶ βρυχώμενος λέων, καὶ ὠρυωμένη καὶ βρυχωμένη θάλασσα, μεγάλα τὰ δύο. ὠρυάω γὰρ ὠρυῶ καὶ βρυχάω βρυχῶ ἐστι τὸ θέμα περισπωμένως. ὠρυόμενος δὲ καὶ βρυχόμενος ἄνθρωπος ἢ κύων ἢ λύκος, μέγα καὶ μικρόν. ὠρύω γὰρ καὶ βρύχω τὸ θέμα βαρυτόνως ἐστίν. *y* plan

I 7 (p. 4, 28) ‹διέτριβον·› διῆγον. *y* plan

1–3 Planud. Epim. ined. (ε^{6} f. 107^{r}, ε^{9} f. 107^{r}) = [Moschop.] Voc. Att. s.v. ἀπροόπτως φέρεταί τις ὅταν οὐ προορᾷ τὴν ὁδόν, μή τι ἔχῃ [ε^{6}ε^{9}, ἔχει Moschop.] δεινόν. ἀλλ' ἀμερίμνως [ε^{6}, ἀλλὰ ἀμερίμνως ε^{9}, ἀλλὰ μερίμνως Moschop.] ταύτην διέρχηται [διέρχεται ε^{9}]. **8** Schol. D Hom. Il. XIV 54 κατερήριπεν· κατηνέχθη, κατέπεσεν. **9** Hsch. ε 7586 ἐχάσατο· ἀνεχώρησεν. ἀπέστη (Hom. Il. XIII 193). **10–13** Planud. Epim. ined. (ε^{6} f. 107^{r}, ε^{9} f. 107^{r}) κνυζᾶται κύων ὅτε προσερχόμενός τινι κλαυθμυρίζεται καὶ τὸ οὐραῖον κινεῖ· κνίζεται δὲ ὁ ἐρωτικῶς λυπούμενος. Planud. Epim. p. 66 Lindstam κνυζώμενος κύων· κνιζόμενος δὲ ὁ ἐρωτικῶς λυπούμενος. [Moschop.] Voc. Att. s.v. κνίζειν τὸ ἐρωτικὸς λυπεῖν μεταβατικῶς. καὶ κνιζόμενος ὁ ἐρωτικῶς λυπούμενος. κνυζᾶται δὲ κύων ἀμεταβάτως διὰ τοῦ Υ ψιλοῦ, ὅτε προσερχόμενος καὶ σαίνων λαλιάν τινα ὑπὸ χαρᾶς ἀφίησιν. Schol. Philostr. Im. I 12 p. 236 Webb κνίζειν τὸ ἐρωτικῶς λυπεῖν, καὶ συντάσσεται αἰτιατικῇ. κνυζᾶται δὲ κύων ἀμεταβάτως διὰ τοῦ Υ ψιλοῦ, ὅταν προσερχόμενος καὶ σαίνων λαλιάν τινα ὑπὸ χαρᾶς ἀφίησιν. **20** Hsch. δ 1687 διετάθη· διέτριβε, διῆγεν.

10 ὅταν y **11** κλαυθμυρίζηται y **14** ὠρυόμενος y : correxi **15** ὠρυομένη καὶ βρυχομένη y : correxi

plan **I 7 (p. 4, 28)** ‹τὰ δὲ τελευταῖα·› περὶ τὰ τέλη δέ. *y*

plan **I 7 (p. 4, 29)** ‹πεφεισμένως·› μετὰ φειδοῦς. *y*

plan **I 7 (p. 4, 30)** ‹οἶον·› καθά. *y*

plan **I 7 (p. 4, 30)** ‹ἐπικούρους·› βοηθούς. *hmnsy*

plan **I 7 (p. 4, 30–5, 1)** ‹παρακαλοῦντες·› ἕλκοντες· παρακαλῶ τὸ ἕλκω καὶ τὸ αἰτοῦμαι. *hmnsy*

plan **I 7 (p. 5, 2)** ‹ὑπώπτευσε·› ὑπενόησε. *hmnsy*

plan **I 7 (p. 5, 3)** ‹καταφλεχθέντα·› διόλου φλεχθέντα. *y*

plan **I 7 (p. 5, 3)** ‹ἐκ τῶν λειψάνων·› ἐκ τῶν ὑπολειφθέντων μερῶν. *hmnsy*

plan **I 7 (p. 5, 3)** ‹συμβαλών·› νοήσας. *hmnsy*

plan **I 8 (p. 5, 5)** ‹μεθ' ἡμέραν·› κατὰ τὴν ἡμέραν, ἔστι δὲ ἐπίρρημα. *hmnsy*

plan **I 8 (p. 5, 6)** ‹νύκτωρ·› κατὰ τὴν νύκτα. *hmy*

plan **I 8 (p. 5, 7)** ‹καθευδούσας·› κοιμωμένας. τὸ καθεύδειν, τὸ κοιμᾶσθαι καὶ τὸ ἰαύειν δηλοῦσι μὲν τὸ ὑπνοῦν, ἐνίοτε δὲ λαμβάνονται καὶ ἐπὶ τῆς ψιλῆς κατακλίσεως ἐν τῇ εὐνῇ. *hmy*

plan **I 8 (p. 5, 7)** ‹ἐπιφοιτᾷ τοῖς ἔργοις·› κατὰ τῶν ἔργων φοιτᾷ. *hmy*

plan **I 8 (p. 5, 8)** ‹λυμαίνεται·› βλάβην ἐπάγει. *hmy*

2 Cf. schol. I 2 (p. 2, 27) ad πεφεισμένως. **3** Cf. schol. I 7 (p. 4, 22) ad οἶον. **4** Hsch. ε 4885 *ἐπίκουρος· βοηθός. Cyr. ε 477 Hag. ἐπίκουρος· σύμμαχος ἢ βοηθός. Syn. ε 693 ἐπίκουρος· βοηθός (Su. ε 2407; Phot. ε 1599). **5–6** Moschop. Comm. Hes. Op. 734 παρακαλῶ τὸ παρ' ἐμὲ ἕλκω, ἢ παρά τι ἕτερον. Schol. Eur. Or. 1583 (ed. Dindorf) παρακαλεῖς· ἕλκεις ἡμᾶς. **11** Schol. Soph. Oed. Col. 1474 συμβαλών· νοήσας, στοχασάμενος. Cf. schol. I 10 (p. 6, 15) ad συμβάλωσιν. **12** Schol. Aristoph. Plut. 930 (ed. Dübner) μεθ' ἡμέραν· κατὰ τὴν ἡμέραν. **14** Schol. Aeschyl. Sept. 721k νύκτωρ· κατὰ τὴν νύκτα. Schol. Soph. Ai. 47a νύκτωρ· κατὰ τὴν νύκτα. Cf. schol. I 9 (p. 6, 5) ad νύκτωρ. **15–17** Hsch. κ 137 καθεύδειν· κοιμᾶσθαι. ὑπνοῦν. [Moschop.] Voc. Att. s.v. τὸ καθεύδειν τὸ κοιμᾶσθαι τὸ ἰαύειν δηλοῦσι μὲν τὸ ὑπνοῦν, ἐνίοτε δὲ λαμβάνονται καὶ ἐπὶ τῆς ψιλῆς κατακλίσεως. Cf. schol. X 18 (p. 241, 5) ad καθεύδειν. **20** [Zon.] s.v. λελυμασμένος· βεβλαμμένος. ἀπὸ τοῦ λύμη, ἡ βλάβη, λυμαίνω, καὶ λελύμαγκα, λελύμαμμαι, καὶ λελυμαμμένος, καὶ τροπῇ τοῦ μ εἰς ς λελυμασμένος. Cf. schol. I 9 (p. 5, 24) ad λυμαίνονται.

5–6 παρακαλῶ τὸ ἕλκω καὶ τὸ αἰτοῦμαι om. n **9** ἀπολειφθέντων s **10** μερῶν h m n s ὀστῶν y **12** ἔστι δὲ om. n s **12–13** ἐπίρρημα h m n s ποιητικόν y

I 8 (p. 5, 9) ‹καθεύδουσιν·› κοιμῶνται. *y* plan

I 8 (p. 5, 9) ‹ἅτε·› τὸ ἅτε ἐπίρρημά ἐστι συγκείμενον ἀπὸ τοῦ Α ὑποτακτικοῦ οὐδετέρου ἄρθρου καὶ τοῦ ΤΕ συνδέσμου. συνυπακούεται δὲ ἡ ΚΑΤΑ πρόθεσις ἀττικῶς καὶ ἔστιν ἀντὶ τοῦ καθά. *hmy* plan

I 8 (p. 5, 9) ‹ἅτε πεπονηκυῖαι·› καθὰ κεκοπιακυῖαι. *y* plan

I 8 (p. 5, 9) ‹πεπονηκυῖαι·› κεκοπιακυῖαι. *hm* plan

I 8 (p. 5, 10) ‹ἐλλοχῶσιν·› ἐνεδρεύουσιν ἀπὸ τῆς ΕΝ προθέσεως καὶ τοῦ λόχος τὸ κοινῶς ἔγκρυμμα. *hmy* plan

I 8 (p. 5, 10) ‹τὸν φῶρα·› τὸν κλέπτην. *hmy* plan

I 8 (p. 5, 10) ‹παίουσιν·› τύπτουσιν. *hmy* plan

I 8 (p. 5, 11) ‹πεφεισμένως·› ἐγκρατῶς. *hmnsy* plan

I 8 (p. 5, 11) ‹ἐξωθοῦσι·› ἐκβάλλουσι. *hmnsy* plan

I 8 (p. 5, 11) ‹τοῖς πτεροῖς·› διὰ τῶν πτερῶν. *hmnsy* plan

I 8 (p. 5, 11–12) ‹φυγάδα εἶναι·› ταὐτὸν εἰπεῖν φυγαδεύειν. *L*[1] plan

I 8 (p. 5, 12) ‹πέφυκε·› ὑπάρχει. *hmnsy* plan

I 8 (p. 5, 13) ‹λίχνος·› λαίμαργος. *y* plan

I 8 (p. 5, 13) ‹δύω κακώ·› ἔχων δηλονότι. *L*[1] plan

I 8 (p. 5, 13) ‹κακώ·› κακά. *y* plan

2–5 [Moschop.] Voc. Att. s.v. τὸ ἅτε ἐπίρρημά ἐστι συγκείμενον ἀπὸ τοῦ Α ὑποτακτικοῦ οὐδετέρου ἄρθρου καὶ τοῦ ΤΕ συνδέσμου. συνυπακούεται δὲ ἡ ΚΑΤΑ πρόθεσις ἀττικῶς καὶ ἔστιν ἀντὶ τοῦ καθά. **7** Schol. rec. Aristoph. Nub. 1049c πονῆσαι· κοπιᾶσαι. Schol. Eur. Or. 1615 (ed. Dindorf) πονήσας· κοπιάσας. **8–9** Cf. schol. I 2 (p. 2, 27) ad λοχῶν. **10** Hsch. φ 1105 φώρ καὶ φῶρας· κλέπτας, λῃστάς. κατασκόπους, πληθυντικῶς καὶ ἑνικῶς. Cyr.. φ 201 Hag. φώρ· λῃστής· κλέπτης. Su. φ 662 φώρ· ὁ κλέπτης. ἡ δοτικὴ φωρί. Phot. φ 371 φώρ· κλέπτης. [Zon.] s.v. φώρ· ὁ κλέπτης. καὶ κλίνεται φωρός. παρὰ τὸ φὲρ καὶ φὼρ μεταθέσει τοῦ ε εἰς ω. ὁ τὰ ἀλλότρια φέρων. **11** Lex. rhet. 283 παίουσι· τύπτουσι. [Zon.] s.v. παίειν· τὸ τύπτειν καὶ τὸ ἵστασθαι τῆς ὁρμῆς. Schol. Aeschyl. Pers. 463a παίουσι· τύπτουσι. Schol. Eur. Hec. 564 (ed. Dindorf) παίειν· τύπτειν διὰ τοῦ ξίφους. **12** Cf. schol. I 8 (p. 5, 18) ad πεφεισμένως. **13** Georg. Lacap. Epim. p. 19–20 Lindstam τὸ δὲ ἐξωθεῖται ἀντὶ τοῦ ἐκβάλλει καὶ ἐξορίζει, ὅθεν καὶ ἐξώστης ἄνεμος. **17** Hsch. π 2133 πέφυκεν· ὑπάρχει. ἐγένετο. Schol. Aeschyl. Prom. 111 (ed. Smyth) πέφυκε· ὑπάρχει. **18** Hsch. λ 1178 *λίχνος· ὀψοφάγος, λαίμαργος. λιμβός. πολυπράγμων. προαπτόμενος ‹κατ’› ἐπιθυμίαν ‹τῶν ὄψων›. Cyr. λ 106 Hag. λίχνος· προαπτόμενος τῶν ὄψων· κατ’ ἐπιθυμίαν.

12 ἐγκρατεῖς n **14** τῶν ‹πτερ›ῶν n ‹τ›ῶν ‹πτερ›ῶν s

plan **I 8 (p. 5, 13)** ‹κηρίων·› κηρὸς ὁ κεχωρισμένος τοῦ μέλιτος, κηρίον δὲ τὸ σὺν μέλιτι. *y*

plan **I 8 (p. 5, 14)** ‹νομάς·› συνήθεις βοσκάς. *y*

plan **I 8 (p. 5, 14)** ‹ἐξορμήσωσιν·› ἐξέλθωσιν. *hmy*

plan **I 8 (p. 5, 14–15)** ‹ὠσάμενος ἔσω·› ἑαυτὸν ἔσω βαλών. *hmnsy*

plan **I 8 (p. 5, 15)** ‹ἐμφορούμενος·› ἐμπιπλάμενος. *hmy*

plan **I 8 (p. 5, 15)** ‹κεραΐζων·› φθείρων. *hmy*

plan **I 8 (p. 5, 16)** ‹τῆς νομῆς·› a. τῆς βοσκῆς. *hmy*

plan b. νομὴ ἀπὸ τοῦ νέμεσθαι τὸ βόσκεσθαι, ἀφ᾽ οὗ καὶ εὐνομία λέγεται μελισσῶν ἡ καλὴ βοσκή· ἀπὸ δὲ τοῦ νέμω τὸ δίδωμι γίνεται νόμος καὶ διανομή, ἡ πρὸς πολλοὺς δόσις καθ᾽ ἕνα, καὶ εὐνομία, ὅταν ὦσι καλοὶ νόμοι ἢ ὅταν ἐνεργῶνται καλῶς οἱ κείμενοι νόμοι. *hm*

plan **I 8 (p. 5, 17)** ‹ὑποστρέψασαι·› ἐπανελθοῦσαι. *y*

plan **I 8 (p. 5, 17)** ‹αὐτῷ·› τῷ κηφῆνι. *y*

plan **I 8 (p. 5, 17)** ‹ἐνταῦθα·› τότε· χρονικόν. *y*

plan **I 8 (p. 5, 18)** ‹πεφεισμένως·› ἐγκρατῶς. *hmnsy*

plan **I 8 (p. 5, 18)** ‹παίουσιν·› τύπτουσιν. *y*

plan **I 8 (p. 5, 18)** ‹τρέψαι·› κινῆσαι. *y*

plan **I 8 (p. 5, 19)** ‹ἐμπεσοῦσαι·› ἐπιθέμεναι. *hmnsy*

plan **I 8 (p. 5, 19)** ‹διαλοῶσι·› a. συντρίβουσι. *hmnsy*

b. γράφεται ἀλλοιοῦσι. *K*

plan **I 8 (p. 5, 20)** ‹μεμπτήν·› ἀξίαν μέμψεως καὶ κατηγορίας. *y*

4 Schol. Eur. Or. 1240 (ed. Dindorf) ἐξορμώμεθα· ἐξέλθωμεν. **7** Hsch. κ 2250 *κεραΐζων· ἀναιρῶν. πορθῶν. φθείρων (Hom. Il. XVI 752). Schol. Opp. Hal. II 610 κεραΐζων· κόπτων, κατακόπτων, φθείρων, διακόπτων, πορθῶν καὶ διαφθείρων. **8** Hsch. ν 634 νομή· *τροφή, βοσκή. Cyr. ν 104 Hag. νομή· βοσκή. **9–13** [Moschop.] Voc. Att. s.v. νομὴ ἀπὸ τοῦ νέμεσθαι τὸ βόσκεσθαι, ἀφ᾽ οὗ εὐνομία λέγεται μελισσῶν, ἤγουν καλὴ βοσκή. ἀπὸ δὲ τοῦ νέμω τὸ δίδωμι γίνεται νόμος, καὶ διανομὴ ἡ πρὸς πολλοὺς δόσις καθ᾽ ἕνα, καὶ εὐνομία, ὅταν ὦσι καλοὶ νόμοι ἢ ὅταν ἐνεργῶσι καλῶς οἱ κείμενοι νόμοι. Thom. Mag. Ecl. pp. 249, 18–250, 2 ἀπὸ τοῦ νέμομαι τὸ βόσκω νομὴ ἡ βοσκή, καὶ εὐνομία, ὅταν νομῆς εὖ ἔχωσι τὰ ζῶα· ἀπὸ δὲ τοῦ νέμω τὸ μερίζω νόμος, καὶ διανομὴ ἡ πρὸς πολλοὺς δόσις καθ᾽ ἕνα· ὅθεν καὶ εὐνομία, ὅταν πόλις καλῶς ὑπὸ νόμων διοικῆται. **16** Cf. schol. XI 10 (p. 262, 19) ad ἐνταῦθα. **17** Cf. schol. I 8 (p. 5, 11) ad πεφεισμένως. **19** Schol. Aeschyl Sept. 255i τρέψον· κίνησον. **23** Su. μ 575 μεμπτέος· μέμψεως ἄξιος.

5 βαλλών h **8** τῆς om. y **10** ἤγουν καλὴ βοσκή h

I 8 (p. 5, 20) ‹γαστριμαργίας·› τῆς μανίας τῆς γαστρός. *y* plan

I 8 (p. 5, 21) ‹ἀδηφαγίας·› a. ἀδηφάγος ὁ πολλὰ ἐσθίων, ἀφ' plan
οὗ «ἀδηφάγοι τριήρεις» (cf. Lys. frr. 121a–b Carey), αἱ πολλὰ ἀναλίσκουσαι, καὶ ἀδηφάγος λύχνος (cf. Alc. fr. 21 K.-A.), ὁ πότης. *hmnsy*

b. πολλῆς πλησμονῆς τῆς γαστρός. *y* plan

I 8 (p. 5, 21) ‹τὴν ψυχήν·› τὴν ζωήν. *hmnsy* plan

I 8 (p. 5, 21) ‹ἔτισε·› ἔδωκε. *hmnsy* plan

I 9 (p. 5, 23) ‹ἀργοί·› ἀργὸς ἐπὶ ἀρσενικοῦ καὶ ἐπὶ θηλυκοῦ ἡ plan
ἀργὸς παρὰ τοῖς Ἀττικοῖς, ὡς παρ' Ἀριστοφάνει «οὐ μὴν ἐρῶ γ' ὡς ἀργὸς ἦν, ἀλλ' ἐσπάθα» (Nub. 53) καὶ παρὰ Λουκιανῷ «ἀργὸς

1 Et. Gud. s.v. γαστριμαργία· ἡ περὶ τὴν γαστέρα μανία· μαργαίνειν γὰρ λέγεται παρὰ τοῖς ἔξω τὸ μαίνεσθαι καὶ μάργος καλεῖται ὁ μανιώδης· παρὰ τὸ μαργαίνειν, ὅ ἐστι μαίνεσθαι, τὴν γαστέρα. διαφέρει δὲ γαστριμαργία λαιμαργίας· γαστριμαργία μὲν γάρ ἐστιν ἡ τῆς γαστρὸς χόρτασις, λαιμαργία δὲ ἡ τοῦ λαιμοῦ ἡδονή, ἤτοι τὰ γλυκάσματα. Cf. schol. I 3 (p. 3, 5) ad γαστρός. **2–5** Harp. s.v. ἀδηφάγους τριήρεις (p. 10, 2–7 Dindorf = α 29 Keaney)· Λυσίας λέγει ἐν τῇ ὑπὲρ Εὐκρίτου διαμαρτυρίᾳ (fr. 121a Carey), εἰ γνήσιος ὁ λόγος, καὶ Ἀδηφάγον Πεντηκόντορον Φίλιστος (FGrHist 556 F 68)· λέγοιεν δ' ἂν τὰς ἐντελομίσθους καὶ πολλὰ ἀναλισκούσας. ἔοικε δὲ ἐκ μεταφορᾶς τῶν ἵππων τῶν τελείων καὶ ἀγωνιστῶν λέγεσθαι, οἵτινες εἰώθασιν «ἔδμεναι ἄδδην» κατὰ τὸν ποιητήν (Hom. Il. V 203). Ἀλκαῖος δὲ ἐν τῇ Κωμῳδοτραγῳδίᾳ (fr. 21 K.-A.) τοὺς πότας λύχνους ἀδηφάγους εἶπεν (Su α 469; Phot. α 343). [Moschop.] Voc. Att. s.v. ἀδδηφάγος ὁ πολλὰ ἐσθίων, ἀφ' οὗ ἀδδηφάγοι τριήρεις, αἱ πολλὰ ἀναλίσκουσαι, καὶ ἀδδηφάγος λύχνος, ὁ πότης. **8** Schol. Soph. Oed. tyr. 810 ἔτισεν· ἔδωκε. **9–24,2** Su. α 3783 ἀργὸν ἔτος· κατὰ ἑπταετίαν ἤγετο παρὰ Ἰουδαίοις ὁμοίως ταῖς ἑβδομάσιν ἡμέραις. καὶ ἀργός, ἐπὶ θηλυκοῦ. Ἀριστοφάνης Νεφέλαις (53)· «οὐ μὴν ἐρῶ γ' ὡς ἀργὸς ἦν, ἀλλ' ἐσπάθα». Planud. Epim. ined. (ε[9] f. 107[r]) ἀργὸς ἐπὶ ἀρσενικοῦ καὶ ἐπὶ θηλυκοῦ ἡ ἀργὸς παρὰ τοῖς Ἀττικοῖς, ὡς παρ' Ἀριστοφάνει «οὐ μὴ ἐρῶ γε ὡς ἀργὸς ἦν, ἀλλ' ἐσπάθα» (Nub. 53). [Moschop.] Voc. Att. s.v. ἀργὸς ἐπὶ ἀρσενικοῦ καὶ θηλυκοῦ παρ' Ἀττικοῖς. Ἀριστοφάνης (Nub. 53) «ἀλλ' ἐσπάθη οὐ μὴν ἐρῶ γ' ὡς ἀργὸς ἦν». Thom. Mag. Ecl. p. 3, 8–13 ἀργὸς ἡμέρα καὶ ἀργὸς γυνὴ κρεῖττον ἢ ἀργή. Ἀριστοφάνης ἐν Νεφέλαις (53)· «οὐ μὴν ἐρῶ γ', ὡς ἀργὸς ἦν, ἀλλ' ἐσπάθα». Λουκιανὸς ἐν τῷ τῆς μυίας ἐγκωμίῳ (8)· «ἀργὸς δὲ αὐτὴ καὶ ἄνετος οὖσα τὰ ὑπὸ τῶν ἄλλων ποιούμενα καρποῦται».

2 ἀδηφάγος om. n s **3** τριήρεις ἀδδηφάγοι n s | πολλὴν n **4** ἀδδηφάγος n s

δὲ αὐτὴ καὶ ἄνετος οὖσα τὰ ὑπὸ τῶν ἄλλων πονούμενα καρποῦται» (Musc. enc. 8). *hmnsy*

plan **I 9 (p. 5, 24)** ‹κηφηνώδεις τὸν τρόπον·› βλαπτικαί. *y*

plan **I 9 (p. 5, 24)** ‹τὸν τρόπον·› a. τὸ ἦθος. *hmy*

plan b. κατά. *hm*

plan **I 9 (p. 5, 24)** ‹λυμαίνονται·› βλάβην ἐπάγουσι. *y*

plan **I 9 (p. 5, 25)** ‹ἐπιβουλεύουσι·› ἐπιτίθενται. *y*

plan **I 9 (p. 5, 25)** ‹τρέφονται·› τὸ τρέφομαι δοτικῇ συντάσσεται καὶ ὅτε πρὸς τὸν τρέφοντα λέγεται καὶ ὅτε πρὸς τὴν τροφήν, οἷον τρέφομαί σοι, ἤγουν ὑπὸ σοῦ, καὶ τρέφομαι ἄρτῳ. τὸ δὲ σιτοῦμαι αἰτιατικῇ, δηλοῖ γὰρ τὸ ἐσθίω ὡς παρ' Ἀριστοφάνει· «πῶς οὖν κυνὸς βορὰν σιτούμενος μάχῃ σὺ κυνοκεφάλῳ;» (Eq. 415–416). *hmnsy*

plan **I 9 (p. 5, 25–26)** ‹ἐκ τῶν ἀνθέων·› ἄνθος τὸ τῶν βοτανῶν ἀφ'

6 Cf. schol. I 8 (p. 5, 8) ad λυμαίνεται. **8–12** [Moschop.] Voc. Att. s.v. τὸ τρέφομαι δοτικῇ συντάσσεται. καὶ ὅτε πρὸς τὸν τρέφοντα λέγεται καὶ ὅτε πρὸς τὴν τροφήν, οἷον τρέφομαί σοι, ἤγουν ὑπὸ σοῦ, καὶ τρέφομαι ἄρτῳ. τὸ δὲ σιτοῦμαι αἰτιατικῇ, δηλοῖ γὰρ τὸ ἐσθίω, ὡς παρ' Ἀριστοφάνει (Eq. 415–516)· «πῶς οὖν κυνὸς βορὰν σιτούμενος μάχῃ σὺ κυνοκεφάλῳ;». Thom. Mag. Ecl. p. 356, 15–357, 3 τὸ τρέφομαι καὶ ὅταν πρὸς τὸν τρέφοντα λέγηται καὶ ὅταν πρὸς τὴν τροφὴν, δοτικῇ συντάσσεται, οἷον τρέφομαί σοι ἤγουν ὑπὸ σοῦ τρέφομαι, καὶ τρέφομαι ἄρτῳ. σιτοῦμαι δὲ αἰτιατικῇ, ὡς παρ' Ἀριστοφάνει (Eq. 415–516)· «πῶς οὖν κυνὸς βορὰν σιτούμενος μάχῃ σὺ κυνοκεφάλῳ;». **14–25,10** Planud. Epim. ined. (ε^{6} f. 107^{r}, ε^{9} f. 107^{r}) = [Moschop.] Voc. Att. s.v. ἄνθος τὸ τῶν βοτανῶν ἀφ' οὗ ἄνθινος στέφανος, ὁ ἐξ ἀνθέων, ὥσπερ χρύσινος στατὴρ δηλονότι, ἢ τοιοῦτό τι ἐκ χρυσοῦ. ἀλλὰ τὸ μὲν ἄνθινος εἰ μὴ τὸ στέφανος ἔχει προσκείμενον [προκείμενον ε^{6}ε^{9}] ἀτελές ἐστι. τὸ δὲ χρύσινος μόνον ἀεὶ λέγεται καὶ δηλοῖ νόμισμα ἐκ χρυσοῦ. ἀπὸ δὲ τοῦ τῶν βοτανῶν ἄνθους λέγεται ἄνθος κατὰ μεταφορὰν καὶ τὸ χρῶμα, ὡς παρὰ Φιλοστράτῳ «τῷ τῆς ἴδης ἄνθει ῥαίνεται» (Im. I 28, 4), ἤγουν τῷ χρώματι τῆς ἴδης. ἔστι δὲ ἴδη βοτάνη τις. καθὸ λέγεται τὸ «ἀνθοκρόκοισι πήναις» παρ' Εὐριπίδῃ (Hec. 42–43) [ἤγουν κροκοβαφέσι add. ε^{6}ε^{9}]. καὶ τὸ «οὐ γάρ σε [γάρ με ε^{6}] μὴ γνῶσιν ὧδ' ἠνθισμένον» παρὰ Σοφοκλεῖ (El. 42–43), ἀντὶ τοῦ κεχρωματισμένον. Georg. Lacap. Epim. p. 78, 6–9 Lindstam ἄνθος· τὸ τῆς πόας. καὶ ἄνθη· ἡ τοῦ ἄνθους γένεσις. καὶ ἀνθῶ ἀμετάβατον. καὶ ἄνθινος στέφανος ὁμοίως. καὶ ἀνθίζω παρὰ Σοφοκλεῖ (El. 42–43)· «οὐ γὰρ – γνῶσ' οὐδ' ὑποπτεύσουσιν ὧδ' ἠνθισμένον».

1 καρπούμενα καρποῦται y **10** [τ]ρέφομαι s | ἤγουν om. n s **11** [γὰρ τὸ ἐσθίω ὡς] παρ' Ἀριστοφάνει n **12** σὺν κυνοκεφάλῳ m y

οὗ ἄνθινος στέφανος, ὁ ἐξ ἀνθέων, ὥσπερ χρύσινος στατὴρ δηλονότι, ἢ τοιοῦτό τι ἐκ χρυσοῦ. ἀλλὰ τὸ μὲν ἄνθινος εἰ μὴ τὸ στέφανος ἔχει προσκείμενον ἀτελές ἐστι, τὸ δὲ χρύσινος μόνον ἀεὶ λέγεται καὶ δηλοῖ νόμισμα ἐκ χρυσοῦ. ἀπὸ δὲ τοῦ τῶν βοτανῶν ἄνθους λέγεται ἄνθος κατὰ μεταφορὰν καὶ τὸ χρῶμα, ὡς παρὰ Φιλοστράτῳ «τῷ τῆς ἴδης ἄνθει ῥαίνεται» (Im. I 28, 4), ἤγουν τῷ χρώματι τῆς ἴδης. ἔστι δὲ ἡ ἴδη βοτάνη τις. καθὸ λέγεται τὸ «ἀνθοκρόκοισι πήναις» παρ' Εὐριπίδῃ (Hec. 42–43), ἤγουν κροκοβαφέσι, καὶ τὸ «οὐ γάρ σε μὴ γνῶσιν ὧδ' ἠνθισμένον» παρὰ Σοφοκλεῖ (El. 42–43), ἀντὶ τοῦ κεχρωματισμένον. *hmnsy*

I 9 (p. 5, 26) ‹σύννομοι·› a. τὸ σύννομοι ἐπὶ τῶν ὁμοῦ plan βοσκομένων ζῴων λέγεται, ἀπὸ τοῦ νέμεσθαι τὸ βόσκεσθαι, ἀφ' οὗ λέγεται καὶ εὐνομία μελισσῶν, ἤγουν καλὴ νομή. *hmnsy*

b. ἀπὸ δὲ τοῦ νέμω τὸ δίδωμι γίνεται νόμος, καὶ διανομὴ ἡ plan πρὸς πολλοὺς δόσις καθ' ἕνα, καὶ εὐνομία ὅταν ὦσι καλοὶ νόμοι ἢ ὅταν ἐνεργῶνται καλῶς οἱ κείμενοι νόμοι. *y*

c. ὁμοῦ νεμόμεναι καὶ διάγουσαι. *y* plan

I 9 (p. 5, 27) ‹ἄτεχνοι·› μὴ ἔχουσαι φυσικὴν ἐπιτηδει- plan ότητα. *hmy*

I 9 (p. 5, 27) ‹ἐργασίαν·› πρᾶξιν. *y* plan

I 9 (p. 5, 27) ‹κομιδήν·› ἐπιμέλειαν. *y* plan

I 9 (p. 5, 28) ‹ἄπρακτοι·› a. πράττω τὸ ἐνεργῶ, ἀφ' οὗ plan ἄπρακτος, ὁ ἀνενέργητος· πράττω καὶ τὸ διάκειμαι, οἷον εὖ πράττω ἀντὶ τοῦ καλῶς διάκειμαι, καὶ κακῶς πράττω ἤγουν κακῶς διάκειμαι, ἀφ' οὗ εὐπραγία καὶ δυσπραγία. *hmnsy*

b. ἀνενέργητοι. *y* plan

11–16 Georg. Lacap. Epim. p. 138, 19–21 Lindstam ὅτι νέμω λέγεται καὶ τὸ βόσκω. καὶ νομεὺς ἀπὸ τούτου· ὁ βοσκός. καὶ σύννομοι· οἱ ὁμοῦ βοσκόμενοι, εἴτε ἵπποι, εἴτε βόες. Cf. schol. I 4 (p. 3, 14–15) ad τὸν σύννομον. **21** Hsch. κ 3443 *κομιδή· ἡ ἐπιμέλεια, θεραπεία. **22–26** [Moschop.] Voc. Att. s.v. πράττω τὸ ἐνεργῶ, ἀφ' οὗ ἄπρακτος, ὁ ἀνενέργητος· πράττω δὲ τὸ διάκειμαι, οἷον εὖ πράττω ἀντὶ τοῦ καλῶς διάκειμαι, καὶ κακῶς πράττω ἤγουν κακῶς διάκειμαι, ἀφ' οὗ εὐπραγία τὸ (l. καὶ) δυσπραγία.

1–2 δηλονότι om. y **4** δὲ om. n s **7** ἡ ante ἴδη om. n s ἔστι δ' ἡ ἴδη y **13** καλον (ἡ s.l. unde ‹καλ›ὴ) νομή s **18** μὴ ἔχουσα h οὐκ ἔχουσι y **24** ἤγουν καλῶς y ἀντὶ τοῦ καλῶς cett. **25** εὐπραγία ἡ δυσπραγία s

plan **I 9 (p. 5, 28)** ‹πάντῃ·› παντελῶς. *y*

plan **I 9 (p. 5, 28)** ‹αὐτῶν·› ἀπ᾽. *hm*

plan **I 9 (p. 5, 29)** ‹κομίζουσι·› φέρουσι. *y*

plan **I 9 (p. 5, 29)** ‹πρεσβυτέραις·› a. γηραιοτέραις ὕδωρ φέρουσιν. *y*

plan b. πρέσβυς ὁ γηραιὸς καὶ πρεσβύτης καὶ ἀμφότερα διὰ τοῦ Υ ψιλοῦ. ἔστι δὲ τὸ μὲν πρέσβυς ἄκλιτον, τὸ δὲ πρεσβύτης κλίνεται πρεσβύτου. *hmnsy*

plan **I 9 (p. 6, 2)** ‹δορυφορίαν·› προπομπήν. *y*

plan **I 9 (p. 6, 2)** ‹ἀπεκρίθησαν·› ἐχωρίσθησαν, ἐτάχθησαν. *hmnsy*

plan **I 9 (p. 6, 3)** ‹ἔργον·› ἐργασίαν, πρᾶξιν. *hmnsy*

plan **I 9 (p. 6, 3)** ‹τῶν μελιττῶν·› ἀπό. *hmnsy*

plan **I 9 (p. 6, 4)** ‹δεῖ·› χρεῖα ἐστί. *mnsy*

plan **I 9 (p. 6, 5)** ‹ἀνέχονται·› ὑπομένουσιν. *y*

plan **I 9 (p. 6, 5)** ‹εἴσω μέλιτταν·› δέχεσθαι. *y*

plan **I 9 (p. 6, 5)** ‹νύκτωρ·› a. κατὰ τὴν νύκτα. *hmnsy*

plan b. ἐπὶ μὲν τῆς νυκτὸς λέγεται τὸ νύκτωρ ἐπίρρημα ἀντὶ τοῦ κατὰ τὴν νύκτα. ἐπὶ δὲ τῆς ἡμέρας λέγεται τὸ μεθημέραν ἀντὶ τοῦ κατὰ τὴν ἡμέραν. ἐπὶ ταύτης τῆς σημασίας λέγεται παρ᾽ Ἀττικοῖς ἐλλειπτικῶς τὸ νυκτὸς καὶ ἡμέρας, ἤγουν ἐπὶ τῆς νυκτὸς καὶ ἐπὶ τῆς ἡμέρας. *hmns*

plan c. ἐπὶ μὲν τῆς νυκτὸς λέγεται τὸ νύκτωρ ἐπίρρημα, ἤγουν κατὰ τὴν νύκτα. ἐπὶ δὲ τῆς ἡμέρας τὸ μεθημέραν, ἤγουν κατὰ τὴν ἡμέραν. παρ᾽ Ἀττικοῖς ἐλλειπτικῶς νυκτὸς καὶ ἡμέρας, ἤγουν ἐπὶ τῆς νυκτὸς καὶ ἐπὶ τῆς ἡμέρας. *y*

plan **I 9 (p. 6, 5)** ‹φρουροῦσιν·› φυλάττουσιν. *y*

plan **I 9 (p. 6, 6)** ‹οἰκοδομίαν·› a. κατασκευήν. *y*

plan b. οἰκοδομὴ κοινόν, οἰκοδομία ἀττικόν. *y*

plan **I 10 (p. 6, 8)** ‹διαγνοίῃ·› a. ἐπισταμένως γνοίῃ, ἀφ᾽ οὗ διάγνωσις ἡ μετὰ ἐπιστασίας καὶ σκέψεως γνῶσις. *hms*

1 Schol. Opp. Hal. II 575 πάντῃ· παντελῶς. **5–7** [Moschop.] Voc. Att. s.v. πρέσβυς ὁ γηρεὸς (l. γηραιὸς) καὶ πρεσβύτης, ἀμφότερα διὰ τοῦ Υ ψιλοῦ. ἔστι δὲ τὸ μὲν πρέσβυς ἄκλιτον, τὸ δὲ πρεσβύτης κλίνεται πρεσβύτου. **9** Schol. Thuc. II 49, 1 ἀπεκρίθη· ἐχωρίσθη. **12** Hsch. δ 425 δεῖ· πρέπει. χρή. χρεία ἐστίν. δεσμεύει. Moschop. Sched. p. 161 δεῖ ἀντὶ χρεία ἐστίν. Schol. Soph. Oed. tyr. 406 δεῖ· χρεία ἐστί. **13** Cf. schol. I 1 (p. 2, 4) ad ἀνέχονται. **15** Cf. schol. I 8 (p. 5, 6) ad νύκτωρ. **25** Hsch. φ 919 *φρουρεῖ· φυλάττει, ἢ προφυλάττει (Soph. fr. 37 R.). Syn. φ 207 φρουρεῖ· φυλάσσει (Su. φ 740; Phot. φ 312).

b. ἐπισταμένως γνοίη, ἀπὸ τοῦ διαγνοίη καὶ διάγνωσις ἡ μετ' ἐπιστασίας καὶ σκέψεως γνῶσις. *y* plan

I 10 (p. 6, 9) ‹αἱ μὲν αὐτοέτεις·› a. χρονιαῖαι καὶ τοῦ ἑνὸς οὖσαι χρόνου. *y* plan

b. αὐτοέτης παῖς ὁ χρονιαῖος καὶ διέτης παῖς καὶ τριέτης καὶ πεντέτης καὶ ἑξέτης καὶ ἑπτέτης καὶ ὀκτώτης καὶ δεκέτης· καὶ ἐπὶ θηλυκοῦ αὐτοέτις, θῆλυς ἡ χρονιαία, καὶ διέτις καὶ τριέτις καὶ πεντέτις καὶ ἑξέτις καὶ ἑπτέτις καὶ δεκέτις κόρη. ἐπὶ δὲ τοῦ χρόνου βαρυτόνως αὐτοετὴς χρόνος, διετὴς καὶ τριετὴς καὶ τετραετὴς καὶ πενταετὴς καὶ ἑξαετὴς χρόνος καὶ ἑπταετὴς καὶ ὀκτωετὴς χρόνος καὶ δεκαετής. αἱ αὐτοέτεις μέλισσαι καὶ αἱ αὐτοέτεις γεννηθεῖσαι ὄιες ἢ χρονιαῖαι καὶ αὐτοέτεις κόραι. *y* plan

I 10 (p. 6, 9) ‹στιλπναί·› a. διαφανεῖς, στίλβουσαι. *y* plan

b. στίλβει τὰ λαμπρὰ πάνυ καὶ λεῖα καὶ διαφανῆ, ἀφ' οὗ στιλπνόν, τὸ στιλβηδόνος μετέχον. *hmsy* plan

I 10 (p. 6, 9) ‹ἐοίκασιν·› a. ἔοικεν ἀντὶ τοῦ φαίνεται, καὶ plan

3–4 Cf. schol. I 59 (p. 27, 4) ad αὐτοετεῖς. **13** Hsch. σ 1864 στιλπναί· στίλβουσαι, λαμπραί. Schol. rec. Aristoph. Nub. 767b διαφανῆ· λαμπράν, στιλπνήν. **14–15** Schol. Philostr. Im. I 8 p. 228 Webb στίλβειν ἐπὶ τῶν λαμπρῶν καὶ λείων καὶ οἷον ἀκτῖνας τῆς λαμπρότητος ἀφιέντων, καὶ στιλβηδὼν ἡ τῶν τοιούτων λαμπρότης, καὶ στιλπνὸν τὸ στιλβηδόνος μετέχον. **16–28,11** Planud. Epim. p. 74 Lindstam ἔοικεν δηλοῖ καὶ τὸ φαίνεται, ὡς τὸ «ἀπιστεῖν ἔοικε» (Phil. Im. I 29, 3). καὶ τὸ ὁμοιοῦται, ὡς τὸ ἔοικεν ὁ δεῖνα τῷ δεῖνι, καὶ τὸ πρέπει ποιητικῶς, καὶ Ὅμηρος (Il. I 119)· «ἐπεὶ οὐδὲ ἔοικε». καὶ τὸ μὲν πρῶτον ἀπαρεμφάτῳ συντάσσεται, τὸ δὲ δεύτερον δοτικῇ, τὸ τρίτον ἀπόλυτον. [Moschop.] Voc. Att. s.v. ἔοικεν ἀντὶ τοῦ φαίνεται καὶ συντάσσεται ἀπαρεμφάτῳ ὡς «ἀπιστεῖν ἔοικε» (Phil. Im. I 29, 3). καὶ ἀντὶ τοῦ ὁμοιοῦται, καὶ συντάσσεται δοτικῇ. οἷον ἔοικεν ὁ δεῖνα τῷ δεῖνι. καὶ ἔοικεν ἀντὶ τοῦ πρέπει ποιητικῶς, καὶ ἔστιν ἀπόλυτον, ὡς παρ' Ὁμήρῳ «ἐπεὶ οὐδὲ ἔοικεν» (Il. I 119). Thom. Mag. Ecl. p. 127, 10–15 ἔοικεν ἀντὶ τοῦ φαίνεται ἀπαρεμφάτῳ συντάσσεται, οἷον «ἔοικεν ἀπιστεῖν» (Phil. Im. I 29, 3) τοῖς λεγομένοις. ἔοικε δὲ ἀντὶ τοῦ ὅμοιός ἐστι δοτικῇ, οἷον ἔοικεν ὁ δεῖνα τῷ δεῖνι. ἔοικε δὲ ἀντὶ τοῦ πρέπει ποιητικῶς ἀσύντακτόν ἐστιν. Ὅμηρος (Il. I 119)· «ἐπεὶ οὐδὲ ἔοικεν». Georg. Lacap. Epim. p. 5, 12–18 Lindstam τὸ ἔοικε λαμβάνεται ποτὲ μὲν ἀντὶ τοῦ φαίνεται, ποτὲ δὲ ἀντὶ τοῦ ὅμοιός ἐστι· καὶ ὅτε μὲν ἀντὶ τοῦ φαίνεται, συντάσσεται ἀπαρεμφάτῳ, ὡς τὸ ἔοικεν εἰληφέναι δῶρα παρὰ Φιλίππῳ. ὅτε δὲ ἀντὶ τοῦ ὅμοιός ἐστι, συντάσσεται δοτικῇ, ὡς βασιλῆϊ γὰρ ἀνδρὶ ἔοικας. ἔστι καὶ ἔοικεν ἀντὶ τοῦ

14 πάνυ καὶ λεῖα h m s καὶ πάνυ λεῖα y

συντάσσεται ἀπαρεμφάτῳ ὡς ἐν τῷ «ἀπιστεῖν ἔοικε» (Phil. Im. I 29, 3), καὶ ἀντὶ τοῦ ὁμοιοῦται, καὶ συντάσσεται δοτικῇ οἷον ἔοικεν ὁ δεῖνα τῷ δεῖνι, καὶ ἔοικεν ἀντὶ τοῦ πρέπει ποιητικῶς, καὶ ἔστιν ἀπόλυτον ὡς παρ' Ὁμήρῳ «ἐπεὶ οὐδὲ ἔοικεν» (Il. I 119). *hms*

plan b. ἔοικεν ἀντὶ τοῦ φαίνεται, καὶ συντάσσεται ἀπαρεμφάτῳ ὡς ἐν τῷ «ἀπιστεῖν ἔοικε» (Phil. Im. I 29, 3), καὶ ἀντὶ τοῦ ὁμοιοῦται, καὶ συντάσσεται δοτικῇ. Λιβάνιος· «οὐχ οὕτως ὁ Τηλέμαχος ἐῴκει τῷ πατρὶ ὡς σὺ τῷ Δημοσθένει τοὺς λόγους» (Epist. 368, 3). καὶ ἀντὶ τοῦ πρέπει ποιητικῶς, καὶ ἔστιν ἀπόλυτον ὡς παρ' Ὁμήρῳ «ἐπεὶ οὐδὲ ἔοικε» (Il. I 119). *y*

plan c. ὅμοια εἰσίν. *y*

plan **I 10 (p. 6, 9)** ‹τὴν χροιάν·› κατὰ τὸ εἶδος τοῦ χρώματος. *hmsy*

plan **I 10 (p. 6, 10)** ‹πρεσβύτεραι·› γηραιότεραι. *y*

plan **I 10 (p. 6, 10)** ‹τραχεῖαι καὶ ἰδεῖν καὶ προσψαῦσαι·› a. τραχεῖαι ἰδεῖν καὶ προσψαῦσαι, ἤγουν εἰς τὸ ἰδεῖν αὐτὰς καὶ εἰς τὸ προσψαῦσαι, τουτέστιν εἰς τὴν ὅρασιν καὶ εἰς τὴν ἁφήν. τοιοῦτόν ἐστι καὶ τὸ γλυκὺς ὁ ποταμὸς πιεῖν, ἤγουν εἰς τὸ πιεῖν τινα ἐξ αὐτοῦ, τουτέστιν εἰς τὴν πόσιν. *hmsy*

plan b. εἰς τὴν ὅρασιν καὶ εἰς τὴν ἁφήν. *y*

plan **I 10 (p. 6, 10)** ῥυσσαί· a. αἱ μὴ λεῖον ἔχουσαι τὸ δέρμα καὶ εὐτραφὲς καὶ διὰ τοῦτο τετανυσμένον, ἀλλ' ἀπολελυμένον ὡς συνιζάνον κοιλότητας ἐμποιεῖν. *hmsy*

plan b. τὸ δέρμα κοῖλον ἔχουσαι. *y*

plan **I 10 (p. 6, 11)** ‹ἐμπειρότεραι·› φρονιμώτεραι. *y*

plan **I 10 (p. 6, 11–12)** ‹τεχνικώτεραι·› ποριμώτεραι εἰς τὴν ἐργασίαν τοῦ μέλιτος. *y*

plan **I 10 (p. 6, 12)** ‹παιδεύσαντος·› διδάξαντος. *y*

πρέπει ποιητικῶς ἐναπόλυτον, ὡς παρ' Ὁμήρῳ (Il. I 119)· «ἐπεὶ οὐδὲ ἔοικεν».
14 Schol. rec. Aristoph. Nub. 993c πρεσβυτέροις· γέρουσι, γηραιοτέροις.
21–23 Schol. Aristoph. Plut. 266 (Tzetz.) ῥυσσόν· ἐρρυτιδωμένον, γεροντόδερμον· ῥυσσοῦται γὰρ τῶν γερόντων τὸ δέρμα καὶ ὡς ταφρείας ποιεῖ καὶ σκληρύνεται καὶ οὐκ ἔστι λεῖον καὶ ἁπαλὸν καθάπερ τὸ νεοτήσιον.

12 κατὰ om. y **16–17** εἰς[1] ... τουτέστιν εἰς τὸ ἰδεῖν – τουτέστιν om. y **16–17** εἰς τὸ ante προσψαῦσαι om. s **17** τουτέστι καὶ s **18** ὁ ante ποταμὸς om. y **19** ἤγουν εἰς τὴν πόσιν y **22** ἀλλ' om. s | ὡς om. s **23** ποιεῖν y

I 10 (p. 6, 13) ‹ἔχουσι δὲ καὶ μαντικῶς·› μαντεύονται καὶ νοοῦσι πρὸ τῶν πραγμάτων τὰ ἐσόμενα τῷ ἀέρι. *y* plan

I 10 (p. 6, 13) ‹ὑετῶν·› ὁ σφοδρὸς ὄμβρος λέγεται ὑετός. *hmsy* plan

I 10 (p. 6, 13) ‹κρύους·› ψύξεως. *y* plan

I 10 (p. 6, 13) ‹ἐπιδημίαν·› παρουσίαν. *y* plan

I 10 (p. 6, 13–14) ‹προμαθεῖν·› γνῶναι πρὸ πολλοῦ χρόνου. *y* plan

I 10 (p. 6, 14) ‹ἀμφότερα·› τὰ δύο. *hmsy* plan

I 10 (p. 6, 14) ‹ἔσεσθαι·› γενήσεσθαι. *y* plan

I 10 (p. 6, 15) ‹συμβάλωσιν·› νοήσωσιν. *y* plan

I 10 (p. 6, 15) ‹ἐπὶ μήκιστον·› ἐπὶ πολὺν χρόνον. *y* plan

I 10 (p. 6, 15) ‹ἐκτείνουσι·› παρατείνουσι. *y* plan

I 10 (p. 6, 15–16) ‹τῆς νομῆς·› τῆς κατοικίας. *hms* plan

I 10 (p. 6, 16) ‹περιποτῶνται τοῖς σμήνεσι·› κύκλῳ καὶ πλησίον τοῦ ἐντὸς ἀπολειφθέντος πλήθους αὐτῶν. *hmsy* plan

I 10 (p. 6, 16) ‹περιθυροῦσιν·› περὶ τὴν ἑαυτῶν ὀπὴν στρέφονται. *hmsy* plan

I 10 (p. 6, 17) ‹οἰωνισάμενοι·› ἐκ σημείων τινῶν γνόντες τὸν γενησόμενον χειμῶνα. *y* plan

I 10 (p. 6, 18) ‹τὴν μέλλουσαν·› a. ἰστέον ὅτι τὸ μέλλειν, τὸ οἴεσθαι, τὸ ἐλπίζειν, τὸ προσδοκᾶν, τὸ φοβεῖσθαι, τὸ ὑπισχνεῖσθαι, ὃ λέγεται ἐπὶ καλοῦ, οἷον ὑπισχνοῦμαι ὠφελήσειν σε, καὶ τὸ ἀπειλεῖν, ὅπερ ἔχει τὸ ἐναντίον τούτου, λέγεται γὰρ ἐπὶ κακοῦ, οἷον ἀπειλῶ κακῶς ποιήσειν τινά, καὶ ὅσα τῆς σημασίας αὐτῶν εἰσι μέλλοντι συντάσσονται ἢ ἐνεστῶτι, οἷον μέλλω ποιήσειν τι, ἢ ποιεῖν, καὶ ἐλπίζω ὁμοίως καὶ προσδοκῶ καὶ τὰ ἄλλα. *hms* plan

3–4 Hsch. υ 109 ὑετός· ὄμβρος. δρόσος. ὕδωρ (Hom. Il. XII 133). Cyr. υ 13 Hag. ὑετός· ὄμβρος. **6** Hsch. ε 4722 ἐπιδημία· παρουσία. Cf. schol. I 10 (p. 6, 18) ad ἐπιδημίαν. **9** Hsch. ε 6189 *ἔσεσθαι· γενήσεσθαι (Hom. Il. V 644). Cf. schol. IV 61 (p. 99, 23) ad ἐσομένην. **10** Cf. schol. I 7 (p. 5, 3) ad συμβαλών. **20–30,7** Moschop. Constr. c. 221 ἰστέον ὅτι, τὸ μέλλειν, τὸ οἴεσθαι, τὸ ἐλπίζειν, τὸ προσδοκᾶν, τὸ φοβεῖσθαι, ὃ λέγεται ἐπὶ καλοῦ, οἷον ὑπισχνοῦμαι ὠφελήσειν σοι, καὶ τὸ ἀπειλεῖν ὅπερ ἔχει ἐναντίον τούτου, καὶ λέγεται ἐπὶ κακοῦ, οἷον ἀπειλῶ κακῶς ποιήσειν τινά, καὶ ὅσα τῆς συζυγίας αὐτῶν εἰσι, μέλλοντι πρώτῳ συντάσσεται, ἢ ἐνεστῶτι, οἷον μέλλω ποιήσειν τι ἢ ποιεῖν, καὶ ἐλπίζω ὁμοίως καὶ προσδοκῶ καὶ τ᾽ ἄλλα.

16 περὶ ἑαυτῶν m περὶ τὴν αὐτῶν s

plan b. ἰστέον ὅτι τὸ μέλλειν, τὸ οἴεσθαι, τὸ ἐλπίζειν, τὸ προσδοκᾶν, τὸ φοβεῖσθαι, τὸ ὑπισχνεῖσθαι, ὃ λέγεται ἐπὶ καλοῦ ἀεί, οἷον ὑπισχνοῦμαι ὠφελήσειν σε, καὶ τὸ ἀπειλεῖν, ὃ λέγεται ἐπὶ κακοῦ ἀεί, οἷον ἀπειλῶ κακῶς ποιήσειν τινά, καὶ ὅσα τῆς σημασίας αὐτῶν εἰσι μέλλοντι πρώτῳ συντάσσονται ἢ ἐνεστῶτι, οἷον μέλλω ποιήσειν τι, ἢ μέλλω ποιεῖν τι, καὶ ἐλπίζω ὁμοίως καὶ προσδοκῶ καὶ τὰ ἄλλα. *y*

plan **I 10 (p. 6, 18)** ‹ἐπιδημίαν·› παρουσίαν. *y*

plan **I 10 (p. 6, 18)** ‹δεδοίκασι·› φοβοῦνται. *y*

plan **I 10 (p. 6, 19)** ‹τὸ κρύος·› τὴν ψύξιν. *y*

plan **I 10 (p. 6, 20)** ‹τὸν νιφετόν·› τὴν χιόνα. *y*

plan **I 10 (p. 6, 20)** ‹ἐναντίαι·› ἐξ ἐναντίας. *y*

plan **I 10 (p. 6, 20)** ‹πνεύματος·› τοῦ ἀέρος τοῦ σφοδροῦ. *y*

plan **I 10 (p. 6, 21)** ‹βραχεῖαν·› μικράν. *y*

plan **I 10 (p. 6, 21)** ‹ἐν τοῖς ποσί·› ἐπάνω τῶν ποδῶν. *y*

plan **I 10 (p. 6, 21)** ‹τοσαύτην·› λίθον κατὰ τὸ μέγεθος φέρουσιν. *y*

plan **I 10 (p. 6, 22)** ‹εὔφορον·› εὔκολον εἰς τὸ φέρεσθαι. *hmsy*

plan **I 10 (p. 6, 22)** ‹τρόπον·› a. κατά. *hmsy*

plan b. ὁδόν. *hmsy*

plan **I 10 (p. 6, 23)** ‹ἕρμα·› στήριγμα· ἔρεισμα, ἀφ᾽ οὗ ἀνερμάτιστος ναῦς, ἣν λέγουσιν οἱ κοινοὶ ἀστύλωτον. *hmsy*

plan **I 10 (p. 6, 23)** ‹ἐπιτεχνῶνται·› ἐφευρίσκουσι. *hmsy*

plan **I 10 (p. 6, 23)** ‹πρὸς τὸν ἐμπίπτοντα·› βαρέως φερόμενον. *y*

plan **I 10 (p. 6, 23)** ‹τά τε·› κατά τε. *y*

plan **I 10 (p. 6, 24)** ‹παρατρέψῃ·› ἔξω τῆς εὐθείας ὁδοῦ τρέψῃ αὐτὰς φέρεσθαι. *y*

plan **I 10 (p. 6, 24)** ‹ἡ αὖρα·› ἡ πνοὴ τοῦ ἀνέμου. *hmsy*

8 Cf. schol. I 10 (p. 6, 13) ad ἐπιδημίαν. **11** Hsch. ν 596 νιφετός· *ἡ τῆς χιόνος καταφορά, χιὼν λεπτή (Deut. 32,2), χιονισμός· «τεύχων ἢ πολὺν ὄμβρον ἀθέσφατον ἠὲ χάλαζαν ‹ἢ νιφετόν›» (Hom. Il. X 6). **28** Et. Gen. AB α 1409 αὖρα· ἡ λεπτοτάτη πνοὴ τοῦ ἀνέμου.

21 στήριγμα add. y ἕρμα τὸ ἔρεισμα s **21–22** τὸ ante ἀνερμάτιστος add. y **28** ἡ om. m s | τοῦ ἀνέμου add. y

I 11 (p. 7, 2) ‹κατηγορεῖ·› παριστᾷ. L^1 *T*

I 11 (p. 7, 4) ‹σπάρτῳ·› σ̣π̣ά̣ρ̣τ̣ο̣ν̣ [τὸ σχοινίον, ὡς παρὰ τῷ] π̣ο̣ι̣η̣τ̣ῇ «σπάρτα λέλυνται» (Hom. Il. II 135), ὅτι δ̣ὲ̣ κ̣α̣ὶ̣ οὗτος οὐδετέρως χρῆται, δῆλον ἐκ τοῦ «καὶ τούτῳ μακρῷ»· «ταύτῃ» γὰρ ἂν εἶπεν εἰ θηλυκῶς ἔχρητο. L^1

I 11 (p. 7, 5) ‹σπαίροντα·› ἀλλομ̣έ̣[νην, σκα]ρ̣ίζοντα, ἐκπνέοντα τὴν ψυχήν. *L*

I 11 (p. 7, 10) ‹ἐποφθαλμιάσαντες·› a. ἐποφθαλμι[ᾶν] σημαίνει δὲ ἢ ἐπιβαλ[εῖν] τὸν ὀφθαλμὸν ἐ[ρω]τικῶς ἢ ἐπιβαλ[εῖν] τοὺς ὀφθαλ[μοὺς ἀλ]γήσαντες. *L*

b. ἐποφθαλμιᾶν τὸ φθονεῖν· νῦν δὲ τὸ ἐπιστηρίζειν τοὺς ὀφθαλμοὺς ἐρωτικῶς. L^1

I 11 (p. 7, 15) ‹ἐφολκόν·› ἐπαγωγόν. *K*

I 12 (p. 7, 20) ‹οἱονεί·› καθά. *y* plan

1 Lex. Vind. κ 77 κατηγορῶ τὸ κατά τινος λέγω, γενικῇ· κατηγορῶ δὲ τὸ παριστῶ ἀεὶ αἰτιατικῇ. Συνέσιος (Epist. 53 et al.)· «μῆκος ἐπιστολῆς ἀνοικειότητα κατηγορεῖ τοῦ διακομίζοντος». **2–5** Schol. Eur. Or. 537 (ed. Dindorf) σπάρτον δὲ τὸ σχοινίον, ὡς παρ' Ὁμήρῳ (Il. II 135) «σπάρτα λέλυνται» καὶ ἡ σπάρτος ἐπὶ θηλυκοῦ. ἀφ' οὗ τὸ «κόσμει ἂν ἔλαχες σπάρτον» καὶ «τὴν λίθον ποτὶ τὰν σπάρτον ἄγε». **6–7** Hsch. σ 1393 σπαίρει· ἅλλεται, σκιρτᾷ, πηδᾷ (Nic. Al. 318). σκαρίζει. ψυχορραγεῖ. σ 1394 σπαιρόντων· τὴν ψυχὴν ἐκπνεόντων. Syn. σ 167 σπαίρει· ἅλλεται, σκαρίζει, ἐκπνεῖ τὴν ψυχήν (Su. σ 914; Phot. σ 434). **8–12** Hsch. ο 1958 *ὀφθαλμιᾶσαι· φθονῆσαι. ἐπιβαλεῖν ὀφθαλμόν. Cyr. ο 325 Hag. ὀφθαλμιάσαι· τοὺς ὀφθαλμοὺς ἀλγῆσαι. Syn. ε 798 ἐποφθαλμίσας· φθονήσας· ἢ ἐπιθυμητικῶς ἐπιβαλών (Su. ε 2821; Phot. ε 1842; [Zon.] s.v.). ο 283 ὀφθαλμιᾶσαι· φθονῆσαι, ἐπιβαλεῖν ἐπιθυμητικῶς. ἢ καὶ τοὺς ὀφθαλμοὺς πάσχειν (Su. ο 1009; Phot. ο 708). Cf. schol. III 44 (p. 71, 19) ad ἐποφθαλμιάσωσιν. **13** Hsch. ε 4071 ‹ἐπαγωγά·› ἐπαγόμενα. τὰ ἐπαχθέντα. *ἐφολκὰ ἢ ἀπατητικά (4Macc. 8, 15). Syn. ε 554 ἐπαγωγά· ἀπατηλά, πιθανά, ἐφολκά (Su. ε 1919; Phot. ε 1311). Cf. schol. IV 27 (p. 83, 15) ad ἐφολκόν.

2–3 margine decurtato initium scholii partim interiit, supplevi ex. gr. cl. schol. Eur. Or. 537 **3** ὅτι δ̣ὲ̣ κ̣α̣ὶ̣ οὗτος disp. Guida **6** ἀλλομ̣έ̣[νην, σκα]ρ̣ίζοντα supplevi **8–10** supplevi **9** ἢ[2] ante ἐπιβαλ[εῖν][2] transposui ἐπιβαλ[εῖν] ἢ L

I 12 (p. 7, 20) ‹γαμετῇ·› γαμέτης ὁ ἀνή[ρ], γαμετὴ ἡ γυνή. *L*[1]

plan **I 12 (p. 7, 21)** ‹συνδυασθείς·› συνελθών. *hmnsy*

plan **I 12 (p. 7, 21)** ‹κληρώσῃ·› ὡς κλῆρον λάβῃ. *y*

plan **I 12 (p. 7, 21)** ‹τὸ λέχος·› τὴν κοίτην. *hmnsy*

plan **I 12 (p. 7, 21)** ‹ἄλλης·› γαμετῆς. *y*

plan **I 12 (p. 7, 21)** ‹οὐχ ἅπτεται·› οὐ ψαύει. *y*

plan **I 12 (p. 7, 21–22)** ‹οὐ δεῖται·› οὐ χρείαν ἔχει. *hmnsy*

plan **I 12 (p. 7, 22)** ‹συμβολαίων·› a. συμβάλλουσι κυρίως ἄνθρωποι ἐπὶ μάχην, ἢ συμβάλλουσι μάχην, ἤγουν συγκροτοῦσι. συμμίσγουσι δὲ ὕδατα καὶ ποταμοὶ καὶ ὑγρά· ἀφ' οὗ λέγουσι τὸ καταδεχόμενον χωρίον ποταμοὺς μισγάγγειαν, ἀπὸ τοῦ συμβάλλειν τὸ συνέρχεσθαι καὶ συγκροτεῖν· καὶ συμβάλλειν τὸ νοεῖν κατὰ μεταφοράν, καὶ συμβολὴ ἡ συνέλευσις οὐκέτι μεταφορικῶς, καὶ συμβόλαια τὰ ἐπὶ συμφωνίᾳ γάμου γινόμενα γράμματα. *hmnsy*

plan b. γραμμάτων ἐπὶ συμφωνίᾳ γινομένων. *y*

plan **I 12 (p. 7, 22)** ‹πίστιν·› βεβαίωσιν. *y*

1–2 Poll. On. III 44 καὶ γαμέτης μὲν ὁ γήμας καὶ ἀνὴρ καὶ νυμφίος καὶ ὁ συνοικῶν καὶ ὁ πρὸς γάμον ἠγμένος, ἡ δὲ νύμφη γαμετὴ καὶ γυνὴ καὶ συνοικοῦσα καὶ γεγαμημένη. Eust. in Il. v. 1 p. 166, 24 γαμετὴ ἡ γυνὴ καὶ γαμέτης ὁ ἀνήρ. Schol. Anth. Pal. X 55, 2 p. 33 Luppino τῆς γαμετῆς· ἤγουν τῆς γυναικός. XI 50, 4 p. 33 Luppino τὴν γαμετήν· ἤγουν τὴν γυναῖκα. **3** Schol. Opp. Hal. I 498 ζευξάμενοι· σχόντες ἑαυτοῖς, συμμιγέντες, συζευχθέντες, συνελθόντες εἰς συνουσίαν, ἑνωθέντες, συνδυασθέντες. **5** Hsch. λ 773 *λέχος· κοίτη. κλίνη. γάμος, μῖξις, συνουσία. γυνή. Cyr. λεχ 2 Dr. λέχος· λοχεία. συνουσία. κοίτη. μῖξις, κράββατος. 7 Dr. λέχος· συνουσία. κοίτη. μῖξις (Syn. λ 73; Su. λ 439; Phot. λ 231). **9–16** [Moschop.] Voc. Att. s.v. συμβάλλουσι κυρίως ἄνθρωποι ἐπὶ μάχην ἢ συμβάλλουσι μάχην, ἤγουν συγκροτοῦσι. s.v. συμμίσγουσι δὲ ὕδατα καὶ ποταμοὶ καὶ ὑγρά· ἀφ' οὗ λέγουσι τὸ καταδεχόμενον χωρίον ποταμοὺς μισγάγγειαν, ἀπὸ τὸ συμβάλλειν τὸ συνέρχεσθαι καὶ συγκροτεῖν· καὶ συμβάλλειν τὸ νοεῖν κατὰ μεταφοράν, καὶ συμβολὴ ἡ συνέλευσις οὐκ ἔτι μεταφορικῶς. καὶ συμβόλαια τὰ ἐπὶ συμφωνίᾳ γαμοῦ γινόμενα γράμματα. **17** Schol. Soph. Oed. tyr. 1445 πίστιν· βεβαίωσιν. ἤγουν ἀκούσας τί ποτε περὶ σοῦ ἐκεῖνος ἐθέσπισεν, ἐμμένοις ἂν τῷ θεσπίσματι.

1 ἀνή[ρ] supplevi **8** οὐ om. m h **9** συμβάλουσι h **10** ἢ ante συμβάλλουσι om. s **12** μϊσϊάγγειαν s **13** καὶ συγκροτεῖν h m n s καὶ ἑνοῦσθαι y **15** γάμου om. y

I 12 (p. 7, 23) ‹κακώσεως δίκην·› κακώσεως δίκη ἐστὶ ταῖς τε ἐπικλήροις κατὰ τῶν γεγαμηκότων, καὶ κατὰ τῶν παίδων τοῖς γονεῦσι, καὶ κατὰ τῶν ἐπιτρόπων τοῖς ὑπὲρ τῶν ὀρφανῶν. ἐπίκληρος δέ ἐστιν ἡ ἐπὶ παντὶ τῷ κλήρῳ ὀρφανὴ καταλελειμμένη μὴ ὄντος αὐτῇ ἀδελφοῦ. ἡ δ' αὐτὴ λέγεται καὶ ἐπικληρῖτις. *hmnsy* plan

I 12 (p. 7, 24) ‹ἀκόλαστοι·› a. ἀπαίδευτοι. *sy* plan

b. κολάζω τὸ τιμωροῦμαι καὶ τὸ παιδεύω, ἀφ' οὗ κεκολασμένον ἦθος τὸ πεπαιδευμένον, καὶ ἀκόλαστον τὸ ἀπαίδευτον. *hmnsy* plan

I 13 (p. 7, 27) ‹σηραγγώδεις·› σημαίνει κοιλώδεις ἢ αἱ

1–6 Harp. s.v. κακώσεως (p. 167, 5–13 Dindorf = κ 12 Keaney)· δίκης ὄνομά ἐστι ταῖς τε ἐπικλήροις κατὰ τῶν γεγαμηκότων, καὶ κατὰ τῶν παίδων τοῖς γονεῦσι, καὶ κατὰ τῶν ἐπιτρόπων τοῖς ὑπὲρ τῶν ὀρφανῶν ἐπεξιοῦσι διδομένη· Δημοσθένης κατὰ Τιμοκράτους (24, 103) καὶ Λυσίας ἔν τε τῷ περὶ τοῦ Ἡγησάνδρου κλήρου (fr. 127 Carey) καὶ ἐν τῷ ὑπὲρ *** καὶ Ὑπερείδης περὶ τοῦ Πυρράνδρου κλήρου (fr. 160 J., 187 S.). ὅτι δὲ ἐξῆν καὶ παντὶ τῷ βουλομένῳ γράφεσθαι κακώσεως γονέων καὶ ταῖς ἐπικλήροις βοηθεῖν δηλοῦται ἔν τε τῷ προειρημένῳ λόγῳ Ὑπερείδου καὶ ἐν τῷ Λυσίου κατὰ Φιλωνίδου βιαίων (fr. 299 Carey), εἰ γνήσιος. ἦν δὲ καὶ ἄνευ ὕδατος (Su. κ 178; Phot. κ 100 et 101). [Moschop.] Voc. Att. s.v. κακώσεως δίκη ἐστὶ ταῖς τε ἐπικλήροις κατὰ τῶν γεγαμηκότων, καὶ κατὰ τῶν παίδων τοῖς γονεῦσι, καὶ κατὰ τῶν ἐπιτρόπων ἡ ὑπὲρ τῶν ὀρφανῶν. ἐπίκληρος δέ ἐστιν ἡ ἐπὶ παντὶ τῷ κλήρῳ ὀρφανὴ καταλελειμένη μὴ ὄντος αὐτῇ ἀδελφοῦ. ἡ δὲ αὐτὴ λέγεται καὶ ἐπικληρῖτις. **7–10** Philox. fr. 288a Theod. ἀκόλαστος· κυρίως ὁ ἀπαίδευτος, διὰ τὸ μὴ ἀγωγῆς καὶ κολάσεως τετυχηκέναι τῆς ἐπιτηδείας. οὕτω Φιλόξενος ἐν τῷ Περὶ Ἑλληνισμοῦ. fr. 288b Theod. ἀκόλαστος· ἀκόλαστος· κυρίως ὁ ἀπαίδευτος· παρὰ τὸ μὴ κολάσεως τετυχηκέναι, τουτέστι παιδείας. [Moschop.] Voc. Att. s.v. κολάζω τὸ τιμωροῦμαι καὶ τὸ παιδεύω, ἀφ' οὗ κεκολασμένον ἦθος τὸ πεπαιδευμένον, καὶ ἀκόλαστον ἦθος τὸ ἀπαίδευτον. **11–34,2** Hsch. σ 519 σήραγγες· κοιλώδεις τόποι, ἢ κισηρώδεις. ἢ πόροι γῆς †λεποφόροι†. ἢ πέτραι. 523 σήραγξ· σπήλαιον, κοιλότης, ὕφαλος πέτρα ῥήγματα ἔχουσα. Cyr. σ 67 Hag. σήραγγες· κοιλώδεις τόποι. 523 Hag. σήραγξ· χάσμα· κοιλάς· ὕφαλος πέτρα ῥήγματα ἔχουσα. Syn. σ 68 σήραγξ· κοιλάς. καὶ ὕφαλος πέτρα, ῥήγματα ἔχουσα (Su. σ 335; Phot. σ 185).

1–2 δίκης καὶ τιμωρίας ὄνομα ante ταῖς τε ἐπικλήροις add. y **2** κατὰ τῶν γεγενηκότων s **3** τοῖς ὑπὲρ τῶν ὀρφανῶν h m n y τὸ ὑπὲρ τῶν ὀρφανῶν s **4** δέ ἐστιν h m n s δ' ἔστιν y **9–10** καὶ ἀκόλαστος ὁ ἀπαίδευτος y **9** καὶ om. h

φαραγγώδεις. σήραγξ γὰρ χάσμ̣[α, κοι]λάς· ὕφαλος πέ[τρα] ῥήγματα ἔχο[υσα]. *L*

I 13 (p. 8, 4) ‹λαμυρώτερον·› a. λαμυρὸν σημαίνει [εὔ]λαλον, εὐτρά[πε]λον, καταπλη[κτι]κά. *L*

b. γλυκύτερον. L^1

I 13 (p. 8, 7) ‹πειρώμεναι·› αἰσθανόμεναι. L^1

I 13 (p. 8, 8) ‹οἷα δήπου γαμέτης·› τῇ κράσει κ[αὶ] τῇ συνθήκῃ. L^1

plan **I 15 (p. 9, 8)** ‹οἷος·› a. ἀντὶ τοῦ ὁποῖος κατ᾽ ἐρώτησιν. *hmnsyz*

plan b. ὁποῖος. *y*

plan **I 15 (p. 9, 9)** ‹τῆς συννόμου·› τῆς γαμετῆς. *y*

plan **I 15 (p. 9, 9)** ‹παραφυλάττεται·› διατηρεῖ. *y*

plan **I 15 (p. 9, 9)** ‹ἰσχυρῶς·› δυνατῶς, καθὰ ἰσχύει. *y*

plan **I 15 (p. 9, 9)** ‹ἀνεπιβούλευτα·› χωρὶς ἐπιβουλῆς. *y*

plan **I 15 (p. 9, 10)** ‹ἀσινῆ·› ἀβλαβῆ. *y*

plan **I 15 (p. 9, 10)** ‹φαιδρά·› χαροπά. *y*

plan **I 15 (p. 9, 10)** ‹δέους·› φόβου. *y*

plan **I 15 (p. 9, 10)** ‹διανήχεται·› κολυμβᾷ εἰς τὸ ὕδωρ. *y*

plan **I 15 (p. 9, 11)** ‹φρουράν·› φυλακήν. *y*

plan **I 15 (p. 9, 11)** ‹ἀπολιμπάνει·› ἀφίησι. *y*

plan **I 15 (p. 9, 11)** ‹πῇ μέν·› ποτὲ μέν. *y*

plan **I 15 (p. 9, 11)** ‹οὐραγεῖ·› τὸ τῆς οὐρᾶς μέρος ἄγει καὶ ὁδηγεῖ. οὐραγῶ τὸ ἔσχατον καὶ ὕστερον τῆς στρατιᾶς μέρος ἄγω. *y*

3–4 Hsch. λ 270 *λαμυρόν· εὔλαλον. εὐτράπελον. καταπληκτικόν (Cyr. λαμ 6 Dr. = λ 24 Hag.). Syn. λ 23 λαμυρόν· εὔλαλον, εὐτράπελον, καταπληκτικόν, τερπνόν (Su. λ 106; Phot. λ 83). **9–11** Hsch. ο 374 *οἷος· ὁποῖος. ἢ μόνος. Syn. ο 64 οιος· μόνος. ἢ ὁποῖος (Su. οι 151; Phot. ο 142). **14** Hsch. δ 2491 *δυνατῶς· ἰσχυρῶς. γενναίως. ἀσφαλῶς. **16** Hsch. α 7669 Ἀσίνη· *ἀβλαβῆ (3Macc. 6, 7) ἢ πόλις (Hom. Il. II 560). **18** Hsch. δ 657 δέος· φόβος. (Hebr. XII 28) ἢ θεός. Cyr. δ 33 Hag. δέος· φόβος. Cf. scholl. I 16 (p. 9, 18) ad τοῦ δέους, IV 61 (p. 99, 23) ad δέει, VIII 9 (p. 197, 20) ad δέα. **23–24** Hsch. ο 1824 οὐραγία· στρατηγίας οὐρά, τουτέστι τὸ τέλος τῆς στρατιᾶς καὶ τῆς τάξεως. 1826 οὐραγός· τῆς οὐρᾶς ὁ ἔσχατος ἡγεμών. καὶ τοῦ εὐωνύμου κέρατος φύλαξ· ὁ δὲ τοῦ δεξιοῦ δεξιοφύλαξ. Syn. ο 273 οὐραγεῖ· τὸ τέλος ἄγει τοῦ στρατοῦ (Su. ο 930; Phot. ο 670).

1–2 supplevi **3–4** supplevi **7** κ[αὶ] supplevi **9–10** lemma πατὴρ δὲ ἐν ἰχθύσιν ὁ Γλαῦκος οἷος ἐστίν add. z **9** τὸ οἷος ἀντὶ τοῦ y

I 15 (p. 9, 12) ‹παρανήχεται·› πλησίον τῆς πλευρᾶς νήχεται. *y* plan

I 15 (p. 9, 12) ‹δείσῃ·› φοβηθῇ. *y* plan

I 15 (p. 9, 13) ‹χανών·› ἀνοίξας τὸ ἑαυτοῦ στόμα. *y* plan

I 15 (p. 9, 13) ‹εἰσεδέξατο·› ἐντὸς ἐδέξατο. *y* plan

I 15 (p. 9, 13) ‹συνεῖδε·› ἐνόησε. *y* plan

I 15 (p. 9, 14) ‹παραδραμόντος·› παρελθόντος. *y* plan

I 15 (p. 9, 14) ‹ἀνεμεῖ·› ἄνω ἐμεῖ καὶ ἐκβάλλει. *y* plan

I 16 (p. 9, 16) ‹κύων·› ἰστέον ὅτι πολλὰ τῶν ὀνομάτων τὰ αὐτὰ κατὰ τοῦ ἀρσενικοῦ λέγεται καὶ τοῦ θηλυκοῦ, οὐ μὴν μετὰ τοῦ αὐτοῦ ἄρθρου, καὶ λέγεται ταῦτα κοινὰ τῷ γένει· ἕτερα δὲ τὰ αὐτὰ καὶ μετὰ τοῦ αὐτοῦ ἄρθρου ἐπὶ τοῦ ἀρσενικοῦ λέγονται καὶ τοῦ θηλυκοῦ, καὶ λέγεται ταῦτα ἐπίκοινα, οἷον ὁ κόραξ, ὁ ἀετός. κοινὰ δὲ τῷ γένει ὁ κύων, καὶ θηλυκῶς γὰρ ἡ κύων· καὶ ὁ ἄνθρωπος καὶ ἡ ἄνθρωπος γάρ. πολλὰ δὴ τῶν τοιούτων οἱ Ἀττικοὶ θηλυκῶς χαίρουσιν ἐκφέρειν μάλιστα, οἷον τὴν ἵππον, τὴν κύνα. πολλὰ δὲ αὖθις θηλυκῶς μὴ λεγόμενα, θηλυκῶς ἐκφέρεται· τὰ μὲν ἀττικῶς, τὰ δὲ ἰωνικῶς. καὶ ἀττικῶς μὲν ἡ δρῦς καὶ ἕτερα, ἰωνικῶς δὲ ἡ κύων, ἡ λίθος, ἐπὶ τοῦ ἁπλῶς λίθου, ἀλλὰ μὴ ἐπὶ τῶν mosch

3 Cf. schol. I 16 (p. 9, 17) ad δείσῃ. 7 Cf. schol. I 16 (p. 9, 18) ad παραδραμόντος. **9–36,5** [Theodos.] Gramm. p. 113, 19–22 κοινὰ δὲ τῷ γένει ἐκεῖνα λέγομεν, ὅσα ἀρσενικῶς καὶ θηλυκῶς δύνανται λέγεσθαι, οἷον ὁ ἄνθρωπος καὶ ἡ ἄνθρωπος, ὁ ἵππος καὶ ἡ ἵππος, ὁ κύων καὶ ἡ κύων. Choer. in Theodos. I p. 107, 17–19 καὶ κοινὸν μέν ἐστι τὸ ἀρσενικῶς καὶ θηλυκῶς λεγόμενον μετὰ διαφόρου ἄρθρου, οἷον ὁ ἄνθρωπος καὶ ἡ ἄνθρωπος, ὁ ἵππος καὶ ἡ ἵππος, ὁ κύων καὶ ἡ κύων. Gennad. Schol Gramm. p. 357 ἔστι μέντοι γε καὶ παρὰ ταῦτα γένος τέταρτον, τὸ κοινὸν λεγόμενον, ὃ πτώσεις μὲν ἔχει τὰς αὐτάς, ὑποτάσσεται δὲ ἰδίοις ἄρθροις, οἷον ὁ ἄνθρωπος καὶ ἡ ἄνθρωπος, ὁ κύων καὶ ἡ κύων. Schol. Anth. Pal. VI 221, 4, p. 45 Luppino ἰστέον δὲ ὅτι οἱ ποιηταὶ καὶ τὸν αἶγα λέγουσι καὶ τὴν αἶγα, ὥσπερ καὶ τὸν ἔλαφον καὶ τὴν ἔλαφον. ἡμεῖς δὲ ἀντὶ τοῦ τὸν αἶγα τὸν τράγον λέγομεν, καὶ ἔχομεν δύο ὀνόματα, τὸν τράγον καὶ τὴν αἶγα. IX 67, 1 p. 50 Luppino μικρὰν λίθον· ἰωνικῶς λέγεται ἐνταῦθα ἐπὶ θηλυκοῦ ἡ λίθος. πολλὰ γὰρ τῶν ὀνομάτων, ἀρρενικὰ ὄντα, χαίρουσιν οἱ Ἴωνες θηλυκῶς ἐκφέρειν, οἷον τὴν λίθον, τὴν κίονα, τὴν Μαραθῶνα. εἰσὶ δὲ πάλιν ἕτερα ἀρρενικά, ἃ οἱ Ἀττικοὶ θηλυκῶς προφέρουσιν, οἷον ὁ δρῦς ἡ δρῦς.

11–12 ἃ ante τὰ αὐτὰ add. f g n q : seclusi **12** καὶ post τὰ αὐτὰ om. g **13** ἐπίκεινα g **15** γάρ post ἄνθρωπος om. n | πολλὰ δὴ g n q πολλὰ δὲ f **17** θηλικῶς f **18** ἑτέρα g **19** ἡ κύων om. f

τιμίων λίθων ἢ λαξευομένων, ἐπὶ τούτων γὰρ καὶ παρ' ἡμῖν ἡ λίθος λέγεται θηλυκῶς, ἡ Μαραθών. ἕτερα δὲ πάλιν εἰσὶ θηλυκὰ καὶ οὐδέτερα, ἃ οὐκ ἔχουσιν ἀρσενικά, εἶτα παρὰ τοῖς Ἀττικοῖς ἀρσενικῶς λέγονται· ὡς τὴν πέτραν πέτρον λέγουσι, καὶ τὸ σκότος ὁ σκότος ἀρσενικῶς. *fgnq*

plan **I 16 (p. 9, 16)** ‹τεκοῦσα·› a. γεννήσασα. *y*

mosch b. τίκτουσι τὰ θήλεα, γεννῶσι δὲ τὰ ἄρρενα. *fgnq*

plan **I 16 (p. 9, 16)** ‹συννέοντα·› συμπορευόμενα, συννηχόμενα. *hlmnsy*

mosch **I 16 (p. 9, 16)** ‹σκυλάκια·› ἰστέον δὲ ὅτι τὰ μὲν ἔκγονα τῆς κυνὸς σκύλακες λέγονται καὶ σκυλάκια, ὡς τὰ τῶν λεόντων σκυμνία, καὶ τὰ τῶν ἄρκτων ἀρκτύλοι, καὶ τὰ τῶν ἀλωπέκων ἀλωπεκίδες, καὶ τὰ τῶν λαγωῶν λαγίδια, καὶ τὰ τῶν ἐλάφων νεβροί. τὸ δὲ δέρμα αὐτῆς κυνῆ ὡς λεοντῆ τὸ τοῦ λέοντος, καὶ ἀλωπεκῆ τὸ τῆς ἀλώπεκος, καὶ τὸ τῆς παρδάλεως παρδαλῆ, καὶ τὸ τῆς ἐλάφου νεβρίς, καὶ κώδιον τὸ τοῦ προβάτου. τὰ δὲ τῶν πτηνῶν ἔκγονα, ἃ καὶ πετεινὰ λέγεται, ποιητικῶς δὲ πετεεινά, νεογνὰ λέγονται καὶ νεοττοί, καὶ νεόττια ἀττικῶς ἃ κοινῶς λέγεται νοσσία, ὥσπερ καὶ νεοττιὰ ἡ φωλεὰ αὐτῶν ἀττικῶς· κοινῶς δὲ νοσσιὰ καὶ στρουθία, ἃ κυρίως τὰ τοῦ τρωγλίτου λέγεται. στρουθὸς γὰρ κυρίως ὁ τρωγλίτης, καταχρηστικῶς δὲ καὶ πᾶν πτηνόν· τὰ νεογνὰ δὲ καὶ ἐφ' ἑτέρων λέγεται. *fgnq*

plan **I 16 (p. 9, 17)** ‹ἤδη·› τὸ ἤδη ἐνταῦθα ἀντὶ τοῦ εὐθύς. *hmy*

7 Lex. Herm. p. 327, § 60 γεννᾷ ὁ ἀνὴρ κυρίως, τίκτει δὲ ἡ γυνή (= An. Par. IV, p. 251, 31 e Paris. gr. 2720). **19–21** Planud. Epim. p. 74 Lindstam στρουθία μὲν λέγονται πάντα τὰ μικρὰ τῶν ὀρνίθων, στρουθὸς δὲ κυρίως ὁ λεγόμενος τρωγλίτης. [Moschop.] Voc. Att. s.v. στρουθία μὲν λέγονται πάντα τὰ μικρότατα τῶν ὀρνίθων, στρουθὸς δὲ κυρίως ὁ λεγόμενος τρωγλίτης.

8 συμπορευόμενα om. l **8–9** συννηχόμενα om. n s **11** λέγεται q **12** τὰ ante τῶν ἀλωπέκων om. n **12–13** ἀλωπεκύδες f **13** νευροί f g q **16** νευρίς f g q **17** λέγονται n | πετεεινά f n q πετεινά g **17–18** καὶ ante νεοττοί om. n **18** λέγονται n q **20** τοῦ τρωγλί τρωγλίτου q | λέγονται f **23** τὸ ἤδη ἐνταῦθα ἀντὶ τοῦ om. y

I 16 (p. 9, 17) ‹εἰς ἀναβολάς·› a. εἰς ὑπερθέσεις ὃ κοινῶς λέγεται εἰς ἀναμονήν. *hmnsy* plan

b. εἰς ἀναμονὴν καὶ ὑπερθέσεις. *ns* plan

c. ἀναβάλλομαι τὸ ἀνακρούομαι ποιητικόν, ἀναβάλλομαι τὸ ἐνδύομαι τῶν Ἀλεξανδρέων, ἀναβάλλομαι τὸ ὑπερτίθεμαι ἑλληνικόν, ὅθεν ἀναβολὴ ἡ ὑπέρθεσις. *fgnq* mosch

I 16 (p. 9, 17) ‹δείσῃ·› a. φοβηθῇ. *hmqy* plan

b. δείδω τὸ φοβοῦμαι, δεδίττομαι ἕτερον ἀντὶ τοῦ ἐκφοβῶ. *fgnq* mosch

I 16 (p. 9, 17) ‹τούτων·› ἀπό. *hmy* plan

I 16 (p. 9, 17) ‹μητέρα·› ἰστέον ὅτι ὅπερ ἀπὸ τῆς μητρὸς ἡ μητρυιὰ τοῦτο ἀπὸ τοῦ πατρὸς ὁ πάτρων. *fgnq* mosch

I 16 (p. 9, 18) ‹εἰσέδυ·› a. εἰσῆλθεν. *hmnqsy* plan

b. δύω ποιητικῶς τὸ ἐνδύω τὸ φορῶ, κοινῶς δὲ τὸ εἰσέρχομαι, ὃ καὶ μετὰ τῆς ΕΙΣ προθέσεως λέγεται, οἷον εἰσέδυ· μετὰ δὲ τῆς ΕΝ προθέσεως ἐνδύω τὸ φορῶ. *fgnq* mosch

I 16 (p. 9, 18) ‹αὖθις·› δεύτερον. *y* plan

1–2 Hsch. υ 403 ὑπερθέσεις· ἀναβολαί. ὑπερβάσεις. Cyr. υ 67 Hag. ὑπέρθεσις· ἀναβολή. Phot. υ 105 ὑπερβολήν· τὴν ἀναβολὴν καὶ ὑπέρθεσιν· καὶ ἐν τῷ περὶ τοῦ στεφάνου Δημοσθένης (18, 190). [Zon.] s.v. ὑπέρθεσις· ἀναβολή. **4–6** Lex. Herm. p. 344, § 164 ἀναβάλλομαι σημαίνει τρία. τὸ ἀνακρούομαι καὶ προοιμιάζομαι. ὡς τό, οἱ τέττιγες μουσικὴν ἀνεβάλλοντο σύντονον (Aphthon. X 2)· καὶ τὸ ἐνδύομαι, ὡς παρὰ τῇ Θείᾳ Γραφῇ (Psalm. CIII 2), ὁ ἀναβαλλόμενος φῶς, ὡς ἱμάτιον. καὶ τὸ εἰς ἀναβολὰς τίθημι τὸ πρᾶγμα, ὡς τό, ἀναβάλλομαι τὴν ὑπόσχεσιν (= An. Par. IV, p. 259, 18 et 262, 4 e Paris. gr. 2720). Planud. Epim. p. 73 Lindstam ἀναβάλλομαι καὶ τὸ ὑπερτίθεμαι καὶ τὸ ἐνδύομαι, ἐξ οὗ καὶ ἀναβολὴ ἡ περιβολή. [Moschop.] Voc. Att. s.v. ἀναβάλλομαι τὸ ὑπερτίθεμαι καὶ τὸ ἐνδύομαι, ἐξ οὗ καὶ ἀναβολὴ ἡ περιβολή. Schol. Theocr. VI 20–24c ἀναβάλλω γʹ σημαίνει· ἀναβάλλω τὸ ἐνδύομαι, ἀναβάλλω τὸ ῥαθυμῶ καὶ ἀποστρέφομαι, καὶ τὸ ἀνακρούω ὡς ἐνταῦθα. **7–9** Hsch. δ 439 δείδω· φοβοῦμαι (Hom. Il. X 39). Moschop. Sched. p. 104 δείδω τὸ φοβοῦμαι. Cf. schol. I 15 (p. 9, 12) ad δείσῃ. **14–16** [Moschop.] Voc. Att. s.v. δύω ποιητικῶς τὸ εἰσέρχομαι, ὅπερ μετὰ τῆς ΕΙΣ προθέσεως εἰσδύω· μετὰ δὲ τῆς ΕΝ ἐνδύω τὸ φορῶ.

2 λέγεται post εἰς ἀναμονήν transp. y **8** δεδίττομαι δὲ n q **12** μητρυὰ g ὁ om. n **14** δύο f g

plan **I 16 (p. 9, 18)** ‹κατὰ τὸ ἄρθρον·› a. κατὰ τὸ σχίσμα τοῦ αἰδοίου. *hlmnsy*

mosch b. ὅπερ ἐπὶ γυναικὸς αἰδοῖον λέγεται τοῦτο· ἄρθρον ἐπὶ τῶν ἑτέρων ζῴων καὶ ἐπὶ γυναικός. *fgnq*

plan **I 16 (p. 9, 18)** ‹τοῦ δέους·› τοῦ φόβου. *hmy*

plan **I 16 (p. 9, 18)** ‹παραδραμόντος·› a. παρελθόντος. *hmnsy*

mosch b. παρέδραμεν ὁ δεῖνα τὸν δεῖνα τρέχων καὶ παρέδραμεν ἀντὶ τοῦ ἐνίκησε καὶ ἀντὶ τοῦ παρῆλθεν. *fgnq*

plan **I 16 (p. 9, 19)** ‹πρόεισιν·› ἐξέρχεται. *hmnsy*

plan **I 16 (p. 9, 19)** ‹ἀνατικτόμενον·› a. ἐκ δευτέρου τικτόμενον. *hmnsy*

mosch b. ἀνατικτόμενον τὸ ἐκ δευτέρου τικτόμενον. ἡ ΑΝΑ γὰρ ἢ δευτέραν σχέσιν δηλοῖ ἢ τὴν εἰς τοὐπίσω κάμψιν, ὡς ἀνέστρεψεν, ἀνεπόδισεν ἢ τὸ ἄνω, οἷον ἀναβλέπω, ἀνατρέχω. *fgnq*

I 17 (p. 10, 12) ‹ἐπισείουσα·› γράφεται παίουσα. *K*

I 18 (p. 10, 20) οἱ δὲ ὀδόντες μεμυκότες· ἀντὶ τοῦ ἐγκεχωσμένοι τῇ σαρκὶ καὶ οὐχὶ προφαινόμενοι· οὕτως ὁ̣ ν̣ο̣ῦ̣ς, καὶ ζήτει. L^1

I 18 (p. 11, 1) καὶ σπαρτώδει μιμήματι· περικυκλοῖ τὸν πλέοντα κατὰ μίμησιν τοῦ τέκτονος, ὃς πρῶτον περικυκλοῖ καὶ σχηματίζει ἃ οἰκοδομήσει σχοινίῳ, ὅπερ σπάρτος ὀνομάζεται καὶ σπαρτίον. L^1

I 19 (p. 11, 5) ‹εὐστομεῖ·› ἐμμελῶς λέγει. L^1

I 19 (p. 11, 8) ‹τῆς ἀκμῆς·› κατὰ μεσημβρίαν. L^1

1–4 Cf. Hsch. α 7187 ἀρθμόν [ἄρθρον con. Cannatà]· πρότμησις, ἢ μετάφρενον. ἢ αἰδοῖον ἀνδρὸς καὶ γυναικός. **5** Cf. scholl. I 15 (p. 9, 10) ad δέους, IV 61 (p. 99, 23) ad δέει, VIII 9 (p. 197, 20) ad δέα. **6** Hsch. π 806 παρελεύσεαι· παραδραμεῖς· καὶ παραλογίσῃς (Hom. Il. I 132). 807 παρελεύσεται· παραδράμῃ, παρέλθῃ. **6–8** Lex. Herm. p. 332, § 94 παρῆλθεν ἀντὶ τοῦ παρέδραμε καὶ ἐξῆλθε (= An. Par. IV, p. 252, 30 e Paris. gr. 2720). Georg. Lacap. Epim. pp. 197, 27–198, 2 παρέρχομαι· τὸ νικῶ καὶ ὑπεραίρω καὶ κάτω που τῶν ἐμαυτοῦ καλῶν πάντας ἐῶ. καὶ παρῆλθον καὶ παρήνεγκα καὶ παρέδραμον καὶ παρήλασα καὶ παρήλλαξα ταὐτά, λαμβανόμενα ἐπὶ τῆς τοῦ ἐνίκησα σημασίας. Cf. schol. I 15 (p. 9, 14) ad παραδραμόντος. **19–22** Hsch. θ 1000 θώμιγγες· δεσμοί, ὁρμιαί, σχοινία, χορδαί, *σπαρτία κανάβινα. Su. σ 907 σπάρτα· σχοινία. [Zon.] s.v. σπαρτίον· τὸ σχοινίον. καὶ κλῆρος. καὶ στέργει σπάρτα, ἥνπερ ἔλαχε.

1 κατὰ om. h l m κατὰ [(τὸ) σχίσμα] n | τὸ ante σχίσμα om. s

I 21 (p. 11, 24) ‹Βαβυλωνίους·› ἰστέον ὅτι τὰ ὀνόματα, τὰ δηλοῦντα ἐν οἷς ἐγένετό τι καὶ ὅθεν ὁρμᾶται ἐκεῖθεν παρονομαζόμενα, ἢ διὰ τοῦ ΙΟΣ ἐκφέρονται, οἷον οὐράνιος θαλάττιος Βαβυλώνιος, ἢ διὰ τοῦ ΝΟΣ, οἷον γήϊνος, ὃ ποιητικῶς λέγεται γαιήιος, οὗτινος εἰς τύπον μετεσχηματίσθησαν αἱ παρ᾽ Εὐριπίδῃ (cf. Hec. 99) δεσπόσυνοι σκηναὶ τὰς δεσποτικὰς δηλοῦσαι, ἢ διὰ τοῦ ΑΙΟΣ, οἷον Ἀθηναῖος, Κερκυραῖος, ὧν εἰς τύπον λέγεται Ἑβραῖος Χαλδαῖος, διὸ καὶ διὰ διφθόγγου γράφονται. *fghq* mosch

I 21 (p. 11, 24) ‹τὰ οὐράνια·› κατά. *hlnsy* plan

I 21 (p. 11, 25) ‹ᾄδουσιν·› a. ἔπαινον ἔχει τὸ ᾄδειν. ἐμφαίνει γὰρ τὴν εὔρυθμον φράσιν τῶν συγγραφέων. *hnsy* plan

b. ἐπαινοῦσιν εὐρύθμως. *y* plan

c. ᾄδειν τὸ ψάλλειν καὶ τὸ ὑμνεῖν καὶ τὸ περιλαλεῖν, ὡς τὸ ᾄδεται λόγος· ποιητικῶς δὲ λέγεται ἀείδειν, καὶ δηλοῖ τὸ ἐμμέτρως καὶ ἐμμελῶς λέγειν. ἔχει δὲ τὸ ᾄδειν προσγεγραμμένον τὸ Ι, ἀπὸ γὰρ τοῦ ἀείδειν γέγονε τραπέντος τοῦ Α καὶ Ε εἰς Α, εἶτα τοῦ Ι προσγραφέντος. χρὴ δὲ γινώσκειν, ὅτι τὸ Ι ἢ τῷ Η προσγράφεται ἢ τῷ μεγάλῳ Ω ἢ μακρῷ Α. σπανίως δὲ καὶ βραχεῖ Α προσγράφεται ὡς ἐν τῷ γήρᾳ καὶ ᾄδης, ἀλλ᾽ ὡς συναιρούμενον οὐχ ὡς μὴ δυνάμενον ἐξακούεσθαι. *fghq* mosch

I 21 (p. 11, 25–26) ‹ἀναβλέποντες·› a. ὁρῶντες τῷ νῷ, οὐ γὰρ ἔχουσιν οὐρανόν. *hlns* plan

b. βλέπειν τὸ ἁπλῶς ὁρᾶν καὶ τὸ ἐλπίζειν, οἷον εἰς σὲ βλέπω, καὶ τὸ προορᾶν· ὅθεν καὶ βλέποντες οἱ προφῆται. *fghq* mosch

23–24 [Moschop.] Voc. Att. s.v. βλέπω τὸ ἁπλῶς ὁρῶ καὶ τὸ ἐλπίζω, οἷον εἰς σὲ βλέπω, καὶ τὸ προορᾶν· ὅθεν καὶ προβλέποντες λέγονται οἱ προφῆται. Thom. Mag. Ecl. p. 60, 7–11 βλέπειν τὸ ἁπλῶς ὁρᾶν· θεᾶσθαι δὲ καὶ τὸ ὁρᾶν τι τῶν ἐν τῷ θεάτρῳ γινομένων, οἷον πάλην, πυγμὴν καὶ τὰ τοιαῦτα. ἐξ οὗ καὶ θέατρον, ὁ ἀγών. ἔστι δὲ θεᾶσθαι καὶ τὸ κατανοεῖν. Εὐριπίδης ἐν Ὀρέστῃ (911)· «θεᾶσθαι δ᾽ ὧδε χρὴ τὸν προστάτην».

3 καταχρόνιος ante θαλάττιος add. h **3–4** Σαλαμίνιος ante Βαβυλώνιος add. h **4–5** γαίϊος f γαλήϊος g **5** μετεσχηματέσθησαν g | παρ᾽ Εὐριπίδι f παρ᾽ Εὐριπίδ( ) h q **11** εὔρϊθμον h **16** τραπέντος f g h$^{a.c.}$ q χραθέντος h$^{p.c.}$ | εἰς ΕΙ g **17** προσγράφοντος g προσγεγραφέντος h | ἢ τὸ Η g h **18–19** βραχὺ h **20** μὴ om. h **21–22** τῷ νῷ, οὐ γὰρ ἔχουσιν οὐρανόν om. s οὐ γὰρ ἔχουσιν οὐρανόν om. n **21** τῷ νοΐ h **24** καὶ ante βλέποντες om. f

plan **I 21 (p. 11, 26)** ‹τοῦ μηνός·› a. τῆς σελήνης. *hl*

mosch b. μήνη ἡ σελήνη, ἀπὸ τοῦ μὴ ἐν ἑνὶ σχήματι μένειν· καὶ ἀπὸ τούτου αἱ ἡμέραι, δι᾽ ὧν αὕτη τὰ δώδεκα διέρχεται ζῴδια. μὴν καὶ κλίνεται μηνός, ὡς χὴν χηνός. τὰ γὰρ εἰς HN ὀνόματα διὰ τοῦ ΟΣ κλίνονται, καὶ φυλάττουσι τὸ Η ἐπὶ τῆς γενικῆς, πλὴν τοῦ φρὴν φρενός, ἐπὶ τῶν μονοσυλλάβων, καὶ αὐχὴν αὐχένος ἐπὶ τῶν δισυλλάβων. *fghq*

plan **I 21 (p. 11, 26)** ‹ἐπὶ δακτύλων ἀριθμὸν ἔχοντες·› ἀριθμοῦντες δακτύλοις. *y*

plan **I 21 (p. 11, 26)** ‹ἀριθμεῖν·› a. ψηφίζειν. *hlns*

mosch b. ἀριθμεῖν ἐπὶ ψήφου, μετρεῖν ἐπὶ μεδίμνου, σταθμᾶν ἐπὶ ζυγοῦ. *fghq*

plan **I 21 (p. 11, 26)** ‹ἔχοντες·› a. δυνάμενοι. *hlns*

mosch b. ἔχειν τὸ κεκτῆσθαι, τὸ δύνασθαι καὶ τὸ διακεῖσθαι. *fghq*

plan **I 21 (p. 11, 27)** ‹εἰλήχασι·› ἔλαχον, ἐκληρώσαντο. *hlnsy*

plan **I 21 (p. 11, 27–28)** ‹τοῦ μηνός·› τῆς σελήνης. *hln*

plan **I 21 (p. 11, 28)** ‹τῇ νέᾳ·› τῇ πρώτῃ. *hlns*

plan **I 21 (p. 11, 28)** ‹εἴσω·› a. ἐντός. *hl*

mosch b. ἰστέον ὅτι ἀπὸ τῶν πλειόνων προθέσεων γίνονται ἐπιρ-

1–7 [Moschop.] Voc. Att. s.v. μήνη ἡ σελήνη, ἀπὸ τοῦ μὴ ἐν ἑνὶ σχήματι μένειν· καὶ ἀπὸ τούτου αἱ ἡμέραι, δι᾽ ὧν αὕτη τὰ δώδεκα διέρχεται ζῴδια. s.v. μὴν καὶ κλίνεται μηνός, ὡς χὴν χηνός. τὰ γὰρ εἰς HN ὀνόματα διὰ τοῦ ΟΣ κλίνονται, καὶ φυλάττουσι τὸ Η ἐπὶ τῆς γενικῆς, πλὴν τοῦ φρὴν φρενός, ἐπὶ τῶν μονοσυλλάβων, καὶ αὐχὴν αὐχένος ἐπὶ τῶν δισυλλάβων. Cf. schol. I 21 (p. 11, 27–28) ad τοῦ μηνός. **11–12** [Moschop.] Voc. Att. s.v. ἀριθμεῖν ἐπὶ ψήφου, μετρεῖν ἐπὶ μεδίμνου, σταθμᾶν ἐπὶ ζυγοῦ. **14** Cf. scholl. I 52 (p. 22, 18) ad ἔχει et X 28 (p. 246, 12) ad ἔχουσι. **15** Schol. Aeschyl. Sept. 376b εἴληχε· ἐκληρώσατο. **16** Cf. schol. I 21 (p. 11, 26) ad τοῦ μηνός. **19–42,18** Moschop. Constr. c. 223 ἰστέον ὅτι ἀπὸ τῶν πλειόνων προθέσεων γίνονται ἐπιρρήματα κατὰ σημασίαν αὐτῶν, καὶ εἰσὶ τὰ μὲν κοινά, τὰ δὲ ποιητικά, οἷον ἀπὸ τῆς ΕΝ ἔνδον καὶ ἐντὸς κοινῶς, καὶ ἀπὸ τούτων ἔνδοθεν κοινῶς καὶ ἔντοσθεν ποιητικῶς, ἃ καὶ κίνησιν ἔχουσιν ἀπὸ τῆς ἐντός. ἀπὸ τῆς εἰς Η καὶ Ε λέγεται ἔσω καὶ εἴσω κοινῶς καὶ ποιητικῶς, οἷον «Ἴλιον εἴσω» (Hom. Il I 71 et al.), ἀντὶ τοῦ εἰς τὴν Ἴλιον. ἀπὸ τούτων καὶ ἔξωθεν κοινῶς καὶ εἴσωθεν ποιητικῶς. καὶ ἀπὸ τούτων ἔσωθεν κοινῶς, καὶ εἴσωθεν ποιητικῶς. ἀπὸ τῆς ΕΞ ἢ καὶ ΕΚ λέγεται ἔξω, καὶ ἐκτὸς κοινῶς, ἀπὸ τούτων ἔξωθεν κοινῶς καὶ ἔκτοσθεν ποιητικῶς, οἷον «ἔκτοσθεν λιπαρῆς

4 ὁ μὴν g **5** διὰ τοῦ ΔΟΣ κλίνονται h **10** ψηφίφειν s **14** κεκτεῖσθαι g **15** ἐκληρώθησαν s ἐκληρώσαντο om. y **18** ἀντὶ τοῦ ante ἐντός add. l

ῥήματα κατὰ τὴν σημασίαν αὐτῶν, καὶ συντάσσονται ἅπαντα γενικῇ, καὶ εἰσὶ τὰ μὲν κοινά, τὰ δὲ ποιητικά, οἷον ἀπὸ τῆς ΕΝ ἔνδον καὶ ἐντὸς κοινῶς, καὶ ἀπὸ τούτων ἔνδοθεν κοινῶς καὶ ἔντοσθεν ποιητικῶς, ἃ κίνησιν ἔχουσιν ἀπὸ τῶν ἐντός. ἀπὸ τῆς ΕΙΣ ἢ καὶ ΕΣ λέγεται ἔσω καὶ εἴσω κοινῶς, καὶ ἀπὸ τούτων ἔσωθεν κοινῶς καὶ εἴσωθεν ποιητικῶς· ἀπὸ τῆς ΕΞ ἢ καὶ ΕΚ λέγεται ἔξω καὶ ἐκτὸς κοινῶς, καὶ ἀπὸ τούτων ἔξωθεν κοινῶς καὶ ἔκτοσθεν ποιητικῶς, ὃ καὶ ἔκτοθεν λέγεται, ἃ δηλοῦσι κίνησιν ἀπὸ τῶν ἐκτός. ἀπὸ τῆς ΠΡΟ πρόσω κοινῶς, ὃ καὶ πόρρω λέγεται μεταθέσει τοῦ Ρ, καὶ τροπῇ τοῦ Σ εἰς Ρ ὡς ἐν τῷ ἄρρεν, δηλοῖ δὲ τὸ μακρὰν καὶ τὸ ἐντὸς εἰς βάθος ὡς τὸ «τὸ δὲ καὶ προσανιᾶσαι πόρρω δεινῶν» (Syn. Epist. 46), καὶ ἀπὸ τούτων πρόσωθεν καὶ πόρρωθεν καὶ πρόσθεν κατὰ συγκοπήν, ὃ καὶ ἔμπροσθεν λέγεται μετὰ τῆς ΕΝ· τοῦτο δὲ καὶ εἰς ἑτέραν ἔννοιαν μετέπεσεν, οὐ γὰρ κίνησιν φαίνεται ἔχον. ἀπὸ τῆς ΑΝΑ ἄνω καὶ ἄνωθεν κοινῶς. ἀπὸ τῆς

παλαίστρης» (Theocr. Id. II 51) ἀντὶ τοῦ ἐκ τῆς παλαίστρας. ἀπὸ τῆς ΠΡΟ πρόσω κοινῶς, ὃ καὶ πόρρω λέγεται μεταθέσει τοῦ Ρ καὶ τροπῇ τοῦ Σ εἰς Ρ, δηλοῖ δὲ τὸ μακρὰν καὶ τὸ ἐντὸς καὶ τὸ εἰς βάθος, ὡς τὸ «τὸ δὲ καὶ προσανιᾶσαι, πόρρω δεινῶν» (Syn. Epist. 46) καὶ ἀπὸ τούτων πόρρωθεν καὶ πρόσωθεν καὶ πρόσθεν κατὰ συγκοπήν, ὃ καὶ ἔμπροσθεν λέγεται. τοῦτο δὲ καὶ εἰς ἑτέραν ἔννοιαν μετέπεσεν, οὐ γὰρ κίνησιν φαίνεται ἔχον. ἀπὸ τῆς ΑΝΑ ἄνω καὶ ἄνωθεν κοινῶς. ἀπὸ τῆς ΚΑΤΑ κάτω καὶ κάτωθεν κοινῶς. ἀπὸ τῆς ΑΝΤΙ ἄντα ποιητικῶς καὶ ἀντίον, ὃ μετὰ τῆς ΕΝ ἐναντίον λέγεται κοινῶς· ἀπὸ τούτου λέγεται καὶ τὸ πρόσαντες ὅπερ ἐπὶ δυσκολίας λέγεται ὡς ἐναντιουμένων τινῶν. ἀπὸ τῆς ΠΕΡΙ πέριξ κοινῶς. ἀπὸ τῆς ΑΜΦΙ ἀμφὶς ποιητικῶς, ταὔτως τῷ πέριξ, οἷον οἷκον ἀμφὶς ἀντὶ τοῦ περὶ τὸν οἶκον. ἡ γὰρ ΠΕΡΙ ἡ αὐτή ἐστι τῇ ΑΜΦΙ. πλὴν ὅτι ἡ μὲν ΠΕΡΙ παρὰ τοῖς κοινοῖς ἐν χρήσει, ἡ δὲ ΑΜΦΙ παρὰ τοῖς ποιηταῖς. σπανιάκις δὲ αὕτη παρὰ τοῖς κοινῶς γράφουσιν. ἀπὸ τῆς ΑΠΟ ἄπο κοινῶς, ὡς τὸ «οὐδ᾽ ἄπο γνώμης ἐκείνῳ τῷ γενναίῳ» (Greg. Naz. Or. XLIII 2, 4) καὶ ἀπὸ τούτου ἄπωθεν καὶ ἀπωτάτω διὰ τοῦ Ω μεγάλου, ὡς τύπον ἔχον, τῶν διὰ τοῦ ΩΤΕΡΟΣ καὶ ΩΤΑΤΟΣ. ἔχουσι δέ τινα αὐτῶν καὶ συγκριτικὰ καὶ ὑπερθετικά, οἷον ἐνδοτέρω καὶ ἐνδοτάτω, ἐξωτέρω καὶ ἐξωτάτω, προσωτέρω καὶ προσωτάτω.

4–9 Et. M. s.v. εἴσω· ὡς ἀπὸ τῆς ἐξ προθέσεως γίνεται ἔξω, καὶ ἀπὸ τῆς πρός, πρόσω· καὶ ἀπὸ τῆς ἐς Ἀττικῶς, ἔσω· οὕτως καὶ ἀπὸ τῆς εἰς προθέσεως γίνεται εἴσω. καὶ ἔστιν ἀντὶ τῆς εἰς· ὡς τὸ «καὶ νήεσσ᾽ ἡγήσατ᾽ Ἀχαιῶν Ἴλιον εἴσω» (Hom. Il. I 71). ἀντὶ τοῦ εἰς τὴν Ἴλιον.

4 ἀπὸ τῆς ΕΙΣ f g q   ἀπὸ τῶν εἰς ΗΣ h   **5** καὶ ΕΣ λέγεται f q   καὶ ΕΣ λήγεται g   καὶ ΕΣ λ( )γ( )τ( ) h   **7** καὶ ἀπὸ τούτων ἔξωθεν κοινῶς om. h **8** ἔκτοσθεν λέγεται q   **11** καὶ εἰς βάθος h q | ὡς ἐν τῷ q   ὡς τὸ cett.

ΚΑΤΑ κάτω καὶ κάτωθεν κοινῶς. ἀπὸ τῆς ΑΝΤΙ ἄντα ποιητικῶς καὶ ἀντίον, ὃ μετὰ τῆς ΕΝ ἐναντίον λέγεται κοινῶς· ἀπὸ τούτου γίνεται καὶ τὸ πρόσαντες ὅπερ ἐπὶ δυσκολίας λέγεται ὡς ἐναντιουμένων τινῶν. ἀπὸ τῆς ΠΕΡΙ πέριξ κοινῶς. ἀπὸ τῆς ΑΜΦΙ ἀμφὶς ποιητικόν, ταὐτὸν τῷ πέριξ, ἡ αὐτὴ γὰρ ἡ ΠΕΡΙ τῇ ΑΜΦΙ. πλὴν ὅτι ἡ μὲν ΠΕΡΙ παρὰ τοῖς κοινοῖς ἐν χρήσει, ἡ δὲ ΑΜΦΙ παρὰ τοῖς ποιηταῖς. ἀπὸ τῆς ΑΠΟ ἄπο κοινῶς, ὡς τὸ «οὐδ᾽ ἄπο γνώμης ἐκείνῳ» (Greg. Naz. Or. XLIII 2, 4), καὶ ἀπὸ τούτου ἄποθεν καὶ ἀπωτάτω διὰ τοῦ Ω μεγάλου, ὡς τύπον ἔχον τῶν διὰ τοῦ ΟΤΕΡΟΣ καὶ ΟΤΑΤΟΣ. ἔχουσι δέ τινα αὐτῶν καὶ συγκριτικὰ καὶ ὑπερθετικά, οἷον ἐνδοτέρω καὶ ἐνδοτάτω, ἐξωτέρω καὶ ἐξωτάτω, προσωτέρω καὶ προσωτάτω, ἀνωτέρω ἀνωτάτω, κατωτέρω κατωτάτω. ἰστέον ὅτι οἱ ποιηταὶ ταῦτα τὰ ἀπὸ τῶν προθέσεων ἐπιρρήματα ἀντὶ τῶν προθέσεων λαμβάνουσι καὶ κατὰ τὰς προθέσεις αὐτὰ συντάσσουσιν, οἷον «Ἴλιον εἴσω» (Hom. Il. I 71 et al.), ἀντὶ τοῦ εἰς τὴν Ἴλιον, καὶ «ἔκτοσθεν λιπαρῆς παλαίστρης» (Theocr. Id. II 51), ἀντὶ τοῦ ἐκ τῆς παλαίστρας, καὶ οἶκον ἀμφίς, ἀντὶ τοῦ περὶ τὸν οἶκον. *fghq*

plan **I 21 (p. 11, 28)** ‹οἰκουροῦσι·› a. οἰκουρεῖν τὸ ἐν τῷ οἴκῳ διατρίβειν, ἐνταῦθα δὲ ἀντὶ τοῦ διατρίβουσι μόνον κεῖται τὸ οἰκουροῦσι. *hns*

plan b. οἰκουρεῖν λέγεται τὸ ἐν τῷ οἴκῳ διατρίβειν, ἐνταῦθα δὲ τὸ οἰκουροῦσι κεῖται μόνον ἀντὶ τοῦ διατρίβουσιν. *y*

plan c. διάγουσι. *y*

mosch d. ναὸς καὶ ἱερὸν ἔνθα τιμῶνται τὰ θεῖα· οἰκία καὶ οἴκημα

25–43,14 [Moschop.] Voc. Att. s.v. ναὸς καὶ ἱερὸν ἔνθα τιμῶνται τὰ θεῖα. οἰκία καὶ οἴκημα ἔνθα κατοικοῦσιν οἱ ἄνθρωποι, ὅθεν καὶ οἰκουρεῖν τὸ ἐν οἴκῳ διατρίβειν. χρειὰ (l. χειὰ) ἐπὶ δράκοντος, φωλεὰ ἐπὶ θηρίων, ὀπὴ ἐπὶ μυρμήκων καὶ μυῶν, νεοτία (l. νεοττιὰ) ἐπὶ τῶν μικρῶν ὀρνίθων, ἰλεὼς (l. ἰλεὸς) ἐπὶ ὄφεως. σταῦλος ἐν ᾧ ἵστανται ἵπποι καὶ ὄνοι καὶ ἕτερα κτήνη, καὶ ἔστι καθολικὸν ὄνομα. ἰδικῶς δὲ λέγονται ἱππῶνες καὶ ἱπποστάσεις ἐπὶ τῶν ἵππων, ὀνοστάσεις ἐπὶ τῶν ὄνων, καὶ σταθμὰ ἐπὶ πάντων καὶ κτηνοστασία (l. κτηνοστάσια). σηκὸς ἔνθα ἐγκλείουσι τὰ νεογνὰ ὅταν τὰς μητέρας ἀμέλγωσιν ἢ εἰς νομὴν ἐκπέμπωσιν. αἱ δὲ τῶν ἀνθρώπων οἰκίαι

2 καὶ ἀντίων h **3** καὶ τὸ πρίσαντες f **5** ταὐτὸν τὸ πέριξ h **6** ΠΕΡΙ παρὰ τοῖς κοινοῖς h ΠΕΡΙ om. f g q **7** ἄπω κοινῶς q | ὡς τό f g καὶ τό h **8** ἄπω γνώμης h **9** ἄπωθεν h **15** τὰς προθέσεις αὐτῶν h **20–21** τὸ οἰκουρεῖν h

ἔνθα κατοικοῦσιν ἄνθρωποι, ὅθεν καὶ οἰκουρεῖν τὸ ἐν τῷ οἴκῳ διατρίβειν. χειὰ ἐπὶ δράκοντος, φωλεὸς ἐπὶ θηρίων, ὀπὴ ἐπὶ μυρμήκων καὶ μυῶν, νεοττιὰ ἐπὶ τῶν μικρῶν ὀρνίθων, ἰλεὸς ἐπὶ ὄφεως. σταῦλος ἐν ᾧ ἵστανται ἵπποι καὶ ὄνοι καὶ ἕτερα κτήνη, καὶ ἔστι καθολικὸν ὄνομα. ἰδικῶς δὲ λέγονται ἱππῶνες καὶ ἱπποστάσεις ἐπὶ τῶν ἵππων, ὀνοστάσεις ἐπὶ τῶν ὄνων, καὶ σταθμὰ ἐπὶ πάντων καὶ κτηνοστάσια· σηκὸς ἔνθα ἐγκλείουσι τὰ νεογνὰ ὅταν τὰς μητέρας ἀμέλγωσιν ἢ εἰς νομὴν ἐκπέμπωσιν. αἱ δὲ τῶν ἀνθρώπων οἰκίαι ὀνομάζονται οὕτως· ἐν ᾧ κοιμῶνται, τοῦτο κελλίον λέγεται κοινῶς καὶ ἀττικῶς δωμάτιον, παρ' Ὁμήρῳ θάλαμος, καὶ καταχρηστικῶς κοιτών· ὁ γὰρ κοιτὼν πολλῶν κοιτῶν ὀφείλει εἶναι περιεκτικός. τὸ μετὰ τοῦτον πρόδομος λέγεται καὶ παστάς, τὸ μετὰ τὸν πρόδομον δόμος· εἶτα αἴθουσαι τὰ κοινῶς ἐξάτα, εἶτα αὐλὴ καὶ ἕρκιον αὐλῆς. *fghq*

I 21 (p. 11, 29) ‹βαίνοντες·› ἔξω τῆς ὀπῆς βαίνοντες. *y* plan

I 21 (p. 11, 29) ‹ἀτρεμοῦντες·› a. ἡσυχάζοντες διάγουσιν ἔσω τῆς ἑαυτῶν στέγης. *lsy* plan

b. ἡσυχάζουσι. *n* plan

ὀνομάζονται οὕτως· ἐν ᾧ κοιμῶνται, τοῦτο κελλίον λέγεται κοινῶς καὶ ἀττικῶς δωμάτιον, παρ' Ὁμήρῳ θάλαμος, καὶ καταχρηστικῶς κοιτών· ὁ γὰρ κοιτὼν πολλῶν κοιτῶν ὀφείλει εἶναι περιεκτικός. τὸ μετὰ τοῦτον πρόδομος λέγεται καὶ παστάς, τὰ μετὰ τὸν πρόδομον δόμος. εἶτα αἴθουσαι τὰ κοινῶς ἐξάττα (l. ἐξάτα, ἐξάιτα scrips. Du Canges s.v. ἐξάιτον), εἶτα αὐλὴ καὶ ἕρκιον αὐλῆς. s.v. θάλαμος ὁ τοὺς νυμφίους περιέχων οἶκος γάμου τελουμένου. ὁ κοινὸς λεγόμενος παστός. ἤτοι τὸ κελλίον, καὶ ἀττικῶς δωμάτιον, καὶ καταχρηστικῶς κοιτών. θάλαμος δὲ ἡ κατάδυσις τοῦ ὄφεως. πρόδομος ὁ μετὰ τὸν θάλαμον οἶκος, δόμος ὁ μετὰ τὸν πρόδομον. Schol. Philostr. Im. I 2 p. 219 Webb θάλαμος τὸ κοινῶς κελλίον καὶ ἀττικῶς δωμάτιον καὶ καταχρηστικῶς κοιτών· πρόδομος ὁ μετὰ τὸν θάλαμον δόμος, μετὰ τὸν πρόδομον. αἴθουσα τὰ μετὰ τοὺς δόμους, ἤγουν τὰ κοινῶς ἐξάτα, μεθ' ἃς ἡ αὐλή, εἶτα ἑρκίον αὐλῆς.

6 καὶ ἐπὶ τῶν ὄνων h **7** κτηνοστασεῖα codd.: corr. Marcheselli **8** εἰς νομὰς q **12** περικτικός h | μετὰ τοῦτο q | πρόδωμος g **13** πρόδωμον δῶμος g **16–17** διάγουσιν ἔσω τῆς ἑαυτῶν στέγης add. y

I 22 (p. 12, 5) ‹διψῶσιν·› [ ] τὸ ἐρᾶν πιεῖν, καὶ λέγεται ἀπὸ τοῦ ἑπομένου, διὸ καὶ γενικῇ συντάττει. L^1

I 22 (p. 12, 7) ‹φιλοῦσι δέ πως ἀλόγως αἶγας·› γράφεται φιλοῦσι δὲ τῶν ἀλόγων αἶγας. *K*

plan **I 24 (p. 13, 10)** ‹τῆτες·› τούτῳ τῷ ἔτει. *hlnsy*

plan **I 24 (p. 13, 10)** ‹θεάσαιο·› ἴδοις. *y*

plan **I 24 (p. 13, 10–11)** ‹εἰς νέωτα·› a. εἰς τὸ ἐπιὸν ἔτος. *lns*

plan b. ‹ἐς νέωτα·› ἐς τὸ ἐπιὸν καὶ μέλλον ἔτος. *y*

plan **I 24 (p. 13, 11)** ‹ὄψει·› a. θεάσῃ. *y*

plan b. ὄψει· εἰς τὸν μέλλοντα χρόνον ἴδοις. *y*

plan **I 24 (p. 13, 11)** ‹θῆλυν·› θήλειαν. *y*

plan **I 24 (p. 13, 12)** ‹κοινωνοῦσι·› μετέχουσι συνουσίας. *y*

plan **I 24 (p. 13, 12)** ‹ἀφροδίτης·› συνουσίας. *hlns*

plan **I 24 (p. 13, 12)** ‹ἑκατέρας·› τῆς τοῦ ἄρρενος καὶ τῆς τοῦ θήλεος. *hlnsy*

plan **I 24 (p. 13, 12)** ‹γαμοῦσι τε καὶ γαμοῦνται·› ὡς ἄρρενες βατεύουσι καὶ ὡς θήλειαι βατεύονται. *y*

plan **I 24 (p. 13, 13)** ‹ἀνὰ ἔτος πᾶν·› κατὰ πᾶν ἔτος. *hlnsy*

plan **I 24 (p. 13, 13)** ‹ἀμείβουσαι·› ἀλλάσσουσαι. *hlnsy*

plan **I 24 (p. 13, 13)** ‹γένος·› τὸ τοῦ ἄρρενος καὶ τὸ τοῦ θήλεος. *hny*

1–2 Greg. Pard. Synt. 74 διψῶ τοῦ οἴνου, γενικῇ, ὡς καὶ Δημοσθένης «διψῶ τοῦ κωνείου» (Liban. Decl. II 1, 10), ἀντὶ τοῦ ἐπιθυμίαν ἔχω· διψῶ δὲ τὸ θέλω πιεῖν, αἰτιατικῇ, ὡς καὶ τὸ «ἐδίψησέ σε ἡ ψυχή μου» (Psalm. LXII 2, 2). | Lex. synt. s.v. διψῶ σου, τὸ ἐπιθυμῶ, γενικῇ· τὸ δὲ θέλω πιεῖν, αἰτιατικῇ. **5** Harp. s.v. τῆτες (p. 289, 3–5 Dindorf = τ 12 Keaney)· ἀντὶ τοῦ τούτῳ τῷ ἔτει Λυσίας ἐν τῇ πρὸς Πυθόδημον ἀπολογίᾳ (fr. 268 Carey), εἰ γνήσιος, Ἀριστοφάνης Γήρᾳ (fr. 154 K.-A.) καὶ οἱ ἄλλοι. Hsch. τ 824 τῆτες· ἐν τῷδε τῷ ἔτει (Lys. fr. 268 Carey; Aristoph. fr. 154 K.-A.). Syn. τ 167 τῆτες· τούτῳ τῷ ἔτει, ἐπέτος (Su. τ 542; Phot. τ 271). **6** Cf. schol. I 2 (p. 2, 23) ad θεασάμενοι. **7–8** Hsch. ε 1165 εἰς νέωτα· εἰς τὸ ἐπιόν. ν 429 *νέωτα· εἰς τὸ ἐπιὸν ἢ νέον ἔτος. Syn. ν 69 νέωτα· τὸ ἐπιὸν ἔτος, ἤτοι εἰς τὸ μέλλον (Su. ν 241; Phot. ν 169). **19** Hsch. α 3540 ἀμείβοντα· ἀλλάσσοντα. 3542 ἀμείβων· ἀλλάσσων (Hom. Il. XI 546). Syn. α 371 ἀμείβων· ἀλλάσσων (Su. α 1565; Phot. α 1178). Cf. schol. X 18 (p. 241, 8) ad ἀμείβει.

1 margine decurtato initium scholii interiit **14** τὰ τοῦ ἄρρενος s **14–15** τὰ τοῦ θήλεος s **14** τῆς ante τοῦ θήλεος om. n **18** κατὰ om. s **20** τὸ^1 om. n τὸ^2 om. n

I 24 (p. 13, 14) ‹ἀρχαίους·› a. μωρούς. *hlnsy* plan

b. μωρούς· ὃ δὲ [ἔ]δει ὑβρίσαι [τοὺς] ποιητάς, [ὕ]βρισεν αὐτούς. [ο]ἱ γὰρ ποιηταὶ ἐ̣μώραινον ποιοῦντες ἃ οὐκ ἔχει φύσιν γενέσθαι· τὸ γὰρ ἀνδρόγυνον τὸν αὐτὸν γενέσθαι ἀληθὲς ἔδειξαν ὕαινα̣ι· ποιηταὶ δὲ ληροῦσιν ἀνδρογύνους Καινέα εἰσάγοντες καὶ Τειρεσίαν. L^1

I 24 (p. 13, 14) ‹οὐ κόμποις·› ματαίᾳ λόγων ἐπάρσει. *hlnsy* plan

I 24 (p. 13, 14–15) ‹ἀλλὰ τοῖς ἔργοις αὐτοῖς·› ἀλλὰ διὰ τῶν ἔργων αὐτῶν. *hlnsy* plan

I 27 (p. 14, 1) ‹ἵππος·› καὶ ἵππος τῶν κοινῶν ἐστι τῷ γένει, καὶ γίνεται ἀπὸ τοῦ ἵπτασθαι τὸ πέτεσθαι. ἀπὸ τούτου δὲ ἱππεὺς ὁ ἔποχος ἵππῳ· λέγεται δὲ καὶ ἡ ἵππος κατ᾽ ἔλλειψιν ἐπὶ τῶν ἱππέων, ὡς τὸ ἡ ἵππος τῶν Περσῶν ἐνίκησεν, ἤγουν οἱ ἱππεῖς. ποιητικῶς δὲ ἱπποκορυστὴς ὁ ἐφ᾽ ἵππου ὁπλίτης. *fghq* mosch

I 27 (p. 14, 1) ‹ἐρριμμένος·› νεκρὸς κείμενος. *hlmnqsy* plan

I 27 (p. 14, 1) ‹γένεσις·› ὕπαρξις. *hlmnqsy* plan

I 27 (p. 14, 1) ‹ὁ μὲν γὰρ·› ὁ ἵππος. *y* plan

I 27 (p. 14, 2) ‹ὑποσήπεται·› κατὰ μικρὸν σήπεται. *hlmnqsy* plan

I 27 (p. 14, 2) ‹τοῦ μυελοῦ·› τοῦ ἵππου. *y* plan

I 27 (p. 14, 2) ‹ἐκπέτονται·› πέτεται τὰ πτηνά, διεπέτασε δέ τις τὰς χεῖρας, ἤγουν ὕψωσε, καὶ ἐπετάσθη ἀντὶ τοῦ ὑψώθη. *fghq* mosch

1–2 Moschop. Sched. p. 212 ἀρχαῖος δὲ ὁ παλαιός. καὶ ἀπὸ μεταφορᾶς τούτου ὁ ἄχρηστος καὶ μωρός. Schol. Aeschyl. Prom. 317 (ed. Herington) ἀρχαῖα ἴσως σοι· ἀρχαῖα λέγονται τὰ μωρά, διότι οἱ ἀρχαῖοι τοιοῦτοι ἦσαν, ἁπλούστατοι καὶ εὐηθεῖς. ἢ οἱ γέροντες καὶ οἱ ἔξωροι τοιοῦτοί εἰσι. Schol. rec. Aristoph. Nub. 984d ἀρχαῖα· μωρά. **7** Philop. Voc. (rec. e) κ 10 κόμπος· ἔπαρσις, κομπὸς δὲ ὁ ἀλαζών. Su. κ 2019 κόμπος· ἀλαζονεία, ἔπαρσις. **10–11** Choer. Epim. p. 132, 30–31 ἵππος, παρὰ τὸ τοῖς ποσὶν ἵπτασθαι (ἵεσθαι), ὅ ἐστιν ἵπτασθαι. [Zon.] s.v. ἵππος· παρὰ τοῖς ποσὶν ἵεσθαι. ἵπτασθαι, ὅ ἐστι πέτεσθαι. **12–13** Porph. Quaest. Hom. (rec. V) 85 Sodano ἐν τῇ συνηθείᾳ φαμὲν ἡ τῶν Περσῶν ἵππος ἐνίκησεν, ἤγουν οἱ ἱππεῖς. **18** Schol. Nic. Alex. 247b ὑποσήπεται· σήπεται κατὰ μικρόν.

2–3 supplevi **7** ἐπάρσει om. s **8** ἀλλὰ om. h l n s **9** ‹ἔργ›ων ‹αὐτ›ῶν n s **10** καὶ ὁ ἵππος h **11** πέτασθαι g | καὶ ante ἱππεὺς add. h **12** ἡ ante ἵππος om. f g q | κατὰ σύλληψιν h | ἐπὶ g h q ἀπὸ f **14** ἐφ᾽ ὕππου g ἐφ᾽ ἵπου q **18** σήπεται om. s mosch **I 27 (p. 14, 2)** ‹οὗτοι·› ἰστέον ὅτι ἡ οὗτος ἀντωνυμία καὶ τὸ θηλυκὸν αὐτῆς αὕτη καὶ κλητικὰς ἔχουσιν, οἷον ὦ οὗτος καὶ ὦ αὕτη, καὶ ἐπὶ πληθυντικῶν ὦ οὗτοι καὶ ὦ αὗται· ὅπερ οὐδεμιᾷ ἑτέρᾳ ἀντωνυμίᾳ συμβαίνει. ἔστι δὲ δεικτικὴ καὶ ἔχει πλείονα δεῖξιν ὅταν τὸ Ι προσλάβῃ, οἷον οὑτοσὶ καὶ αὑτηῒ καὶ τουτί. ἔστι δὲ ὁ προσχηματισμὸς οὗτος ἀττικός. διαφέρει δὲ τῶν ποιητικῶν προσχηματισμῶν τῷ ἐνταῦθα μὲν εἶναι τὸ Ι μακρόν, ἐν ἐκείνοις δὲ βραχύ, οἷον ἀνθρώποισιν, ἵπποισιν, καὶ τῷ τὰ ἀττικῶς προσχηματιζόμενα ὀξύτονα εἶναι, οἷον οὑτοσίν, αὑτηΐ, τὰ δὲ ποιητικῶς ἀεὶ βαρύτονα, οἷον τούτοισιν. ἰστέον δὲ ὅτι τὸ οὑτοσὶ μόνον ἐν τῇ εὐθείᾳ προσλαμβάνει τὸ Ν φωνήεντος ἐπιφερομένου, τὸ δὲ αὑτηῒ καὶ τουτὶ οὐδαμῶς. τὰ δὲ ποιητικὰ πάντα τὸ Ν προσλαμβάνουσιν εἰ φωνῆεν ἐπιφέρεται· ἐν τῇ δοτικῇ γὰρ ταῦτα ὁρίζεται, ἧς ἴδιον τὸ προσλαμβάνειν τὸ Ν. *fghq*

plan **I 27 (p. 14, 2)** ‹ὠκίστου·› ταχυτάτου. *hlmnqsy*

plan **I 27 (p. 14, 3)** ‹ἔκγονα·› a. παιδία. *y*

1–14 Et. Gud. s.v. οὗτος, ἀντωνυμία μονοπρόσωπος· τέσσαρες γάρ εἰσὶ μονοπρόσωποι ἀντωνυμίαι. οὗτος, αὐτὸς, ἐκεῖνος καὶ ὅδε· καὶ ὁ δεῖνα κατὰ παραγωγήν· τὸ δὲ δεικτικὸν οὑτοσί· τὸ γὰρ οὑτοσί, ἐκεινοσὶ καὶ ὧδε γίνεται κατ' ἐπέκτασιν τοῦ ἰῶτα πρὸς ἐμφανισμὸν πλείονος δείξεως· ἡ δὲ αὐτὸς στερηθεῖσα τῆς δείξεως, ἐστερήθη καὶ τῆς διὰ τοῦ ἰῶτα ἐπεκτάσεως· οὕτω καὶ ἡ κλητικὴ ὦ οὗτος Ἀττικῶς· ὁμοίως καὶ τὸ ἐκεῖνος· ἡ δὲ αὐτὸς κλητικὴν οὐκ ἔχει· ἡ δὲ οὗτοι καὶ ἐκεῖνοι ἀντιδεκτικοί εἰσιν, ἡ δὲ αὐτὸς ἀναφορὰν δηλοῖ· ἐναντία δέ ἐστιν ἡ δεῖξις τῆς ἀναφορᾶς. **4–10** Moschop. Constr. c. 223 ἰστέον ὅτι ὅταν ἀντωνυμία τὸ Ι προσλάβῃ, πλείονα δεῖξιν ἔχει, οἷον οὑτοσὶ καὶ αὑτηῒ καὶ τουτί. ἔστι δὲ ὁ σχηματισμὸς οὗτος ἀττικός. διαφέρει δὲ τῶν ποιητικῶν προσχηματισμῶν τῷ ἐνταῦθα μὲν εἶναι τὸ Ι μακρόν, ἐν ἐκείνοις δὲ βραχύ, οἷον ἀνθρώποισιν, ἵπποισιν, καὶ τῷ τὰ ἀττικῶς προσχηματιζόμενα βαρύτονα εἶναι, τὰ δὲ ἀττικῶς ὀξύτονα, οἷον οὑτοσίν, αὑτηΐ. **15** [Zon.] s.v. ὠκιστος· ταχύτατος.

3 οὐδὲ μιᾷ g h **4** δεκτικὴ f **7** τὸ ἐνταῦθα q **11** εὐθεῖα g **12** πάντα post προσλαμβάνουσιν h **13** εἰ ἐπιφέρεται φωνῆεν h

b. ἔκγονος ὁ υἱὸς διὰ τοῦ Κ καὶ Γ, ἔγγονος δὲ διὰ δύο Γ ὁ τοῦ υἱοῦ υἱός. *fghq* mosch

I 27 (p. 14, 3) ‹σφῆκες·› ἡ σφὶγξ τῆς σφιγγός, Ι· αὕτη δὲ ἦν ζῷόν τι τερατῶδες. ὁ σφὴξ δὲ ἀρρενικῶς, Η· ἔστι δὲ ζῳύφιόν τι κατὰ τὸ μέσον συνεχῶς κινούμενον· ὅθεν σφηκίας ὁ κατὰ τὰ μέσα λεπτός, καὶ σφηκία ἡ συνθήκη τοῦ μέλιτος αὐτῶν. *fghq* mosch

I 28 (p. 14, 11) ‹στρέφουσα·› ἐμβάλλουσα. *T*

I 28 (p. 14, 13) ‹μορφάζει·› μορφῆς διάφορα δεικνύουσι. *T*

I 30 (p. 15, 2) ‹τὴν δὲ ὕστριχα·› τὸν λεγόμενον σύαγρον. *L*[1]

I 30 (p. 15, 5) ‹στοχῷ·› ἀντὶ τοῦ εὐστόχως. *L*[1]

I 31 (p. 15, 11) ‹καράβῳ·› κάραβος ἡ λεγομένη λιχούσδα. *L*[1]

I 31 (p. 15, 15) ‹τὸ σόφισμα·› τὸ μηχάνημα. *T*

I 31 (p. 15, 16) ‹αἱρεῖσθαι·› συμβοηθεῖσθαι. *T*

I 32 (p. 16, 2) ‹νήχεται·› νεῖν τὸ κολυμβᾶν, νήχεσθαι ἐπὶ τῆς ἐν τῷ ὕδατι πορείας τῶν ἐνύδρων ζῴων, ὅθεν καὶ νηκτὰ αὐτὰ λέγεται· πλεῖ δὲ ἡ ναῦς καὶ ἕτερα ἃ φύσιν ἔχει μὴ καταδύεσθαι ἐν τοῖς ὕδασιν. *fghq* mosch

I 32 (p. 16, 4) ‹αὖθις·› αὖθις κοινὸν, αὖτις ποιητικόν· ἔστι δὲ ἀντὶ τοῦ πάλιν. αὖθι δὲ ἀντὶ τοῦ εὐθέως καὶ ἀντὶ τοῦ αὐτόθι, καὶ τοῦτο ποιητικόν. *fghq* mosch

1–2 Et. Gud. s.v. ἔγγονα· διὰ τῶν δύο γγ σημαίνει τὰ τέκνα τῶν τέκνων· ὅτε δὲ διὰ τοῦ κ γράφεται ἔκγονα, τὰ ἴδια τέκνα. s.v. ἔκγονος ἔγγονος καὶ ἀπόγονος διαφέρει· ἔκγονος μὲν γάρ ἐστιν υἱός, ἔγγονος δὲ υἱὸς υἱοῦ, ἀπόγονος δὲ ὁ τῶν ἐγγόνων πάλιν υἱός. Thom. Mag. Ecl. p. 361, 19–20 ἔκγονος ὁ υἱός· ἔγγονος δὲ ὁ υἱοῦ ἢ θυγατρὸς υἱός, καὶ ἐγγόνη ἡ τούτων θυγάτηρ. Schol. Soph. Ai. 842a ἐκγόνων· ἔκγονος καὶ ἔγγονος διαφέρει. ἔκγονος ὁ υἱός, ἔγγονος δὲ ὁ τοῦ υἱοῦ υἱός. **3–6** [Moschop.] Voc. Att. s.v. σφηκία λέγεται ἡ συνθήκη τοῦ μέλιτος τῶν σφηκῶν, ὡς τὸ σφηκία εὐθυνομένη. **12** Schol. Aeschyl. Prom. 459 (ed. Dindorf) ἔξοχον σοφισμάτων· ὑπέρτατον τῶν ἄλλων μηχανημάτων. **14–17** Cf. schol. 1, 4 (p. 3, 15) ad προνέουσιν. **18–20** Tzetz. Exeg. in Il. I 140 (p. 216, 9–15 Papath.) αὖτις καὶ αὖθις εἶπον ἣν λέγουσιν ἔχειν διαφοράν. καὶ ἐμὸν δὲ ἀπεδόμην κανόνα τὸ αὖθις λέγων Ἀττικόν, τὸ δὲ αὖτις κοινὸν καὶ Ἰωνικόν· ἀλλὰ συγγνωστέον μοι μικρὸν ἐκεῖ παρασφαλέντι· τὸ αὖτις, Ἰωνικόν ἐστι· ψιλωταὶ γὰρ οἱ Ἴωνες καὶ Δωριεῖς καὶ Αἰολεῖς· δασυνταὶ δὲ ἐν πολλοῖς Ἀττικοί, τὸ αὖτις αὖθις λέγοντες καὶ τὸ ἀμπέχειν ἀμφέχειν καὶ ἕτερα ὅμοια. [Moschop.] Voc. Att. s.v. αὖθις μετὰ τοῦ Σ τὸ πάλιν, αὖθι δὲ ἀντὶ τοῦ αὐτόθι χωρὶς τοῦ Σ, καὶ αὖτις μετὰ τοῦ Τ τὸ ὕστερον.

4 ὁ σφὴγξ g **19** αὖθι g h q αὖθις f

mosch **I 32 (p. 16, 4)** ‹τῆσδε·› εἰδέναι δεῖ ὅτι πᾶν ἄρθρον προσλαβὸν τὸν ΔΕ σύνδεσμον καὶ ὀξυτονηθὲν εἰς ἀντωνυμίαν μεταπίπτει, οἷον ὅδε ἀντὶ τοῦ οὗτος, καὶ ἥδε ἀντὶ τοῦ αὕτη, καὶ τόδε ἀντὶ τοῦ τοῦτο· καὶ κλινόμενα μετὰ τοῦ ΔΕ τὴν αὐτὴν ἔχουσι σημασίαν. *fghq*

I 32 (p. 16, 4–5) ‹τῆς εὐερμίας·› a. τῆς καλῆς εὑρήσεως. *FH*

mosch b. τῆς ἀσφαλοῦς καὶ ἀδιεξόδου ἄγρας. *h*

mosch **I 32 (p. 16, 5)** ‹συνεαλώκασι·› συνεσχέθησαν καὶ ὁμοῦ πᾶσαι ἐκρατήθησαν. *h*

mosch **I 32 (p. 16, 6)** ‹ἐκείνης·› ἰστέον ὅτι τὸ ἐκεῖνος καὶ κεῖνος γράφεται χωρὶς τοῦ Ε, ὡς τὸ «κεῖνον γὰρ κοὐδέν᾽ ἄλλον ἰχνεύω πάλαι» (Soph. Ai. 20). *fghq*

mosch **I 32 (p. 16, 6)** ‹φυγήν·› φεύγει τις διωκόμενος ὑπό τινος, λέγεται δὲ ἐπὶ δρόμου καὶ ἐπὶ κατηγορίας, καὶ φυγὴ ἐπὶ τούτων, ἥτις ποιητικῶς λέγεται φύζα. *fghq*

mosch **I 32 (p. 16, 6)** ‹ἐξίασιν·› a. ἀπὸ τοῦ ἵημι τὸ τρίτον τῶν πληθυντικῶν ἱέασι καὶ ἱᾶσιν· ὅθεν ἐνιᾶσι, συνιᾶσι, προιᾶσι, καθιᾶσι, μεθιᾶσι, παριᾶσιν, ἐφιᾶσιν, ἀφιᾶσι, καὶ ὑφιᾶσιν. ἀπὸ δὲ τοῦ εἶμι τὸ πορεύομαι τὸ τρίτον τῶν πληθυντικῶν ἴασιν· ὅθεν τὸ ἐξίασιν ἀντὶ τοῦ ἐξέρχονται, εἰσίασιν ἀντὶ τοῦ εἰσέρχονται, συνίασι, προσίασι, προΐασι, κατίασι, διίασι, μετίασιν ἀντὶ τοῦ μετέρχονται, ἐπίασι, περιίασι, καὶ ἀπίασιν. *fghq*

mosch b. ἐξέρχονται. *h*

I 32 (p. 16, 6) ‹ὁδόν τινα·› ἔξοδον, ἐξέλευσιν. *h*

13–14 [Moschop.] Voc. Att. s.v. φεύγει τις διωκόμενος ὑπό τινος, καὶ φεύγει φυγαδευόμενος καὶ ἐξοριζόμενος, καὶ φεύγει κατηγορούμενος (= Schol. Anth. Pal. IX 378, 12 p. 37 Luppino). Schol. Philostr. Im. I 6 p. 223 Webb φεύγει τι διωκόμενον ὑπό τινος. **14–15** Moschop. Sched. p. 251 φυγή· φύζα ποιητικῶς, τὸ αὐτό. **16–22** Theodos. Can. p. 84, 4–5 καὶ ἀπὸ οὖν τοῦ ἵημι ἵησι ἱεῖσι ἰωνικῶς ἱέασι καὶ κατὰ κρᾶσιν Ἀττικὴν ἱᾶσι, καὶ ἐν συνθέσει ἀφιᾶσιν. Lex. Herm. p. 332, § 88 Hermann ὅσα γίνονται ἀπὸ τοῦ ἵημι, τὸ πέμπω, ἐπὶ τοῦ τρίτου τῶν πληθυντικῶν προπερισπῶνται, ὡς τὸ ἀφιᾶσιν. ὅσα δὲ ἀπὸ τοῦ εἶμι, τὸ πορεύομαι, ἐπὶ τοῦ τρίτου τῶν πληθυντικῶν προπαροξύνονται, ὡς τὸ ἀπίασι.

1 δὲ post εἰδέναι add. g | προσλαβὼν g **10** δὲ post ἰστέον add. h **11** χωρὶς τοῦ Ε γράφεται h | κ᾽ οὐδὲν fgh **17** ἆσιν q ἱᾶσιν cett. **17–18** ὅθεν ἐνιᾶσι, συνιᾶσι, προϊᾶσι, καθιᾶσι, μεθιᾶσι om. h **18** ἀφιᾶσιν h **20** εἰσέρχομαι h[a.c.] **20–21** προίασι, προσίασι h

I 32 (p. 16, 6) ‹ἡγεμόνος·› a. ἡγοῦμαι τὸ νομίζω, τὸ ἄρχω καὶ τὸ ὁδηγῶ, ὅθεν ἡγεμὼν ὁ ὁδηγὸς καὶ ὁ ἄρχων, ὃ ποιητικῶς λέγεται ἡγήτωρ. ἀπὸ δὲ τοῦ ἡγοῦμαι τὸ νομίζω οὐ γίνεται ὄνομα. *fghq* mosch

b. ὁδηγοῦ. *h* mosch

I 33 (p. 16, 7) ‹μέλλωσιν·› τὸ μέλλειν τὸ ὑπισχνεῖσθαι, τὸ ἐλπίζειν, τὸ οἴεσθαι καὶ τὸ ἐπιθυμεῖν μετὰ μέλλοντος πρώτου συντάσσονται ἢ μετὰ ἐνεστῶτος. ἐπεὶ δὲ καὶ τὸ φοβεῖσθαι ἐλπίζειν ἐστὶ κακὰ καὶ τὸ προσδοκᾶν ἐλπίζειν ἀγαθὰ καὶ κακά, οὕτω καὶ αὐτὰ συντάσσεται. *fghq* mosch

I 33 (p. 16, 7) ‹αἱρεῖν·› a. κρατεῖν. *hlmnsy* plan

b. αἱρῶ τὸ κρατῶ καὶ καταβάλλω· ἀπὸ τούτου ἀναιρῶ τὸ φονεύω, καὶ καθαιρῶ τὸ καταβάλλω, καὶ συναιρῶ τὸ δύο τινὰ εἰς ἓν συνάγω, καὶ διαιρῶ τὸ τὰ ἡνωμένα χωρίζω, καὶ περιαιρῶ τὸ στερίσκω, καὶ ἀφαιρῶ ὃ καὶ ἀφαιροῦμαι λέγεται, καὶ ὑφαιρῶ τὸ mosch

1–4 Hsch. η 91 ἡγοῦμαι· ἡγεμονεύω. νομίζω, ὑπολαμβάνω, λογίζομαι. προκρίνομαι. **6–10** Planud. Epim. ined. (ε[6] f. 107[r]) = [Moschop.] Voc. Att. s.v. ἰστέον ὅτι τὸ μέλλειν τὸ οἴεσθαι, τὸ ἐλπίζειν, τὸ προσδοκᾶν, τὸ φοβεῖσθαι, τὸ ὑπισχνεῖσθαι, ὃ λέγεται καὶ [καὶ om. ε[6]] ἐπὶ καλοῦ, οἷον ὑπισχνοῦμαι ὠφελήσειν σοι [σε ε[6]] καὶ τὸ ἀπειλεῖν ὅπερ ἐστὶν [ἔχει τὸ ε[6]] ἐναντίον τούτου καὶ [καὶ om. ε[6]] λέγεται [γὰρ add. ε[6]] ἐπὶ κακοῦ, οἷον ἀπειλῶ κακῶς ποιήσειν τινά, καὶ ὅσα τῆς σημασίας αὐτῶν εἰσι, μέλλοντι πρώτῳ συντάσσονται ἢ ἐνεστῶτι, οἷον μέλλω ποιήσειν τὶ ἢ ποιεῖν καὶ ἐλπίζω ὁμοίως καὶ προσδοκῶ καὶ τὰ ἄλλα πάντα. **11–50,11** [Moschop.] Voc. Att. s.v. αἱρῶ τὸ κρατῶ καὶ αἱρῶ τὸ καταβάλλω, οἷον ὁ πέλεκυς τὰ δένδρα αἱρεῖ. s.v. τὸ ἄρδην ἀπὸ τοῦ αἴρω γίνεται, ἐπεὶ τὸ αἴρω δηλοῖ τὸ ὑψῶ καὶ τὸ ἀφανίζω. καὶ τὸ ἄρδην δύο δηλοῖ, τὸ μετεώρως καὶ κούφως, ἐνίοτε δὲ τὸ ἀφανιστικῶς. Moschop. Sched. p. 239 αἱρῶ τὸ κρατῶ καὶ καταβάλλω. p. 249 ἄρδην ἀντὶ τοῦ ἀφανιστικῶς, ἢ μετεώρως καὶ κούφως. Schol. Philostr. Im. I 10 p. 231 Webb αἱρῶ τὸ κρατῶ καὶ καταβάλλω· ἀφ' οὗ ἀναιρῶ τὸ φονεύω, καὶ συναιρῶ τὸ συνάγω, καὶ καθαιρῶ τὸ καταβάλλω, καὶ διαιρῶ τὸ χωρίζω, καὶ περιαιρῶ τὸ ἐκβάλλω καὶ στερίσκω, καὶ ἀφαιρῶ καὶ ἀφαιροῦμαί τινα τὰ ὅπλα, ἀντὶ τοῦ ἀπ' ἐκείνου λαμβάνω, καὶ ὑφαιρῶ τὸ κρυφίως λαμβάνω, ἤγουν τὸ κλέπτω, καὶ αἱροῦμαι τὸ βούλομαι καὶ προκρίνω, ἀφ' οὗ προαιροῦμαι ὅταν δύο τινῶν προκειμένων τὸ ἕτερον προτιμῶ. καὶ αἴρω τὸ ὑψῶ, ἀφ' οὗ ἐξαίρω τὸ ὡς ἐξαίρετον ἐξάγω, καὶ καταίρω τὸ ἐλλιμενίζω, καὶ ἀπαίρω τὸ ἐπιδημῶ, ἐπὶ τῶν πλεόντων καὶ ἐπαιρόντων τὰ ἱστία μετενηνεγμένον. Cf. schol. I 4 (p. 3, 20) ad τὸν ᾑρημένον et X 18 (p. 241, 6) ad αἱρῇ.

12–13 ἀπὸ τούτου ἀναιρῶ τὸ φονεύω, καὶ καθαιρῶ τὸ καταβάλλω h[s.l.] om. f κλέπτω. αἱροῦμαι δὲ τὸ βούλομαι καὶ προκρίνω, ἀφ' οὗ τὸ προαιρεῖσθαι ἐπὶ δύο τινῶν ὅταν τις τὸ ἓν προτιμήσῃ τοῦ ἑτέρου. αἴρειν δὲ τὸ κουφίζειν καὶ ἀφανίζειν, ὃ ποιητικῶς λέγεται ἀείρειν, ἀφ' οὗ τότε ἄρδην ὃ δηλοῖ πῇ μὲν τὸ μετεώρως καὶ κούφως, πῇ δὲ τὸ ἀφανιστικῶς καὶ τὸ ἐξαίρετον, καὶ τὸ ἐξαίρειν τὸ ὡς ἐξαίρετον ἐξάγειν ὡς τὸ «ἐξαίρω μέντοι τοῦ λόγου τὸν ῥήτορα» (Hermog. Id. p. 221, 5–6 Rabe), καὶ καταίρειν τὸ τὴν ναῦν εἰς λιμένα κατάγεσθαι, καὶ μεταίρειν, καὶ ἀπαίρειν κυρίως μὲν ἐπὶ τῶν αἰρόντων τὰ ἱστία καὶ μετατιθεμένων ἢ ἀποδημούντων, καταχρηστικῶς δὲ καὶ ἐφ' ἑτέρας ἀποδημίας καὶ μεταθέσεως, καὶ ἐπαίρειν τὸ ἀναπείθειν, καὶ ὑπεραίρειν καὶ ὑπεραίρεσθαι. *fghq*

mosch **I 33 (p. 16, 8)** ‹ἀγαθοί·› ἀγαθὸς ὁ κατὰ ψυχὴν τοιοῦτος καὶ ἀγαθὸς τήνδε τὴν τέχνην, ἤγουν ἐπιτήδειος, καλὸς δὲ ὁ εὐειδής. *fghq*

plan **I 33 (p. 16, 8)** ‹θηραταί·› ἀγρευταί. *y*

plan **I 33 (p. 16, 8)** ‹συνιεῖσα·› συμβαλοῦσα, νοήσασα. *hlmnsy*

plan **I 33 (p. 16, 8)** ‹παρῆκε·› a. εἴασεν, ἀφῆκε. *hlmnsy*

mosch b. παρίημι τὸ ἐνδίδωμι, καὶ ἀπὸ τούτου ἐπὶ παρακειμένου τὸ παρεικὼς διὰ διφθόγγου, ὅθεν τὸ «ὅποι παρείκοι» (cf. Thuc. III 1, 2) ἐπὶ εὐκτικοῦ ἢ ὑποτακτικοῦ, ἀντὶ τοῦ συγχωροίη καὶ ἐνδιδοίη. *fghq*

plan **I 33 (p. 16, 9)** ‹ἀπόσφαγμα·› τὸ ἐν αὐτῇ μέλαν λέγει ᾧπερ ὡς αἵματι χρῆται αὐτή. *hlmnsy*

plan **I 33 (p. 16, 9)** ‹καταχεῖται·› διόλου χεῖται. *y*

plan **I 33 (p. 16, 9)** ‹περιλαμβάνει·› αὐτήν. *y*

plan **I 33 (p. 16, 10)** ‹ἀφανίζει·› ἀποκρύπτει. *hmy*

12–14 Cf. schol. IV 51 (p. 96, 4) ad ἀγαθόν. **15** Cf. schol. I 2 (p. 3, 1) ad θηρατής. **17** Hsch. π 899 παρῆκεν· ἀφῆκεν, εἴασεν, ἔλειπεν. 902 παρῆκεν· εἴασεν, ἀφῆκεν, ἀπέλυσεν. Cyr. π 71 Hag. παρῆκεν· εἴασεν, ἀπέλυσεν.

2 τὸ ἓν om. f **11** ὑπεραίρει g | ὑπερέρεσθαι g ὑπαιρέσθαι h **13** ⟦τὴν⟧ τήνδε τὴν τέχνην g **16** συμβαλοῦσα add. m **17** ἀφῆκε add. y **19** τὸ παρεικὸς f | καὶ ante τὸ ὅποι add. q | παρείκῃ (οι s.l., i.e. παρείκοι) f q παρείκκοι g παρείκ( ) h **20** ἢ ὑποτακτικοῦ om. g ἢ ὑποστατικοῦ f συχωροίη q **20–21** ἐνδοίη q **22** τὸ ἀπόσφαγμα ante τὸ ἐν αὐτῇ add. l λέγεται n s | ὅπερ l ὥσπερ n s y **23** ὡς om. n y | αὐτῇ n

I 33 (p. 16, 10) ‹ἀφανίζει πᾶσαν καὶ κλέπτεται·› ἀποκρύπτει καὶ ἀπατᾶται. *ns* plan

I 33 (p. 16, 10) ‹κλέπτεται·› ἀπατᾶται. *hmy* plan

I 33 (p. 16, 10) ‹τὴν ὄψιν·› ὄψιν λέγει νῦν τὴν ἐνέργειαν τῶν ὀφθαλμῶν. *hlmnsy* plan

I 33 (p. 16, 10) ‹ἁλιεύς·› ἁλιεὺς κοινόν, ἁλίτρυτος ποιητικόν, ὁ ἐν τῇ ἁλὶ δηλονότι τρυχόμενος· ἰστέον δὲ ὅτι ἅλς ἡ θάλασσα ἑνικὰ μόνον ἔχει, ὁ ἅλς δὲ τὸ ἅλας καὶ ἑνικὰ καὶ δυικὰ καὶ πληθυντικά, καὶ τὸ μὲν ἀρρενικῶς γράφεται, ἡ θάλασσα δὲ θηλυκῶς. *fghq* mosch

I 33 (p. 16, 10) ‹ἣ μέν·› ἡ σηπία. *hmy* plan

I 33 (p. 16, 10–11) ‹ἐν ὀφθαλμοῖς·› ἔμπροσθεν τῶν ὀφθαλμῶν. *hmnsy* plan

I 33 (p. 16, 11) ‹ὃ δέ·› ὁ ἁλιεύς. *y* plan

I 33 (p. 16, 11) ‹τοιοῦτον·› τὸ τοιοῦτον, τὸ τοσοῦτον καὶ τὸ ταὐτὸν ἐν ἐπιμεμελημένῃ φράσει, χωρὶς τοῦ Ν γράφονται εἰ σύμφωνον ἐπάγοιτο, εἰ δὲ φωνῆεν μετὰ τοῦ Ν. *fghq* mosch

I 33 (p. 16, 11) ‹νέφος·› ὁμίχλην. *y* plan

I 33 (p. 16, 12) ‹περιβαλών·› a. ἐνδύσας. *y* plan

b. περιβαλὼν ἀπὸ τῆς ΠΕΡΙ προθέσεως καὶ τοῦ βάλλω· ἔστι δὲ ἀντὶ τοῦ περιλαβών. ἀπὸ τοῦ βάλλω δὲ γίνεται ἐπήβολος, ὁ ἐπιβάλλων ὀρθῶς τοῖς πράγμασι, καὶ ἔστιν ἡ λέξις ἀττικὴ καὶ ποιητική· προσετέθη δὲ τὸ Η διὰ τὰ μέτρα. ἀπὸ τούτου καὶ βέλος, τὸ πεμπόμενον, καὶ ἡ βολὴ καὶ τὸ ἐκ τῆς βολῆς τραῦμα. καταχρηστικῶς δὲ παρ' Ὁμήρῳ καὶ τὴν ὠδίνουσαν ὀξὺ βέλος ἔχει (Il. XI 269). *fghq* mosch

1–3 Phot. κ 768 κλεπτόμενοι· ἀπατώμενοι. **4–5** Galen. Meth. med. p. 48 Kühn τὸ μὲν γὰρ ὄργανον ὀφθαλμός, ἐνέργεια δ' ἡ ὄψις. **6–10** [Moschop.] Voc. Att. s.v. ἁλιεὺς κοινόν, ἁλίτρυτος ποιητικόν, ὁ ἐν τῇ ἁλὶ δηλονότι τρυχόμενος. ἰστέον δὲ ὅτι ἅλς ἡ θάλασσα ἑνικὰ μόνον. ὁ ἅλς δὲ τὸ ἅλας καὶ ἑνικὰ καὶ δυικὰ καὶ πληθυντικά, καὶ τὸ μὲν ἀρσενικῶς γράφεται, ἡ θάλασσα δὲ θηλυκῶς. Schol. Theocr. I 45b ἁλιτρύτοιο· τοῦ ἐν τῇ θαλάσσῃ πονοῦντος καὶ τρυχομένου καὶ τειρομένου.

1 κρύπτει s **4** ὄψιν λέγει νῦν om. n s y **6** ἁλίτρυτος δὲ h **7** τρεχόμενος g **7–8** ἰστέον ὅτι ἅλς ἡ θάλασσα ἑνικὰ μόνον ἔχει om. g **12–13** ‹ὀφθαλμ›ῶν s **16** ἐπιμεληλμένῃ f g **21** ἐπίβολος g q **22** ἐπιβάλων q **24** πεμπόμενον f g q πετόμενον h **25** ὠδύνουσαν h

mosch **I 33 (p. 16, 11)** ‹ἠπάτησε·› ἀπατάω ἀπατῶ, καὶ μετὰ τῆς ΕΞ προθέσεως ἐξαπατάω ἐξαπατῶ τὸ αὐτό. ἰστέον δὲ ὅτι εἰσί τινα ῥήματα χωρὶς μὲν προθέσεως παθητικῶς ἐκφερόμενα, μετὰ δὲ προθέσεως ἐνεργητικῶς, ἐνίοτε καὶ ἐν ἑτέρᾳ συζυγίᾳ, οἷον μάχομαι μαχοῦμαι, συμμαχέω δὲ συμμαχῶ, μαίνομαι, ἐκμαίνω δὲ ἕτερον. ἕτερα δὲ ἐνεργητικῶς μὲν γραφόμενα μετὰ δὲ προθέσεως παθητικῶς ἐνίοτε καὶ ἐν ἑτέρᾳ συζυγίᾳ, οἷον ὤθω, ἀφ᾽ οὗ καὶ ὦσεν, ἀπωθοῦμαι δέ. ἕτερα ἐνεργητικῶς γραφόμενα καὶ μετὰ προθέσεως ἢ προσθήκης τινὸς αὖθις ἐνεργητικῶς, ὅμως μεταπίπτοντα εἰς ἑτέραν συζυγίαν καὶ ἔννοιαν, οἷον δοκέω δοκῶ, προσδοκάω δὲ προσδοκῶ, μόλω, αὐτομολέω δὲ αὐτομολῶ, καὶ πολεμέω πολεμῶ, ἐκπολεμόω δὲ ἐκπολεμῶ, καὶ λέγω, εὐλογέω δὲ εὐλογῶ. ἐπὶ τῶν τοιούτων δὲ πάντων συμβαίνει τὰ μὲν ἑτέραν ἔννοιαν ἔχειν μετὰ τῶν προθέσεων, οἷον ὁρμῶ ἐγώ, ἐξορμῶ δὲ ἕτερον, ἤγουν παρακινῶ, τὰ δὲ τὴν αὐτήν, οἷον ἥκω καὶ ἀφικνοῦμαι. εἰσὶ δὲ ἕτερα ἃ καὶ χωρὶς προθέσεως ἐν δυσὶ συζυγίαις λέγε-

2–53,9 Moschop. Constr. c. 219 ἰστέον ὅτι εἰσί τινα ῥήματα χωρὶς μὲν προθέσεως παθητικῶς ἐκφερόμενα, μετὰ δὲ προθέσεως ἐνεργητικῶς, ἐνίοτε καὶ ἐν ἑτέρᾳ συζυγίᾳ, οἷον μαχέομαι μαχοῦμαι, συμμαχέω δὲ συμμαχῶ, μαίνομαι ἐκμαίνω δὲ ἕτερον. ἕτερα δὲ ἐνεργητικῶς μὲν γραφόμενα μετὰ δὲ προθέσεως, ἐνίοτε καὶ ἐν ἑτέρᾳ συζυγίᾳ, οἷον ὤθω ἀφ᾽ οὗ καὶ ὦσεν, ἀπωθοῦμαι δέ ἕτερα ἐνεργητικῶς γραφόμενα, καὶ μετὰ προθέσεως, ἢ προσθήκης τινός, αὖθις ἐνεργητικῶς, ὅμως μεταπίπτοντα εἰς ἑτέραν συζυγίαν καὶ ἔννοιαν, οἷον δοκέω δοκῶ, προσδοκάω δὲ προσδοκῶ, μόλω, αὐτομολέω δὲ αὐτομολῶ, καὶ πολεμέω πολεμῶ, ἐκπολεμόω δὲ ἐκπολεμῶ, καὶ λέγω, εὐλογέω δὲ εὐλογῶ. ἐπὶ τῶν τοιούτων δὲ πάντων συμβαίνει τὰ μὲν ἑτέραν ἔννοιαν ἔχειν μετὰ τῶν προθέσεων, οἷον ὁρμῶ ἐγώ, ἐξορμῶ δὲ ἕτερον, ἤγουν παρακινῶ, τὰ δὲ τὴν αὐτήν, οἷον ἥκω καὶ ἀφικνοῦμαι. εἰσὶ δὲ ἕτερα, ἃ καὶ χωρὶς προθέσεως ἐν δυσὶ συζυγίαις λέγεται, ὅμως ἐν μὲν τῇ ἑτέρα ἕτερόν τι δηλοῦσιν, ἐπὶ θατέρα δὲ ἕτερον, οἷον κυκλέω κυκλῶ τὸ συστρέφω, κυκλόω δὲ κυκλῶ τὸ περιλαμβάνω, καὶ κυρέω κυρῶ τὸ περιτυγχάνω καὶ τὸ ὑπάρχω κατὰ τοὺς τραγικούς, κυρόω δὲ κυρῶ τὸ βεβαιῶ, ῥιγέω δὲ ῥιγῶ ποιητικῶς τὸ φοβοῦμαι, ὡσαύτως καὶ ῥιγόω ῥιγῶ ἐπὶ κρύους, καὶ θεάω θεῶ, ὃ παθητικῶς γράφεται θεῶμαι, τὸ βλέπω, θεέω δὲ τὸ θαυμάζω ποιητικῶς, ἀφ᾽ οὗ θηεῦντο, οὗ τὸ ἐντελὲς θεέοντο, καὶ τροπῇ τοῦ Ε εἰς Η, καὶ τοῦ Ε καὶ Ο εἰς ΕΥ δωρικῶς καὶ αἰολικῶς, καὶ ἀφαιρέσει τῆς αὐξήσεως ἰωνικῶς θηεῦντο.

1 καὶ om. h **5** δὲ post συμμαχέω om. h **9** προσθέσεως f θέσεως g
16 προθέσεων h

ται, ὅμως ἐν μὲν τῇ ἑτέρᾳ ἕτερόν τι δηλοῦσιν, ἐπὶ θατέρᾳ δὲ ἕτερον, οἷον κυκλέω κυκλῶ τὸ στρέφω, κυκλόω δὲ κυκλῶ τὸ περιλαμβάνω, καὶ κυρέω κυρῶ τὸ περιτυγχάνω καὶ τὸ ὑπάρχω κατὰ τοὺς τραγικούς, κυρόω δὲ κυρῶ τὸ βεβαιῶ, καὶ ῥιγέω ῥιγῶ ποιητικῶς τὸ φοβοῦμαι, ῥιγόω δὲ ῥιγῶ ἐπὶ κρύους, καὶ θεάω θεῶ, ὃ παθητικῶς γράφεται θεῶμαι, τὸ βλέπω, θεέω δὲ θεῶ τὸ θαυμάζω ποιητικῶς, ἀφ' οὗ τὸ θηεῦντο, οὗ τὸ ἐντελὲς ἐθεέοντο, καὶ τροπῇ τοῦ Ε εἰς Η, καὶ τοῦ Ε καὶ Ο εἰς ΕΥ δωρικῶς καὶ αἰολικῶς, καὶ ἀφαιρέσει τῆς αὐξήσεως ἰωνικῶς θηεῦντο. *fghq*

I 35 (p. 17, 6) ‹τὸ ἴχνος·› τὸν πόδα. *L^1*

I 35 (p. 17, 7) ‹πετήλοις·› φύλλοις. *L^1T*

I 38 (p. 18, 8) ‹πέξας·› κείρας. *T*

I 38 (p. 18, 9) ‹ὀδαξησμόν·› ὀδαξησμὸς κνησμὸς καὶ ὀδόντων τρισμός. *L^1*

I 39 (p. 18, 18) ‹τῆς πείρας·› τοῦ τέλους τῆς πράξεως. *L^1T*

I 40 (p. 18, 30) ‹τὸ λυποῦν·› τὸ ἄγκιστρον. *T*

I 42 (p. 19, 25) ‹ἀναγκαῖον·› χρήσιμον. *L^1T*

I 42 (p. 20, 2) ‹ὀξυτάτους·› χαράξας. *T*

I 43 (p. 20, 4) ‹ἀηδών·› καὶ ἡ ἀηδὼν ἐπικοίνου γένους ἐστί· mosch
γράφεται δὲ διὰ τοῦ Η, ἡ χελιδὼν δὲ διὰ τοῦ Ι. *fghq*

10 Et. Gud. s.v. ἴχνος, ὁδὸς, πόρος, βῆμα, ποῦς. **11** Ap. Soph. s.v. πέτηλα φύλλα, καὶ ὑψιπέτηλα τὴν εἰς ὕψος φύλλα ἔχουσαν. Su. π 1394 πέτηλον· τὸ φύλλον. [Zon.] s.v. πέτηλα· φύλλα δένδρων. ἀπὸ τοῦ πέτεσθαι. **12** Hsch. ε 1046 *εἰροπόκοις· ἔρια κειρόμενα ἔχουσι· πέκειν γὰρ τὸ ξαίνειν, κείρειν (Hom. Il. V 137). **13–14** Hsch. ο 65 *ὀδαξησμός· τρισμὸς ὀδόντων. δηγμός. κνησμός. Cyr. ο 8 Hag. ὀδαξισμός· τρισμὸς ὀδόντων. Syn. ο 29 ὀδαξησμός· κνησμὸς καὶ ὀδόντων τρισμός (Su. ο 29; Phot. ο 26). Cf. schol. V 14 (p. 109, 8) ad ὀδαξησμόν. **15** Schol. Soph. Ai. 470a πεῖρα· πρᾶξις, μηχανή. Schol. Thuc. IV 76, 5 ἡ πεῖρα· ἤγουν ἡ πρᾶξις. **17** Schol. Thuc. III 59, 3 ἀναγκαῖον· χρήσιμον. **19–20** Schol. Dion. Thr. p. 363, 22–26 τί ἐστιν ἐπίκοινον γένος; τὸ δι' ἑνὸς ἄρθρου, ἢ μόνου ἀρσενικοῦ ἢ μόνου θηλυκοῦ, σημαῖνον τὸ ἄρσεν καὶ θῆλυ, οἷον ὁ κόραξ, ὁ ἰχθῦς, ἡ περιστερά, ἡ ἀηδών. Hdn. ὀρθογρ. p. 604, 11–12 χελιδών διὰ τοῦ ι γράφεται. τὰ γὰρ εἰς δων λήγοντα θηλυκὰ ἑνὶ φωνήεντι θέλει παραλήγεσθαι.

1 ἐπὶ θατέρᾳ scripsi ἐπι θατέρα g q ἐπιθάτερα f ἐπὶ θάτερα h **2** ἄτερον g **7** ποιητικὸν q | ἐθεόοντο g ἐθέοντο h **12** κειρέσας T : correxi **17** χρήσιμο[ν] L^1 **19** ἡ ante ἀηδὼν om. f | ἐπὶ κοίνου g

mosch **I 43 (p. 20, 4)** ‹λιγυρωτάτη·› λύγος ὁ ἁπαλὸς κλάδος, ἀφ᾽ οὗ τὸ λυγίζειν ἐπὶ τῶν ὀρχουμένων, ψιλόν. λοιγὸς δὲ ὁ ὄλεθρος, ἀφ᾽ οὗ τὸ βροτολοιγός, δίφθογγον Ο καὶ Ι. λιγὺς δὲ ὁ ὀξὺς τὴν φωνήν, καὶ λιγεῖα φωνὴ καὶ λιγυρὸν μέλος, καὶ λιγυρωτάτη ὄρνις ἡ ὀξυφωνοτάτη, Ι. *fghq*

I 43 (p. 20, 4) ‹εὐνουστάτη·› a. πρὸς ἀνθρώπους δηλονότι. *T*

mosch b. ἡ εὔνοια ἀπὸ μικροτέρων προσώπων λέγεται πρὸς μείζονα, ἡ εὐμένεια δὲ ἀπὸ τῶν μειζόνων ἐπὶ τὰ μικρότερα. ἀπὸ μὲν οὖν τοῦ νοῦς καὶ τοῦ ΕΥ εὔνους καὶ εὐνούστερος καὶ εὐνούστατος· ἀπὸ δὲ τοῦ ΔΥΣ δύσνους μόνον, ἀφ᾽ οὗ δύσνοια, ὥσπερ καὶ ἔννους, ἀφ᾽ οὗ ἔννοια, καὶ σύννους ὁ ἐσκεμμένος, ἀφ᾽ οὗ σύννοια. ἀπὸ δὲ τῆς ΠΡΟ πρόνους μὲν οὐκ ἔστι, συγκριτικὸν δὲ προνούστερος παρὰ Σοφοκλεῖ (Ai. 119). *fghq*

mosch **I 43 (p. 20, 5)** ‹χωρίων·› χωρία οἱ ἄνετοι τόποι καὶ μὴ περιοριζόμενοι τείχει. *fghq*

I 43 (p. 20, 5) ‹εὐστομώτατα·› a. γλυκύτατα. L^1T

mosch b. τὸ στόμα καὶ ἡ γλῶττα καὶ τὰ χείλη ὄργανα εἰσὶ τῆς φωνῆς, ὅθεν ἀντὶ τῆς φωνῆς τούτοις χρώμεθα, ὡς τὸν πολύλογον λέγομεν μέγα στόμα ἔχειν καὶ πολλὴν γλῶτταν, καὶ «χείλη

1–5 Planud. Epim. pp. 74–75 Lindstam λύγος μὲν λέγεται ὁ ἁπαλὸς κλάδος, λιγὸς δὲ ὁ ὀξύφωνος. ἐξ οὗ καὶ λιγεῖα φωνή. καὶ λιγυρὸν μέλος. λοιγὸς δὲ ποιητικῶς ὁ ὄλεθρος. ἐξ οὗ καὶ βροτολοιγός. [Moschop.] Voc. Att. s.v. λύγος μὲν λέγεται ὁ ἁπαλὸς κλάδος. λιγὺς δὲ ὁ ὀξύφωνος. ἐξ οὗ καὶ λιγεῖα φωνή. καὶ λιγυρὸν μέλος. λοιγὸς δὲ ποιητικῶς ὁ ὄλεθρος. ἐξ οὗ καὶ βροτολοιγὸς Ἄρης. **7–13** Thom. Mag., Ecl. p. 162, 3–11 εὔνοια καὶ ἀπὸ τοῦ ἐλάττονος πρὸς μείζονα καὶ ἀπὸ τοῦ μείζονος πρὸς ἐλάττονα, εὐμένεια δὲ ἀεὶ ἀπὸ τοῦ μείζονος πρὸς ἐλάττονα· εὕρηται δὲ καὶ τὸ ἐναντίον. Schol. rec. Aristoph. Nub. 274 ὥσπερ εὐμένειαν μὲν δεσπότου πρὸς δοῦλον εἰώθαμεν λέγειν ἢ καθόλου μείζονος πρὸς ἐλάττω, εὔνοιαν δὲ δούλου πρὸς δεσπότην καὶ ἐλάττονος πρὸς μείζω, οὕτω οἶμαι δέον εἶναι τὸ μὲν ἐπακούειν μείζονος, τὸ δὲ ὑπακούειν ἐλάττονος. **17–55,3** Schol. Anth. Pal. IX 26, 1 p. 53 Luppino τὰ ὄργανα τοῦ λόγου, ἤγουν ἡ γλῶττα, τὰ χείλη καὶ τὸ στόμα, ἀντὶ τῶν λόγων λαμβάνεται καὶ παρὰ ποιηταῖς καὶ λογογράφοις. ὡς παρὰ Σοφοκλεῖ (El. 596)· «πᾶσαν γλῶσσαν ἱείς», ἤγουν πάντα λόγον. καὶ παρὰ τῇ Θείᾳ Γραφῇ (Psalm. XI 3, 2)· «χείλη δόλια», οἱ δόλιοι λόγοι, καὶ θρασυστομεῖν, τὸ θρασεῖς λόγους λέγειν.

2 λιγύζειν h | οἰγὸς δὲ q **4–5** καὶ ὀξυφωνοτάτη g **8** μικρότατα q **11** σύνους q | σύνοια q **17** γλῶσσα (ττ s.l.) g **18** τὸ $f^{a.c.}$ h q **19** καὶ ante μέγα add. h

δόλια» (Psalm. XI 3, 2) τοὺς δολίους λόγους· κατὰ τοῦτο λέγεται ἐνταῦθα τὸ εὐστομώτατα ἐπὶ τῆς ἀηδόνος, ἤγουν εὐφωνότατα. *fghq*

I 43 (p. 20, 5–6) ‹τορώτατα·› a. ὑψηλὰ καὶ ἐξάκουστα. *L*[1]

b. τορὸν τὸ ὑψηλὸν ἐπὶ φωνῆς, ὃ καὶ διάτορον λέγεται, ἀφ' οὗ διάκτορος ὁ Ἑρμῆς ὡς κῆρυξ τῶν θεῶν, πλεονασμῷ τοῦ Κ, ὃς καὶ Ἀργειφόντης λέγεται ὡς τὸν Ἄργον τὸν πανόπτην φονεύσας, τὸν τῆς Ἰνοῦς φύλακα, ὃ γίνεται Ἀργοφόντης καὶ τροπῇ τοῦ Ο εἰς τὴν ΕΙ δίφθογγον ποιητικῶς Ἀργειφόντης. *fghq* mosch

I 43 (p. 20, 6) ‹λέγουσι·› λέγω ἀφ' οὗ λόγος· λέγειν δὲ ποιητικῶς τὸ κοινῶς συλλέγειν, ἀφ' οὗ σύλλογος. ἰστέον δὲ ὅτι λαμβάνει προθέσεις· πῇ μὲν κατὰ τὴν τοῦ συλλέγειν σημασίαν, πῇ δὲ κατὰ τὴν τοῦ λέγειν, οἷον ἐκλέγειν μὲν τὸ διαιρεῖν τὸ κρεῖττον ἀπὸ τοῦ χείρονος, προλέγειν δὲ τὸ πρότερον λέγειν, ὅθεν τὸ προλογίζειν. μετὰ τῆς ΑΝΑ ἀνάλογον ὄνομα καὶ ἀναλογία ἐπὶ τῶν mosch

4 Arist. Quint. Mus. I 20 στοιχεῖον μὲν οὖν ἐστι φωνῆς ἐνάρθρου μέρος ἐλάχιστον· τῶν δὲ στοιχείων τὰ μὲν τορὸν καὶ ἐξάκουστον προϊέντα τὸν ἦχον φωνήεντα λέγεται, τὰ δὲ ἀμυδρῶς τῆς ἀκοῆς καθικνούμενα ἡμίφωνα. **5–9** Et. Gud. s.v. διάκτορος· πλεονασμῷ τοῦ κ, διάτορος γάρ. Eust. in Il. v. 1 p. 279, 21–25 ἡ μέντοι ἀλληγορία Ἑρμῆν τὸν λόγον νοοῦσα καὶ ἐκ τοῦ ἑρμηνεύειν αὐτὸν ἐτυμολογεῖ ὡς ἑρμηνεύοντα τὰ τῆς ψυχῆς βουλήματα καὶ ἐξαγγέλλοντα, ὅθεν καὶ διάκτορον αὐτὸν καλεῖ οἷα τορῶς, ὅ ἐστι σαφῶς, ὡς προείρηται, αὐτὰ προάγοντα. τὸν δ' αὐτὸν καὶ Ἀργεϊφόντην ἐπονομάζει ὡς ἀργὸν φόνου· εἰρηνικὸν γὰρ ὁ λόγος. p. 280, 26–30 Ἑρμῆς δὲ δόλῳ τὸν Ἄργον καταγωνίζεται Διὸς ἀξιώσαντος καί, ἐπεὶ λαθραίως οὐκ εἶχεν αὐτὸν ἀνελεῖν, λίθῳ βαλὼν πεφόνευκε. κἀντεῦθεν Ἀργεϊφόντης λέγεται, οἷον Ἀργοφόντης, καὶ τροπῇ τοῦ ο εἰς ε καὶ πλεονασμῷ διχρόνου Ἀργεϊφόντης, ὥσπερ καὶ ἀνδροφόντης ἀνδρεφόντης καὶ κατὰ πλεονασμὸν ἀνδρεϊφόντης. in Od. v. 1 p. 22, 39–40 οὕτω καὶ διάκτωρ διάκτορος ὁ διάκτορος. ἕτεροι δὲ, διάτορόν φασι καὶ πλεονασμῷ τοῦ κ διάκτορον, ἤτοι τορὸν καὶ σαφῆ ἄγγελον. περὶ δὲ ἀργειφόντου δεδήλωται ἀλλαχοῦ. Moschop. Comm. Hes. Op. 68 διάκτορος, ὁ μεγαλόφωνος. πλεονάζει δὲ ἐν αὐτῷ τὸ κ, ὥσπερ ἐν τῷ ἀλυκτοπέδη. τὸ μὲν γὰρ ἀπὸ τοῦ διάτορον, ὃ λέγεται ἐπὶ φωνῆς ἐντόνου καὶ ἰσχυρᾶς, τὸ δὲ ἀπὸ τοῦ ἄλυτος καὶ τοῦ πέδη. Ἀργειφόντης δέ, ὡς τὸν Ἄργον τὸν πανόπτην φονεύσας τὸν τῆς Ἰοῦς φύλακα· γίνεται οὖν Ἀργοφόντης, εἶτα ποιητικῶς Ἀργειφόντης.

2–3 εὐφωνότατα f h q εὐτονότατα g **5** καὶ om. g **8** ἀργιφόντης g ἀργειφόντης h **8–9** καὶ τροπῇ – ἀργειφόντης om. h **9** ποιητικὸν f **14** χείρωνος g h | πρότερεον f

ἐχόντων τινὰ λόγον πρὸς ἕτερον καὶ ἀναφερομένων πρὸς ἐκεῖνα. μετὰ τῆς ΚΑΤΑ καταλέγειν τὸ ἀπαριθμεῖν, ἀφ᾽ οὗ κατάλογος ἡ ἀπαρίθμησις. μετὰ τῆς ΔΙΑ διαλέγεσθαι, ἀφ᾽ οὗ διαλογὴ παρὰ τοῖς Ἀλεξανδρεῦσι, καὶ διάλεξις παρ᾽ Ἕλλησι, καὶ διάλογος· καὶ διαλογικὸς χαρακτὴρ ὁ πρόσωπα ἔχων διαλεγόμενα. μετὰ τῆς ΑΝΤΙ ἀντιλέγειν, ἀφ᾽ οὗ ἀντιλογία· μετὰ τῆς ΑΜΦΙ ἀμφίλογον τὸ ἀμφίβολον, ᾧ ἐναντίον τὸ σαφές. μετὰ τῆς ΕΠΙ ἐπιλέγειν τὸ δευτερολογεῖν, ὅθεν ἐπίλογοι· ἐπίλεκτοι δὲ στρατιῶται οἱ ἐκλεκτοὶ ἀπὸ τῆς ἑτέρας σημασίας. μετὰ τῆς ΠΑΡΑ τὸ παραλογίζεσθαι καὶ τὸ παράλογον κατὰ παραγωγήν, ὥσπερ τὸ συλλογίζεσθαι καὶ ἀναλογίζεσθαι καὶ διαλογίζεσθαι καὶ ὑπολογίζεσθαι. μετὰ τῆς ΑΠΟ ἀπολέγεσθαι τὸ ἀπαγορεύειν. *fghq*

mosch **I 43 (p. 20, 6)** λυσιτελεῖν· ἀπὸ τοῦ λύειν τὰ τέλη. *fghq*

mosch **I 43 (p. 20, 7)** ‹δαιτυμόνες·› ἑστιάτωρ ὁ τρέφων, δαιτυμόνες οἱ τρεφόμενοι. *fghq*

mosch **I 43 (p. 20, 7)** ‹ἀμαθεῖς·› ἀμαθὴς κοινόν, ἀδαὴς ποιητικόν, τὸ αὐτὸ καὶ ἄϊδρις. *fghq*

mosch **I 43 (p. 20, 8)** ‹δεινῶς·› δεινὸν τὸ χαλεπὸν καὶ ἐπιτήδειον καὶ

13 Phot. λ 440 λύειν τέλη· λυσιτελεῖν. Planud. Dial. Gramm. p. 53, 21–24 τὰ σύνθετα διαλύουσιν· οἱ ποιηταί, ἀναστρέφοντες καὶ τὰς λέξεις. Εὐριπίδης γὰρ τὸ χαριτογλωττεῖν «γλώσσῃ χαρίζῃ» (Or. 1514) καὶ Σοφοκλῆς τὸ λυσιτελεῖν «ἔνθα μὴ τέλη λύει» (Oed. tyr. 316–317) φησίν. Schol. Soph. Oed. tyr. 316 μὴ τέλη λύει, ἤγουν λυσιτελεῖ. 316–317 τὸ λυσιτελεῖν ἀπὸ τοῦ τέλη λύειν παράγεται. **14–15** Ptol. Diff. voc. p. 388, 8–9 Heylbut ἑστιάτωρ μέν ἐστιν ὁ ἑστιῶν, δαιτυμὼν δὲ ὁ ἑστιώμενος καθὰ Πλάτων (Resp. 345c et al.). Ammon. 194 ἑστιάτωρ καὶ δαιτυμὼν διαφέρει. ἑστιάτωρ μὲν γὰρ ὁ ὑποδοχεύς, δαιτυμόνες δὲ οἱ ἑστιώμενοι. **16–17** Ptol. Diff. voc. α 4 Palmieri ἀδεὴς καὶ ἀδαὴς διαφέρει. ἀδεὴς μὲν γὰρ ὁ ἄφοβος, ἀδαὴς δὲ ὁ ἀμαθής. Ammon. 12 ἀδεὴς καὶ ἀδαὴς διαφέρει. διὰ μὲν γὰρ τοῦ ε ὁ ἄφοβος, διὰ δὲ τοῦ α ὁ ἀμαθής. Phot. α 545 ἄϊδρις· ἀμαθής. Αἰσχύλος Ἀγαμέμνονι (1105)· «τούτων ἄϊδρίς εἰμι τῶν μαντευμάτων». Su. α 678 ἄϊδρις· ἀμαθής, ἄπειρος. **18–57,2** [Moschop.] Voc. Att. s.v. δεινὸς ὁ χαλεπὸς ἀπὸ τοῦ δέος ὁ φόβος. δεινὸς ὁ ἐπιτήδειος ἀπὸ τοῦ δέον τὸ πρέπον. Moschop. Sched. p. 104 δεινὸς ὁ χαλεπὸς ἀπὸ τοῦ δέος ὁ φόβος. καὶ δεινὸς ὁ ἐπιτήδειος καὶ εὐφυής, ἀπὸ τοῦ δέον τὸ πρέπον. Schol. Eur. Hec. 198 (ed. Dindorf) δεινὸν τὸ χαλεπὸν ἀπὸ τοῦ δέος ὁ φόβος· δεινὸν τὸ ἐπιτήδειον ἀπὸ τοῦ δέον τὸ πρέπον.

4 διάλογοι g q **5** διαλογιστικὸς q **18** καὶ δεινὸν τὸ ἐπιτήδειον h

μέγα καὶ φοβερόν. τὰ μὲν ἀπὸ τοῦ δέος ὁ φόβος, τὰ δὲ ἀπὸ τοῦ δέον τὸ πρέπον. *fghq*

I 43 (p. 20, 8) ‹φυγή·› ἀπὸ τοῦ φεύγω φυγή, ὅθεν καὶ φύξιλις ποιητικῶς, ὃ κοινῶς λέγεται δειλός· τὸ μὲν ἀπὸ τοῦ φεύγειν τὰς ἴλας, τὸ δὲ ἀπὸ τοῦ δεδιέναι αὐτάς. ἐναντία τούτοις ποιητικῶς μὲν τὸ ἐσθλὸς ὁ ἐθελοντὴς δηλαδὴ μαχόμενος, κοινῶς δὲ τὸ ἀνδρεῖος. *fghq* mosch

I 44 (p. 20, 12) ‹τεκμηριῶσαι·› διὰ τεκμηρίων σημειώσασθαι. *L^1T*

I 44 (p. 20, 12) ‹φυλάξαντες·› παρατηρήσαντες. *L^1*

I 45 (p. 20, 20) ‹κατ᾽ αὐτοῦ·› a. ἐπάνω. *L^1*

b. ἐπ᾽ αὐτοῦ. *T*

I 46 (p. 20, 24) ‹μονίαι·› μεμονωμένοι. *L^1*

I 46 (p. 21, 2) ‹κυκλόσε·› εἰς κύκλον. *L^1*

I 47 (p. 21, 13) παραχναῦσαι· παραπολαῦσαι. *FHz*

I 48 (p. 21, 19) ‹ὀττεύονται·› ὄττα ἡ φήμη καὶ ἡ μαντεία καὶ ὀττεύομαι τὸ μαντεύομαι. *L^1T*

3–7 Et. Gud. s.v. φύξιλις, ὁ φυγάς, ἄνανδρος, παρὰ τὸ φεύγειν τὰς ἰλάς, ἤγουν τὰς συστροφὰς τοῦ πολέμου. Schol. Anth. Pal. X 33, 1 p. 38 Luppino ἐσθλὸς ὁ ἐθελοντὴς μαχόμενος, ἤγουν ὁ ἀνδρεῖος. ᾧ ἐναντίον ὁ δειλός. ἀπὸ τούτου ἐσθλὰ τὰ ἀγαθά. [Moschop.] Voc. Att. s.v. ἐσθλὸς ὁ ἐθελοντὴς μαχόμενος, ἤγουν ὁ ἀνδρεῖος, ᾧ ἐναντίον τὸ δειλός, ἀπὸ τούτου ἐσθλὸς ὁ ἀγαθὸς τοὺς τρόπους, καὶ ἐσθλὰ τὰ ἀγαθά. **16–17** Su. ο 726 ὄττα· φήμη, μαντεία, θεία κληδών. καὶ ὀττεύεσθαι, τὸ μαντεύεσθαι. Phot. ο 598 ὄττα· φήμη· μαντεία διὰ κληδόνος· καὶ ὀττεύεσθαι· τὸ μαντεύεσθαι. Cf. schol. VIII 10 (p. 198, 5) ad ἐν τῇ Ὄσσῃ.

1 τὸ μὲν h **3** φύξηλις intelligendum φίλιξις f **4–5** ὃ κοινὸς – ποιητικῶς om. h **6** ἐσθλὸς ποιητικῶς h **15** lemma om. F H mosch **I 49 (p. 21, 26)** μέροψ· ὄνομα ὀρνέου, καὶ μέροψ ὁ ἄνθρωπος ποιητικῶς, ὃ γίνεται ἀπὸ τοῦ μεμερισμένην ἔχειν τὴν ὄπα. *fghq*

mosch **I 49 (p. 21, 26)** ‹ὄρνεον·› ὄρνις καὶ ὄρνεον καθολικὸν ὄνομα, καὶ λέγεται ἐπὶ πάντων τῶν πτηνῶν· λέγονται δὲ ὄρνιθες ἰδίως καὶ αἱ εἰς μαντείαν συντελοῦσαι, καὶ ἀπὸ τούτου καὶ ἡ μαντεία, ὡς τὸ «δέχου τὸν ἄνδρα καὶ τὸν ὄρνιν τοῦ θεοῦ» (Aristoph. Plut. 63). *fghq*

plan **I 49 (p. 21, 26)** ‹ἔμπαλιν·› a. ἀντιστρόφως. *hmnqsy*

mosch b. ἔμπαλιν ἐπίρρημα ἀντὶ τοῦ ἀντιστρόφως, γράφεται δὲ καὶ χωρὶς τοῦ **N** ποιητικῶς διὰ τὰ μέτρα. *fghq*

mosch **I 49 (p. 21, 26)** ‹φασι·› ἀπὸ τοῦ φημὶ τὸ λέγω γίνεται φήμη, καὶ λαμβάνεται ἐπὶ τῆς θείας κληδόνος, καὶ ἐπὶ τῆς ἀνθρωπίνης διαλαλήσεως· ὄσσα δὲ καὶ ὀμφὴ καὶ κληδὼν ταὐτὸν καὶ ἐπὶ μόνης τῆς θείας φωνῆς λαμβάνονται, καὶ ἄγγελοι τῶν θεῶν λέγονται. *fghq*

plan **I 49 (p. 21, 26)** ‹ἅπασι·› πτηνοῖς δηλονότι. *hmnqsy*

1–2 Ap. Soph. s.v. μερόπων τῶν ἀνθρώπων τῶν μεμερισμένην τὴν ὄπα ἐχόντων, ἔναρθρον, παρὰ τὰ ἄλλα ζῷα. Hsch. λ 291 λαοί· ὄχλοι, δῆμοι. δύνανται δὲ οὕτως εἰρῆσθαι ἄνθρωποι διὰ τὸ εἶναι λάλοι. ἔνθεν καὶ μέροπες, ἀπὸ τοῦ μεμερισμένην ἔχειν τὴν ὄπα, ὅ ἐστι φωνή (Hom. Il. I 10). μ 886 μέροπες· *ἄνθρωποι· διὰ τὸ μεμερισμένην ἔχειν τὴν ὄπα, ἤγουν τὴν φωνήν (Hom. Il. II 285). Cyr. μ 116 Hag. μέροπες· οἱ ἄνθρωποι. Syn. μ 129 μέροπες· οἱ ἄνθρωποι, παρὰ τὸ μεμερισμένην ἔχειν τὴν ὄπα ἤτοι τὴν φωνήν (Su. μ 643; Phot. μ 289). Schol. Opp. Hal. I 157 μέροψ ὁ καθόλου ἄνθρωπος ἀπὸ τοῦ τὴν ὄπα καὶ φωνὴν μεμερισμένην ἔχειν· μέροψ καὶ τὸ ὄρνεον, ὅπερ, ὥς φησιν Αἰλιανὸς (NA I 49), «εἰς τοὐπίσω» ἵπταται, ἐστὶ δ᾽ ὁ φλῶρος. [Moschop.] Voc. Att. s.v. μέροψ ὄνομα ὀρνέου, καὶ μέροψ ὁ ἄνθρωπος ποιητικῶς, ὃ γίνεται ἀπὸ τοῦ μεμερισμένην ἔχειν τὴν ὄπα. **3–7** Cf. schol. I 1 **(p. 2, 7)** ad τῶν ὀρνίθων. **8–10** Cf. schol. X 18 (p. 241, 7) ad ἔμπαλιν. **11–15** Porph. Quaest. Hom. (rec. V) 100 Sodano ἤδη δὲ καὶ τὴν κληδόνα φήμην που εἴρηκε (Od. XX 105)· «φήμην δ᾽ ἐξ οἴκοιο γυνὴ προέηκεν ἀλετρίς». ὥστε ὄσσα μὲν καὶ ὀμφὴ καὶ κληδὼν ἐπὶ τοῦ αὐτοῦ, φήμη δὲ ἐπὶ τῆς θείας κληδόνος καὶ τῆς ἀνθρωπίνης διαλαλήσεως. Hsch. ο 844 *ὀμφή· φήμη θεία. κληδὼν θεία. φωνή. δόξα. πνοή. ὀνείρου φαντάσματα (Hom. Il. II 41). Cyr. ο 446 Hag. ὀμφή· θεία φωνή. 168 Hag. ὀμφήν· κλήδονα· φήμην θείαν· ἢ ὀνείρου φαντασίαν.

1 ὁ μέροψ ὄρνεον καὶ μέροψ ὁ ἄνθρωπος q **8** [ἀντι]στρόφως n **10** καὶ om. f **12** εὐθείας κληδόνος g **13** διαλαλήσεως g h q διαλύσεως f **13–14** ἐπὶ τῆς θείας μόνης φωνῆς h **16** δηλονότι om. n s y

I 49 (p. 21, 27) ‹τὰ μέν·› τὰ ἄλλα πτηνά. *y* plan

I 49 (p. 21, 27) ‹εἰς τοὔμπροσθεν·› a. μέρος δηλονότι. *hmq* plan

b. τὸ ἔμπροσθεν ὃ καὶ πρόσθεν λέγεται ποιητικῶς εἰ μὲν ἐπὶ χρόνου λαμβάνεται καὶ ἐπὶ τοῦ παρεληλυθότος λέγεται καὶ ἐπὶ τοῦ μέλλοντος, ὡς καὶ τὸ ὀπίσω ὃ καὶ ὄπισθεν λέγεται. εἰ δὲ ἐπὶ τόπου τὸ μὲν ὀπίσω ἐπὶ τοῦ τόπου ὃν διῆλθέ τις λαμβάνεται μόνον, τὸ δὲ ἔμπροσθεν ἐπὶ τοῦ τόπου ὃν ἤδη ἔρχεται. *fghq* mosch

I 49 (p. 21, 27) ‹ἵεται·› a. τὴν ὁρμὴν ποιεῖται. *hmnqs* plan

b. πορεύεται. *y* plan

c. ἵημι τὸ πέμπω ὅπερ μετὰ προθέσεως ἀεὶ γράφεται, ἵεμαι δὲ τὸ ὁρμῶ. *fghq* mosch

I 49 (p. 21, 27) ‹κατ' ὀφθαλμούς·› κατὰ τὸ μέρος ἔνθα εἰσὶν οἱ ὀφθαλμοί. *hmqy* plan

I 49 (p. 21, 27–28) ‹τὸ δὲ εἰς τοὐπίσω·› ὁ μέροψ πορεύεται. *y* plan

I 49 (p. 21, 28) ‹εἰς τοὐπίσω·› μέρος δηλονότι. *hmnsq* plan

I 49 (p. 21, 28) ‹ἔπεισι·› ἐπέρχεται. *hmnqsy* plan

I 49 (p. 21, 28) ‹θαυμάζειν·› ἐκπλήττεσθαι. *y* plan

I 49 (p. 21, 28) ‹ἐπισήμου·› a. ἐπίσημον τὸ ἔχον σημεῖόν τι, ὃ χωρίζει αὐτὸ ἀπὸ τῶν ἄλλων. *hmy* plan

b. ἐξαιρέτου. *hmnqsy* plan

I 49 (p. 21, 29) ‹παραδόξου·› παράδοξον ὅπερ οὐκ ἂν προσεδόκησέ τις· δηλοῖ δὲ ἡ ΠΑΡΑ ἐνταῦθα τὸ ἔξω. δηλοῖ γὰρ αὕτη καὶ mosch

3–7 Moschop. Comm. Hes. Op. 474 εἰ τέλος αὐτὸς ὄπισθεν κατὰ μὲν τὴν κίνησιν ἡμῶν, τὸ μὲν παρεληλυθὸς καὶ ἔστι καὶ λέγεται ὄπισθεν, τὸ δὲ μέλλον ἔμπροσθεν. κατὰ δὲ τὴν τοῦ χρόνου κίνησιν τὸ ἀνάπαλιν, τὸ μὲν παρεληλυθὸς καὶ ἔστι καὶ λέγεται ἔμπροσθεν, τὸ δὲ μέλλον ὄπισθεν, καθ' ὃ σημαινόμενον ἐνταῦθα τὸ ὄπισθεν λέγεται. Schol. Eur. Hec. 514 (ed. Dindorf) οἱ Ἀττικοὶ τὸ μὲν παρεληλυθὸς καλοῦσιν ἔμπροσθεν, τὸ δὲ μέλλον ὀπίσω, ἀπὸ μεταφορᾶς τῆς βαδίσεως τῶν ζώων, προτιθεμένων τῶν ἐμπροσθίων ποδῶν εἴτε παρεληλυθότων, καὶ μετερχομένων τῶν ὄπισθεν ἤτοι μελλόντων. **10–11** [Moschop.] Voc. Att. s.v. ἵημι ἐνεργητικῶς τὸ πέμπω, ὅπερ δίχα προθέσεως οὐχ εὕρηται ἐν χρήσει κατὰ τοὺς ποιητάς, ἀφίημι γὰρ φαμὲν καὶ παρίημι. ἵεμαι δὲ παθητικῶς τὸ ὁρμῶ. **19–20** Schol. Thuc. II 13, 3 ἐπισήμου· οἷον σημεῖον ἔχοντος βασιλικόν. **23** Et. Gud. s.v. παρὰ θῖνα· ἡ παρὰ τὸ ἔξω δηλοῖ, ὥσπερ καὶ παραπλεῖν τὸ ἔξω πλεῖν.

6 εἰς ὃν g h **7** μόνου h | εἰς ὃν h q **10** γράφεται ἀεί h **19** λέγεται post ἐπίσημον add. y **21** τῆς ἐξαιρέτου q

τὸ ἔξω καὶ ἐλάττωσιν, ὡς ἐν τῷ παραπολύ, καὶ τὸ παράλογον, ὡς ἐν τῷ παραδιδόναι. *fghq*

mosch **I 49 (p. 21, 29)** ‹ἀήθους·› ἦθος ὁ τρόπος, ἔθος δὲ ἡ συνήθεια, καὶ ἀπὸ μὲν τοῦ ἔθους ἐθὰς καὶ ἠθὰς παρὰ Σοφοκλεῖ (El. 372). ἀπὸ δὲ τοῦ ἤθους μετὰ τῆς ΣΥΝ προθέσεως συνήθης ταὐτὸν τῷ ἐθάδι, ὃ δὴ μεθ' ἑτέρας προσθέσεως ἀποβάλλει τὴν πρόθεσιν, καὶ δηλοῖ πάλιν ἐκεῖνο ὃ μετὰ τῆς προθέσεως ἐδήλου, οἷον ἀήθης ὁ μὴ συνήθης, καὶ χειροήθης ὁ συνήθης ταῖς χερσί. *fghq*

plan **I 49 (p. 21, 29)** ‹φορᾶς·› a. τῆς κινήσεως. *hmnqsy*

mosch b. φορὰ ἐπὶ τοπικῆς κινήσεως, καὶ φορὰ ἐπὶ εὐφορίας, οἷον

3 Hsch. τ 1501 *τρόπος· ἦθος. γνώμη, προαίρεσις. Cyr. τ 277 Hag. τρόπον· ἦθος. **9** Hsch. φ 744 φοράν· τὸ φέρεσθαι, τὴν ὁρμήν, κίνησιν. **10–62,2** [Moschop.] Voc. Att. s.v. φορὰ ἡ κίνησις, καὶ φορὰ ἡ εὐφορία, οἷον φορὰ σίτου, καὶ φορὰ ῥητόρων. γίνεται δὲ ἀπὸ τοῦ φέρειν, ὃ ποιητικῶς λέγεται φορέειν. ὃ μετὰ μὲν τῆς ΕΝ προθέσεως οὐ λέγεται, ὄνομα δὲ ἀπ' αὐτοῦ ὁ ἐμφερής. μετὰ δὲ τῆς ΕΙΣ λέγεται εἰσφέρειν, καὶ δηλοῖ τὸ κατὰ μοῖραν καὶ νόμους διδόναι. μετὰ δὲ τῆς ΕΚ ἐκφέρειν ὃ λαμβ άνεται ἐπὶ προφορᾶς λόγου καὶ ἐπὶ τῆς ἔξω τοῦ πρέποντος φορᾶς καὶ ἐπὶ νεκροῦ. μετὰ δὲ τῆς ΣΥΝ συμφεροῦν, ἀφ' οὗ τὸ συμφέρον. ὃ τέλος ἐστὶ τοῦ συμβουλευτικοῦ μέρους τῆς ῥητορικῆς καὶ ἡ συμφορά. μετὰ δὲ τῆς ΠΡΟΣ προσφέρειν τὸ δῶρά τινι φέρειν, οἷον προσφέρω σοι ὕμνον. μετὰ δὲ τῆς ΠΡΟ προφέρειν τὸ ὑβρίζειν καὶ τὸ προτείνειν. μετὰ δὲ τῆς ΑΝΑ ἀναφέρειν τὸ εἰς μεῖζον πρόσωπον ἀναφέρειν τὸν λόγον. καὶ μετὰ τῆς ΚΑΤΑ καταφέρειν, ἀφ' οὗ καταφορά, ἡ κατηγορία. μετὰ δὲ τῆς ΔΙΑ διαφέρειν τὸ διαφορὰν ἔχειν, καὶ συντάσσεται ἀπὸ αἰτιατικῆς εἰς δοτικήν, καὶ τὸ ὑπομένειν, ὃ καὶ μετὰ τῆς ΣΥΝ λέγεται, καὶ δηλοῖ τὸ μετά τινος ὑπομένειν, καὶ τὸ ἐπιτηδείως ἔχειν καὶ φιλικῶς πρός τινα, οἷον ὁ σπουδαῖος ὀφείλει προνοεῖσθαι καὶ ἑαυτοῦ καὶ τῶν διαφερόντων αὐτῷ. ἀπὸ τούτου διαφορὰ καὶ διάφορος ἐπὶ τοῦ ἐχθρωδῶς διακεῖσθαι πρός τινα, καὶ ἐπὶ τοῦ διαφορὰν ἔχειν. καὶ μετὰ τῆς ΜΕΤΑ μεταφέρειν καὶ μεταφορά, τὸ μετατιθέναι ἐφ' ἕτερον τὴν ἁρμόζουσαν λέξιν ἐφ' ἑτέρῳ. καὶ μετὰ τῆς ΠΑΡΑ παραφέρειν καὶ παράφορος ὁ παραπαίων. καὶ μετὰ τῆς ΑΝΤΙ ἀντιφέρεσθαι τὸ ἐναντιοῦσθαι, ὃ ποιητικῶς λέγεται ἀντιφερίζειν. καὶ μετὰ τῆς ΕΠΙ ἐπιφέρειν καὶ ἐπιφορά, καὶ ἐπίφορον πνεῦμα, τὸ ἐπιτήδειον καὶ ἁρμόζον τοῖς πλέουσι. καὶ μετὰ τῆς ΠΕΡΙ περιφέρειν καὶ περιφορὰ ἐπὶ τῆς κύκλῳ φορᾶς. καὶ μετὰ τῆς ΑΠΟ παθητικῶς ἀποφέρεσθαι τὸ ἀπολαβόντα ἆθλον ἤ τι τοιοῦτον ἀπιέναι. καὶ μετὰ τῆς ΥΠΟ ὑποφέρειν τὸ ὑπομένειν. ἀπὸ τοῦ φέρειν φέρτερος ὁ καρτερικώτερος ποιητικῶς, ὁ μᾶλλον δηλαδὴ φέρει δυνάμενος τὰ

6 καὶ ante μεθ' ἑτέρας add. f | προθέσεως f h **9** τῆς om. n q s y **10** τονικῆς f g q | καὶ ante φορὰ om. h | ἐπὶ ἀφορίας g

φορὰ σίτου καὶ φορὰ ῥητόρων. γίνεται δὲ ἀπὸ τοῦ φέρειν, ὃ ποιητικῶς λέγεται φορέειν, ὃ μετὰ μὲν τῆς ΕΝ προθέσεως οὐ λέγεται· ὄνομα δὲ ἀπ' αὐτοῦ ὁ ἐμφερής. μετὰ δὲ τῆς ΕΙΣ λέγεται εἰσφέρειν, καὶ δηλοῖ τὸ κατὰ νόμους διδόναι· διττὴ γὰρ ἡ δόσις, ἡ μὲν ἑκούσιος ἐφ' ἧς λέγεται ῥῆμα τὸ χορηγεῖν, ἡ δὲ κατὰ νόμους, ἐφ' ἧς λέγεται τὸ εἰσφέρειν. μετὰ δὲ τῆς ΕΚ ἐκφέρειν ὃ λαμβάνεται ἐπὶ προφορᾶς λόγου καὶ ἐπὶ τῆς ἔξω τοῦ πρέποντος φορᾶς καὶ ἐπὶ νεκροῦ, ὅθεν ἐκφορὰ κυρίως ἐπὶ νεκροῦ τὸ κοινῶς λεγόμενον ἐξόδιον. μετὰ δὲ τῆς ΣΥΝ συμφέρειν, ἀφ' οὗ τὸ συμφέρον, ὃ τέλος ἐστὶ τοῦ συμβουλευτικοῦ μέρους τῆς ῥητορικῆς, καὶ ἡ συμφορά. μετὰ δὲ τῆς ΠΡΟ προφέρειν τὸ ὑβρίζειν καὶ τὸ προτείνειν. μετὰ δὲ τῆς ΑΝΑ ἀναφέρειν τὸ εἰς μεῖζον πρόσωπον ἀναφέρειν τὸν λόγον, καὶ μετὰ τῆς ΚΑΤΑ καταφέρειν, ἀφ' οὗ καταφορά, ἡ κατηγορία. μετὰ δὲ τῆς ΔΙΑ διαφέρειν, τὸ διαφορὰν ἔχειν, καὶ συντάσσεται ἀπὸ γενικῆς εἰς δοτικήν, καὶ τὸ ὑπομένειν, ὃ καὶ μετὰ τῆς ΣΥΝ λέγεται, καὶ δηλοῖ τὸ μετά τινος ὑπομένειν, ὡς τὸ «συνδιαφέρειν τὰς ἐκκλησιαστικὰς φροντίδας» (Greg. Naz. Or. XLII 20), καὶ τὸ ἐπιτηδείως ἔχειν καὶ φιλικῶς πρός τινα, οἷον ὁ σπουδαῖος ὀφείλει προνοεῖσθαι καὶ ἑαυτοῦ καὶ τῶν διαφερόντων αὐτῷ. ἀπὸ τούτου διαφορὰ καὶ διάφορος ἐπὶ τοῦ ἐχθρωδῶς διακεῖσθαι πρός τινα, καὶ ἐπὶ τοῦ διαφορὰν ἔχειν. μετὰ τῆς ΜΕΤΑ μεταφέρειν καὶ μεταφορά, τὸ μετατιθέναι ἐφ' ἕτερον τὴν ἁρμόζουσαν λέξιν ἐφ' ἑτέρῳ. μετὰ τῆς ΠΑΡΑ παραφέρειν καὶ παράφορος, ὁ παραπαίων. μετὰ τῆς ΑΝΤΙ ἀντιφέρεσθαι, τὸ ἐναντιοῦσθαι, ὃ ποιητικῶς λέγεται ἀντιφερίζειν. μετὰ τῆς ΕΠΙ ἐπιφέρειν καὶ ἐπιφορά, καὶ ἐπίφορον πνεῦμα τὸ ἐπιτήδειον καὶ ἁρμόζον τοῖς πλέουσι. μετὰ τῆς ΠΕΡΙ περιφέρειν καὶ περιφορὰ ἐπὶ τῆς κύκλῳ φορᾶς. μετὰ τῆς ΑΠΟ παθητικῶς ἀποφέρεσθαι, τὸ ἀπολαβόντα ἆθλον ἤ τι τοιοῦτον ἀπιέναι. καὶ μετὰ τῆς ΥΠΟ ὑποφέρειν, τὸ ὑπομένειν. ἀπὸ τοῦ φέρειν φέρτερος ὁ καρτερικώτερος ποιητικῶς, ὁ μᾶλλον

προσπίπτοντα· καὶ φέριστος ὑπερθετικόν, καὶ ἰσοφαρίζειν καὶ ἰσοφορὰ ποιητικῶς. s.v. εἰσφέρειν ἐστὶ τὸ κατὰ νόμους διδόναι· χωρηγεῖν δὲ τὸ ἀφ' ἑαυτοῦ τινα διδόναι.

2 μὲν om. h **5** ἐφ' ἧς[1] ἀφ' ἧς h **5–6** ἐφ' ἧς[2] ἀφ' ἧς h **18** ἔχει f **18–19** σπονδαῖος g **20** ἐχθροδῶς q

δηλαδὴ φέρειν δυνάμενος τὰ προσπίπτοντα, καὶ φέριστος ὑπερθετικόν, καὶ ἰσοφαρίζειν καὶ ἰσοφόροι ποιητικῶς. *fghq*

mosch **I 52 (p. 22, 16)** ‹ἆρα·› τὸ ΑΡΑ, εἰ μὲν ἀπορηματικὸς σύνδεσμός ἐστιν, ἀεὶ τροχαϊκόν ἐστι καὶ προπερισπᾶται, εἰ δὲ συλλογιστικός, κοινῶς μὲν ἀεὶ παροξύτονόν ἐστιν ὡς πυρριχαϊκόν, ποιητικῶς δὲ ἐνίοτε καὶ τροχαϊκόν ἐστι καὶ προπερισπᾶται. *fhnq*

plan **I 52 (p. 22, 16)** ‹τῆς ὥρας τῆς ἀρίστης·› τοῦ ἔαρος. *hmny*

mosch **I 52 (p. 22, 16)** ‹ὥρας·› ὥρα ἐφ' ἑκάστου τῶν τεσσάρων τμημάτων τοῦ χρόνου, οἷον ἔαρος, θέρους καὶ τῶν λοιπῶν, καὶ ὥρα ἡ εὐμορφία. καὶ ἀπὸ μὲν τοῦ ἑνός, ὡραῖος ὁ εὐειδής, ἀπὸ δὲ θατέρου, ὡραῖος καρπὸς ἤ τι τοιοῦτον ποιητικῶς, ἤγουν ὁ ἐπὶ τῷ ἁρμόζοντι καιρῷ. *fhnq*

mosch **I 52 (p. 22, 16)** ‹ἀρίστης·› ἄριστον τὸ κάλλιστον, οὗ τὸ συγκριτικὸν ἄρειον διὰ διφθόγγου, καὶ ἔστι ποιητικόν. ἀπὸ τοῦ ἄριστον ἀριστεύω τὸ ἀνδραγαθῶ, καὶ ἀριστεία ἡ ἀνδραγαθία. ἄριστον καὶ τὸ γεῦμα, ἀπὸ τοῦ ἀριστάω ἀριστῶ. *fhnq*

mosch **I 52 (p. 22, 16)** ‹σημαίνει·› δηλοῖ καὶ μηνύει. *h*

plan **I 52 (p. 22, 17)** ‹ἐπιδημίαν·› ἐπέλευσιν. *y*

3–6 Ammon. 74 ἆρα καὶ ἄρα διαφέρει. ὁ μὲν γὰρ κατὰ περισπασμὸν λεγόμενος σύνδεσμος ἀπορηματικός ἐστιν, ὅτε ἀποροῦντες λέγομεν· 'ἆρα τέλος ἕξει τὸ πρᾶγμα;'. ὁ δὲ κατὰ συστολὴν συλλογιστικός. Syncell. Synt. 1712–1714 ἰστέον δὲ ὅτι τόνῳ διαφέρει ὁ ἆρα ἀπορηματικὸς σύνδεσμος τοῦ ἄρα συλλογιστικοῦ. ὁ μὲν γὰρ ἀπορηματικὸς προπερισπᾶται, ὁ δὲ συλλογιστικὸς παροξύνεται. **8–12** Hsch. ω 281 ὥρα· καιρός. κάλλος. τροπή. εὐμορφία. Cyr. ω 173 Hag. ὥρα ἔτους· τὸ ἔαρ καὶ τὸ θέρος. [Zon.] s.v. ὡραῖον· εὔμορφον. [Moschop.] Voc. Att. s.v. ὥρα ἐφ' ἑκάστου τῶν τεσσάρων τμημάτων τοῦ χρόνου, οἷον ἔαρος, θέρους καὶ τῶν λοιπῶν. καὶ ὥρα ἡ εὐμορφία καὶ ἀπὸ μὲν τοῦ ἑνός, ὡραῖος ὁ εὐειδής, ἀπὸ δὲ τοῦ θατέρου ὡραῖος καρπὸς ποιητικῶς, ἤγουν ὁ ἐπὶ τῷ ἁρμόζοντι καιρῷ. **13–16** Et. Gud. s.v. ἄριστος (Hom. Il. II 5)· παρὰ τὸ ἀρείων· τοῦτο παρὰ τὸ Ἄρης, ὃ σημαίνει τὸν πόλεμον, γίνεται συγκριτικὸν ἀρείων, ἄριστος. ἐξ οὗ ἄριστος κυρίως ὁ ἐν πολέμῳ ἀνδραγαθῶν, καταχρηστικῶς δὲ ὁ ἐν οἰῳδήποτε πράγματι. [Moschop.] Voc. Att. s.v. ἀριστάω ἀριστῶ τὸ γευματίζω ἐξ οὗ ἄριστον καὶ τὸ γεῦμα. ἀριστεύω δὲ τὸ ἀνδραγαθῶ.

2 ἰσοφόρος h **3** ἀπορρηματικὸς h **3–4** ἔστι σύνδεσμος n **8** ἐφ' ἑκάστῃ f **11** ὁ ante καρπὸς add. n | ὁ om. h **15** ἀρίστου h

I 52 (p. 22, 17) ‹φιλάνθρωπος·› a. φιλεῖ συνδιάγειν τοῖς ἀνθρώποις, τοιοῦτο καὶ ὁ κύων. *hmq* plan

b. φιλεῖ συνοικεῖν καὶ συνδιάγειν τοῖς ἀνθρώποις, τοιοῦτο καὶ ὁ κύων. *y* plan

c. φιλοῦσα μετ' ἀνθρώπων διάγειν. *h* mosch

I 52 (p. 22, 17) ‹χαίρει τῷδε τῷ ζῴῳ·› πρόσκειται ἡδέως τῷ ἀνθρώπῳ. *y* plan

I 52 (p. 22, 17) ‹χαίρει·› εὐφραίνει. *h* mosch

I 52 (p. 22, 17) ‹τῷδε τῷ ζῴῳ·› τῷ ἀνθρώπῳ. *hlmnq* plan

I 52 (p. 22, 18) ‹ὁμωρόφιος·› a. ἐν μιᾷ οἰκίᾳ αὐτῷ δηλονότι. *hmnqy* plan

b. ὁμόστεγος καὶ ὁμόσκηνος ὑπάρχουσα. *h* mosch

I 52 (p. 22, 18) ‹οὖσα·› a. οὖσα τὸ θέμα ἔω τὸ ὑπάρχω· ἡ μετοχὴ ἐών, ποιητικῶς, κοινῶς δὲ ὤν, τὸ θηλυκὸν ἐοῦσα ποιητικῶς, κοινῶς δὲ οὖσα· ἀφ' οὗ οὐσία καὶ περιουσία τὰ περὶ τὸν ἄνθρωπον πράγματα. *fhq* mosch

b. ἐὼν καὶ ἐοῦσα ποιητικῶς, ὢν δὲ καὶ οὖσα κοινῶς· ἀφ' οὗ καὶ ἡ οὐσία καὶ περιουσία τὰ π[ερὶ] τὸν ἄνθρωπον πράγματα. *n* mosch

I 52 (p. 22, 18) ‹ἄκλητος ἀφικνεῖται·› μὴ κεκλημένη ἔρχεται. *hmq* plan

I 52 (p. 22, 18) ‹ἄκλητος·› a. χωρὶς τοῦ κληθῆναι. *h* mosch

b. μὴ κεκλημένη. *y*

c. ἄκλητος ἀπὸ Α στερητικοῦ καὶ τοῦ καλῶ. τὸ γὰρ Α mosch

1–5 Cf. schol. I 7 (p. 4, 21) ad φιλανθρωπότατον. **12** [Zon.] s.v. ὁμωρόφιος· ὁ ὁμόστεγος. **13–18** Et. M. s.v. ἐούσης· ἔω, τὸ ὑπάρχω· ὁ μέλλων, ἔσω· ὁ δεύτερος ἀόριστος, ἦον· ἡ μετοχή, ἐών· καὶ κατὰ συναίρεσιν, ὤν· καὶ τὸ θηλυκόν, ἐοῦσα ἐούσης, καὶ οὖσα, καὶ πλεονασμῷ τοῦ ι γίνεται οὐσία. **23–64,27** [Moschop.] Voc. Att. s.v. τὸ Α μόριον ποτὲ μὲν δηλοῖ στέρησιν, ὡς ἐν τῷ ἄκλητος· ποτὲ δὲ ἄθροισιν, ὡς ἐν τῷ ἅπας· ποτὲ δὲ τὸ πολύ, ὡς ἀχανὲς πέλαγος, τὸ μέγα πάνυ καὶ ἐπιπολὺ κεχηνός· ποτὲ δὲ τὸ ὁμοῦ, ὡς ἀκόλουθος ὁ ὁμοκέλευθος, καὶ ἀνίσχει ποιητικῶς, ἤγουν ἅμα ἴσχει, καὶ ἄκοιτις ἡ παράκοιτις, καὶ τοῦτο ποιητικόν, καὶ ἀκοίτης ἀρσενικῶς· ἐνίοτε δὲ κακόν, ὡς ἐν τῷ ἀφυὴς ποιητικῶς ὁ κακοφυής· ἄλλοτε δὲ τὸ ἴσον, ὡς ἀτάλαντος ὁ ἰσοτάλαντος· ποτὲ δὲ ὀλίγον, ὡς ἀμαθὴς ποιητικῶς ὁ ὀλιγομαθής· ἐνίοτε δὲ πλεονάζει ἀττικῶς μηδὲν σημαῖνον, ὡς ἐν τῷ στάχυς ἄσταχυς, σπαίρειν ἀσπαίρειν, ὃ λέγεται ἐπὶ τῆς ἀκοντὶ καὶ ἀμούσου

2 τοιοῦτο καὶ ὁ κύων om. q **10–11** δηλονότι om. y **13–16** ἔω – πράγματα om. h **18** supplevi **19** καὶ ante μὴ add. q

μόριον ποτὲ μὲν δηλοῖ στέρησιν, ὡς ἐνταῦθα, ποτὲ δὲ ἄθροισιν, ὡς ἐν τῷ πᾶς ἅπας· ποτὲ δὲ τὸ πολύ, ὡς ἀχανὲς πέλαγος, τὸ μέγα πάνυ καὶ ἐπιπολὺ κεχηνός· ποτὲ δὲ τὸ ὁμοῦ, ὡς ἀκόλουθος ὁ ὁμοκέλευθος, καὶ αὐίαχοι ποιητικῶς, ἤγουν ἅμα ἰαχῇ, καὶ ἄκοιτις ἡ παράκοιτις, καὶ τοῦτο ποιητικόν, καὶ ἀκοίτης ἀρσενικῶς· ἐνίοτε δὲ κακόν, ὡς ἀφυὴς ποιητικῶς ὁ κακοφυής· ἄλλοτε δὲ τὸ ἴσον, ὡς ἀτάλαντος ὁ ἰσοτάλαντος· ποτὲ δὲ ὀλίγον, ὡς ἀμαθὴς ποιητικῶς ὁ ὀλιγομαθής· ἐνίοτε δὲ πλεονάζει ἀττικῶς μηδὲν σημαῖνον, ὡς ἐν τῷ στάχυς ἄσταχυς, σπαίρειν ἀσπαίρειν, ὃ λέγεται ἐπὶ τῆς ἀκοντὶ καὶ ἀμούσου κινήσεως, ἤγουν ἐπιδεδεμένου τινὸς ἢ κεκρατημένου νόσῳ τινί· σκαίρειν δὲ τὸ εὐρύθμως κινεῖσθαι καὶ ὀρχηστικῶς. καὶ ἀπὸ μὲν τοῦ προτέρου σπάρος ὁ ἰχθύς, ἀπὸ δὲ τούτου σκάρός, καὶ τὸ ἐν τῇ συνηθείᾳ σκιρτᾶν. *fq*

mosch d. ἄκλητος ἀπὸ τοῦ Α στερητ[ικοῦ] μορίου. τὸ γὰρ Α μόριον ποτὲ μὲν στέρησιν δηλοῖ, ὡς ἐνταῦθα, ποτὲ δὲ ἄθροισιν, ὡς ἐν τῷ πᾶς ἅπας· ποτὲ [δὲ] τὸ πολύ, ὡς ἀχανὲς πέλαγος, τὸ μέγα πάνυ καὶ ἐπιπολὺ κεχηνός· ποτὲ δὲ τὸ ὁμοῦ, ὡς ἀκόλουθος ὁ ὁμοκέλευθος, καὶ αὐίαχος ποιητικῶς, ἤγουν ἅμα ἰαχῇ, καὶ ἄκοιτις ἡ παράκοιτις, καὶ τοῦτο ποιητικῶς, καὶ ἀκοίτης ἀρσενικῶς· ἐνίοτε δὲ κακόν, ὡς ἀφυὴς ποιητικῶς ὁ κακοφυής· ἄλλοτε δὲ τὸ ἴσον, ὡς ἀτάλαντος ὁ ἰσοτάλαντος· ποτὲ δὲ τὸ ὀλίγον, ὡς ἀμαθὴς ποιητικῶς ὁ ὀλιγομαθής· ἐνίοτε δὲ πλεονάζει ἀττικῶς μηδὲν σημαῖνον, ὡς ἐν τῷ στάχυς ἄσταχυς, σπαίρειν καὶ ἀσπαίρειν, ὃ λέγεται ἐπὶ τῆς ἀκοντὶ καὶ ἀμούσου κινήσεως, ἤγουν ἐπιδεδεμένου τινὸς ἢ νόσῳ κεκρατημένου. σκαίρειν δὲ τὸ εὐρύθμως κινεῖσθαι καὶ ὀρχηστικῶς. καὶ ἀπὸ μὲν τοῦ προτέρου σπάρος ὁ ἰχθύς, ἀπὸ δὲ τούτου σκάρος, καὶ τοῦ ἐν τῇ συνηθείᾳ σκιρτᾶν. *n*

plan **I 52 (p. 22, 18)** ‹ἀφικνεῖται·› a. ἔρχεται. *hy*

κινήσεως, ἤγουν ἐπιδεδεμένου τινὸς ἢ καὶ κεκρατημένου νόσῳ τινί· σκαίρειν δὲ τὸ εὐρύθμως κινεῖσθαι καὶ ὀρχηστικῶς. καὶ ἀπὸ μὲν τοῦ προτέρου σπάρος ὁ ἰχθύς, ἀπὸ δὲ τούτου σκάρος, καὶ τὸ ἐν τῇ συνθέσει σκιρτᾶν. Moschop. Sched. p. 22 τὸ πολύ ὡς ἐν τῷ ἀχανὲς πέλαγος, τὸ ἐπιπολὺ κεχηνός. [...] καὶ ἀνιάχη, ἤγουν ἅμα ἰαχῇ. p. 145 τὸ Α ἀφ᾽ οὗ ἀχανὲς πέλαγος, τὸ ἐπιπολὺ κεχηνός. p. 101 ἀπὸ τοῦ ἀκόλουθος ὁ ὁμοκέλευθος.

14 supplevi **16** supplevi

b. ἀφικνοῦμαι τὸ ἔρχομαι, ἱκνοῦμαι δὲ τὸ παρακαλῶ ποιητικῶς. *fnq* mosch

I 52 (p. 22, 18) ‹ὅτε οἱ·› ἔστι δηλονότι αὐτῇ. *hmq* plan

I 52 (p. 22, 18) ‹ὅτε·› a. ἔστιν. *y* plan

b. ὅτε· ἀντὶ τοῦ ὁπότε, ὀτὲ δὲ ἀντὶ τοῦ ποτέ. *fnq* mosch

I 52 (p. 22, 18) ‹οἱ·› αὐτῇ. *hny* plan

I 52 (p. 22, 18) ‹φίλον·› a. προσφιλές. *y* plan

b. φίλος ἀεὶ βραχύ· παρὰ δὲ τοῖς ποιηταῖς ἐνίοτε καὶ μακρόν. *fnq* mosch

c. ἀποδεκτόν. *h* mosch

d. ἔστι δηλονότι. *n*

I 52 (p. 22, 18) ‹ἔχει·› a. διάκειται τὸ πρᾶγμα. *hmnqy* plan

b. τὸ ἔχειν, εἰ προσλάβοι τὸ Σ, τρέπει τὸ Ε εἰς Ι καὶ γίνεται ἴσχειν. ἀπὸ τούτου μετὰ τῆς ΕΝ προθέσεως γίνεται τὸ ἐνισχημένος ἐν περισπωμένῃ συζυγίᾳ, ἤγουν ἐμπεπηγμένος. τοῦ ἔχειν ὁ δεύτερος ἀόριστος ἔσχον, ἡ μετοχὴ σχὼν καὶ ἔστι κοινόν· ποιητικῶς δὲ γράφεται τὸ σχόμενος. μετὰ δὲ τῆς προθέσεως, εἰ μὲν τὴν σημασίαν ἔχει τοῦ ἐνεργητικοῦ, πάλιν ποιητικόν ἐστιν, οἷον ἀνασχόμενος ἀντὶ τοῦ ἀνασχών, εἰ δὲ ἑτέραν ἔχει σημασίαν, κοινόν, οἷον ἀνάσχου τόδε ποιοῦντος. *fq* mosch

c. τὸ ἔχειν, εἰ προσλάβοι τὸ Σ, τρέπεται τὸ Ε εἰς Ι καὶ γίνεται ἴσχειν. ἀπὸ τούτου μετὰ τῆς ΕΝ προθέσεως γίνεται τὸ ἐνισχ[ημέ]νος, [ἤγουν ἐμ]πεπηγμένος. τοῦ ἔχειν δεύτερος ἀόριστος ἔσχον, ἡ μετοχὴ ὁ σχών· ποιητικῶς δὲ τὸ σχόμενος. μετὰ δὲ προθέσεως, εἰ μὲν τὴν σημασίαν ἔχει τοῦ ἐνεργητικοῦ, πάλιν ποιητικῶς, οἷον ἀνασχόμενος ἀντὶ τοῦ ἀνασχών, εἰ δὲ ἑτέραν ἔχει, κοινόν, οἷον ἀνάσχου τόδε ποιοῦντος. *n* mosch

I 52 (p. 22, 19) ‹καλῶς·› ὑγιῶς. *h* mosch

1–2 Hsch. ι 490 *ἱκνοῦμαι· ἱκετεύω. ἔρχομαι. παρακαλῶ (Eur. Or. 671). **5** Schol. D Hom. Il. II 471 ὅτε· ὁπότε. Eust. in Il. v. 3 p. 152, 22 τὸ δὲ ὀτέ ἀντὶ τοῦ ποτέ οἱ ἀρχαῖοι παροξυτόνως φασίν. **8–9** Schol. Eur. Hec. 858 (ed. Dindorf) τὸ φιλεῖν καὶ ὁ φίλος διφορεῖται παρὰ τοῖς ποιηταῖς· ἔστι γὰρ καὶ μακρὸν καὶ βραχὺ τὸ φίλος. **12** Cf. schol. I 21 (p. 11, 26) ad ἔχοντες et X 28 (p. 246, 12) ad ἔχουσι.

8 ‹φ›ίλος n **8–9** καὶ ante μακρόν om. n **12** τὸ πρᾶγμα om. h n **17** σχώμενος f | τῆς om. q **23** supplevi

plan **I 52 (p. 22, 19)** ‹ἀπαλλάττεται·› a. ἀπέρχεται. *hlmnqy*

mosch b. ἀφίστ‹ατ›αι, ἀπέρχεται. *h*

mosch **I 52 (p. 22, 19)** ‹ὑποδέχονται·› φιλοφρονοῦνται. *h*

plan **I 52 (p. 22, 20)** ‹ξενίας·› a. τῆς ἀναδοχῆς τῶν ξένων. *hmnqy*

mosch b. φιλοξενίας. *h*

plan **I 52 (p. 22, 20)** ‹θεσμόν·› νόμον. *hmnqy*

mosch b. τὴν παραίνεσιν. *h*

mosch c. ἀπὸ δὲ τοῦ τίθημι θεσμός, καὶ ποιητικῶς τέθμια ἐπὶ τοῦ αὐτοῦ. *fnq*

plan **I 52 (p. 22, 20)** ‹κελεύει·› a. προστάττει. *hmq*

plan b. ὁρίζει. *y*

mosch **I 52 (p. 22, 21)** ‹φιλεῖν·› φιλοφρονεῖσθαι. *h*

plan **I 52 (p. 22, 21)** ‹τὸν παρόντα·› ἐπιδημοῦντα. *y*

plan **I 52 (p. 22, 21)** ‹ἀπιέναι·› ἀπέρχεσθαι. *hmy*

mosch **I 52 (p. 22, 21)** ‹ἰέναι·› ἀπέρχεσθαι. *hnq*

mosch **I 52 (p. 22, 21)** ‹βουλόμενον·› a. ἀπὸ τοῦ βάλλω βουλὴ καὶ βούλομαι καὶ συμβουλεύω, ὃ καὶ συμβουλεύομαι λέγεται, καὶ συμβουλὴ καὶ βέλος καὶ βολή, καὶ συμβολὴ κυρίως μὲν ἐπὶ συνελεύσεως τινῶν ἐπὶ πόλεμον, καταχρηστικῶς δὲ καὶ ἐπὶ τῶν ἄλλως συνερχομένων. ἀπὸ τούτου συμβόλαια, ἃ συνελθόντες τινὲς καὶ συμφωνήσαντες ἔγραψαν γράμματα. καὶ ἐπιβάλλω μὲν κοινῶς, βάλλομαι δὲ ποιητικῶς, τὸ ἐπιτυχῶς λαμβάνω, ὡς τὸ «σὺ δ' ἐνὶ φρεσὶ βάλλεο σῇσι» (Hom. Il. I 297 et al.). καὶ συμβάλλουσι μὲν ἄνθρωποι τὴν μάχην κυρίως, συμμίσγουσι δὲ ὕδατα. *fq*

mosch b. ἀπὸ τοῦ βάλλω βουλὴ καὶ βούλομαι καὶ συμβουλεύω, ὃ παθητικῶς λέγεται, καὶ συμβουλὴ καὶ βέλος καὶ βολή, καὶ συμβολὴ κυρίως ἐπὶ συνελεύσεως τινῶν ἐπὶ πόλεμον, καταχρηστικῶς

1–2 Schol. Eur. Phoen. 603 (ed. Dindorf) ἀπαλλάσσου· ἀπέρχου. **6** Hsch. θ 379 *θεσμόν· θεῖον νόμον. ἔθος, νόμον (Hom. Od. XXIII 296). Cyr. θεσ 26 Dr. θεσμούς· νόμους. **16–67,6** Cf. schol. 1, 12 (p. 7, 22). **22–23** Moschop. Sched. p. 150 τὸ παθητικόν, βάλλομαι. ὅ λαμβάνεται μὲν καὶ ἐπὶ τοῦ πεμπομένου, καὶ ἐπὶ τοῦ δεχομένου τὴν βολήν. λέγεται δὲ ποιητικῶς καὶ ἐπὶ τοῦ ἐπιτυχῶς λαμβάνειν. ὡς παρ' Ὁμήρῳ «σὺ δ' ἐνὶ φρεσὶ βάλλεο σῇσι» (Il I 297 et al.).

2 ἀφίσται h : correxi **4** τῶν ξένων om. n q **5** φιλοξενείας h : correxi **8** θεσμὸς ἀπὸ τοῦ τίθημι n | καὶ ποιητικῶς f q ποιητικῶς δέ n **18** συμβουλὴ κυρίως q **23** βάλλε f **26–27** συμβουλή n : correxi

δὲ καὶ ἐπὶ τῶν ἄλλως συνερχομένων. ἀπὸ τούτου συμβόλαια τὰ γράμματα, ἃ συνελθόντες τινὲς καὶ συμφωνήσαντες ἔγραψαν. καὶ ἐπιβάλλω κοινῶς, ἐπιβάλλομαι ποιητικῶς, τὸ ἐπιτυχῶς λαμβάνω, ὡς τὸ «σὺ δ' ἐνὶ φρεσὶ βάλλεο σῇσι» (Hom. Il. I 297 et al.). καὶ συμβάλλουσι μὲν ἄνθρωποι τὴν μάχην κυρίως, συμμίσγουσιν ὕδατα. *n*

I 52 (p. 22, 21) ‹ἀποπέμπειν·› a. ἀπολύειν. *hmnqy* plan

b. μετά τινος προπομπῆς πέμπειν. *h* mosch

I 55 (p. 23, 18) ‹ἑκάτερθ' ἕν·› ἐν [ἑτέρῳ] ἑκάτερον. *L*[1]

I 57 (p. 24, 10) ‹Ψύλλους·› ὄνομα ἔθνους. *L*[1]

I 57 (p. 24, 22) ‹τῇ ἀποθέσει·› τῇ ῥίψει. *L*[1]

I 58 (p. 25, 4–5) ‹αἱ χελιδόνες·› οὐ πᾶσα χελιδών, ἀλλὰ τὰ λεγόμενα πετροχελιδόνια. *L*[1]

I 58 (p. 25, 6) ‹μελι‹τ›τουργοί·› γράφεται σμηνουργοί. *A*

I 58 (p. 25, 7) ‹κόνυζαν·› εἶδος βοτάνης. *L*[1]

I 58 (p. 25, 17) ‹κροκόδειλοι·› τὰ λεγόμενα σαμαμίθια. *L*[1]

I 58 (p. 25, 22) ‹φλόμου·› φλόμος ἐστὶ πόα τις ᾗ καὶ ἀντὶ ἐλλυχνίου χρῶνται. ἡ αὐτὴ δὲ θρυαλλὶς καλεῖται. *H* Diog

7 Schol. D Hom. Il. II 263 ἀφήσω· ἀπολύσω, ἀποπέμψω. **10** Hsch. ψ 267 ψύλλα, ψύλλαι· θηλυκῶς. ἄλλοι δὲ Ψύλλοι, ἔθνος Λιβύης (Hdt. IV 173). ἔστι δὲ καὶ ὄνομα ζωϋφίου μικροῦ ἀρρενικῶς, ὥς φησιν Ἐπίχαρμος (fr. 197 K.-A.). 271 Ψυλλικὸς γόης· ὁ τῶν Ψύλλων. οἱ δὲ Ψύλλοι ἔθνος Λιβύης. Et. Gud. s.v. Ψύλλοι, ὄνομα ἔθνους. **12–13** Eust. in Od. v. 1 p. 173, 12–14 καὶ ἐπιπολάζει τοιοῦτον στερήσεως εἶδος καὶ παρὰ τοῖς Λυκίοις μέχρι καὶ νῦν. οἳ χελιδόνας τινὰς ἃς οἱ ἰδιῶται πετροχελιδόνας φασὶν, ἐκεῖνοι καλοῦσιν ἄποδας, οὐ διὰ παντελῆ στέρησιν ποδῶν ἀλλ' ὀλιγότητα ἤτοι σμικρότητα. **15** Hsch. κ 3544 κόνυζα· βοτάνη. [Zon.] s.v. κόνυζα· βοτάνη τίς. Schol. Nic. Ther. 70b κονύζης· κόνυζα εἶδος βοτάνης. **16** Cyran. 2, 29 ξυλοβάτης οἱ δὲ τοιχοβάτην ὃ οἱ πολλοὶ συνήθως σαμαμύθην λέγουσιν, ἕτεροι συληγούδιν, εἶδός ἐστι κορκοδείλου μικροῦ. Sophron. Narr. mirac. 44 τρία γὰρ ἑρπετὰ τὰ καλούμενα σαμαμίθια τοῦτον ᾤκουν τὸν κάλαμον, φωλεὸν αὐτὸν καὶ κοίτην ποιούμενα, ὃν ἀκάκως ἁρπάσασα τῷ οἰκείῳ προσήνεγκε στόματι. **17–18** Hsch. φ 642 φλόμος· πόα τις, ᾗ καὶ ἀντὶ ἐλλυχνίου χρῶνται. ἡ αὐτὴ δὲ καὶ θρυαλλίς. [Zon.] s.v. φλόνος· φυτόν. καὶ φλῶμος, βοτάνη, ᾗ καὶ ἀντὶ τοῦ ἐλλυχνίου χρῶνται. ἡ αὐτὴ δὲ καὶ θρυαλλίς. Αἰλιανός (NA I 58)· «ἐμβαλὼν δὲ εἰς τὴν λίμνην φλώμου φύλλα ἢ κάρυα, ἀπώλεσε τοὺς γυρίνους ὁ τῶν μελισσῶν δεσπότης ῥᾷστα».

1 ἄλλων n[a.c.] **9** supplevi

Diog **I 58 (p. 25, 22)** ‹τοὺς γυρίνους·› τὸ ἐκ τοῦ βατράχου παιδίον. *H*

I 59 (p. 27, 4) ‹αὐτοετεῖς·› αἱ ἑνὸς χρόνου οὖσαι. L^1

II 1 (p. 28, 5) ‹πειρῶνται·› ἄρχονται. L^1T

II 1 (p. 28, 11) ‹τῷ ταρσῷ·› τῷ πλάτει. L^1T

II 2 (p. 28, 18) ‹πυριγόνους·› τὴν σαλαμάνδρ[αν] λέγει. L^1

II 6 (p. 29, 22) ‹Ἀρίωνος·› Ἀρίων δὲ ὄνομα ἵπ̣π̣[ο]υ̣. *L*

II 6 (p. 30, 21) ‹ἐπειγούσης·› ἐπείγω ἕτερον ἀντὶ τοῦ παρακινῶ καὶ ἀναγκάζω, ἐπείγομαι δὲ ἐγὼ οὐχ ὑπό τινος, καὶ ἥδω ἕτερον ποιητικῶς, ἥδομαι δὲ ἐγώ, καὶ λυπῶ ἕτερον, λυποῦμαι δὲ ἐγώ, καὶ ὀχῶ ἕτερον, ἤγουν ἔποχον ποιῶ, ὀχοῦμαι δὲ ἐγώ. Ἀριστοφάνης (Ran. 23)· «αὐτὸς βαδίζω καὶ πονῶ, τοῦτον δ' ὀχῶ». *z*

II 8 (p. 31, 16) ‹ἐσχαρίδας·› ἐσχαρίδας νῦν οὗτος λέγει ἀσυνήθως τὰ φανάρια, ἀπὸ μεταφορᾶς τῶν ἐσχαρῶν ἐν αἷς τὸ πῦρ ἅπτεται. L^1

II 9 (p. 32, 11) ‹τῇ καταδρομῇ·› τῇ διώξει. *T*

II 11 (p. 33, 16) ‹ἐπιδραμών·› ἐπελθών, διηγησάμενος. L^1T

II 11 (p. 34, 14) ‹ἐψεύσαντο·› ψευδ[ῶς] ἀπέφ[ηναν]. L^1

II 11 (p. 34, 18) ‹διαχέοντες·› λυγίζοντες, εὐκόλως ὡς ὕδωρ κινοῦντες. L^1T

II 11 (p. 36, 1) ‹χείρ·› δοκεῖ χεῖρα λέγειν τ̣[ὰ] ἀρχέτυπα

1–2 Hsch. γ 1028 γύρινον· τὸ ἐκ τοῦ βατράχου παιδίον. **3** Cf. schol. I 10 (p. 6, 9) ad αἱ μὲν αὐτοέτεις. **6** Ael. NA II 31 (p. 43, 19–20) ἡ σαλαμάνδρα τὸ ζῷον οὐκ ἔστι μὲν τῶν πυρὸς ἐκγόνων, ὥσπερ οὖν οἱ καλούμενοι πυρίγονοι. **7** Hsch. α 7267 *Ἀρίων· ὁ ἵππος, Ποσειδῶνος υἱὸς καὶ μιᾶς τῶν Ἐρινύων **8–12** [Moschop.] Voc. Att. s.v. ἐπείγω ἕτερον ἀντὶ τοῦ παρακινῶ καὶ ἐπισπεύδω. ἐπείγομαι δὲ ἀμεταβάτως ἀντὶ τοῦ σπεύδω. Georg. Lacap. Epim. p. 103, 9–12 Lindstam λέγεται δὲ ὀχῶ παρὰ τοῖς Ἀττικοῖς καὶ τὸ ὀχεῖσθαι ποιῶ καὶ ἐπιβάτην καθίστημι ἕτερον, ὡς καὶ Ἀριστοφάνης (Ran. 23)· «αὐτὸς βαδίζω καὶ πονῶ τοῦτον δ' ὀχῶ», ἀντὶ τοῦ ὀχεῖσθαι ποιῶ. Schol. rec. Eur. Phoen. 1171 (ed. Dindorf) ἠπειγόμεσθα· ἐπείγω ἕτερον ἀντὶ τοῦ παρακινῶ καὶ ἐπισπεύδω, ἐπείγομαι δὲ ἀμεταβάτως, ἀντὶ τοῦ σπεύδω. καὶ ἥδω ἕτερον ποιητικῶς, ἥδομαι δὲ ἐγὼ ἀμεταβάτως. Cf. schol. I 2 (p. 2, 24) ad ἐπείγονται. **17** Schol. Soph. Oed. tyr. 1300 ἐπιδραμών· ἐπελθών.

6 supplevi **7** supplevi **18** supplevi **19–20** εὐκόλως ὡς ὕδωρ κινοῦντες om. T **21–69,2** supplevi

γρ[άμ]ματα τὰ τοῦ [δι]δασκάλου, ἅ[περ] ἀγροικικῶ̣[ν] ἐπιδημῶν λέ̣[γουσι]. L^1

II 13 (p. 36, 9) ‹τινῶν·› γράφεται κυνῶν. *H*

II 13 (p. 36, 21) ‹ἀτεκμάρτῳ·› ἀδήλῳ. L^1T

II 13 (p. 36, 25) ‹τὸ ζῷον·› τὸ κῆτος. L^1T

II 22 (p. 40, 9) ‹ἀλεαίνεται·› ἀλεαίνω τὸ θερμαίνω. *z*

II 22 (p. 40, 18) ‹βρίθουσαι·› a. βρυάζουσαι. *L*

b. πάσχουσαι. *T*

II 26 (p. 42, 10) ‹κονίστρας·› κονίστρα κυρίως ὁ τόπος ὅπου παλαίουσιν, ᾧ ὑποχέουσι κόνιν ἵνα μὴ συντρίβωνται οἱ καταπίπτοντες, ἀλλὰ ἐπὶ χαύνης πίπτωσι γῆς· ἀπ᾿ ἐκείνου δὲ καταχρηστικῶς κονίστρα ἐνταῦθα τὸ ἐπιπάττειν κόνιν ταῖς ἑαυτῶν κεφαλαῖς τοὺς αἰετούς, ὅπερ ποιεῖν εἰώθασιν αἱ κατοικίδιοι ὄρνεις καύματος ὄντος, οἱονεὶ γὰρ ἐγκαλινδοῦνται τῇ κόνει. L^1

II 26 (p. 42, 11) ‹ἀναμένει·› ζήτει εἰ ἀνανεύει. L^1

II 26 (p. 42, 13) ‹πολλοῦ τοῦ αἰθέρος·› τοῦ διαστήματος. *T*

II 26 (p. 42, 22) ‹ἐγγραφή ἐστιν·› τὸ ἀναχθῆναι εἰς τὸ γένος. *T*

II 29 (p. 43, 4) ‹ἐμπεσοῦσα·› a. ἐμβληθεῖσα. *y* plan

b. ἐμπαίει τις, καὶ εἰσπαίει ἀντὶ τοῦ εἰσέρχεται, καὶ mosch
ἐκπαίει ἀντὶ τοῦ ἐξέρχεται, καὶ συμπαίει ἀντὶ τοῦ συγκρούει, δίφθογγον· ἐνέπεσε δὲ ἐπὶ δευτέρου ἀορίστου ἀπὸ τοῦ ἐμπίπτω καὶ ἐμπεσεῖν, ψιλόν. *fgnq*

4 Schol. Lucian. Icar. 4 (p. 100, 20) ἀτέκμαρτα· ἄδηλα. Schol. Opp. Hal. I 35 ἀτέκμαρτοι· ἀπλήρωτοι, ἀσήμαντοι, ἀφανεῖς, ἄδηλοι. 2, 381 ἀτεκμάρτοισιν· πολλοῖς, ἀσημάντοις, ἰσχυροῖς, ἀδήλοις, ἀστοχάστοις. Schol. Thuc. IV 63, 1 ἀτέκμαρτον· τὸ ἀφανὲς καὶ ἄδηλον. **6** Hsch. α 2816 ἀλεαινοίμην· θερμαινοίμην (Aristoph. Eccl. 540). Cyr. α 985 Hag. ἀλεαίνειν· θερμαίνειν. **9–14** Cyr. κ 481 Hag. κονίστρα· παλαίστρα. Su. κ 2043 κονίστρα· παλαίστρα. ἢ κυλίστρα. [Zon.] s.v. κονίστρα· ὁ ἀγών. ἡ παλαίστρα ἢ ἡ κυλίστρα. **16** Schol. Hom. Il. VIII 16b τὰ οὐράνια, ὥς φησι, τρία διαστήματα ἔχει, ἀέρα μέχρι νεφελῶν, εἶτα αἰθέρα μέχρι τῶν φαινομένων καὶ τῆς Διὸς ἀρχῆς. **19** Cf. schol. V 22 (p. 112, 12) ad ἐμπέσωσιν.

1 ἐπιδειμῶν L^1 : correxi **12** ἐπιπάπτειν L^1 : correxi **13** ὄρνις L : correxi

mosch **II 29 (p. 43, 4)** ὕδωρ· παρὰ μὲν τοῖς ἄλλοις ποιηταῖς μακρόν, παρὰ δὲ τοῖς τραγικοῖς βραχύ, ὡς τὸ ἀνήρ, τὸ ἴσον καὶ ἕτερα. *fgnq*

plan **II 29 (p. 43, 5)** ‹ἀλλά·› τὸ ἀλλὰ πρὸς τὸ «ἡ ζώων ἐστὶ θρασυτάτη» λέγεται. *hlmy*

plan **II 29 (p. 43, 5)** ‹ἀνέχει·› a. ἀναβαστάζει ἑαυτὴν δηλονότι, ἤγουν οὐκ ἀναδύεται. *hlmnq*

plan b. ἀναβαστάζει ἑαυτὴν ὥστε μὴ βυθίζεσθαι. *y*

mosch c. ἀνέχει τίς τι ἀντὶ τοῦ ἀναβαστάζει, καὶ ἀνέχει τι εἰς ὕδωρ ἐμπεσόν, ἤγουν οὐ καταδύεται. ἐξέχει δὲ ἀντὶ τοῦ ἐξαίρετόν ἐστι, καὶ ἔξοχον τὸ ἐξαίρετον, καὶ ἔξοχα ὁμοίως, ὃ ποιητικῶς λέγεται ὄχα, χωρὶς τῆς προθέσεως, ἀντὶ τοῦ ἐξόχως. *fgnq*

mosch **II 29 (p. 43, 5)** ‹οὔτε νηκτική·› οὔτε φύσιν ἔχουσα νήχεσθαι. *n*

plan **II 29 (p. 43, 5)** ‹νηκτική·› ἐπιτηδειότητα ἔχουσα νήχεσθαι. *hlmqy*

plan **II 29 (p. 43, 6)** ‹ἐξέλοις·› a. ἐκβάλοις. *hmnq*

plan b. ἐκβάλοις τοῦ ὕδατος αὐτήν. *y*

plan c. ‹ἐξέλῃς·› ἐκβάλῃς. *l*

plan **II 29 (p. 43, 6)** ‹τέφραν·› στάκτην. *y*

plan **II 29 (p. 43, 7)** ‹ἐμπάσαις·› ἐπάνω ταύτης ῥάναις. *y*

mosch **II 29 (p. 43, 7)** ‹ἡλίου·› ἥλιος δασύνεται, ἠέλιος δὲ ψιλοῦται. *fgnq*

plan **II 29 (p. 43, 7)** ‹ἀναβιώσεις·› a. ζῶσαν πάλιν ποιήσεις. *hlmq*

plan b. ζῶσαν πάλιν ποιήσεις· ἡ ΑΝΑ τὸ δεύτερον δηλοῖ. *y*

c. ‹ἀναβιώσῃ·› ζῶσαν πάλιν ποιήσῃ. *n*

II 33 (p. 44, 13) ‹ἐκγλυφείς·› a. ἐκλεπισθείς. *L*[1]

1–3 Schol. Pind. Ol. I 1 (p. 1 Σεμιτέλος) τὸ υ παρὰ μὲν τοῖς ἄλλοις ποιηταῖς ἐστι μακρόν, παρὰ δὲ τοῖς τραγικοῖς βραχύ, ὡς τὸ ἀνὴρ καὶ ἕτερα. **1–3** [Moschop.] Voc. Att. s.v. ὕδωρ παρὰ μὲν τοῖς ἄλλοις ποιηταῖς μακρόν, παρὰ δὲ τοῖς τραγικοῖς βραχύ, ὡς τὸ ἀνήρ καὶ τὸ ἴσον καὶ ἕτερα. **6–10** Georg. Lacap. Epim. p. 36, 15–16 Lindstam ἀνέχειν λέγεται μὲν μεταβατικῶς ἀντὶ τοῦ ἀναβαστάζειν, συντασσόμενον αἰτιατικῇ, οἷον· ἀνέχουσι τὸν οἶκον οἱ κίονες. **19** Schol. rec. Aristoph. Nub. 1083f τέφρα· στάκτη. **26–71,2** Hsch. ε 3694 ἐξέλεψεν· ἐξέγλυψεν. ἐξελέπισεν.

4 ἐστὶ om. y **6** ἀναβαστάζεται n | ἑαυτὴν δηλονότι om. n **7** ἤγουν οὐκ ἀναδύεται om. q **9** τίς τι f g q τις γίνεται n **10** ἀντὶ τοῦ τοῦ g **14** ἔχει y **21** ἡ ἔλιος g | δέ om. n

b. ἐκγλύφειν τὸ ἐκλεπίζειν, καὶ ἐκγλυφεὶς ἀντὶ τοῦ ἐκλεπισθείς. *z*

II 34 (p. 44, 20) ‹εἰ σαφῆ ταῦτα·› σύνηθες τοῖς Ἀττικοῖς mosch παραλείπειν ἔξωθεν νοεῖσθαι τὰ ὑπαρκτικὰ ῥήματα, ὡς ἐνταῦθα «εἰ σαφῆ ταῦτα», εἰσὶ δηλονότι, καὶ τὰ ἑπόμενα τοῖς προκειμένοις ἐξ ἀνάγκης, ὡς «ὀφθαλμοὶ παιδίσκης εἰς χεῖρας τῆς κυρίας αὐτῆς» (Psalm. CXXII 2, 2), ὁρῶσι δηλονότι, τὸ γὰρ ὁρᾶν ἕπεται τοῖς ὀφθαλμοῖς. καὶ τὸ προσλαμβάνειν συνδέσμους παραπληρωματικοὺς ἵνα ὁ λόγος ἀπὸ τοῦ κοινοῦ αἴρηται ὡς τὸ ἐγὼ λέγουσιν ἔγωγε· καὶ τὸ παραλείπειν τὴν ΚΑΤΑ πρόθεσιν ὡς τὸ καθὰ ἅτε φασί· καὶ τὴν ΔΙΑ ἐνίοτε. τὸ δὲ παραλείπειν τὰς ἄλλας προθέσεις, ὡς τὴν ΕΞ ἐν τῷ ὄχα, καὶ τὸ πρόθεσιν ἀντὶ προθέσεως λαμβάνειν, ὡς ἀντὶ τῆς ΑΠΟ τὴν ΕΞ ἐν τῷ «ἐξενέγκωμαι κλέος» παρὰ Σοφοκλεῖ (El. 60), ὥσπερ καὶ σύνδεσμον ἀντὶ συνδέσμου, ὡς ἀντὶ τοῦ ΕΠΕΙ παρασυναπτικοῦ τὸν ΕΙ συναπτικόν, καὶ ὄνομα ἀντὶ ὀνόματος, ὡς τὸν βουκόλον ποιμένα Ὅμηρος λέγει ἐν τῷ «ὅθι ποιμένα ποιμὴν ἠπύει εἰσελάων» (Od. X 82–83), ἀντὶ τοῦ βουκόλον, καὶ ῥῆμα ἀντὶ ῥήματος, ὡς τὸ μερμερίζειν ἐπὶ λέοντος ἀντὶ τοῦ ὁρμαίνειν καὶ ὁρμαίνειν ἐπὶ ἀνθρώπου ἀντὶ τοῦ μερμερίζειν, καὶ μετοχὴν ἀντὶ μετοχῆς, ὡς τὸ σχόμενος ἀντὶ τοῦ σχών, καὶ ἄρθρον ἀντὶ ἄρθρου ὡς τὸ τοῦ ἀντὶ τοῦ οὗ, καὶ πάντα τὰ προτακτικὰ ἀντὶ ὑποτακτικῶν, καὶ ἀντωνυμίαν ἀντὶ ἀντωνυμίας, ὡς τὸ σφέτερον ἀντὶ τοῦ ὑμέτερον καὶ τὸ ἑὸν ἀντὶ τοῦ σφέτερον· ταῦτα τῶν ποιητῶν εἰσι. τῶν Ἀττικῶν δέ ἐστι καὶ τὸ ἐπὶ τῶν γενικῶν τῶν πρωτοτύπων ἀντωνυμιῶν ἐν τῷ ἰωνικῷ προστιθέναι τὸ ΘΕΝ καὶ ποιεῖν ἐμεόθεν, καὶ κατὰ συγκοπὴν ἐμέθεν, καὶ σέθεν ὁμοίως καὶ ἕθεν. *fgnq*

II 34 (p. 44, 20) ‹ἀμφίλογα·› ἀμφίβολα. *n* mosch

II 34 (p. 44, 20–21) ‹πειθέτωσαν·› πείθει τίς τινα καὶ πείθεται ἐκεῖνος ὑπ᾽ αὐτοῦ· ἀφ᾽ οὗ πιθανὸς ὁ ἐπιτηδειότητα ἔχων mosch

28 Schol. Thuc. IV 118, 8 ἀμφίλογα· ἀμφισβητήσιμα, ἤγουν τὰ ἀμφίβολα.

5 εἰ σαφῆ ταῦτα om. n **13** ἀντὶ τοῦ ΑΠΟ n **14** ὥσπερ om. n **16** ὡς τὸ βουκόλον n **17** ἠπύει εἰσελάων om. n **19** ἐπ᾽ ἄνθρωπον n **20** μετοχὴν f g q μετοχὴ n **25** προτοτύπων g **26** ποιεῖ n | καὶ κατὰ συγκοπὴν ἐμέθεν f g q ἐμέθε κατὰ συγκοπὴν n **29–30** πείθεται ἐκείνῳ n **30** πιθανὸς f g q πειθανὸς n

πείθειν· πείσομαι δὲ ἐπὶ τοῦ μέσου μέλλοντος ἀντὶ τοῦ πάθω. *fgnq*

mosch **II 34 (p. 44, 21)** ‹νῦν·› ΝΥΝ ἐπίρρημα καὶ ἔστι ποτὲ μὲν καιροῦ παραστατικόν, ὡς ὅταν δηλοῖ τὸ ἀρτίως, ποτὲ δὲ χρόνου δηλωτικόν, ὡς ὅταν πλατὺ ᾖ, καὶ περιλαμβάνει παρεληλυθότα χρόνον καὶ ἐνεστῶτα καὶ μέλλοντα, ὡς εἰ εἴρηκέ τις νῦν πλεονάζειν τὴν ἀδικίαν. δηλοῖ δὲ καὶ παρεληλυθότα χρόνον ἰδίως, ὡς τὸ «νῦν μὲν Μενέλαος ἐνίκησε σὺν Ἀθήνῃ» (Hom. Il. III 439), καὶ ἐνεστῶτα, ὡς τὸ «νῦν μὲν πειρᾶται τάχα δ' ἴψεται λαὸν Ἀχαιῶν» (Hom. Il. II 193), καὶ μέλλοντα, ὡς νῦν ἐρῶ, καὶ παρ' Ὁμήρῳ «νῦν †αὐτέγχεϊ† πειρήσομαι αἴ κε τύχοιμι» (Hom. Il. V 279), δηλοῖ καὶ τὸ ποτέ. λαμβάνεται καὶ ὡς τμῆμα χρόνου, ὡς ἡ στιγμὴ τῆς γραμμῆς ᾧ χρῶνται οἱ φιλόσοφοι. προσλαμβάνει καὶ τὸ Ι ἀττι-

1–2 Schol. Aeschyl. Sept. 263e πείσομαι· πάθω. **3–73,7** Planud. Dial. Gramm. p. 60, 23–34 τὸ νῦν, ἡνίκα δηλοῖ τὸ ἀρτίως, ἐπίρρημα ὄν, μακρόν τέ ἐστι καὶ περισπᾶται· ἡνίκα ἀντὶ τοῦ νύ παραπληρωματικοῦ συνδέσμου, σύνδεσμος τηνικαῦτα γινόμενον, βραχύνεταί τε καὶ ἐγκλίνεται. καὶ Σοφοκλῆς (Ai. 87) «σίγα νυν ἑστώς» καὶ Εὐριπίδης (Hec. 996) «σῶσόν νυν αὐτόν». Thom. Mag. Ecl. pp. 248, 3–249, 15 τὸ νῦν ἀντὶ τοῦ ἀρτίως, ὃ καὶ νυνί λέγεται, ἐπὶ ἐνεστῶτος ἀεὶ τίθεται, καὶ ἐν ἀρχῇ καὶ ἐν μέσῳ καὶ ἐν τῷ τέλει τοῦ κώλου, ὅπως ἂν ὁ ῥυθμὸς διδῷ· τότε γὰρ μετὰ παρῳχημένου καὶ μέλλοντος, ὅταν συντομίαν ἔχωσιν ἄμφω οἱ χρόνοι καὶ ὥσπερ ἔμφασιν ἐνεστῶτος, ὡς τὸ νῦν ἔτυψα, καί, νῦν ἐλθὼν ὄψομαι. καὶ Πλάτων ἐν Φαίδωνι (60a)· «ὦ Σώκρατες, ὕστατον δή σε προσεροῦσι νῦν οἱ ἐπιτήδειοι». καὶ Ὅμηρος ἐν πέμπτῃ Ἰλιάδος (279)· «νῦν αὖτ' ἔγχεϊ πειρήσομαι, αἴ κε τύχοιμι». καὶ πάλιν ἐν τρίτῃ Ἰλιάδος (439)· «νῦν μὲν Μενέλαος ἐνίκησεν σὺν Ἀθήνῃ». εἰ δὲ παράτασιν δηλοῦσι, τότε τὸ νῦν τιθέμενον σολοικισμὸν ποιεῖ, ὡς τὸ νῦν σοφὸς γενήσομαι· δεῖται γὰρ ἡ σοφία χρόνου· τὸ δὲ νῦν, ὅπερ ἀκολουθίαν σώζει προηγουμένου χρόνου καὶ οὐ χρόνον δηλοῖ, ἀεὶ ἐπαγόμενόν ἐστιν, οἷον, ἐγὼ μὲν ἐβουλόμην τὰ καὶ τὰ ποιῆσαι, νῦν δὲ τόδε γέγονε· καί, εἰ ἐποίησα τόδε, τόδε ἂν ἀπηντήκει, νῦν δὲ οὐδὲν ὧν ἐχρῆν γέγονεν ἢ γενήσεται ἢ γίνεται. συνάπτεται γὰρ τοῖς τρισὶ χρόνοις, ὅπως ἂν ἀκολουθίας ὁ λόγος ἔχῃ. ἔστι δὲ καὶ νῦν ἀντὶ τοῦ ποτέ, οἷον, νῦν μὲν ἀγαθὸς δοκεῖ, νῦν δὲ πᾶν τοὐναντίον. χρῶνται δὲ οἱ τραγικοί τε καὶ κωμικοὶ καὶ ἑτέρῳ νῦν, λαμβανομένῳ μὲν ἀντὶ τοῦ δή, ἔχοντι δὲ ἔμφασίν τινα χρόνου, ὡς παρὰ Σοφοκλεῖ ἐν Αἴαντι (87)· «σίγα νυν ἑστὼς καὶ μέν ὡς κυρεῖς ἔχων». καὶ παρ' Εὐριπίδῃ ἐν Ἑκάβῃ (996)· «σῶσόν νυν αὐτόν».

4 παρατατικόν n **5** ᾖ f g q εἴη n | περιλαμβάνῃ g q **6** τις νῦν f g q τῆς ναῦ n **8** Μενέλαε ἐνίκησεν n **10** ὡς τὸ νῦν n | καὶ ante παρ' Ὁμήρῳ om. n **11** δηλοῖ δὲ καὶ n **12** λαμβάνεται δὲ ἐπὶ τμῆμα n

κῶς καὶ γίνεται νυνὶ ὅτε καιροῦ ἐστι παραστατικόν. ἔχει δὲ μακρὸν ἀεὶ τὸ Υ, καὶ πρὸς τούτοις περισπᾶται. ΝΥΝ δὲ σύνδεσμος παραπληρωματικός, ἀπὸ τοῦ ΝΥ κατὰ πλεονασμὸν τοῦ Ν, ἀφ᾽ οὗ τὸ τοίνυν, ἀεὶ βραχὺ τὸ Υ ἔχει καὶ οὐ δέχεται τόνον, ἀλλ᾽ ἀεὶ ἐγκλίνεται, καὶ ἔστι παρὰ τοῖς ποιηταῖς μόνοις ἐν χρήσει, ὡς τὸ «σίγα νυν ἑστὼς καὶ μένʼ ὡς κυρεῖς ἔχων» (Soph. Ai. 87). ἡμεῖς δὲ ἀντὶ τούτου τῷ ΔΗ χρώμεθα. *fgnq*

II 34 (p. 44, 21) ‹ἐρῶ·› εἴρω τὸ λέγω ἄχρηστον ἐν τῷ ἐνεστῶτι, τούτου ὁ μέλλων ἐρῶ καὶ ἔστιν ἐν χρήσει. ἔστι καὶ ἕτερον ῥῆμα, εἰρέω εἰρῶ ἄχρηστον ἐν τῷ ἐνεστῶτι καὶ τοῦτο, ἀπὸ δὲ τούτου τὸ εἰρήσεται καὶ τὸ εἴρηκα καὶ τὸ εἴρημαι ἐν χρήσει· καὶ εἴρω τὸ ἐρωτῶ ποιητικῶς, ὃ κοινῶς λέγεται ἔρω, ἄχρηστα καὶ ἀμφότερα ἐν τοῖς ἐνεργητικοῖς. ἀπὸ δὲ τούτων τὸ ἤρετο κοινῶς μὲν διὰ τοῦ Η, ποιητικῶς δὲ διὰ διφθόγγου. ταῦτα δὲ ψιλοῦνται. εἴρω δὲ τὸ συμπλέκω δασύνεται, ἀφ᾽ οὗ εἱρμὸς καὶ ὅρμος, ὁ περιτραχήλιος κόσμος. *fgnq* mosch

II 34 (p. 44, 21) ‹τῆς ἐκεῖθεν φήμης·› ἀπὸ τῶν Ἰνδῶν. *n* mosch

II 34 (p. 44, 21) ‹φήμης·› ἀπὸ τῆς φήμης καὶ τοῦ Α τοῦ δηλοῦντος τὸ πολὺ ἀφήτωρ, ὁ ἐν Δελφοῖς θεός, ὁ πολλὰς δηλονότι φήμας ἀφιείς. *fgnq* mosch

II 34 (p. 44, 22) ‹ὁμώνυμον·› ἰστέον ὅτι ἐπὶ τῶν οὐδετέρων τῶν ἐπιθέτων συμβαίνει ὅταν μὲν αὐτὰ χωρὶς ἄρθρου ᾖ ἀντὶ ἐπιρρημάτων ἐνίοτε λαμβάνεσθαι ὡς τὸ «τί δή με λοξὸν ὄμμασι βλέπουσα νηλεῶς φεύγεις;» (Anacr. PMG 72, 1–2), ἀντὶ τοῦ λοξῶς· μετὰ δὲ τοῦ ἄρθρου ἀεὶ ὀνόματα εἶναι, οἷον τὸ ταχὺ παιδίον ἀφίκετο. ἐπὶ δὲ τῶν κυρίων ἢ τῶν προσηγορικῶν οὐ δύναται τοῦτο συμβῆναι. *fgnq* mosch

II 34 (p. 44, 22) ‹τῷ φυτῷ·› τὸ φυτὸν εἰς τρία διαιρεῖται, εἰς βοτάνην, θάμνον καὶ δένδρον. *fgnq* mosch

15–16 [Moschop.] Voc. Att. s.v. εἴρω τὸ πλέκω δασύνεται, ἀφ᾽ οὗ εἱρμὸς καὶ ὅρμος ὁ περιτραχήλιος κόσμος. εἴρω δὲ τὸ λέγω ψιλοῦται. **18–20** Moschop. Sched. p. 22 ἀφήτωρ ὁ ἐν Δελφοῖς θεός, ὁ πολλὰς δηλαδὴ φήμας ἀφιείς.

1 παρατατικόν g **2** ἀεὶ om. n **3** ἀπὸ τοῦ Ν n **4** ἀφ᾽ οὗ καὶ τὸ τοίνυν n ἀεὶ τὸ Υ βραχὺ n **6** ἐτὼς g **7** ἀντὶ τοῦ τούτου n | τὸ ΔΗ f **12** ἔρω ἄχρηστον n **13** εἴρετο q^a.c. **23** τί δεῖ με q **24** ἀντὶ τοῦ λοξῶς om. f

II 34 (p. 44, 23) ‹τοῦ παιδὸς τοῦ Νικομάχου·› τοῦ Ἀριστοτέλους, ὅ τε γὰρ αὐτοῦ πατήρ Νικόμαχος, ὅ τε υἱὸς Νικόμαχος ἐλέγετο. L^1

mosch **II 34 (p. 44, 24)** ‹τὸ φερώνυμον·› τὸν ἔχοντα αὐτοῦ ὄνομα. *n*

mosch **II 34 (p. 44, 25)** ‹ὅπου·› a. τὸ ὅπη διὰ τοῦ Η καὶ ὅπου στάσιν ἔχει ἐν τόπῳ, ὅποι δὲ διὰ τοῦ Ο καὶ Ι κίνησιν εἰς τόπον. *fgnq*

mosch b. ἐπὶ τῷ τόπῳ. *n*

mosch **II 34 (p. 44, 25)** ‹ὅπως·› κατά τινα τρόπον. *n*

mosch **II 34 (p. 44, 25)** ‹οὐδὲν·› τὸ οὐδὲν ἐνίοτε μὲν ἐπίρρημά ἐστιν ἀντὶ τοῦ οὐδαμῶς, ἐνίοτε δὲ ὄνομα, καὶ κλίνεται οὐδενός· καὶ οὐδὲν μὲν κοινόν, οὔτι δὲ ποιητικὸν τὸ αὐτό. *fgnq*

II 35 (p. 45, 5) ‹τὴν τροφήν·› [ἐσθίει γὰρ] αὕτη τότε μὲν πολὺ πρὸς τὴν αὔξησιν, κατὰ δὲ τὴν μείωσιν ἔλαττον. L^1

II 38 (p. 45, 29) ‹κορικῶς·› γυναικικῶς, δίκην κόρης. L^1

II 38 (p. 46, 3) ‹ἐπίκλυσιν·› ἐπίχυσιν. L^1

II 39 (p. 46, 16) ‹εὐήλαται·› ἀντὶ τοῦ εὖ ἅλεται, ἤγουν πηδᾷ. *p*

II 42 (p. 48, 5) ‹φιλοτησίας·› φιλοτησία· φιλία, δεξίωσις. *L*

II 43 (p. 49, 3) a. ‹ἐκπτησίμους·› ζήτει ἐκπτησίμους. L^1

b. ‹ἑρπετασίμους·› γράφεται ἐκπτησίμους. *H*

II 44 (p. 49, 7) ‹ἄβρωτον·› ἄλλοις δηλονότι. L^1

II 46 (p. 50, 2) ‹αἰγυπιούς·› αἰγυπιὸς ὄρνεον ἐν μεθορίῳ αἰετῶν καὶ γυπῶν. *z*

1–3 Vit. Arist. (Vulg.) 1 ὁ Ἀριστοτέλης τὸ μὲν γένος ἦν Μακεδών, πόλεως δὲ Σταγείρων, υἱὸς Νικομάχου, ἰατροῦ Ἀμύντα τοῦ τῶν Μακεδόνων βασιλέως· ὅθεν καὶ τὸν ἴδιον υἱὸν Νικόμαχον προσηγόρευσε. **5–7** Thom. Mag. Ecl. p. 266, 7–9 ὅπου καὶ ὅπη διὰ τοῦ η ἐπὶ στάσεως τίθενται, οἷον, ὅπη εὑρίσκομαι, καὶ ὅπου οἰκῶ, καὶ ὅποι διὰ τοῦ ο καὶ ι ἐπὶ κινήσεως, οἷον ὅποι ἔρχομαι. **10–12** Lex. Vind. ο 48 οὐδὲν ὅ τι ἀντὶ τοῦ οὐδαμῶς παρὰ Ἀττικοῖς. **15** Hsch. κ 3625 *κορικῶς· γυναικικῶς, ὡς κόρη. **19** Cyr. φ 100 Hag. φιλοτησία· φιλία· δεξίωσις (Syn. φ 125; Su. φ 426; Phot. φ 195). Et. M. s.v. φιλοτησία· φιλία, δεξίωσις διὰ τῆς φιάλης· ἡ κύλιξ, ἣν κατὰ φιλίαν προὔπινον τοῖς φίλοις, οὕτως ἐκαλεῖτο· καὶ φιλοτησίαν προπίνειν ἐστὶν, ἡνίκα τις ἐν ἀρίστῳ ἀπὸ τῆς δοθείσης αὐτῷ φιάλης πιὼν μέρος τὸ λοιπὸν παράσχῃ φίλῳ, χαρισάμενος αὐτῷ καὶ τὴν φιάλην. Cf. schol. VI 51 (p. 153, 28) ad φιλοτησίας.

6 κοίνησιν g **13** margine decurtato initium scholii interiit, supplevi ex. gr. **15** γενεῶς L^1 ut vid. : γυναικικῶς conieci

II 46 (p. 50, 5) ‹γενεᾶς·› γεννήσεως. L^1

II 49 (p. 50, 28) ‹λυπρᾶς·› καταξήρου. *T*

II 49 (p. 50, 30) ‹ἀγόνῳ·› ἀκάρπῳ. *p*

II 49 (p. 50, 30) ‹στερίφῃ·› στερρά, ἀνένδοτος. *T*

II 50 (p. 51, 4) ‹ὑπονύξαντες·› πλήξαντες. *T*

II 56 (p. 53, 2) ‹ὕλης·› γράφεται ἰλύος. *F*

III 5 (p. 56, 4) ‹σωφρονεστάτην·› σώφρων καὶ ὁ φρόνιμος, ὡς ὄπισθεν εἶπε· ῥυθμίζει ἡ γυνὴ σωφρονίζουσα τὸν λέοντα (cf. NA III 1, p. 54, 8). σώφρων καὶ ὁ παρὰ τὴν ἰδίαν γυναῖκα ἄλλῃ μὴ συνερχόμενος, ὁμοίως καὶ ἐπὶ τῆς γυναικός, ὡς ἐνταῦθα. L^1

III 5 (p. 56, 8) ‹ἀκράτορες·› ἀκόρεστοι. *p*

III 10 (p. 57, 8) ‹τρασιαῖς·› a. τρασιαὶ λέγεται ὁ τόπος ἔνθα τὰ σῦκα ξηραίνεται, παρὰ τὸ τερσαίνειν. ὁ δὲ Σοφοκλῆς ἐν τῷ ἑτέρῳ Ἀμφιαράῳ (fr. 118 R.) ἐπὶ τῆς ἅλω τέθεικεν τὴν λέξιν. *L* Diog

b. τρασιὰ ὁ τόπος ἔνθα τὰ σῦκα τέρσονται· †Εὐριπίδης† δὲ ἐν Ἀμφιαράῳ (Soph. fr. 118 R.) τὴν ἅλω λέγει. *z* Diog

III 13 (p. 58, 13) ‹τὸ σχῆμα τῆς πτήσεως·› αἱ γέρανοι τρίγωνον ὀξυγώνιον ἐν τῇ πτήσει ποιοῦσιν, ἵνα ἐμπίπτουσαι τῷ ἀέρι διακόπτωσιν αὐτὸν ῥᾷστα. *z*

III 13 (p. 58, 17) ‹ἐπιστήμην·› γνῶσιν. *T*

III 13 (p. 58, 19) ‹γενόμεναι κύκλος·› οὐχ ὅλον κύκλον ποιοῦσιν, ἀλλὰ μηνοειδὲς σχῆμα. L^1

III 13 (p. 58, 20) ‹μηνοειδές·› κυκλοτερές, ἀπὸ τοῦ μήνη ἡ σελήνη. *p*

III 13 (p. 58, 21) ‹κρούεται·› τὸ κρούεσθαι λέγεται καὶ ἐπὶ ν̣ε̣ὼ̣ς καὶ ἐπὶ πτε̣ρο̣ῦ̣, ἐ̣π̣ὶ κρούμ̣α̣τ̣α κρού[ειν]. καὶ ἠ̣χ̣ῷ χρῶνται πρὸς ἀναχώρησιν, ὡς ἐν τῷ «πρύμναν ἐκρούσατο» (Plut. Ant. 65, 8 et al.). L^1

12–16 Hsch. τ 1272 *τρασιά· ἡ τῶν σύκων ψύκτρα, παρὰ τὸ τερσαίνειν (Eupol. fr. 488 K.-A.). ἤγουν τόπος, ἔνθα ξηραίνουσιν αὐτά (Soph. fr. 118 R.). [Zon.] s.v. τρασίαι· ὁ τόπος, ἔνθα τὰ σῦκα ξηραίνεται. παρὰ τὸ τερσαίνειν, τὸ ξηραίνειν. ὁ δὲ Σοφοκλῆς ἐν τῷ ἑτέρῳ Ἀμφιαράῳ (fr. 118 R.) ἐπὶ τῆς ἅλω τέθεικε τὴν λέξιν. Αἰλιανός (NA III 10)· «ἐν ταῖς τρασίαις κυλίειν φασὶ καὶ τῶν ἰσχάδων τὰς περιπαρείσας».

12 τρασίαι L : correxi **13** σύκα L : corr. De Stefani | Σοφοκλὴς L : corr. De Stefani **14** Ἀμφιαρώω L : corr. De Stefani **26** margine decurtato fere omnia valde incerta | supplevi

III 13 (p. 58, 22) ‹τοῖς πυγαίοις·› ἀντὶ τοῦ τοῖς οὐραίοις. *L*

III 13 (p. 58, 27–28) ἑστᾶσι μὲν ἀσκωλιάζουσαι· ἑνὶ ποδὶ ἱστάμεναι. *z*

Diog **III 13 (p. 58, 28)** ‹ἀσκωλιάζουσαι·› ἑνὶ ποδὶ ἱστάμεναι. τὸ δὲ ἀσκωλιάζειν ἐστὶ κυρίως τὸ ἐπὶ τοὺς ἄσκους ἅλλεσθαι, ἐφ' οὓς ἀληλιμμένους ἐπήδων γελοίου ἕνεκα. τινὲς δὲ καὶ ἐπὶ τῶν συμπεφυκόσι τοῖς σκέλεσιν ἀλλομένων. *FH*

III 15 (p. 59, 19) ‹ἐπ' αὐτῶν·› ἕνεκεν. *T*

III 16 (p. 59, 20) ‹πρὸς τῷ τίκτειν·› πλησίον. *T*

III 16 (p. 60, 3) ‹κονιῶντες·› a. κονιῶντες ἀντὶ τοῦ κόνεως πληροῦντες κατὰ παράχρησιν. κονίω γὰρ τὸ κόνεως πληρῶ, κονιάω δὲ κονιῶ τὸ ἀσβέστῳ χρίω. εὕρηται καὶ ἐν ἑτέροις τὸ κονιῶ ὡς Αἰλιανὸς ἐχρήσατο ἐνταῦθα. *L*[1]

b. κόνεως πληροῦντες. *T*

III 18 (p. 61, 9) ‹ἐν τῇ Ἐρυθρᾷ θαλάττῃ·› ταὐτὸν Ἐρυθρὰ θάλαττα καὶ κόλπος Ἀράβιος. *L*[1]

III 18 (p. 61, 11) ‹ἐν νόμῳ·› κατὰ τὸν νόμον. *T*

III 18 (p. 61, 13) ‹ἐκμεμόρφωται·› εἰς τέλειαν μορφήν. *T*

III 18 (p. 61, 13) ‹εἶδος·› τῆς κεφαλῆς. *T*

III 18 (p. 61, 21) ‹ψαλάττων·› κρούων. *L*[1]

III 20 (p. 62, 3) ‹ἀλέας·› θερμασίας. *p*

III 21 (p. 62, 13) ‹ποδῶν·› a. κατὰ τὴν δύναμιν τῶν ἑαυτῆς ποδῶν. *L*[1]

b. κατὰ τὴν ἑαυτῆς δύναμιν. *T*

III 21 (p. 62, 15–16) ‹ἥκειν δεῦρο·› ἀδυνάτως ἔχειν. *T*

4–7 Hsch. α 7723 ἀσκωλιάζειν· κυρίως μὲν τὸ ἐπὶ τοὺς ἀσκοὺς ἅλλεσθαι, ἐφ' οὓς ἀληλιμμένους ἐπήδων γελοίου ἕνεκεν. Schol. Plat. Symp. 190d6 Cufalo ἀσκωλιάζοντες· ἀσκωλιάζειν κυρίως μὲν τὸ ἐπὶ τοὺς ἀσκοὺς ἅλλεσθαι ἐφ' οὓς ἀληλιμμένους ἐπήδων γελοίου ἕνεκα· τινὲς δὲ καὶ ἐπὶ τῶν συμπεφυκόσι τοῖς σκέλεσιν ἀλλομένων. **10–14** Su. κ 1253 κεκονιαμένοις· ἀσβέστῳ κεχρισμένοις. «οἶνος δὲ ἦν, ὃν ἐν λάκκοις κονιατοῖς εἶχον». Ξενοφῶν φησι (An. IV 2, 22). Cf. scholl. III 42 (p. 70, 19) et VI 1 (p. 130, 18) ad κονιώμενος. **20** Schol. Lyc. 139 ψαλάξεις· κρούσεις, ψηλαφήσεις καὶ ἄνευ σίτου κιθαρίσεις. **21** Cf. schol. V 12 (p. 108, 6) ad ἀλέας.

5 ἀσκοὺς F H **6** ἀλληλειμμένους F ἀλληλιμμένους H | ‹τ›ινὲς H **6–7** ‹σ›υμπεφυκόσι H **7** χείλεσιν F H : correxi | ἀλομένων F

III 21 (p. 62, 20) ‹ἔσαινεν·› a. ἡμέρως ἐκολάκευε τῷ οὐραίῳ. *L^1*

b. ἡμέρως πως ἐκολάκευε τῇ οὐρᾷ. *T*

III 21 (p. 62, 21) ‹ἠσπάζετο·› τὸ ἀσπάζεσθαι ἐπὶ τοῦ ἀγαπᾶν καὶ τοῦ χαιρετίζ[ειν], νῦν δὲ ἐπὶ τοῦ φιλεῖν τῷ στόματι. *L^1*

III 21 (p. 62, 27) ‹ἀνέβλεπεν·› σημεῖον ἐπεδείκνυ κατὰ τῆς ἄρκτου. *L^1*

III 22 (p. 63, 6) ‹ἀβούλως·› ἀσκέπτως. *T*

III 22 (p. 63, 6) ‹ἐκπλήκτως·› μωρῶς. *T*

III 22 (p. 63, 9) ‹τοῦ περιπαγέντος·› τοῦ ἐδρασθέντος. *T*

III 22 (p. 63, 13) ‹ἐν χρήσει·› ἐγχρίμψει ὀφείλει γράφεσθαι ὡς οἶμαι· τὸ γὰρ ἁπαλὸν τῆς μίτυος ἔκκειται, ἤγουν ἀφύλακτον καὶ ἕτοιμόν ἐστι τῇ ἀσπίδι εἰς τὸ πλησιάσαι αὐτῷ. τοῦτο γὰρ δηλοῖ τὸ ἐγχρίμψει τῇ τῆς ἀσπίδος καὶ ἰοῦ μεταδοῦναι. τὸ γὰρ ἄλλο σῶμα τοῦ ἰχνεύμονος συγκεκάλυπται τῷ πηλῷ· ἔστι δὲ εὐθεῖα ἡ ἔγχριμψις. *L^1*

III 22 (p. 63, 15) ‹ἀποφράξας·› ἀπολέξας. *T*

III 23 (p. 63, 23) ‹ὁ τέλειος·› ὁ πρῶτος τῶν νεοττῶν. *L^1*

III 24 (p. 64, 20) ‹ὑπαποψήχουσα·› ὁμαλίζουσα. *T*

III 25 (p. 65, 3) ‹παρα‹ρ›ρεῦσαν·› λάθῃ ῥεῦσαν. *T*

III 30 (p. 67, 10) ‹τῶν γὰρ πτερῶν·› ἴσως τὰ ἀπὸ γεννήσεως τὰ λεγόμενα σκυλόματα, ὧν περιρρυέντων, εἶτα ἕτερα τέλεια φύεται καὶ τότε δι᾽ ἐκείνων γνωρίζεται τὸ ὄρνεον. *L^1*

III 31 (p. 67, 18) ‹δέει·› σπουδάζουσι. *T*

III 33 (p. 68, 4) ‹ἠπειρωτικαί·› a. ἤπειρος ἡ ἀντικειμένη μοῖρα τῇ θαλάττῃ· ἤγουν ἡ ξηρὰ ἰδίως [γ]ῆ, ἡ νῦν λεγομένη Βαγενετία. *L^1*

b. ἡ Βαγενετία. *T*

III 34 (p. 68, 12) ‹Πτολεμαίῳ τῷ δευτέρῳ·› πρότερος ὁ Λ[άγου], δεύτερο[ς] ὁ Φιλά[δελ]φος. *L^1*

III 34 (p. 68, 13) ‹οἷος·› θαυμαλέος, μέγας. *T*

1–3 Hsch. σ 51 *σαίνει· κολακεύει, προσηνεύεται. τεινάσσει. ἀσπάζεται θωπεύει. Cyr. σ 4 Hag. σαίνει· κολακεύει. **4–5** Syn. α 2251 ἀσπάζεσθαι· καὶ τὸ προσαγορεύειν, ὡς ἡμεῖς, καὶ τὸ χαίρειν τινὶ ἁπλῶς καὶ ἀγαπᾶν καὶ φιλοφρονεῖσθαι.

5 supplevi **18** ζήτει ante ὁ πρῶτος add. L^1 **26** supplevi **30** supplevi

III 36 (p. 68, 26) ‹καταγνῶναι·› a. ἀκριβῶς καταλαβεῖν. L^1

b. μαθεῖν ἀκριβῶς. *T*

III 37 (p. 69, 1) ‹βάτραχοι·› a. οἱ Σερίφιοι βάτραχοι τὸ παράπαν οὐ φθέγγονται, αἰτία δὲ ὥς φησι Θεόφραστος (cf. fr. 186 Wimmer = 355A Sharples) ἡ ψυχρότης τοῦ ὕδατος· καὶ ἐν τῷ Σερίφῳ μὲν οὐ φθέγγονται, ἀλλαχόσε δὲ κομισθέντες διάτορόν τε καὶ τραχύτατον ἠχοῦσιν. *z*

b. Σερίφιος βάτραχος· παροιμία ἐπὶ τῶν ἀφώνων. *T*

III 37 (p. 69, 10) ‹ἐρεσχελεῖν·› a. ἐνοχλεῖν· ἐν ἄλλοις ἐρεσχελεῖν τὸ ὑβρίζειν. L^1

b. ὀχλεῖν, διαπαίζειν. *T*

III 37 (p. 69, 12) ‹τῷ πατρί·› τῷ Διὶ δηλονότι. L^1

III 39 (p. 70, 1) ‹τυφλοῖ·› νεκροῖ· ἀργὸν ποιεῖ. L^1

III 42 (p. 70, 19) ‹κονιώμενος·› κόνεως πληρούμενον. L^1T

III 42 (p. 70, 21) ‹ἀριθμόν·› a. ἀντὶ τοῦ ποσόν· ἐπεὶ γὰρ τὸ ποσὸν διαιρεῖται εἰς τὸ συνεχὲς καὶ εἰς τὸ διῃρημένον, ἀντὶ τοῦ εἰπεῖν ποσὸν εἶπεν ἀριθμόν. L^1

b. ποσόν. *T*

III 44 (p. 71, 17) ‹συμπνεύσαντες·› πνεῦμα πέμψαντες. *T*

III 44 (p. 71, 19) ‹ἐποφθαλμιάσωσιν·› a. ἐπιστηρίσωσι τοὺς ὀφθαλμοὺς ἐρωτικῶς. L^1

b. ἐρωτικῶς ὀφθαλμὸν ἐπιβάλλειν. *T*

III 44 (p. 71, 20) ‹περιέρχονται·› a. κολάζουσιν. L^1

b. περικολάζουσιν. *T*

III 45 (p. 71, 28) ‹συνθεῖν·› εἰ συνωθ̣[εῖν] γράφ[εται], ἀλωμ̣[ένας] γραπτ[έον]. L^1

III 45 (p. 72, 1) ‹ἐπῳάζειν·› ἐπικάθηνται τοῖς ᾠοῖς. *T*

III 46 (p. 72, 16) ‹πωλευτής·› γυμναστής, πωλοδάμνης. *T*

8 Diogen. Paroem. cent. 3, 44 βάτραχος Σερίφιος· ἐπὶ τῶν ἀφώνων. οἱ γὰρ ἐν Σερίφῳ βάτραχοι οὐ φθέγγονται. **9–11** Hsch. ε 5736 ἐρεσχελεῖ· ἀηδίζεται. ὀχλεῖται. ἐρεθίζει. ἀδολεσχεῖ. *χλευάζει, παίζει, σκώπτει. διαμάχεται. **14** Cf. schol. III 16 (p. 60, 3) ad κονιῶντες et VI 1 (p. 130, 18) ad κονιώμενος. **20–22** Cf. schol. I 11 (p. 7, 10) ad ἐποφθαλμιάσαντες. **22** Cf. schol. I 11 (p. 7, 10) ad ἐποφθαλμιάσαντες. **27** Cyr. ε 893 Hag. ἐπῳάζουσαν· ἐπὶ τοῖς ᾠοῖς καθημένην. Su. ε 2828 ἐπῳάζειν· τὸ ἐπὶ τοῖς ᾠοῖς καθέζεσθαι τὰ ὄρνεα. Cf. schol. IV 39 (p. 90, 2) ad ἐπῳάζει.

14 πληροῦντα T **25–26** supplevi

III 46 (p. 73, 6) ‹ταγήνου·› τάγηνον τὸ ζῷον τὸ λεγόμενον ταγηνάριν· τάγηνον τὸ λεγόμενον τηγάνιν. ἐνταῦθα δοκεῖ τὸ αὐτόν. *L*[1]

IV 1 (p. 74, 10) ‹χωροῦντος·› τοῦ ἀντιπάλου δηλονότι. *L*[1]*T*

IV 1 (p. 74, 13) ‹παιδικά·› παιδικὰ ἔχει τις τόδε τὸ μειράκιον, ἢ ἁπλῶς οὗ ἐρᾷ. Αἰλιανός· «ἀκούω Κρῆτα ἀγαθὸν ἔχειν μὲν παιδικὰ εὐγενὲς μειράκιον». Συνέσιος (Epist. 99, 4–5)· «Σοί τε καὶ Διογένει τοῖς σοῖς παιδικοῖς»· ἤγουν τῷ σῷ φίλῳ. *z*

IV 1 (p. 74, 25) ‹περιστεῖλαι·› θάψαι. *T*

IV 2 (p. 75, 3) ‹ἐν Ἔρυκι·› Ἔρυξ Ἔρυκος τόπος ἐν Σικελίᾳ, καὶ οἱ ἀπὸ τούτου Ἐρυκῖνοι. *z*

IV 2 (p. 75, 3) ‹Ἐρύκῃ·› γράφεται Ἔρυκι. *L*[1]

IV 4 (p. 75, 25) ‹ἀπολαύουσιν·› ἀπαλλάττονται. *F*

IV 5 (p. 76, 3) ‹ἀκανθυλλίδι·› τὸ λεγόμενον σκαθίν. *L*[1]

IV 7 (p. 76, 9) ‹κατηνέμοις·› τοῖς ὑπ' ἀνέμων καταπνεομένοις. *L*[1]

IV 7 (p. 76, 14) ‹ἐξηνεμῶσθαι·› a. οἱονεὶ ἀλλοιοῦσθαι ἐξ ἵππων εἰς ἀνέμου φύσιν κατὰ τὴν ταχυτῆτα. *L*[1]

b. κινηθῆναι ἑαυτοῦ νόμου. *T*

IV 8 (p. 76, 25) ‹παραβάλλειν·› πλησίον θεῖναι. *T*

IV 8 (p. 77, 1) ‹ἐγχρίμπτεσθαι ἀλλήλοις·› ἐπὶ συνουσίᾳ πλησιάζειν ἀλλήλοις. *L*[1]

IV 9 (p. 77, 8) ‹ὠρικωτέρας·› ὡραίας. *L*[1]

IV 10 (p. 77, 16) ‹διὰ τοῦ ἦρος·› διόλου. *T*

1–3 Lex. spir. p. 192 ἀτταγὴν, εἶδος ὄρνιθος καταστίκτου, τὸ λεγόμενον ταγηνάριον. Su. τ 10 ταγήν· ὄνομα ὀρνέου.τ 12 τάγηνον· τὸ τηγάνιον. [Zon.] s.v. ταγὴν, ταγῆνος· τὸ τηγάνιον, ἰωνικῶς. Schol. Aristoph. Eq. 929c τάγηνον· τηγάνιον. **9** Schol. Soph. Ai. 922b συνταφιάσαι, βαστάσαι, περιστεῖλαι, θάψαι. **10–11** Steph. Byz. ε 135 Ἔρυξ· πόλις Σικελίας. ἀρσενικῶς, ἀπὸ Ἔρυκος τοῦ Ἀφροδίτης καὶ Βύτου. τὸ ἐθνικὸν Ἐρυκῖνος. καὶ Ἐρυκίνη Ἀφροδίτη ἐν Ῥώμῃ καὶ Σικελίᾳ. **15–16** Schol. Hom. Od. III 172 ἠνεμόεντα· ὑψηλόν, τὸν ὑπ' ἀνέμων καταπνεόμενον. **20** Cf. schol. XI 1 (p. 258, 8) ad παραβάλλει. **21–22** Hsch. ε 363 *ἐγχρίμψαι· πλησιάσαι. ψαῦσαι, ἐγγίσαι. **23** Schol. Aristoph. Ach. 272a ὡρικὴν ὑληφόρον· ἀντὶ τοῦ ὡραίαν καὶ ἀκμαίαν.

4 δηλονότι om. T **5** ἔχοι z : correxi **11** Ἐρυκηνοί z : correxi **14** σκαθίν vocabulum novum

IV 14 (p. 78, 11) ‹οἱ τοροί·› a. οἱ μεγαλό[φωνοι,] οἳ διάτορον καὶ μέγα ᾄδου[σι]. L^1
b. οἱ μεγαλόφωνοι. *T*

IV 14 (p. 78, 19) ‹ἀβρώτους·› ἀσίτους. L^1T

IV 17 (p. 79, 11) ‹παλεύουσιν·› ἀπατῶσιν. L^1T

IV 18 (p. 80, 6) ‹ἡ λύγξ·› ζήτει λύ‹γ›ξ. L^1

IV 18 (p. 80, 8) ‹συμμάχεται·› συγκροτεῖ, συνεργεῖ. *T*

IV 19 (p. 80, 9) ‹ἔντομα·› οἷον σφήξ, μέλισσα, μυῖα καὶ τὰ τοιαῦτα. L^1

IV 22 (p. 81, 1) θηρίον Ἰνδικόν· ὁ μαρτιχόρας, ἀνθρωπόμορφον, χαίρει δὲ ἐμπιπλάμενον ἀνθρωπείων κρεῶν, κατηγορεῖ αὐτοῦ καὶ τοὔνομα· ἑρμηνεύεται γὰρ τῇ Ἑλλήνων φωνῇ ὁ μαρτιχόρας Ἰνδικὸν ὄνομα ἀνθρωποφάγος. *z*

IV 22 (p. 81, 17) ‹ἀποτάδην·› ἀποτόμως. *p*

IV 22 (p. 81, 22) ‹φιληδεῖ·› γράφεται φιλεῖ· ὃ κρεῖττον Ἀριστοφάνης «φιλεῖς δὲ δρῶσα» (Plut. 645). L^1

IV 24 (p. 82, 11) ‹καρπὸν δὲ ἰτέας·› καρποῦ ἰτέας θλιβέντος, εἴ τις πίει ἄνθρωπος, τὴν σπορὰν τὴν παιδοποιόν τε καὶ ἔγκαρπον ἀπώλεσεν. Ὅμηρος (Od. X 510)· «ἰτέαι ὠλεσίκαρποι». *z*

IV 24 (p. 82, 16) ‹κωνείου·› ὁ ζυμὸς τῆς μαγκούνης. L^1

plan **IV 26 (p. 83, 1)** ἀλοητός· ὁ καιρὸς ἐν ᾧ ἀλοῶσι. *hlmnsy*

plan **IV 26 (p. 83, 1)** ‹στρέφωνται·› ὅταν κινῶνται. *y*

plan **IV 26 (p. 83, 1)** ‹δῖνον·› a. δῖνος ἡ κύκλῳ στροφή, ἀπὸ

1–3 Hsch. τ 1175 *τορόν· λιθ‹οκοπ›ικὸν σκεῦος (Philyll. fr. 17 K.-A.). ἢ μεγαλόφωνον (Cyr. in Esai. 70, 1193A). **4** Poll. On. VI 39 ἄβρωτος δ' ὁ νῆστις παρὰ Σοφοκλεῖ (fr. 967 R.), καὶ ἀβρωσία ἡ ἀσιτία. **5** Su. η 290 ἡμένη πελειάς· ἐπὶ τῶν ἁπλουστάτων, κατὰ ἀντιπαρεξέτασιν τῆς παλευτρίας. αἱ γὰρ ἐξιπτάμεναι ἀπατῶσιν ἑτέρας· παλεῦσαι γὰρ τὸ ἀπατῆσαι σημαίνει. [Zon.] s.v. παλεύσει· ἀπατήσει. **20** [Neoph.] Lex. bot. p. 288, 19–20 κώνειον τὸ τῆς μαγγούνας σπέρμα. **21** Moschop. Sched. p. 246 τρυγητὸς ὁ χρόνος ἐν ᾧ τρυγῶσι καὶ ἀλοητὸς ἐν ᾧ ἀλοῶσι. Schol. Hes. Op. 386 (pp. 254, 1–2 Gaisford) ἀλοητὸς ὁ καιρὸς ὅτε ἀλοῶσι, καὶ ὁ καρπὸς ὁ ἀλοώμενος, καὶ τὸ ἀλοᾶν. **23–81,9** [Moschop.] Voc. Att. s.v. δῖνος ἡ κύκλῳ συστροφή, ἀπὸ τούτου καὶ τὸ κύκλῳ στρεφόμενον σῶμα δῖνος. οἷον οὐρανός. καὶ τὸ κυκλικὸν μὲν σῶμα, οὐ μὴν δὲ στρεφόμενον οὕτω λέγεται διὰ τὸ κυκλικὸς τὰ ἄλλα στρέφεσθαι ἐν αὐτῷ.

1–2 supplevi **6** λύξ L^1 : correxi **20** ζυμὸς vocabulum novum **21** lemma om. hmnsy | ὁ om. m

τούτου καὶ τὸ κύκλῳ στρεφόμενον σῶμα δῖνος λέγεται, οἷον ὁ οὐρανός. καὶ τὸ κυκλικὸν μὲν σῶμα, οὐ μὴν δὲ στρεφόμενον οὕτω λέγεται διὰ τὸ κυκλικῶς τὰ ἄλλα στρέφεσθαι ἐν αὐτῷ. *hlmns*

b. δῖνος ἡ κύκλῳ στροφή, ἀπὸ τούτου καὶ τὸ κύκλῳ στρεφόμενον σῶμα δῖνος λέγεται, οἷον ὁ οὐρανός. καὶ τὸ κυκλικὸν μὲν σῶμα, οὐ μὴν δὲ στρεφόμενον, ὥσπερ τὸ ἁλώνιον κυκλικόν ἐστι σῶμα. οὐ μὴν δὲ στρέφεται καὶ κινεῖται τὸ ἁλώνιον. λέγεται δὲ καὶ τοῦτο δῖνος διὰ τὸ κυκλικῶς τὰ ἄλλα ζῷα στρέφεσθαι ἐν αὐτῷ. *y* plan

IV 26 (p. 83, 2) ‹πεπληρωμένη·› πεπληρωμένον τὸ γεγεμισμένον καὶ τὸ τετελειωμένον. *hlmns* plan

IV 26 (p. 83, 2) ‹ἅλως·› τὸ κοινῶς ἁλώνιον, ἀφ᾽ οὗ ἁλωὴ τὸ ἁλωνοτόπιον. *hlmnsy* plan

IV 26 (p. 83, 3) ‹ἀπογεύεσθαι·› μετρίως ἅπτεσθαι. *y* plan

IV 26 (p. 83, 3) ‹βολβίτῳ·› a. βόλβιτος ἡ τῶν βοῶν κόπρος. *l* plan

b. κόπρῳ βοός. *hnsy* plan

IV 26 (p. 83, 4) ‹σόφισμα·› a. μηχανήν. *hmns* plan

b. σόφισμα τὸ σοφὸν καὶ ἡ μηχανὴ καὶ ὁ παραλογισμός. *hlmns* plan

c. σόφισμα λέγεται ἡ μηχανή, σόφισμα τὸ σοφόν, σόφισμα καὶ ὁ παραλογισμὸς καὶ ἡ ἀπάτη. *y* plan

d. σοφὸν μηχάνημα. *y* plan

10–11 Schol. Eur. Hec. 230 (ed. Dindorf) πλήρης· πεπληρωμένος. γεγεμισμένος. Schol. Opp. Hal. I 796 περιπληθής· πληρουμένη, στενοχωρουμένη, γεγεμισμένη, πεπληρωμένη. **12–13** Lex. spir. p. 190 ἅλως, τὸ ἁλώνιον. [Zon.] s.v. ἅλως· τὸ ἁλώνιον. παρὰ τὴν τῶν ἀσταχύων ἀλοίησιν καὶ συντριβήν. Moschop. Comm. Hes. Op. 805 ἐν ἀλωῇ εὐτροχάλῳ, ἤγουν ἁλωνοτοπίῳ ὁμαλῷ. **14** Cf. schol. IV 26 (p. 83, 6) ad ἀπογεύσαιτο. **15–17** [Hdn.] Epim. p. 8 βόλβιτον, ἡ τῶν βοῶν κόπρος. Schol. Aristoph. Ach. 1026c ὅτι οἱ Ἀττικοὶ οὕτω λέγουσι βόλιτον χωρὶς τοῦ β, ὅπερ ἡμεῖς βόλβιτόν φαμεν. ἔστι δὲ ἡ κόπρος τῶν βοῶν. **18–23** Schol. Aeschyl. Prom. 459 (ed. Dindorf) ἔξοχον σοφισμάτων· ὑπέρτατον τῶν ἄλλων μηχανημάτων. Schol. Eur. Phoen. 871 (ed. Dindorf) θεῶν σόφισμα· παραλογισμός, παραίνεσις εἰς τὸ μὴ παραβῆναι τὸ θεῖον.

2 μὲν τὸ σῶμα s 3 καὶ ante διὰ τὸ κυκλικῶς add. n 5 οἷον ὁ ἄνθρωπος y : correxi 11 τὸ om. m 12 ἅλως ante τὸ κοινῶς add. l τὸ κοινῶς h m n s ἡ ἅλως ἐστὶ τὸ κοινῶς y 13 ἀλωνοτόποιον n

plan **IV 26 (p. 83, 4)** ‹ἐπινοήσαντες·› ἐξευρόντες. *y*

plan **IV 26 (p. 83, 4)** ‹μάλα·› λίαν. *hmnsy*

plan **IV 26 (p. 83, 4)** ‹ἐπιτήδειον·› δεξιόν. *y*

plan **IV 26 (p. 83, 5)** ‹τοῦτο γάρ·› ὁ βοῦς. *y*

plan **IV 26 (p. 83, 5)** ‹μυσαττόμενον·› βδελυττόμενον. *hmnsy*

plan **IV 26 (p. 83, 6)** ‹ἀπογεύσαιτο·› μετρίως ἅψαιτο. *y*

plan **IV 26 (p. 83, 6)** ‹βαρυτάτῳ·› χαλεπωτάτῳ. *y*

plan **IV 26 (p. 83, 6)** ‹πιέζοιτο·› ἐκθλίβοιτο, τήκοιτο. *hmnsy*

IV 27 (p. 83, 15) ‹ἐφολκόν·› ἐπαγωγόν. *T*

IV 29 (p. 85, 2) ‹τὴν διπλῆν·› Ἀπόλλωνα καὶ Ἄρτεμιν. L^1

IV 29 (p. 85, 9) ‹κατέσταλται·› τεταπείνωται. *T*

IV 31 (p. 86, 3) ‹ἀναπτερυγίσαι·› κινῆσαι τὰ πτερά. *T*

IV 32 (p. 86, 11) ‹παγχρηστότερον·› πᾶσαν χρείαν ὠφελιμώτερον. *T*

IV 33 (p. 86, 24) ‹προβατίαι·› προβατείας λέγει Δίων ὁ Προυσαῖος (Or. X 19) τὴν περὶ τὰ πρόβατα τέχνην. L^1

IV 34 (p. 87, 9) ‹ἐπιστρέφει·› στρέφει ἐπὶ τὸν ὄφιν. σκεπτέον δὲ μήποτε ἡ πρόθεσις ὑστεροχρονίαν δηλοῖ, ἤγουν μετὰ τὸ δακεῖν τὸ κάρφος στρέφει ἑαυτόν. L^1

IV 35 (p. 87, 23) ‹γενεᾶς·› γεννήσεως. L^1

IV 35 (p. 88, 5) ‹γυρώτερος·› κυρτώτερος. *T*

IV 37 (p. 88, 24) ‹τῷ θανάτῳ ἰόντας·› τοὺς ἀνθρώπους. *T*

IV 37 (p. 88, 28–29) ‹περιηγοῦνται·› λέγουσι. *T*

IV 37 (p. 88, 29) ‹οὐχ ὡς εἰπεῖν·› ἁπλῶς. *T*

IV 37 (p. 89, 17) ‹σπασμός·› κίνησις μᾶλλον ἀπροαίρετος. L^1

2 Hsch. μ 143 μάλα βούλεται· πάνυ, σφόδρα, λίαν, μάλιστα, ἄγαν. [Zon.] s.v. μάλα· ἀντὶ τοῦ πάνυ καὶ λίαν. καὶ μάλιστα. Cf. schol. IV 59 (p. 99, 12) ad μάλα. **5** Hsch. μ 1936 *μυσαττόμενος· σιχχαινόμενος. βδελυττόμενος. ἀποστρεφόμενος. Cyr. μ 281 Hag. μυσαττόμενος· βδελυττόμενος. **6** Cf. schol. IV 26 (p. 83, 3) ad ἀπογεύεσθαι. **8** Hsch. π 2255 πιέζειν· κατέχειν. θλίβειν, σφίγγειν. μαλάσσειν. *βαρεῖν (Hom. Od. IV 419). **9** Cf. schol. I 11 (p. 7, 15) ad ἐφολκόν. **21** Hsch. γ 1027 γυρόν· κατακεκαμμένον. *κυρτόν, στρογγύλον. **25–26** Steph. Comm. Hipp. Progn. 1, 5 καλῶς δὲ λοιπὸν ὡρίσαντο οἱ εἰπόντες τὸν σπασμὸν κίνησιν ἀπροαίρετον ἐν προαιρετικοῖς μορίοις συνισταμένην· ἀμφότερα γὰρ περιλαμβάνει ὁ ὁρισμὸς οὗτος. Cf. schol. IV 53 (p. 96, 24) ad σπασμῷ.

8 θλίβοιτο n s y **21** κυρτότερος legendum

IV 39 (p. 90, 2) ‹ἐπῳάζει·› ἐπικάθηται. *T*

IV 40 (p. 90, 22) ‹προσαναλέξασαι·› συνάξασαι. *T*

IV 41 (p. 90, 26) ‹δραμὼν δὲ ἐπὶ πλέον·› εὔρηται [ ] δραμὼν δὲ ἐπὶ πλέον ὁ δεῖνα ἀντὶ τοῦ εἰς μακρότερον ἐλθὼν χρόνον εἴρηκεν, ἐμοὶ δὲ ἐπὶ δρόμον δοκεῖ. *L*[1]

IV 41 (p. 91, 3) ‹καταγοητευθέντος·› κατασκευασθέντος εἰς ἡδονὴν ἐφελκυστικήν. *L*[1]

IV 42 (p. 91, 13) ‹σανδαράκην·› σανδαράκ̣[ι]νον κατ' ἰ̣α̣τροὺς τὸ ἀ[ρ]σ̣ενίκι[ον], ὅπερ κα̣[ὶ ἀ]ττ̣ι̣κ̣όν. καὶ ζήτει. *L*[1]

IV 43 (p. 92, 19) ‹ἐντακῆναι·› ἐμμεῖναι. *T*

IV 45 (p. 93, 18) ‹ἐρυθήματα·› ἐρυθήματα ἀντὶ τοῦ μυστήρια, πράγματα ἄρρητα ο̣ἷ̣ς ἕπεται αἰσχύνη. ἐπεὶ δὲ ἡ αἰδὼς γένος ἐστὶ καὶ διαιρεῖται εἰς ἐρύθημα καὶ αἰσχύνην, καὶ τὸ μὲν ἐρυθριᾶν ἐστιν ἴδιον ἐπαινουμένων, τὸ δὲ αἰσχύνεσθαι ἕπεται τοῖς ἐλεγχομένοις ἐπὶ κακοῖς, οὗτος χρῆται εἴδει ἀντὶ εἴδους. *L*[1]

IV 45 (p. 93, 20) ‹ἐξέπτυσε·› ἐξεῖπεν. *T*

IV 46 (p. 93, 24) ‹πεπωλευμένος·› πεπαιδευμένος. *T*

IV 47 (p. 94, 23) ‹ἐπιχωρίοις·› ἱματίοις δηλονότι. *L*[1]*T*

IV 50 (p. 95, 28) ‹τοῖς προσθίοις·› ἐμπροσθίοις. *y* plan

IV 50 (p. 95, 28) ‹τοῖς κατόπιν·› ὀπίσω ποσί. *y* plan

IV 50 (p. 95, 28) ‹τέτταρας·› ἔχει δακτύλους. *y* plan

IV 50 (p. 95, 28) ‹ἡ δὲ θήλεια·› πόρδαλις. *y* plan

IV 50 (p. 95, 28) ‹εὐρωστοτέρα·› ἰσχυροτέρα. *hmnsy* plan

IV 50 (p. 95, 29) ‹γεύσηται·› ἅψηται διὰ γλώττης. *y* plan

IV 50 (p. 95, 29) ‹ἀγνοοῦσα·› οὐ γινώσκουσα. *y* plan

IV 50 (p. 95, 30) ‹πόα·› βοτάνη. *hmnsy* plan

1 Cf. schol. III 45 (p. 72, 1) ad ἐπῳάζειν. **17** Hsch. π 4492 πωλεύειν· παιδεύειν πώλους. **23** Hsch. ε 7167 *εὐρώστως· ὑγιῶς. ἰσχυρῶς (Sap. VIII 1). **26** Hsch. π 2655 *πόα· βοτάνη ἑκάστη. Cyr. π 401 Hag. πόα· ἑκάστη βοτάνη οὕτω λέγεται, ἡ δὲ σμήχουσα ποία κέκληται παρὰ Δημοσθένει καὶ Λυσίᾳ.

3 post εὔρηται margine decurtato circiter 70 litterae interierunt **8–9** supplevi **18** δηλονότι om. T **23** ἰσχυροτέρα ἐστί y

plan **IV 50 (p. 95, 30)** ἀποπάτημα· a. ἀποπατεῖν καὶ ἐκκρίνειν τὸ τὰ περιττὰ τῆς γαστρὸς ὑπάγειν, ἤγουν τὸ χέζειν, καὶ ἀποπάτημα τὸ χεζόμενον. γράφεται καὶ τὸ χέζειν· «ἐλευθέρα Κέρκυρα, χέζ' ὅπου θέλεις» (fr. ia. ad. 9a Diehl). *hlmns*

plan b. ἀποπατεῖν καὶ ἐκκρίνειν λέγεται τὸ τὰ περιττὰ τῆς γαστρὸς ὑπάγειν, ἤγουν τὸ χέζειν, καὶ τὸ χεζόμενον, ἡ κόπρος, λέγεται ἀποπάτημα. γράφεται καὶ τὸ χέζειν· «ἐλευθέρα Κέρκυρα, χέζ' ὅπου θέλεις» (fr. ia. ad. 9a Diehl). *y*

plan c. κόπρον. *y*

plan **IV 50 (p. 95, 30)** ‹πόθεν·› ἀπό τινος τόπου. *y*

plan **IV 50 (p. 95, 31)** ‹ἀνιχνεύσασα·› ζητήσασα καὶ εὑροῦσα. *hmy*

plan **IV 50 (p. 95, 31)** ‹διασώζεται·› τηρεῖται ὑγιής. *y*

plan **IV 51 (p. 96, 1)** ‹βλεφαρίδας·› βλεφαρίδες αἱ τρίχες τῶν βλεφάρων. *hlmnsy*

plan **IV 51 (p. 96, 2)** ‹αἰτίαν·› a. κατηγορίαν. *hm*

plan b. κατηγορίαν· μέμψιν. *Ty*

plan **IV 51 (p. 96, 3)** ‹γράφων·› ζωγραφῶν. *hmnsy*

plan **IV 51 (p. 96, 4)** ‹αἰτίαν·› κατηγορίαν· μέμψιν. *y*

plan **IV 51 (p. 96, 4)** ‹ἐνέγκασθαι·› κομίσασθαι, λαβεῖν. *hmnsy*

1–8 Planud. Epim. ined. (ε[6] f. 107[r], ε[9] f. 106[v]) = [Moschop.] Voc. Att. s.v. ἀποπατεῖν καὶ ἐκκρίνειν τὸ τὰ περιττὰ τῆς γαστρὸς ὑπάγειν, ἤγουν [ἤτοι ε[9]] τὸ χέζειν, καὶ ἀποπάτημα τὸ χεζόμενον. γράφεται δὲ [δὲ om. ε[6]ε[9]] καὶ τὸ χέζειν· ὡς τὸ [ὡς τὸ om. ε[6]ε[9]] «ἐλευθέρα Κέρκυρα, χέζ' ὅπου θέλεις» (fr. ia. ad. 9a Diehl). **11–12** Hsch. ι 1155 ἰχνεύει· ἐρευνᾷ, ζητεῖ. **14–15** Ptol. Diff. voc. β 54 Palmieri βλέφαρα καὶ βλεφαρίδες διαφέρει. βλέφαρα μέν εἰσιν αὐτὰ τὰ ἐπικλειόμενα τῶν ὀμμάτων δέρματα, βλεφαρίδες δὲ αἱ τρίχες αἱ ἐπὶ ‹τῶν› βλεφάρων. Hsch. β 705 βλεφαρίδες· αἱ ἐν τοῖς ὀφθαλμοῖς τρίχες. **18** Harp. s.v. γραφεύς (p. 81, 8–9 Dindorf = γ 16 Keaney)· ἀντὶ τοῦ ζωγράφος Δημοσθένης κατὰ Μειδίου (21, 147). καὶ γράφειν δὲ τὸ ζωγραφεῖν ἔλεγον (Su. γ 436; Phot. γ 203).

1 lemma add. n | ἀποπατεῖν τὸ ἐκκρίνειν ἤγουν n s **2** ἤτοι τὸ χέζειν s **2–3** ἀποπάτημα τὸ χεζόμενον h m n s ἀποπάτημα τὸ αὐτό l **3–4** γράφεται καὶ τὸ χέζειν· «ἐλευθέρα Κέρκυρα, χέζ' ὅπου θέλεις» om. n s **17** κατηγορίαν om. T **20** κομίσασθαι om. y

IV 51 (p. 96, 4) ‹ἀγαθόν·› a. τὸ ἀγαθὸν μόνον λεγόμενον ἐπὶ ψυχῆς λέγεται, ὡς τὸ καλὸν ἐπὶ σώματος, μετὰ δὲ προσδιορισμοῦ τὸ ἀγαθὸν καὶ ἐπὶ σώματος καὶ τεχνῶν καὶ ἄλλων τοιούτων λέγεται, οἷον ἀγαθὸς τὴν ὄψιν, ἀγαθὸς τὴν φρόνησιν, ἀγαθὸς τήνδε τὴν τέχνην. *hlmns* plan

b. τὸ ἀγαθὸν μόνον λεγόμενον ἐπὶ ψυχῆς λέγεται, ὥσπερ τὸ καλὸν μόνον λεγόμενον ἐπὶ σώματος λέγεται, οἷον καλὸς ὁ δεῖνα, ἤγουν ὡραῖος· μετὰ δὲ προσδιορισμοῦ τὸ ἀγαθὸν καὶ ἐπὶ σώματος καὶ ἐπὶ τεχνῶν καὶ ἐπ᾽ ἄλλων τοιούτων λέγεται, οἷον ἀγαθὸς τὴν ὄψιν, ἤγουν ὡραῖος, καὶ ἀγαθὸς τὴν φρόνησιν καὶ ἀγαθὸς τὴν τέχνην, οἷον ὁ Σίμων σκυτεὺς ἀγαθός, ὁ Ἀπελλῆς ζωγράφος ἀγαθός, ὁ Ἀριστοτέλης ἀγαθὸς φιλόσοφος καὶ ὁ Σωκράτης ἀγαθὸς διαλεκτικός. *y* plan

c. ἄριστον ζωγράφον. *y* plan

IV 51 (p. 96, 5) ‹γράψαι·› ζωγραφῆσαι. *hmnsy* plan

IV 51 (p. 96, 5) ‹σφαλέντα·› πταίσαντα. *y* plan

IV 53 (p. 96, 13) ‹πέπυσμαι·› ἀκούω. *p*

IV 53 (p. 96, 21) ‹ψελλίοις·› βραχιολίοις. *T*

IV 53 (p. 96, 24) ‹σπασμῷ·› κινήσει μᾶλλον ἀπροαιρέτῳ. L^1

IV 53 (p. 97, 6) ‹διώκειν·› a. τὸ ζητεῖν τινα, καταλαβεῖν τὸν ὄνον. L^1

b. τινά. *T*

IV 53 (p. 97, 6) ‹ἐκεῖνον·› τὸν ὄνον. *T*

IV 53 (p. 97, 17) ‹τίμημα·› ἡ τιμωρία. L^1T

1–13 Planud. Epim. ined. ($ε^6$ f. 107^r, $ε^9$ f. 106^v) = [Moschop.] Voc. Att. s.v. τὸ ἀγαθὸν μόνον λεγόμενον ἐπὶ ψυχῆς λέγεται, ὡς τὸ καλόν ἐπὶ σώματος. μετὰ δὲ προσδιορισμοῦ τὸ ἀγαθὸν καὶ ἐπὶ σώματος καὶ τεχνῶν καὶ ἄλλων τοιούτων λέγεται, οἷον ἀγαθὸς τὴν ὄψιν [ἀγαθὸς τὴν φρόνησιν add. $ε^6ε^9$], ἀγαθὸς τήνδε τὴν τέχνην [$ε^6ε^9$, τήνδε om. Moschop.]. Planud. Epim. pp. 66–67 Lindstam καλὸς μὲν ἐπὶ σώματος, οὗ τὸ ἐναντίον αἰσχρὸς ὁ δυσειδής, ἀγαθὸς ἐπὶ ψυχῆς, οὗ τὸ ἐναντίον κακός. Cf. schol. I 33 (p. 16, 8) ad ἀγαθοί. **16** Hsch. π 4177 *πταίει· πίπτει, ἁμαρτάνει. σφάλλει. **17** Schol. Aristoph. Av. 957 πεπύσθαι· ἀκοῦσαι· πέπυσμαι, ἀκήκοα, ἔμαθον, ἴδον. **19** Cf. schol. IV 37 (p. 89, 17) ad σπασμός. **24** Schol. Aristoph. Plut. 480 (Tzetz.) τίμημα· τιμωρίαν. Thom. Mag. Ecl. p. 350, 4 τίμημα ἡ τιμωρία.

1 λεγόμενον δέ l **3** καὶ ante ἐπὶ σώματος om. n **4–5** ἀγαθὸς δὲ τὴν τέχνην $m^{a.c.}$ s **18** βραχιολείοις T : correxi **24** ἡ om. T

IV 53 (p. 97, 20) ‹περιληφθέν·› κύκλῳ ληφθέν, τὸ περισχεθέν. *T*

IV 53 (p. 97, 23) ‹περιέπουσιν·› φυλάττουσιν. *T*

plan **IV 59 (p. 99, 8)** ‹ὕδρου·› εἶδος ὄφεως ὁ ὕδρος. *hlmnsy*

plan **IV 59 (p. 99, 9)** ‹παραχρῆμα·› a. εὐθύς. *hmns*

plan b. εὐθύς· παρ' αὐτὸ τὸ πρᾶγμα. *y*

plan **IV 59 (p. 99, 9)** ‹ἀπεργάζεσθαι·› ποιεῖν. *nsy*

plan **IV 59 (p. 99, 10)** ‹οἷον τε εἶναι·› δυνατὸν εἶναι. *hmnsy*

plan **IV 59 (p. 99, 10)** ‹προσπελάσαι·› πλησιάσαι. *hmnsy*

plan **IV 59 (p. 99, 10)** ‹καταχεῖσθαι·› ἐπάνω τοῦ τρωθέντος χεῖσθαι. *y*

plan **IV 59 (p. 99, 11)** ‹αὐτός·› a. τὸ αὐτὸς χωρὶς μὲν τοῦ ἄρθρου ἀναφορὰν δηλοῖ, μετὰ δὲ τοῦ ἄρθρου ἐνίοτε μὲν λαμβάνεται ὅτε τὸ αὐτὸ πρόσωπον πάλιν ποιεῖ τι, ἐνίοτε δὲ ὅταν πρᾶγμά τι ἑτέρου πράγματος ἢ ἑαυτοῦ κατ' οὐδὲν παραλλάττῃ. *hlmnsy*

plan b. Ἀριστοτέλης. *y*

plan **IV 59 (p. 99, 11)** ‹ἀχλύν·› a. σκότωσιν. *hmns*

plan b. χεῖσθαι σκότωσιν, ζόφωσιν. *y*

plan **IV 59 (p. 99, 11)** ‹κατὰ τῶν ὀμμάτων·› ἐπάνω τῶν ὀμμάτων. *y*

plan **IV 59 (p. 99, 12)** ‹λύτταν·› μανίαν. *y*

plan **IV 59 (p. 99, 12)** ‹ἐπιγίνεσθαι·› σὺν ἐκείνοις τοῖς πάθεσι. *y*

3 Hsch. π 1663 περιέπει· περιέρχεται. περιεργάζεται. *φυλάττει. θεραπεύει. **4** Hsch. υ 91 *ὕδρος· ὄφις. 92 *ὕδρου· ὄφεως (Hom. Il. II 723) εἶδος. Schol. Arat. 946 ὕδρος εἶδος ὄφεως, ὃς τοὺς βατράχους σιτεῖται, ὡς καὶ παρὰ Νικάνδρῳ (Ther. 411–417). **5–6** Su. π 2452 πρόκα· εὐθύς, παραχρῆμα. **8** Hsch. ο 365 οἷον· *ὁποῖον. μόνον. τρόπον τινά. δυνατόν. καθάπερ. ἢ ποιόν. 372 *οἷόν τε· δυνατόν. Cyr. ο 66 Hag. οἷόν τε· δυνατόν. **9** Schol. Opp. Hal. I 720 ἔγχρίψας· πλησιάσας, προσεγγίσας, προσπελασθείς. **12–15** Schol. Eur. Phoen. 920 (ed. Dindorf) τὸ αὐτὸς χωρὶς μὲν τοῦ ἄρθρου ἀναφορὰν δηλοῖ μόνον, μετὰ δὲ τοῦ ἄρθρου ἐνίοτε μὲν ἀναφορὰν, οἷον ὁ δεῖνα ἐποίησε τόδε, ὁ αὐτὸς ἐποίησε καὶ τόδε, ἐνίοτε δὲ ταυτότητα, ἤγουν ὁμοίωσιν ἀπαράλλακτον, οἷον ὁ δεῖνα ὁ αὐτός ἐστι τῷ δεῖνι. καὶ ἀνὴρ ὅδ' οὐκέτι ὁ αὐτὸς μένει, ἤγουν ἐνήλλακται τὴν γνώμην, καὶ οὐχ ὅπερ ἦν ἤδη πρὸ τούτου, αὐτὸ δὴ τοῦτο ἀπαραλλάκτως φυλάττει. **17–18** Ap. Soph. α 60 ἀχλύς· ἡ τῶν ὀφθαλμῶν σκότωσις (υ 357). **21** [Zon.] s.v. λύσσα καὶ λύττα· ἡ μανία.

4 ὁ ὕδρος om. n s ὁ ὕδρος ante εἶδος ὄφεως transp. y **8** εἶναι om. s **13** ὅταν m **14** ποιῇ m **15** παραλλάττει l n

IV 59 (p. 99, 12) ‹μάλα·› λίαν. *hmy* plan

IV 59 (p. 99, 12) ‹ἰσχυρόν·› δυνατόν. *y* plan

IV 59 (p. 99, 13) ‹ἀπόλλυσθαι·› θνήσκειν. *y* plan

IV 59 (p. 99, 13) ‹διὰ τρίτης·› a. ἡμέρας δηλονότι. *hm* plan

b. ἡμέρας, ἤγουν μετὰ τρίτην ἡμέραν. *y* plan

IV 61 (p. 99, 22) ‹προεγνωκέναι·› προγινώσκειν. *y* plan

IV 61 (p. 99, 22) ‹ἴσασι·› γινώσκουσι. *hmnsy* plan

IV 61 (p. 99, 23) ‹ἐσομένην·› γενησομένην. *hmnsy* plan

IV 61 (p. 99, 23) ‹προμηθέστατα·› προνοητικώτατα. *hmnsy* plan

IV 61 (p. 99, 23) ‹ἐφυλάξαντο·› ἔφυγον. *hmnsy* plan

IV 61 (p. 99, 23) ‹τοῦ καταληφθῆναι·› τοῦ κρατηθῆναι. *hmy* plan

IV 61 (p. 99, 23) ‹δέει·› a. διὰ φόβον. *m* plan

b. φόβῳ, ἤγουν διὰ φόβου. *hnsy* plan

IV 61 (p. 99, 23) ‹ἀποδιδράσκουσι·› a. διαδιδράσκει τις plan φυλακήν, ἀποδιδράσκει δὲ ὅταν ἀφύλακτος ᾖ. *hlmns*

b. διαδιδράσκει τις ὅταν καθειργμένος ᾖ ἐν φυλακῇ, ἀποδιδράσκει δὲ ὅταν ἀφύλακτος ᾖ. *y* plan

c. φεύγουσιν. *y* plan

IV 61 (p. 99, 24) ‹ἀλσώδη·› a. ἄλσος καὶ δρυμὼν καὶ λόχμη plan τὸ δάσος, ἤγουν τὸ ἐπὶ τῆς ξηρᾶς. ἕλος δὲ τὸ λιμνῶδες καὶ καλαμῶδες. *hlmns*

b. ἄλσος, δρυμὼν καὶ λόχμη τὸ δάσος, τὸ σύνδενδρον τὸ plan ἐπὶ τῆς ξηρᾶς. ἕλος δὲ τὸ λιμνῶδες καὶ καλαμῶδες, τὸ ὑγρότητα ἔχον. *y*

1 Cf. schol. IV 26 (p. 83, 4) ad μάλα. **7** Cf. schol. I 2 (p. 2, 16) ad ἴσασι. **8** Hsch. ε 6282 *ἐσομένους· γενησομένους. Cf. schol. I 10 (p. 6, 14) ad ἔσεσθαι. **9** Hsch. π 3576 *προμηθέστεροι· προνοητικώτεροι. **12–13** Hsch. δ 414 *δέει· φόβῳ. χρείᾳ. Cf. scholl. I 15 (p. 9, 10) ad δέους, I 16 (p. 9, 18) ad τοῦ δέους et VIII 9 (p. 197, 20) ad δέα. **14–17** [Moschop.] Voc. Att. s.v. διαδιδράσκει τις φυλακήν, ἀποδιδράσκει δὲ ὅταν ἀφύλακτος ᾖ. Cf. schol. X 12 (p. 237, 7) ad ἀποδιδράσκει. **19–88,1** Planud. Epim. ined. ($ε^6$ f. 107^r) ἄλσος καὶ δρυμὼν καὶ λόχμη τὸ δάσος, ἤγουν τὸ ἐπὶ τῆς ξηρᾶς. ἕλος (scripsi: ἕλκος $ε^6$) δὲ τὸ λιμνῶδες καὶ καλαμῶδες. [Moschop.] Voc. Att. s.v. ἄλσος μὲν καὶ δρυμὼν καὶ λόγχμη (l. λόχμη), τὸ ἐπὶ στερεᾶς γῆς. ἕλος δὲ τὸ λιμνῶδες καὶ καλαμῶδες. Thom. Mag. Ecl. p. 223, 17–19 ἄλσος δὲ καὶ δρυμὼν καὶ λόχμη ἐπὶ ἀγρίων δένδρων ἱσταμένων ἐπὶ ξηρᾶς· ἕλος δὲ τόπος λιμνώδης καὶ καλαμώδης.

13 ἤγουν διὰ φόβου om. y **14** διδράσκει h m **19** καὶ ante δρυμὼν om. s

plan c. τὰ δάση, τὰ ἐπὶ τῆς γῆς τῆς ξηρᾶς. *y*

plan **IV 61 (p. 99, 24)** ‹χωρία·› τοὺς τόπους. *y*

plan **IV 61 (p. 99, 24)** ‹τὰ δασέα·› τὰ σύνδενδρα. *y*

plan **IV 61 (p. 99, 25)** ‹τὰ δάση·› τὰ σύνδενδρα. *y*

plan **IV 61 (p. 99, 25)** ‹κρησφύγετα·› καταφύγια. *hlnsy*

V 1 (p. 100, 1) ‹γῆν τὴν Παρειανῶν·› a. Παρία γῆ ἡ περὶ τὰς Πηγὰς καὶ Κύζικον· ὡς διατρίψαντος αὐτόθι τοῦ Πάριδος. L^1

b. ἐν ἑ[τέρῳ] γῆν [τὴν] Παρ[ι]αν[ῶν]. L^1

V 1 (p. 100, 10) ‹ὑμνούμενα·› καλούμενα. *T*

V 3 (p. 102, 5) a. ‹πυγόνος·› πυγὼν πυγόνος, ὁ πῆχυς τοῦ ἀνθρώπου ὁ ἀπὸ ἀγκῶνος μέχρι τῶν δακτύλων. L^1

Diog b. ‹πυγόνος·› πήχεως. *FH*

c. ‹πυγῶνος·› πηχυαῖος. *T*

V 3 (p. 102, 13) ‹βρυκῶσι·› γράφεται τρυφῶσι. *FH*

V 3 (p. 102, 26) ‹κρανείας·› κράνειον φυτὸν καὶ τὸ γυμνάσιον, καὶ κράνειος καρπός, δίφθογγον. Κρανίον δὲ τόπος καὶ ἡ κεφαλή, Ι. *A*

V 3 (p. 103, 6) ‹ἐφίεται·› δίδοται. *T*

V 3 (p. 103, 20) ‹φορυτῷ·› ἀπὸ γῆς δηλονότι ἢ τοιαύτης ὕλης. L^1

V 5 (p. 104, 4) ‹καθίησι·› κατατείνει εἰς μῆκος τὸ κοινῶς κάλλος αὐτῆς. L^1T

V 6 (p. 104, 8) ‹Θρῇσσα·› Θρακική. L^1

V 9 (p. 105, 9) ‹ὁμολογοῦσι·› συμφωνοῦσιν, ὁμοιοῦσιν. *T*

V 9 (p. 105, 11) ‹Λοκρόν·› τέττιγα δηλονότι. L^1

10–13 Hsch. π 4284 πυγόνος· τοῦ πήχεος. ἔστι δὲ ἡ πυγὼν ἀπὸ ὠλεκράνου ἄχρι τοῦ μικροῦ δακτύλου. [Zon.] s.v. πυγόνος· ἀντὶ τοῦ πήχεος. Αἰλιανός (V 3)· «τετράγωνοι δὲ ἄμφω, πυγόνος δὲ τὸ μῆκος». **15–17** Su. κ 2324 κράνειον· φυτόν. καὶ τὸ γυμνάσιον. καὶ κράνειος καρπός. Κρανίον δὲ τόπος· καὶ ἡ κεφαλή. **19–20** Hsch. φ 802 *φορυτός· φρύγανα, ἄχυρα, καὶ ἀπὸ γῆς αἰρόμενος ὑπὸ ἀνέμου χόρτος, φρυγανῶδες, συρφετός, βόρβορος, ἀκαθαρσία. **23** Su. θ 485 Θρῇσσα· ἡ Θρακικὴ γυνή.

8 supplevi **14** γράφεται om. F **21–22** εἰς μῆκος τὸ κοινῶς κάλλος αὐτῆς om. T

V 11 (p. 106, 19) ‹κυττάροις·› a. αἱ κατατρήσεις τῶν μελισσαίων κηρίων. L^1

b. τῶν κηρίων καὶ σφηκῶν κατατρήσεις. *A*

c. τὰς τρήμας τῶν κηρίων φησί. *a* Diog

d. κύτταροι τὰ τρήματα τῶν κηρίων. *z* Diog

V 11 (p. 106, 20) ‹σχαδόνες·› a. τὰ κηρία τῶν μελισσῶν. ὁ δὲ Παλαμήδης (fr. 6 Bagordo) αἱ νεωστὶ γινόμεναι ἐν τοῖς κηρίοις μέλισσαι. *FHa*

b. σχαδόνες τὰ κηρία, οἱ δὲ τὰς νεωστὶ γενομένας ἐν τοῖς κηρίοις μελίσσας φασίν. *z*

c. τὰ κηρία τῶν μελισσῶν ἐν οἷς κύτταροι γ̣ί̣γ̣ν̣ο̣ν̣τ̣α̣ι̣, ἐν τούτοις σκώληκες λευκοί. *A*

V 11 (p. 106, 21) ‹ἄφοδοι·› ἄφοδος ὁ ἀπόπατος. ἄφοδος καὶ ἀναχώρησις. *A*

V 11 (p. 107, 4) ‹κάκῃ·› δειλί̣ᾳ. L^1T

V 11 (p. 107, 14) ‹φρῦνοι·› φρῦνος ὁ ἀδιάπλαστος βάτραχος. *A*

V 11 (p. 107, 14) ‹τελμάτων·› τέλμα ὁ πηλώδης τόπος. *A*

1–3 Phot. κ 1267 κύτταρος· ἡ τῆς βαλάνου πυελίς. ἢ τὸ προεξάνθημα τῆς ῥοιᾶς. ἢ ἡ ἐν τοῖς κηρίοις τῶν μελιττῶν πυελὶς καὶ κατάτρησις. Su. κ 2786 κύτταρος· τὸ πῶμα τῆς βαλάνου, ὅπου ἐγκάθηται ἡ βάλανος. ἡ τῆς βαλάνου πυελίς, ἢ τὸ προεξάνθημα τῆς ῥοιᾶς, ἢ ἡ ἐν τοῖς κηρίοις τῶν μελιττῶν πυελὶς καὶ κατάτρησις. 2787 κύτταρος· αἱ τῶν κηρίων καὶ σφηκῶν κατατρήσεις. **4–5** Hsch. κ 4747 κύτταροι· οὕτω τὰς τρήμας τῶν κηρίων ἔφη Ἀχαιός (fr. 50 Snell). τινὲς δὲ σφηκιάς. **6–12** Hsch. σ 2949 σχάδονες· τὰ κηρία τῶν μελισσῶν, ἔνθα οἱ σκώληκες. οἱ δὲ τὴν ὑπερβάλλουσαν ἡδονὴν σχάδονες. **13–14** Su. α 4635 ἀφοδεῦσαι· Πλάτων Ἀδώνισι (fr. 4 K.-A.). καὶ ἄφοδος, ὁ ἀπόπατος. ἐξ οὗ καὶ ἀφοδεύειν. καὶ ἄφοδον, ἀναχώρησιν, ὥσπερ καὶ ἔφοδον τὴν ἐπέλευσιν. **15** Hsch. κ 300 κάκη· δειλία. ἢ κακία· ἀλλὰ τῆς ἐμῆς κάκης (Eur. Med. 1051), κακουχίας. **16–17** Cyr. φ 157 Hag. φρῦνος· βάτραχος. Su. φ 768 φρῦνος· ὁ ἀδιάπλαστος βάτραχος. **18** Cyr. τ 97 Hag. τέλματα· τὰ πηλώδη καὶ τελευταῖα τοῦ ὕδατος. ἢ βόρβορος. Syn. τ 81 τέλμα· τόπος πηλώδης ὕδωρ ἔχων (Su. τ 277; Phot. τ 137).

1–2 μελισσείων L[1] : correxi **4** τρήμας scripsi τρύμας a **6** σχαδόντες ut lemma add. H **6–7** ὁ δὲ Παλαμήδ( ) H a ἤ, ὡς ὁ Παλαμίδ( ) F **7** ἐν τοῖς κηρίοις om. a **8** μέλιτται F **11** κ̣ῠ̣( ) A ut vid. : κύτταροι scripsi γ̣ί̣γ̣ν̣ο̣ν̣τ̣α̣ι̣ difficile lectu **11–12** ἐν ταύτῃ A ut vid. : correxi

V 11 (p. 107, 16–17) ‹Καδμείαν ... νίκην·› ἐπὶ τῆς ἀλυσιτελοῦς νίκης, ἐπεὶ Ἐτεοκλῆς καὶ Πολυνείκης μονομαχήσαντες ἀμφότεροι ἀπώλοντο. ἕτεροι δὲ ἐπὶ τῶν νικώντων μὲν τοὺς πολεμίους, πλείονας δὲ τῶν οἰκείων ἀποβαλλόντων. *A*

V 12 (p. 108, 6) ‹ἀλέας·› θέρμας. *T*

V 12 (p. 108, 9) ‹τὰ μέλη·› ἑαυτῆς. *T*

V 13 (p. 108, 12) ‹διαβήτου·› ἐργαλεῖον ὁ διαβήτης, εὔχρηστος τέχναις πολλαῖς. *A*

V 13 (p. 108, 14) ‹εὐθηνεῖται·› δυνατώτεροι γίνονται. *A*

V 13 (p. 108, 14) σμῆνος· τὸ πλῆθος μελισσῶν. *A*

V 14 (p. 109, 8) ‹ὀδαξησμόν·› a. κνησμόν, ὀδόντων τρισμ[όν]. *L*[1]

b. κνησμός, ὀδόντων τρισμός. *A*

V 15 (p. 109, 16) ‹λευστῆρα·› a. λίθοις βαλόντα. *L*[1]

b. τὸν βαλόντα λίθοις. *T*

V 17 (p. 110, 1) ‹ἔστω ... γέρας·› τιμηθήσεται. *T*

V 17 (p. 110, 13) ‹λῦτο·› γράφεται λητῷ. *H*

V 21 (p. 111, 12) ‹ψυχάσαι·› a. ἀναψύξαι. *L*[1]

b. σκιὰν ποιῆσαι. *T*

V 21 (p. 111, 25) ‹τὰ Περσῶν βασιλ( )·› γράφεται ποικίλματα. *FH*

V 21 (p. 112, 8) ‹ἐκρίθη·› κατεκρίθη. *L*[1]*T*

1–4 Su. κ 18 Καδμεία νίκη· ἀποδιδόασι τὴν ἐπὶ τῆς ἀλυσιτελοῦς νίκης· ἐπεὶ Ἐτεοκλῆς καὶ Πολυνείκης μονομαχήσαντες ἀμφότεροι ἀπώλοντο. ἕτεροι δέ φασιν αὐτὴν λέγεσθαι ἐπὶ τῶν νικώντων μὲν τοὺς πολεμίους, πλείονας δὲ τῶν οἰκείων ἀποβαλλόντων. **5** Cf. schol. III 20 (p. 62, 3) ad ἀλέας. **7–8** Su. δ 507 διαβήτης. ἐργαλεῖον ὁ διαβήτης, εὔχρηστος τέχναις πολλαῖς, τῷ λ στοιχείῳ παρεοικώς. **9** Su. ε 3495 εὐθηνούμενοι· ἐπὶ τὸ βέλτιον προκόπτοντες. καὶ κατ' ὀλίγον εὐθηνούμενοι δυνατώτεροι γίνονται τῶν δεξαμένων αὐτούς. **10** Syn. σ 149 σμῆνος· πλῆθος μελισσῶν (Su. σ 735; Phot. σ 401). **11–13** Cf. schol. I 38 (p. 18, 9) ad ὀδαξησμόν. **14–15** Hsch. λ 759 λευστῆρα· φονέα λίθοις ἀναιροῦντα. Et. Gen. B λ 80 λευστῆρα· τὸν λιθοβόλον. Λυκόφρων (Alex. 1187)· λευστῆρα πρῶτος οὕνεκεν ῥίψας πέτρον.

2 Πολ( ) A : Πολυνείκης scripsi **11–12** supplevi

V 22 (p. 112, 12) ‹ψυκτῆρας·› σκεῦος ὁ ψυκτὴρ ἐν ᾧ τὸν οἶνον ψύχουσι. *hlmnsy* plan

V 22 (p. 112, 12) ‹οἱ μύες·› οἱ ποντικοί. *y* plan

V 22 (p. 112, 12) ‹ἐμπέσωσιν·› ἐμβληθῶσιν. *y* plan

V 22 (p. 112, 12–13) ‹ἀνανεῦσαι καὶ ἀνελθεῖν·› ἔξω πεσεῖν τοῦ ψυκτῆρος. *y* plan

V 22 (p. 112, 14) ‹ἐφέλκουσι·› ἐφ' ἑαυτοὺς ἕλκουσι. *hlmnsy* plan

V 22 (p. 112, 15) ‹οὕτω·› κατὰ τοῦτον τὸν τρόπον. *hmy* plan

V 22 (p. 112, 15) ‹τούτους·› τοὺς μύας. *y* plan

V 22 (p. 112, 15) ‹ἐπικουρεῖν·› βοηθεῖν. *hmnsy* plan

V 22 (p. 112, 16) ‹ἐξεπαίδευσεν·› ἔμαθεν αὐτοὺς καὶ ἐδίδαξεν. *y* plan

V 24 (p. 113, 4) ‹βρίθοντος·› βαρύνοντος, βαρείας καὶ δυσκινήτους ποιοῦντος· παρεχρήσατο δέ, βρίθει γὰρ τὸ δένδρον τοῖς καρποῖς, ἀμεταβάτως. *L*[1]*T*

V 24 (p. 113, 6) ‹προβαλλόμενα·› προβλήματα καὶ φυλακὰς ἔχουσι. *T*

V 26 (p. 113, 16) ‹κατέχοντα·› ἐπιφέροντα. *T*

V 26 (p. 113, 17) ‹ἐπιβάλλοντα·› ἐπάγοντα. *T*

V 26 (p. 113, 18) ‹διαψεύσαιτο·› ψεύστην ποιήσαιτο. *T*

V 29 (p. 115, 5) ‹σοφίας·› φρονήσεως. *L*[1]

V 31 (p. 115, 17) ‹ἴδια·› ἴδιον τὸ μόνου τινὸς ὄν· ἀφ' οὗ ἰδιότης, ἐπὶ θηλυκοῦ διὰ τοῦ Ο μικροῦ, καὶ ἰδιώτης, ἐπὶ ἀρσενικοῦ διὰ τοῦ Ω μεγάλου, ὁ μὴ ἐπὶ τῶν κοινῶν πραγμάτων τεταγμένος καὶ ἐπὶ τῶν μὴ μετεχόντων τέχνης τινὸς ἢ ἐπιστήμης. Ι τὰ δύο, ἥδιον δὲ τὸ εὐφραντότερον, Η καὶ Ι. *fgnq* mosch

1–2 Planud. Epim. p. 65 Lindstam ψυκτὴρ δὲ ὁ σκεῦος, ἐν ᾧ τὸν οἶνον ἔψυχον, τὸ κοινῶς λεγόμενον κρυωτήριον. **4** Cf schol. II 29 (p. 43, 4) ad ἐμπεσοῦσα. **10** Et. M. s.v. ἐπικουρεῖν· τὸ βοηθεῖν. **13–15** Lex. Vind. β 4 βρίθει ἀντὶ τοῦ βαρύς ἐστι. καὶ βρίθει τὸ δένδρον τοῖς καρποῖς ἀντὶ τοῦ βαρύνεται. **26** [Zon.] s.v. ἡδεῖα· εὐφραντή, ἐρασμία.

1 ὁ ψυκτὴρ ante σκεῦος transp. y | ὁ ψυκτὴρ om. n s **7** εἰς ἑαυτοὺς n s ἕλκωσι s **13–15** βαρείας – ἀμεταβάτως om. T **22** μόνον τινὸς g **23** καὶ ante ἰδιότης add. n **25** μὴ ἐχόντων n **26** εὐφραντόν n mosch **V 31 (p. 115, 17)** ‹κεκλήρωται·› a. κλῆρος τὰ πατρικὰ πράγματα, ἀπὸ τοῦ καλεῖν. ἀφ' οὗ κληρονομία ἐπὶ τῆς διανομῆς τοῦ κλήρου ἐπὶ τοὺς προσήκοντας, καὶ κληρονόμος ὁ μετέχων αὐτοῦ, καὶ κλῆρος ἐπὶ τῶν κινουμένων ἐπὶ κόρυθος ἐπὶ τῷ δεῖξαι τὶς ἂν λαχὼν μονομαχήσῃ ἢ ἐπὶ μερισμοῦ τὶ ἂν λάβῃ ἤ τι τοιοῦτον. ἀπὸ μεταφορᾶς τούτου κεκλήρωται τῷ δεῖνι τόδε καὶ ἀποκεκλήρωται. *fgnq*

mosch b. ἔλαχον. *n*

mosch **V 31 (p. 115, 18)** ‹φάρυγγι·› a. φάρυγξ καὶ λάρυγξ ταὐτό· τὸ μὲν δι' οὗ φέρεται ἡ ἐρυγή, τὸ δὲ δι' οὗ ἐλαύνεται αὕτη· διὸ καὶ διὰ τοῦ Υ ψιλοῦ γράφεται ὡς ἀπὸ τοῦ ἤρυγον. ἀπὸ τοῦ λάρυγξ τὸ λαρυγγίζειν, ὡς ἀπολαυστικὸν δὲ τοῦτο τὸ μέρος, λέγεται καὶ λαιμὸς καὶ θώραξ κοινῶς, καὶ λαυκανίη ποιητικῶς. *fgnq*

mosch b. λαιμῷ. *n*

mosch **V 31 (p. 115, 18)** ‹τὴν δὲ χολήν·› ἀπὸ τῆς χολῆς τὸ χολᾶν καὶ ὁ χόλος ποιητικῶς, ὃ κοινῶς λέγεται θυμὸς καὶ ὀργή· τὸ μὲν ἀπὸ τοῦ θύειν τὸ δίκην μαινομένου ὁρμᾶν, τὸ δὲ ἀπὸ τοῦ ὀρέγεσθαι, ὄρεξις γὰρ ἀντιλυπήσεως ἡ ὀργή. *fgnq*

mosch **V 31 (p. 115, 18)** ‹τῇ οὐρᾷ·› τὴν οὐράν. *n*

mosch **V 31 (p. 115, 20)** ‹φέρει·› φέρει τίς τι κυρίως βαστάζων αὐτὸς αὐτό, κομίζει δι' ὑποζυγίων· ἄγει δὲ τὰ ἔμψυχα, ὅθεν ἀγωγὴ ἡ ἀνατροφὴ καὶ παίδευσις. καὶ ἐπὶ τῶν ἐναγομένων ὑπό τινων εἰς δικαστήριον κυρίως διὰ χρέος, ὧν ὁ μὲν ἐνάγων λέγεται, ὁ δὲ ἐνα-

1–2 Eust. in Il. v. 2 p. 435, 7–9 κλῆρος δὲ λέγεται νῦν μὲν ἀπὸ τοῦ καλεῖν τινα εἰς ἔριν πολέμου, ἄλλως δὲ ἁπλῶς ἐν τῷ καθόλου ἀπὸ τοῦ καλεῖν τινα εἰς προκείμενον ἔργον ἢ πρᾶγμα. 15–18 Schol. Hom. Od. II 315f καὶ δή μοι ἀέξεται ἔνδοθι θυμός· ὁ μὲν θυμὸς ἀπὸ τοῦ θύειν, ὁ δὲ χόλος ἀπὸ τῆς χολῆς καὶ τοῦ χολᾶν προσηγόρευται. 20–93,2 Lex. Hex. φ 9 τί διαφέρει τὸ φέρεσθαι τοῦ κομίζεσθαι καὶ ἄγεσθαι; φέρεσθαι μὲν γὰρ κυρίως λέγομεν τὰ τῷ σώματι ἡμῶν βασταζόμενα, κομίζεσθαι δὲ διὰ τῶν ὑποζυγίων, ἄγεσθαι δὲ τὰ ἔμψυχα ὄντα.

2 ἀφ' οὗ κληρονομία g q ἀφ' οὗ κληρονονομία f ἀφ' οὗ καὶ κληρονόμος n **10–11** γράφεται ante διὰ τοῦ Υ ψιλοῦ add. n **11** λάρυξ g **13** λαυκανίας codd. : correxi **16** καὶ θυμὸς καὶ ὀργή n **21** δ' ὑποζυγίαν n[a.c.] δ' ὑποζυγίου n[p.c.] | τὰ ante ἔμψυχα om. n | ἀναστροφὴ g **22** ἡ ἀνατροφὴ ἡ παίδευσις n ὑπὸ τῶν ἐναγομένων n

γόμενος. καὶ ἀγώγιμος ἤγουν ἀγωγῇ ἐνεχόμενος, ἀγώγιμα δὲ τὰ ἐντεθειμένα ταῖς ναυσί. *fgnq*

V 35 (p. 117, 17) ‹κόγχας·› ἐξ ὧν αἱ πορφύραι. *L^1*

V 35 (p. 117, 18) ‹προηγορεῶνι·› a. ἐν ἄλλοις πρηγορεών. *L^1*

b. πρηγορεὼν ἡ λεγομένη κοινῶς σγάρα. *L^1*

c. ἡ σγάρα. *T*

V 36 (p. 117, 25) ‹βρενθύεται·› a. ἀντὶ τοῦ ὀργίζεται· λέγεται τοῦτο καὶ ἐπὶ τρυφώντων ὅταν ὑπὸ τούτου ἐπαίρωνται. *L^1*

b. βρενθύεσθαι τὸ μετὰ συννοίας ἐπαίρεσθαι. *z*

V 37 (p. 117, 27) ‹ὀπὸν κυρηναῖον·› ὅν φασι σκορδολάζαρον. *L^1*

V 38 (p. 118, 8) ‹τακερῶς·› a. λυπηρῶς, ἀπὸ τοῦ ἑπομένου τὸ ἡγούμενον· ἕπεται γὰρ τοῖς λυπουμένοις τὸ τήκεσθαι. *L^1T*

b. ‹τακερῶς·› οἰκτρῶς ἢ θελκτικῶς ἀπὸ τοῦ τήκω. *a*

V 39 (p. 118, 26) ‹ἀποκρίνειν·› ἀνατιθέασι. *T*

V 39 (p. 119, 5) ‹ἔδει·› ἐσθίει. *L^1*

V 39 (p. 119, 8) ‹χήτει·› ἀντὶ τοῦ ἐνδείᾳ. *L^1*

V 39 (p. 119, 21) ‹ἀλκαίαν·› ἀλκαία ἡ οὐρὰ τοῦ λέοντος. *z*

V 39 (p. 119, 23) ‹ἴσῃ·› πληγῇ. *T*

3 Syn. κ 369 κόγχη· κογχύλη ὅθεν ἡ πορφύρα (Su. κ 1899; Phot. κ 834). **7–9** Hsch. β 1100 *βρενθύεται· μεγαλοφρονεῖ, ὑπερηφανεύεται, ἐπαίρεται. 1101 βρενθύεσθαι· θυμοῦσθαι, ὀργίζεσθαι. ἀναξιοπαθεῖσθαι, δυσχεραίνεσθαι προσποιεῖσθαι. Cyr. β 144 Hag. βρενθύεται· μεγαλοφρονεῖ· ἐπαίρεται· ἀλαζονεύεται. 252 βρενθύεται· ἐπαίρεται. **10–11** [Galen.] Lex. bot. p. 392, 11–12 σίλφιον καὶ σιλφίου ὀπὸς τὸ σκορδολάζαρον. **14** Hsch. τ 38 τακερόν· τηκτόν (com. ad. fr. 125, 2 K.-A.). οἰκτρόν. **16** Hsch. ε 422 *ἔδει· ἤσθιεν, ἢ ἐσθίει (Hom. Il. XV 636). Schol. D Hom. Il. XV 636 ἔδει· ἐσθίει. **17** Hsch. χ 423 χήτεϊ· στερήσει, ἐνδείᾳ, σπάνει. **18** Hsch. α 3085 ἀλκαία· κέρκος. ἡ οὐρά, ἡ τοῦ λέοντος (Call. fr. 54c, 23 Harder). Phot. α 977 ἀλκαία· οὐρὰ ζῴου, κυρίως δὲ τοῦ λέοντος, ἀπὸ τοῦ ἀλαλκεῖν, ὅ ἐστι βοηθεῖν. Schol. Ap. Rh. IV 1613–16c ἀλκαίη· κυρίως [δὲ] ἡ τοῦ λέοντος οὐρὰ ἀλκαία λέγεται, ἡ εἰς ἀλκὴν παρορμῶσα. ἐν δὲ τῇ Κωμικῇ λέξει (Didym. fr. 35 Schmidt) οὐ μόνον ἡ τοῦ λέοντος, ἀλλὰ καὶ ἵππου καὶ βοὸς καὶ τῶν ἐμφερῶν, ὅσα ὥσπερ ἀλεξητηρίῳ τῇ οὐρᾷ χρῆται. Cf. schol. VI 1 (p. 130, 9) ad ἀλκαίᾳ.

1 ἀγωγῆς ἐχόμενος n | καὶ ἀγώγιμα n | δὲ om. n **2** ἐντιθέμενα g n q **12–13** ἀπὸ τοῦ ἑπομένου – τὸ τήκεσθαι om. T **14** θελκτικῶς vocabulum novum ut vid.

V 40 (p. 120, 9) ‹φυλλάδι·› a. φυλλὰς ἡ σωρεία τῶν φύλλων. L^1

b. χύσει φύλλων. *T*

V 41 (p. 120, 16) ‹τευθίδες·› σημαίνει τὰ λεγόμενα καλαμάρια. *T*

V 41 (p. 120, 17) ‹ὀνομάσαι·› τινὰ δηλονότι. L^1

V 41 (p. 120, 18) ‹ἐπαρθέντα·› ἀναπεισθέντα. *T*

V 41 (p. 120, 19) ‹προβολαῖς·› a. ἃς προβοσκίδας εἶπεν. L^1

b. προβοσκίσι. *T*

V 45 (p. 122, 12) ‹ἰωγῇ·› τῷ ἀπλώματι. *T*

Diog **V 46 (p. 123, 2)** ‹συρμαΐζειν·› a. βρωμάτιόν τι ἐστὶ διὰ στέατος καὶ μέλιτος, ὃ λέγεται συρμαισμός· καὶ ἔστι πρὸς κάθαρσιν ἐπιτήδειον. ἔστι δὲ καὶ πόμα δι' ὕδατος καὶ ἁλῶν. Αἰγυπτιακὴ δὲ ἡ λέξις. *az*

b. ἐμεῖν. *T*

V 47 (p. 123, 9) ‹διείρας·› σουβλίσας. L^1

V 47 (p. 123, 15) ‹γλύμμα·› ἐν ᾧ δακτυλίῳ ἐγγέγλυπτο τύπος σαύρου. L^1

V 47 (p. 123, 16) ‹ἐννέα·› ἐνέθηκε σημεῖα ἐννέα διὰ τοῦ δακτυλίου ᾧ ἐνεκεκόλαπτο σημεῖον σαύρου· ἀφῄρει δὲ καθ' ἡμέραν ἓν σημεῖον καὶ τοῦτο ἐποίει μέχρι ἡμερῶν ἐννέα, ὅσα ἦν δηλονότι καὶ τὰ σημεῖα, καὶ ἀφελών, τοῦτο γὰρ τὸ ἀφανίσας, τὴν ἐπὶ πάσαις σφραγῖδα, δηλονότι τὴν ἐνάτην, ἀνοίγει τὴν χύτραν. L^1

V 47 (p. 123, 19–20) καὶ τὸν μέν· τὸν σαῦρον, ἐνταῦθα ἀπελύσαμεν ἔνθεν, ἤγουν ἐξ οὗ τόπου ἐκρατήθη παρ' ἡμῶν. L^1

4–5 Schol. Opp. Hal. I 428 τευθίδες· τὰ λεγόμενα καλαμάρια. Cf. schol. XI 37 (p. 277, 24) ad τευθίς. **11–14** Hsch. σ 2780 σύρμαια· ἀγών τις ἐν Λακεδαίμονι, ἔπαθλον ἔχων συρμαίαν. ἔστι δὲ βρωμάτιον διὰ στέατος καὶ μέλιτος. λέγεται δὲ καὶ συρμαϊσμός (Hippocr. Artic. 40 4, 174, 1 L.), καὶ ἔστι πρὸς κάθαρσιν. καὶ πόμα δι' ὕδατος καὶ ἁλῶν (Aristoph. Pax 1254. Hippocr. Mul. I 78, 8, 186, 1, 4 L.). [Zon.] s.v. συρμαΐζειν· βρωμάτιόν τι ἐστὶ διὰ στέατος καὶ μέλιτος, ὅπερ λέγεται συρμαϊσμός. καὶ ἔστι πρὸς κάθαρσιν ἐπιτήδειον. ἔστι δὲ καὶ πόμα δι' ὕδατος καὶ ἁλῶν. Αἰγυπτιακὴ δὲ ἡ λέξις. **16** Cf. schol. VII 30 (p. 181, 8) ad διείρει.

11 lemma ἐντεῦθεν καὶ τὸ συρκαΐζειν (sic) add. z | βρωμάτιόν τι z βρωμ(')τ( ) τί a | ἐστὶ om. a **12–14** καὶ ἔστι πρὸς κάθαρσιν – ἡ λέξις om. a

V 48 (p. 124, 1) ‹ἀλκυόνα·› κήρυλος ὁ ἄρρην, ἀλκυὼν ἡ θήλεια. L^1

V 49 (p. 124, 20) ‹ἀποθανόντας·› μύας δηλονότι. L^1

V 49 (p. 124, 24) ‹ἀποφέρειν·› ἐκ‹φέρειν›. *T*

V 50 (p. 125, 20) ‹γαλῇ·› ἔδει τὸν αἴλουρον νοẹῖṿ. καὶ ζήτει. L^1

V 50 (p. 125, 22) ‹κρίξασαν·› ποιὰ φωνὴ ἐπὶ τῆς γαλῆς. L^1

V 53 (p. 127, 11) ‹ἐνακμάζῃ·› ἁδρύνηται. *T*

V 53 (p. 127, 14) ‹τὸ ἀποχρῆσον·› τὸ ἀρεστόν. *T*

V 54 (p. 127, 24) βάδην ‹κάθηνται›· ἀντὶ τοῦ κατὰ τάξιν καὶ ἐφεξῆς. Αἰλιανός· «καὶ ἐπὶ τὰ δένδρα ἀναθέουσι, καὶ ἐκεῖ βάδην κάθηνται». *z*

V 54 (p. 128, 23) ‹τλημόνως·› καρτερικῶς. *T*

V 54 (p. 128, 26) ‹ὅ γε μὴν τοῦ Λαέρτου·› Ὀδυσσεύς. *T*

V 56 (p. 129, 21) ‹αἵδε·› ἡ Ἤπειρος ἡ νῦν λεγομένη Βαγενετία καὶ ἡ Κέρκυρα. L^1

VI 1 (p. 130, 6) ‹ἀλκήν·› a. δηλονότι αὐτὰ τὰ ζῷα τὴν ἑαυτῶν ἀλκήν. L^1

b. οὕτως ὤφειλε[ν]· αὐτά δ[ὲ] ἑαυτοῖ[ς] παροξύ̣[νει] τὴν ἀλ[κήν]. L^1

VI 1 (p. 130, 9) ‹ἀλκαίᾳ·› a. ἀλκαία λέγεται ἡ τοῦ λέοντος οὐρά, ὡς δι' αὐτῆς διεγειρομέν[ου] εἰς ἀλκήν. πλήττει γὰρ ἑαυτὸν τῇ οὐρᾷ καὶ οὕτως πρὸς μάχην διανίσταται. L^1

b. τῇ οὐρᾷ. *T*

VI 1 (p. 130, 18) ‹κονιώμενος·› μικρὸν ὀφείλει γράφεσθαι, ἀντὶ τοῦ γυμναζόμενος. κονίομαι γὰρ τὸ εἰς μάχην ἑτοιμάζομαι, κονιάω δὲ κονιῶ τὸ ἀσβέστῳ χρίω. L^1

VI 2 (p. 131, 19) ‹κενέβριόν τε·› γράφεται καὶ νεβρίδιόν τι. *H*

VI 3 (p. 131, 29) ‹ἐν καλῷ·› ἐγκαίρως. L^1

VI 3 (p. 132, 5) ‹βαδίζουσα·› διατρίβουσα εἰς φωλεόν. *T*

1–2 Su. κ 1549 κηρύλος· ὁ ἄρρην ἀλκυών, ὃς ἐν ταῖς συνουσίαις ἀποθνήσκει. **13** Schol. Aeschyl. Choe. 748 ‹τλημόνως ἤντλουν·› καρτερικῶς ὑπέφερον. **21–24** Cf. schol. V 39 (p. 119, 21) ad ἀλκαίαν. **25–27** Cf. scholl. III 16 (p. 60, 3) ad κονιῶντες et III 42 (p. 70, 19) ad κονιώμενος.

1 ζήτει ἀλκυόνες praepos. scholio L^1 **14** Ὀδισσεύς T : correxi **19–20** supplevi

VI 3 (p. 132, 7) ῥινᾷ· a. ἐξαπατᾷ· «τρόπον τινὰ τὴν ἕξιν ῥινᾷ». *z*

b. ἀπατᾷ. *a*

c. ἀντὶ τοῦ καθιστᾷ, λεπτύνει· ἡ μεταφορὰ ἀπὸ τῆς ῥίνης τοῦ ἐργαλείου. *L*[1]

d. λεπτύνει, καθιστᾷ. *T*

VI 4 (p. 132, 21) ‹τῆς πικρίδος·› ὅ φασι πικρομάρουλον. *L*[1]

VI 5 (p. 133, 6) ‹χόνδρους·› χόνδρος λέγεται καὶ τὸ στρογγύλον, ὡς βῶλος, λέγεται καὶ ὅ φασι τραγανόν, ὅπερ νοεῖται ἐνταῦθα. πρὸ γὰρ τοῦ παγιωθῆναι καὶ πυκνωθῆναι τὸ κέρας εἰς φύσιν ὀστέων εἰκὸς εἶναι χαυνωδέστερον. *L*[1]

VI 6 (p. 133, 8) ‹οἱ παριόντες·› οἵ εἰσι. *T*

VI 6 (p. 133, 12) ‹ἑταίρους·› ἑτέρους ἵππους δηλονότι. *F*

VI 9 (p. 134, 14) ‹μέμυκεν·› ἀντὶ τοῦ μυκᾶται εὕρηται τὸ μέμυκε καὶ ἀντὶ τοῦ κέκλεικε, καὶ τούτου μὲν ὁ ἐνεστὼς μύω, ὃ λέγεται καὶ ἐπὶ τῶν ὀφθαλμῶν μετὰ τῆς ΚΑΤΑ, οἷον καταμύω, καὶ ἐπὶ τῶν ὀστρέων, οἷον μύει τὰ ὄστρεα τὰς πτύχας· τοῦτο μέμυκεν ἐπὶ τῶν βοῶν, ὁ ἐνεστὼς μυκάω, μυκῶ, μυκήσω, μεμύκηκα, ὁ μέσος μέμυκα κατὰ συγκοπήν. *L*[1]

VI 10 (p. 134, 16) ‹μαθεῖν·› εἰς τὸ ἐπιστήμην αὐτὰ κτήσασθαι. *L*[1]

VI 10 (p. 134, 19) ‹ἐπράττετο·› ἀπητεῖτο. *L*[1]

VI 10 (p. 134, 20) ‹ἀγειρόντων·› ἀγυρτῶν. *T*

Diog **VI 10 (p. 135, 5)** ‹ψαλίων·› a. κρίκοι, δακτύλιοι. *L*

b. ψάλιον ἀττικῶς, ψέλλιον κοινῶς· ἔστι δὲ ὁ κρίκος τοῦ χαλινοῦ, ἢ ἁπλῶς ὁ κρίκος. *z*

1–3 Hsch. ρ 328 ῥινᾶν· ἐπὶ τοῦ ἐξαπατᾶν καὶ βουκολοῦντας. [Zon.] s.v. ῥινᾷ· ἐξαπατᾷ. «τρόπον τινὰ τὴν ἕξιν ῥινᾷ» (Ael. NA VI 3). **8–11** [Hdn.] Epim. p. 152 χόνδρος, τὸ ἐν τοῖς μέλεσι τραγανόν. Hsch. χ 628 *χόνδρος· τραγανός. οὗτος ὁ ἅλιξ. ἢ παχύς, ἢ μωρός. **14–19** Choer. in Theodos. II p. 106, 9–16 δεῖ δὲ καὶ τοῦτο γινώσκειν, ὅτι ἐπὶ τοῦ δεδούπηκα δέδουπα καὶ μεμύκηκα μέμυκα οὐκ ἔχει παραλήγουσαν τὴν αὐτὴν ὁ μέσος παρακείμενος τῷ ἐνεργητικῷ παρακειμένῳ. Lex. Cas. in Greg. Naz. s.v. μέμυκε· κέκλεικε. **24** Hsch. ψ 39 ψάλια· κρίκοι, δακτύλιοι (Aeschyl. Prom. 54). **25–26** Schol. Eur. Phoen. 792 (ed. Dindorf) ψαλίοις· ψάλιον Ἀττικῶς, ψέλλιον κοινῶς. ἔστι δὲ ψέλλιον ὁ κρίκος τοῦ χαλινοῦ, ἢ ἁπλῶς ὁ κρίκος. ἐνταῦθα δὲ ψάλια τοὺς χαλινούς φησι, τῷ μέρει ἀντὶ τοῦ ὅλου χρώμενος.

13 ἵππους F : ἱππέας fort. scribendum **17** τοῦτο scripsi τοῦ τὸ L[1]

VI 10 (p. 135, 7) ‹φριμάττεται·› a. Πίνδαρος (fr. 332 M.) κυρίως ἐπὶ τῶν ἀγρίων αἰγῶν εἴρηκεν· οἷον σκιρτᾷ καὶ ἐπεγείρεται· φρυάσσεται δὲ ἐπὶ τῶν ἵππων. *LL*[1]

b. φριμάττεται· κυρίως ἐπὶ ἀγρίων αἰγῶν, οἷον σκιρτᾷ καὶ ἐπεγείρεται. λέγεται δὲ καὶ ἐπὶ ἵππων, ἀντὶ τοῦ φρυάσσεται. *z*

VI 11 (p. 135, 16) ‹τοῖς ἄγκεσι·› ἄγκεα οἱ φαραγγώδεις τόποι καὶ ἀγκωνοειδεῖς καὶ κοῖλοι καὶ καταδύσεις ἔχοντες. *Lz*

VI 11 (p. 135, 17) ‹τοῖς αὐλῶσιν·› αὐλῶνες οἱ ἐπ᾽ εὐθείας τόποι Αἰσχύ‹λος› Νιόβῃ (fr. 164a R.) καὶ τὴν τάφρον δ᾽ αὐλῶνα ὁ αὐτός (Prom. 731, sed cf. fr. 419 R.). *Lz*

VI 13 (p. 135, 21) ‹τὰ παρόντα·› τὸ παρατυχόν. *T*

VI 13 (p. 135, 22) ‹σωφρονεῖ·› εὐτακτεῖ. *T*

VI 13 (p. 135, 24) ‹κατά·› ἐπί. *L*[1]*T*

VI 14 (p. 136, 4) ‹ὕαινα·› ὅν φασι γάνος. *L*[1]

VI 23 (p. 141, 1) ‹μηχαναῖς·› οὕτως ὀφείλει· μηχανὰς αὐτοῖς μυρίας. *L*[1]

VI 24 (p. 141, 29) ‹νέωτα·› νεαρά. *p*

VI 25 (p. 142, 17) ‹ὁ Σιλανίωνος·› κύων. *T*

VI 25 (p. 143, 2) ‹τὸν βίον·› τὴν ζωήν. *T*

VI 26 (p. 143, 11) ‹πόρος·› τῆς γαστρός. *T*

1–5 Hsch. φ 889 φριμάσσεται· σκιρτᾷ. ἐπεγείρεται (Pind. fr. 332). Ammon. 503 φριμάττεσθαι καὶ φρυάττεσθαι διαφέρει. φριμάττεσθαι μὲν γὰρ τὸν τράγον φαμέν – καὶ φριμαγμὸς ἡ τοῦ τράγου φωνὴ ὥσπερ πταρνυμένου –, φρυάττεσθαι δὲ τὸν ἵππον τὸν φυσῶντα καὶ γαυρούμενον. Cf. schol. VI 44 (p. 150, 21–22) ad ἐφριμάττετο. **6–7** Hsch. α 525 *ἄγκεα· κοίλους τόπους καὶ φαραγγώδεις (Hom. Od. IV 337). [Zon.] s.v. ἄγκη καὶ ἄγκεα· οἱ φαραγκώδεις καὶ ἀγκωνοειδεῖς καὶ σκοτοειδεῖς τόποι καὶ κοῖλοι καὶ καταδύσεις ἔχοντες. **8–10** Hsch. α 8315 αὐλῶνες· οἱ ἐπ᾽ εὐθείας τόποι. Αἰσχύλος καὶ τὴν τάφρον καὶ τὴν πυράν (fr. 419 R.). Eust. in Il. v. 4, p. 232, 12–17 γίνεται δὲ αὐλὸς ἀπὸ τοῦ αὔειν, ὅ ἐστι βοᾶν, οὗ παρώνυμος ὁ αὐλών, ἐπιμήκης αὐτὸς καὶ παραμήκης τόπος. ὅθεν καὶ δίαυλος καὶ αὐλὸς κατὰ Παυσανίαν τὸ στάδιον (cf. Paus. α 167 Erbse). **14** Hsch. γ 150 γάνος· παράδεισος. χάρμα. φῶς. αὐγή. λευκότης. *λαμπηδών, ἡδονή (Eur. Bacch. 383) καὶ ἡ ὕαινα, ὑπὸ Φρυγῶν καὶ Βιθυνῶν.

1–2 Πίνδαρος ‹ὁ› λυρικὸς perperam De Stefani **6** ἄγγεα z | φραγγώδεις L **7** τόποι post καὶ ἀγκωνοειδεῖς transp. L **9–10** καὶ αἱ τάφροι pro Αἰσχύ‹λος› – αὐτός z **9** αισχυνιόβη L : corr. De Stefani

VI 28 (p. 143, 26–27) ‹ἄλλους τρέφειν·› τροφὴν γίνεσθαι ἄλλοις. *L^1*

VI 29 (p. 144, 10) ‹νοσηλεύειν·› νοσοῦντα θεραπεύειν. *L^1*

VI 34 (p. 145, 14) ‹ἀλλαττόμενος·› ἀντα‹λλαττόμενος›. *T*

VI 35 (p. 145, 22) ‹βούπρηστις·› βούπρηστιν ἐὰν βοῦς καταπίῃ, πίμπραται καὶ ἀπόλλυται· ἔστι δὲ ζώου εἶδος. *z*

VI 38 (p. 146, 12) ‹ὑπεξαίροντα·› ἐκβάλλοντα, ἐλευθεροῦντα. *T*

VI 39 (p. 146, 16) ‹νεκρούς·› ‹νε›βρούς. *T*

VI 39 (p. 146, 17) ‹πληθύωνται·› ἐνεργητικῶς γράφεται πληθύω ἀντὶ τοῦ πληροῦμαι. *L^1*

VI 40 (p. 146, 26) ‹πιστεύει·› πείθεται. *T*

VI 40 (p. 146, 26) ‹κεχαρισμένος·› εἰς ἀποδοχὴν τοῦ θεοῦ. *T*

VI 41 (p. 147, 23) ‹πλαισίου·› a. πλαίσιον ἡ ἐν τετραγώνῳ τῶν στρατιωτῶν τάξις, ὡς Πλάτων ἐν Σοφισταῖς (fr. 160 K.-A. = 160 Pirrotta)· καὶ τὰ διὰ ξύλων τετράγωνα σχήματα πλαίσια ἔλεγον. *Lz*

b. τετραγώνου. *T*

VI 42 (p. 148, 11) ‹Κρᾶθις·› Κρᾶθίς τις αἰπόλος· ἀντίπαις τὴν ἡλικίαν αἰγὶ ὡμίλησε, καὶ ἀνῃρέθη ὑπὸ τράγου ζηλοτυπήσαντος. τούτῳ δὴ οὐκ ἀφανῆ τάφον ἀνέστησαν, καὶ ἀπὸ τούτου τὸν ποταμὸν Κρᾶθιν ὠνόμασαν. *z*

VI 42 (p. 148, 16) ‹καὶ κίσσου·› γράφεται καὶ κυτίσου. *H*

VI 43 (p. 149, 6) ‹σύριγγας·› ποικίλας πάνυ λέγουσι τὰς τῶν Αἰγυπτίων σύριγγας. Αἰλιανός· «σύριγγας μὲν Αἰγυπτίας ᾄδουσιν οἱ συγγραφεῖς, ᾄδουσι δὲ καὶ λαβυρίνθους τινὰς Κρητικούς». *z*

VI 43 (p. 150, 1) ‹οὐραχούς·› οὐραχὸς τοῦ στάχυος ἡ ῥίζα· ἤγουν ἔνθα ὁ στάχυς μίγνυται τῇ καλαμαίᾳ. *z*

3 Syn. ν 110 νοσηλεύω· νοσοῦντα θεραπεύω (Su. ν 491; Phot. ν 256) **14–18** Hsch. π 2437 πλαίσιον· ἡ ἐν τετραγώνῳ τῶν στρατιωτῶν τάξις (Plat. com. fr. 160 K.-A. = 160 Pirrotta). καὶ πίναξ. καὶ *πλινθίον. καὶ διὰ ξύλων τετράγωνα πήγματα. [Zon.] s.v. πλαίσιον· εἶδος μέτρου. ἢ ἡ ἐν τετραγώνῳ τῶν στρατιωτῶν τάξις, ὡς Πλάτων ἐν Σοφιστῇ (Plat. com. fr. 160 K.-A. = 160 Pirrotta). καὶ τὰ διὰ ξύλων τετράγωνα σχήματα πλαίσια ἔλεγον.

15 Σοφισταῖς De Stefani σόφιστ( ) L Σοφιστῇ z **16** τά om. L **17** ἔλεγον L λέγει z **20** ἐμίγη‹σε› $z^{s.l.}$

VI 44 (p. 150, 12) ‹Βουκεφάλας·› Βουκεφάλας ἐλέγετο ὁ τοῦ Ἀλεξάνδρου ἵππος. *z*

VI 44 (p. 150, 15) ‹τὸν Γαλάτην·› a. Κελτοὶ καὶ Γαλάται οἱ αὐτοί. *z*

b. δεῖ εἰδῆναι ὅτι εἰσὶ Γαλάται καὶ ἑῷοι καὶ ἑσπέριοι. *z*

VI 44 (p. 150, 22) ἐφριμάττετο· ἀπὸ τούτου δοκεῖ διαφορὰν ἔχειν τὸ φρυάττεσθαι πρὸς τὸ φριμάττεσθαι. *z*

VI 44 (p. 150, 24) ‹ἐρωτικά·› ἐρωτικόν· μαλακόν. L^1

VI 44 (p. 150, 28) ‹ἀπημπόλησε·› ἔλαβε κέρδος ἐξ ἐκείνου. *T*

VI 44 (p. 150, 29) ‹τοῦ καλοῦ·› τοῦ εὐμόρφου. *T*

VI 46 (p. 151, 14) ‹εὐζώμου·› εὔζωμον παρ᾽ ἰατροῖς ἡ βοτάνη ἡ λεγομένη ῥόκ[α]. L^1

VI 48 (p. 151, 24) ‹κατεγνωκώς·› μαθὼν ἀκριβῶς. *T*

VI 48 (p. 151, 25) ‹Δαρεῖος·› Δαρεῖος ὕστερος. L^1

VI 48 (p. 151, 25) ‹ὁ κάτω·› ὁ τελευταῖος. *T*

VI 49 (p. 152, 4) ‹ἀπολυθείς·› ἐλευθερωθείς. *T*

VI 49 (p. 152, 5) ‹καθ᾽ ἡλικίαν·› κατὰ τὴν δύναμιν. *T*

VI 49 (p. 152, 6) ‹ἀφῆκεν·› ἐνέδωκεν. *T*

VI 49 (p. 152, 12) ‹ἐπαίροντος·› παρακινοῦντος. *T*

VI 50 (p. 152, 24) ‹ἑστῶτας·› ἐφίστανται τοῖς τρήμασι. *T*

VI 51 (p. 153, 27) ‹φυλάττοντα·› τὴν κρήνην δηλονότι. L^1

VI 51 (p. 153, 28) ‹στρεβλούμενον·› a. ἀναγκαζόμενον τὸν ὄνον ὑπὸ τῆς δίψης. L^1

b. πιεζόμενον. *T*

VI 51 (p. 153, 28) ‹φιλοτησίας·› φιλοτησίας ἐνταῦθα ἀντὶ τοῦ ἁπλῶς χάριτος. εἰ καὶ ἐγκαίρως κατά τι λέλεκται ἐπεὶ καὶ ἐνταῦ-

3–4 Cf. schol. XII 30 (p. 299, 9) ad τοὺς Γαλάτας. **5** Theodor. Hist. IX 1, 1–3 Γαλάτας ἀκούομεν μὲν τοὺς ἐν τῇ Εὐρώπῃ τοὺς ἑσπερίους, ἴσμεν δὲ τοὺς ἐν τῇ Ἀσίᾳ τοὺς ἐκείνων ἐγγόνους οἳ παρὰ τὸν Εὔξεινον κατῳκίσθησαν Πόντον. **6–7** Cf. schol. VI 10 (p. 135, 7) ad φριμάττεται. **12–13** Nicom. Lex. bot. p. 312, 20–21 εὔζωμον ἀροῦκα ἢ ῥόκα. **26–100,4** Phot. φ 193 φιλοτησίαν προπίνειν· ἔστιν ἡνίκα τις ἐν ἀρίστῳ ἀπὸ τῆς δοθείσης αὐτῷ φιάλης πιὼν μέρος τὸ λοιπὸν παράσχῃ φίλῳ, καὶ τὴν φιάλην χαρισάμενος. Cf. schol. II 42 (p. 48, 5) ad φιλοτησίας.

6 lemma καὶ προσιόντος ἐφριμάττετο, καὶ ἐπικροτοῦντος ἐφρυάττετο add. z **13** supplevi

θα περὶ πόσεως εἴρηται, κυρίως δὲ ἐπὶ τῶν ἐν συμποσίῳ λέγεται ὅταν προπίνωσιν ἀλλήλοις, οἷον «προπίνω σοι φιλοτησίαν» (cf. Alexis fr. 202 K.-A.), ὅταν προγευσάμενος ἐγὼ διδῶ πλῆρες τὸ ἔκπωμά σοι, χαριζόμενος καὶ αὐτό. *L^1*

Diog **VI 52 (p. 154, 14)** ‹ἀθάρην·› πυρίνην πτισάνην. *L*

VI 53 (p. 154, 19) ‹Αἰγύπτιοι·› κύνες δηλονότι. *L^1*

VI 54 (p. 154, 30) ‹πιέζει·› συνέχει, συσφίγγει. *L^1T*

VI 55 (p. 155, 2) ‹Μίλωνος·› a. ὁ Μίλων ἀνδρειότατος ἀθλητής. *L^1*

b. Μίλων παγκρατιαστὴς ἦν τῆς λίαν ἀνδρείας καὶ γενναῖος, οὗ ὁ Μέγας Βασίλειος μέμνηται ἐν Ἐπιστολαῖς (339, 1). *T*

VI 56 (p. 155, 11) ‹ἕτερον·› ὀδόντα δηλονότι· δύο γὰρ ἔχουσιν. *T*

VI 56 (p. 155, 12) ‹προβαλλομένων·› ἐλεφάντων δηλονότι. *L^1*

VI 56 (p. 155, 16) ‹χρῶνται·› οἱ ἐλέφαντες δηλονότι. *L^1*

VI 57 (p. 155, 21) ‹Πηνῖτιν·› γράφεται Πινυτήν. *L^1*

VI 57 (p. 155, 26) ‹ἰδόντι·› ἔστιν. *T*

VI 57 (p. 155, 26) ‹ἀκεστικήν·› ῥαπτικήν. καὶ ἀκοῦμαι τὸ ῥάπτω. *L^1*

VI 58 (p. 156, 1) ‹οἱ φοίνικες·› τὰ ὄρνεα νόει ἐνταῦθα, ἃ διὰ πεντακοσίων ἐτῶν ἐπιφαίνεται τῇ Αἰγύπτῳ, κρεῖττον ἢ κατὰ τοὺς Αἰγυπτίους εἰδότους πότε ἥκοι πληρωθέντων τῶν πεντακοσίων ἐτῶν. *L^1*

VI 58 (p. 156, 8) ‹συμβῆναι·› συμφωνῆσαι. *L^1T*

VI 58 (p. 156, 9) ‹ἐρεσχελοῦσι·› φιλονεικοῦσι. *T*

VI 58 (p. 156, 10) ‹ὁ θεῖος ὄρνις·› ὁ φοίνιξ. *L^1*

VI 58 (p. 156, 11) ‹ἀποσημαίνεται·› ἐπι‹σημαίνεται›, δηλοῖ. *T*

VI 58 (p. 156, 11) ‹πάρεστιν·› παραγίνεται ὁ φοίνιξ. *L^1*

VI 58 (p. 156, 14) ‹σοφά·› τὰ σοφά, ὡς μεμνημένα. *L^1*

5 Hsch. α 1534 ἀθάρη· πυρίνη πτισάνη. **7** Schol. Opp. Hal. II 382 πιέζων. δαμάζων, συσφίγγων, ὡς μὴ ἐῶν αὐτὸν ἀναπνεῦσαι. IV 611 πιέζων· συσφίγγων, ἐπισφίγγων. **19–20** Eust. in Il. v. 4, p. 561, 14 ἀκεῖσθαι καὶ τὸ ῥάπτειν ἐλέγετο. **25** Su. σ 1365 συμβῆναι· συμφωνῆσαι.

5 πτισσάνην L : correxi **7** συνέχει om. L^1 **8** Μείλων L^1 : correxi **10** λίαν ἀνδρικῆς T : correxi

VI 58 (p. 156, 21) ‹ἀτελέστους·› τοὺς ἀμυήτους τῶν σοφῶν. L^1

VI 59 (p. 156, 23) ‹διαλεκτικόν·› ἀντὶ τοῦ συλλογιστικόν. L^1

VI 59 (p. 156, 26) ‹διαλεκτικῆς·› συλλογιστικῆς. *T*

VI 59 (p. 156, 26) ‹ἁμωσγέπως·› μετρίως. *T*

VI 60 (p. 157, 20) ‹οὐ συμβλήτων·› ἀδιανοήτων. *T*

VI 60 (p. 157, 24–25) ‹ὡς ἐγῷμαι·› ὡς ἐγὼ οἶμαι, κατὰ συναλοιφήν. *T*

VI 61 (p. 158, 5) ‹σφακέλους·› a. σφάκελος σῆψις ὀστοῦ, φάκελον δὲ μικρὸν δέσμιον ξυληφίων. *z*

b. δεσμούς. *T*

VI 63 (p. 159, 5) ‹διέτριβεν·› διατρίβειν τὸ κοινῶς παραδιαβιβάζειν, καὶ διατριβὴ ὁ παραδιαβιβασμός. *z*

VI 64 (p. 160, 1) ‹κακόν·› ὄντα. *T*

VI 64 (p. 160, 1) ‹περιελθοῦσα·› μεταχειρισαμένη. *T*

VI 65 (p. 160, 5) ‹δεινῶς·› λίαν. *T*

VI 65 (p. 160, 7) ‹ἀπολάχωσι·› ἀπολάβωσι. *T*

VII 1 (p. 161, 4) ‹λέγων·› ὁ φημίζων. *T*

VII 1 (p. 161, 6) ‹ἐπινησθέντα·› εὕρηται ἢ τὸν ἐπιταχθέντα. L^1

VII 2 (p. 161, 23) ‹μέλονται·› ἔν τινι μέλη· ἤγουν ᾄδονται μέλη τοῖς ἐλάφοις ὡς θεοῖς. L^1

1–2 Syn. α 407 ἀμύητος· ἄπειρος, ἀτέλεστος. 5 Et. Gud. s.v. ἁμωσγέπως· ὅπως δήποτε, καθ' ὅντινα οὖν τρόπον· ἔνιοι τὸ μετρίως· Πλάτων (Tim. 52c) τὸ ἐκ παντὸς τρόπου. 9–11 Hsch. σ 2839 *σφακελίζει· κρούει τοῖς ποσί. κινεῖ δεινῶς. ὀδυνᾶται. σπᾷ. διασπᾶται. ἀλγύνεται (cf. Cratin. fr. 384 K.-A.). σφακελισμὸς γὰρ καὶ σφάκελος ἡ ἄμετρος ὀδύνη· καὶ ἡ μετὰ σπασμοῦ τῆς χολῆς πρόεσις· καὶ ἡ τῶν ὀστέων σῆψις. Schol. Aristoph. Ran. 836 (Tzetz.) φάκελοι γὰρ αἱ κώμυθές τε καὶ δέσμαι τῶν ξύλων ἢ καὶ καλάμων ἢ ἄλλων τινῶν οὕτως εἰς ἓν συντεθέντων καὶ δεθέντων καλοῦνται. Schol. Opp. Hal. II 583 σφακέλῳ· ἐπιληψίᾳ, σφακελισμός, ἡ σῆψις τοῦ μυελοῦ, ὁ σπασμός, ὁ παλμός, ὁ σφυγμός, ἡ τῶν ὀστῶν σῆψις, καὶ ὁ μέσος τῆς χειρὸς δάκτυλος. σφακελισμῷ· ταραχῇ, σφυγμῷ καὶ παλμῷ, ἄλλοι δὲ σήψει ὀστέου· σφακελισμὸς λέγεται καὶ ἡ σῆψις τοῦ μυελοῦ, καὶ ὁ σπασμός, καὶ τῶν ὀστῶν ἡ σῆψις, λέγεται δὲ καὶ ὅλος ὁ μέσος τῆς χειρὸς δάκτυλος σφάκελος, φάκαι παρὰ Ῥωμαίοις αἱ δεσμαί, ἐξ οὗ καὶ φάκελος ὁ δεσμὸς τῶν χαρτίων.

10 ξυλοιφίων z : correxi

VII 4 (p. 162, 14) ἐπὶ τῶν φερέτρων· οὕτω λέγεται τὸ φορεῖον ἢ ἁπλῶς πᾶν δι' οὗ δυνατὸν φέρεσθαί τι, ὥστε ἁρμόττειν ἐνταῦθα ἐπὶ ἁμάξης καὶ τῶν τοιούτων. *z*

VII 4 (p. 162, 24) ‹βλοσυρώτερος·› ἀγριώτερος. *T*

VII 5 (p. 162, 30) ‹φοβερώτερον·› a. φοβερὸν τὸ φόβον ἐμποιοῦν, ἀλλὰ καὶ φοβερὸν ἐπὶ πάθους τὸ φοβούμενον ὡς ἐνταῦθα. L^1

b. ἐκφοβῶν. *T*

VII 5 (p. 163, 5) ‹βρομῶδες·› [βρόμος κυρίως ἐπὶ ἀνέμου καὶ ἐπὶ πυρός,] καὶ οὐ δεῖ νοεῖν ἐπὶ τοῦ ἤχου, ἀλλὰ ἐπὶ τῆς ποιότητος· ἔγραψε δὲ καὶ τὸ βρωμῶδες μετὰ τὸ ΒΡΩ ὡς ἐπὶ δυσωδίας. L^1

VII 5 (p. 163, 8) ‹παραπέσοι·› φθείρεται. *T*

VII 6 (p. 163, 14) ‹οἷον·› ὥσπερ. *T*

VII 6 (p. 163, 18) ‹ὑποτέμνονται·› φθάνουσι. L^1T

VII 8 (p. 165, 16) ‹μαρτύρεσθαι·› γράφεται ‹μαρτυ›ρεῖ‹σθαι›. L^1T

VII 8 (p. 165, 22) ‹ἐκεῖσε·› εἰς τὰ οἰκεῖα. *T*

VII 8 (p. 166, 6) ‹ἅδην·› δαψιλῶς. *T*

VII 8 (p. 166, 14) ‹συμβάλλονται·› a. ‹συμβάλλ›ουσι. *T*

b. σημεῖον διδόασι. *T*

VII 8 (p. 166, 19) ‹προσαναβάλλοιτο·› πρὸς τὸν οὐρανόν. *T*

VII 8 (p. 166, 19–20) ‹προσαναβάλλοιτο αὐτὰ τὰ αὐτά·› γράφεται ‹προσαναβάλ›λοιτο, αὐτὰ ταῦτα δηλοῖ που. L^1

VII 8 (p. 166, 21) ‹ὁρώμενοι·› ὀσσόμενοι εἶχε τὸ πρωτότυπον. L^1

1–3 Hsch. ε 2557 *ἐμ φερέτρῳ· ἐν τῷ φορείῳ (Hom. Il. XVIII 236). **4** Schol. Opp. Hal. I 47 βλοσυρῆς· ἀγρίας. **5–7** [Hdn.] Epim. p. 144 φοβερὸν, τὸ φόβον ἐμποιοῦν. [Moschop.] Voc. Att. s.v. φοβερὸς σημαίνει καὶ ἐνέργειαν καὶ πάθος, οἷον φοβερὸς ὁ φόβον ἐμποιῶν, ἀλλὰ καὶ ὁ φοβούμενος. Thom. Mag. Ecl. p. 383, 10–12 φοβερόν τὸ φόβον ἐμποιοῦν, ἐπίφοβον δὲ τὸ φοβούμενον. ὥσπερ καὶ φθονερόν τὸ φθόνῳ χρώμενον, ἐπίφθονον δὲ τὸ φθονούμενον. **9–10** Eust. in Il. v. 3 p. 437, 7–8 βρόμος κυρίως ἐπὶ ἀνέμου καὶ ἐπὶ πυρός, ἐφ' ὧν καὶ τὸ βρέμειν. **18** Eust. in Il. v. 4, p. 56, 2 τὸ δὲ ἅδην ἀντὶ τοῦ δαψιλῶς.

1 lemma μένουσι γοῦν καὶ ἐπὶ τῶν φερέτρων ἀκίνητοι add. z **9–10** margine decuratato initium scholii interiit, supplevi ex gr. ex Eust. in Il. v. 3 p. 437, 7–8 **23** ‹προσαναβάλ›λοιτο scripsi

VII 9 (p. 167, 3) ‹τὴν ἄλλων μέν·› ἔν τινι ἀπὸ διορθώσεως ἐξ ἄλλων μέν. L^1

VII 9 (p. 167, 7) ‹ἶνας·› ἶνες οὐχὶ τὰ καθολικὰ νεῦρα, ἀλλὰ τὰ μικρὰ καὶ σαρκώδη. L^1

VII 10 (p. 168, 9) ‹ἐξέτασις·› τὸ κοινῶς ἐγνόμιν. L^1

VII 11 (p. 169, 2) ‹χειμερία·› ὥρα. *T*

VII 11 (p. 169, 9) ‹περιβάλλουσι·› περιέθηκαν ἑαυτούς. *T*

VII 12 (p. 169, 23) ‹αἱρέτωσαν·› ὑψούτωσαν. *T*

VII 12 (p. 169, 26) ‹θηλάζουσι·› ἐντεῦθεν γνώριμον ὅτι οὕτω δεῖ γράφειν ἡ μήτηρ θηλάζει τὸ παιδίον, ἤγουν θήλην αὐτῷ προτείνει, οὐχὶ τὸ βρέφος θηλάζει τὴν μητέρα. L^1

VII 12 (p. 169, 28) ‹νῶσι·› a. ἀντὶ τοῦ νήθουσι. *L*

b. σημείωσαι ὅτι οὐ κατὰ λόγον κεῖται ἡ δευτέρα συζυγία τῶν περισπωμένων ἐνταῦθα ἐν τῷ νῶσιν ἀντὶ τοῦ κλώθουσιν. πρώτης γάρ ἐστι συζυγίας τὸ νῶ τὸ κλώθω, δευτέρας δὲ τὸ νῶ τὸ ῥέω· Ἀριστοφάνης (Ran. 146) «σκὼρ ἀεὶ νῶν», ἀφ' ‹οὗ› νᾶμα. L^1

VII 12 (p. 170, 5–6) ‹ἐπεὶ δέ·› ἐπειδὴ ὀφεί[λει]. L^1

VII 13 (p. 171, 4) ‹τὸ πᾶν κατέγνωσαν·› ἀκριβῶς ἔγνωσαν. *T*

VII 13 (p. 171, 5) ‹ἐδικαιώθη·› ἐκολάσθη. *T*

VII 13 (p. 171, 5) ‹ἐκ τοῦ νόμου·› δίκην ὑπέστη τὴν ἐκνόμων. L^1

VII 15 (p. 171, 21) ‹νέμοντες·› διδόντες. *T*

VII 15 (p. 172, 16) ‹λοχεία·› ἔφορος τῶν λοχευομένων. L^1

VII 16 (p. 172, 21) ‹τὸ χελώνειον·› τὸ ὄστρακον τῆς χελώνης. L^1

3–4 Erotian. ι 10 ἶνες· οἱ μὲν τὰ νεῦρα, οἱ δὲ τὰς συνθετικὰς τούτων κτηδόνας. **9–11** Schol. Theocr. XIV 15b θηλάζοντά τε χοῖρον· οὐ τὸν θηλάζοντα παῖδα, ἀλλὰ τὸν θηλαζόμενον χοῖρον· ἐνεργητικὸν γάρ ἐστιν ἀντὶ τοῦ παθητικοῦ. Cf. schol. X 6 (p. 235, 13) ad θηλάζει. **12–16** Poll. On. VII 32 τὸ γὰρ νήθειν οἱ Ἀττικοὶ νεῖν λέγουσιν. [Zon.] s.v. νῶσιν· ἀντὶ τοῦ νήθουσιν. νήθω δὲ τὸ κλώθω· «καὶ ταῖς χερσὶ νῶσι λῖνον» (Ael. NA VII 12). Et. M. s.v. ἔννη· ἔστι νῶ· σημαίνει τὸ νήθω· ὁ παρατατικὸς, καὶ ἐπὶ πρώτης ἐστὶ συζυγίας, καὶ ἐπὶ δευτέρας. ἂν γὰρ ἐστὶ νώμενος ὡς κλώμενος, δηλονότι ἐστὶ δευτέρας. τοῦ νῶ ὁ παρατατικὸς, ἔνων, ἔνης, ἔνη· καὶ πλεονασμῷ τοῦ ν, ἔννη. οὕτως Ἡρωδιανός. **25–26** Cf. schol. XII 38 (p. 302, 19) ad χελώνειον.

5 ἐγνόμιν vocabulum novum **16** ἀφ' ‹οὗ› supplevi **17** supplevi

VII 17 (p. 173, 2) ‹ἐπιθέμεναι·› a. ἀντὶ τοῦ ἀναλαβοῦσαι, ἀναθέμεναι ἐπὶ τῶν μεσοπτερυγίων. L^1

b. ἐπάνω θέμεναι, ἀράμεναι, ἀναλαβοῦσαι. *T*

VII 19 (p. 174, 5) ‹τοὺς Μεμφίτας·› ἔν τινι τοὺς Μεμφίτου. L^1

VII 22 (p. 177, 9) ‹ὅσοι κατὰ τὸ πατρῷον·› πατρικοί. *T*

VII 23 (p. 177, 26) ‹τὸ μαρτύριον·› ἡ ἀπόδειξις. *T*

VII 23 (p. 177, 27) ‹προβάτων οὐραγεῖν·› ἀντὶ τοῦ ἕπεσθαι τοῖς προβάτοις. *V*

VII 23 (p. 177, 28) ‹προθεῖ·› θέων ὁ τράγος προλαμβάνει τὰ πρόβατα καὶ τὰς αἶγας ἕνεκεν τοῖν δυοῖν τούτοιν, τῷ τε σεμνύνεσθαι ἐπὶ τῷ γενείῳ καὶ τῷ προτιμᾶν κατά τινα λόγον φύσεως τοῦ θήλεος τὸ ἄρρεν. L^1

VII 24 (p. 178, 8) [οὐδὲ μὴν] ἀπὸ τοῦ συννόμου σχίζεται· αἱ γὰρ αἴγες διαιροῦνται ἀπ' ἀλλήλων καὶ πλατύνονται· τὰ δὲ πρόβατα συνημμένα βαδίζει. L^1

VII 24 (p. 178, 10) ‹χιλοῦ·› χιλὸς ἀρσενικῶς ἡ τροφή. Αἰλιανός· «λέγουσι δὲ Ἄραβες ὅτι ἄρα τὰ παρ' αὐτοῖς ποίμνια πιαίνεται ὑπὸ μουσικῆς μᾶλλον ἢ ὑπὸ τοῦ χιλοῦ». *z*

VII 24 (p. 178, 16) ‹τοῦ ἐκγόνου·› τοῦ ἄρρενος. *V*

VII 24 (p. 178, 16) ‹τοῦδε·› τοῦ θήλεος. *V*

VII 24 (p. 178, 16) ‹πρὸς τόν·› τὸν βορρᾶν. *V*

VII 24 (p. 178, 17) ‹πρὸς τόν·› τὸν νότον. *V*

VII 25 (p. 178, 27) ‹Ἰκάριον·› οὕτω φέρεται ἡ ἱστορία περὶ

17–19 Cyr. χ 59 Hag. χιλός· τροφή. Su. χ 303 χιλή· τροφή. καὶ χιλός, ἀρσενικῶς, ἡ τροφή. **24–105,9** [Nonn.] Comm. in Greg. Naz. or. IV, hist. 68 περὶ δὲ τοῦ Ἰκαρίου ἐστὶν αὕτη. λέγεται ὅτι ὁ οἶνος παρὰ τοῦ Διονύσου εὕρηται, διὸ καὶ ἔφορον τῆς ἀμπέλου λέγουσι τὸν Διόνυσον. οὗτος οὖν ὁ Διόνυσος ἐλθὼν ἐν Ἀθήναις Ἰκαρίῳ τινὶ περιτυχών, δέδωκεν αὐτῷ κλῆμα ἀμπέλου φυτεῦσαι. καὶ ἐφύτευσε, καὶ ἐγεώργησεν οἶνον, καὶ ἔπιε καὶ αὐτός, καὶ δέδωκε καὶ ποιμέσι πιεῖν. οἱ δὲ ποιμένες μεθυσθέντες διὰ τὸ ἐκ παραδόξου πρῶτον πιεῖν νομίσαντες φαρμαχθῆναι παρὰ τοῦ Ἰκαρίου, ἀποκτείνουσιν αὐτόν. ἡ δὲ Ἠριγόνη, ἡ τούτου θυγάτηρ, διὰ τῆς κυνὸς τοῦ Ἰκαρίου γνοῦσα ὅτι τέθνηκεν, ἐποτνιᾶτο καὶ ἤσχαλλεν. καὶ ταύτην ἐλεήσαντες οἱ θεοὶ διὰ τὸ πάθος, μετέθηκαν αὐτὴν εἰς τὸν οὐρανόν. καὶ νῦν ἐστι, φησίν, ἐν τοῖς ἄστροις ἡ Ἠριγόνη. Schol. Lucian. Deor. Dial. 22, 2 (p.

4 ζήτει praepos. scholio L[1] **14** margine decuratato initium scholii interiit, supplevi ex gr. **18** Ἄρραβες $z^{p.c.}$

τοῦ Ἰκαρίου· ἐπιξενωθεὶς γὰρ τούτῳ ποτὲ Διόνυσος καὶ φιλοφρόνως ὑποδεχθεὶς ἐδωρήσατο τὴν ἄμπελον. ὁ δὲ φυτεύσας καὶ γεωργήσας οἶνον, καὶ πιὼν μετέδωκε τοῖς γειτονοῦσι ποιμέσιν· οὗτοι δὲ μεθυσθέντες καὶ φαρμαχθῆναι νομίσαντες, οὔπω γὰρ ἦν ἡ τοῦ οἴνου χρῆσις, ἀνεῖλον τὸν Ἰκάριον. καὶ μαθοῦσα διὰ τοῦ συνόντος κυνὸς αὐτῷ ἡ θυγάτηρ Ἠριγόνη καὶ μὴ φέρουσα τὸν θάνατον τοῦ πατρὸς ἔμελλεν ἀναιρήσειν ἑαυτήν· ἐλεήσαντες δὲ ταύτην οἱ μυθευόμενοι θεοὶ εἰς ἀστέρα μετέβαλον μετὰ τοῦ κυνὸς καὶ ἐν οὐρανῷ κατηστέρισαν. *L*[1]

VII 25 (p. 179, 6) ‹μετ' αὐτήν·› μετὰ τὸ θανεῖν αὐτήν. *T*

VII 25 (p. 179, 9) ‹πιτνῶντα·› συμβαίνοντα. *T*

VII 26 (p. 179, 13) ‹τὴν Τέων·› Τέως πόλις, ὁ ἀπὸ ταύτης Τήϊος. *z*

VII 26 (p. 179, 18) φασκώλιον· τὸ βαλλάντιον. *z* Diog

VII 26 (p. 179, 19) ‹ἀνέπαυσεν·› κάτω ἔθηκεν. *T*

VII 30 (p. 181, 8) ‹διείρει·› διαβιβάζει, σουβλίζει. *T*

VII 30 (p. 181, 11) ‹ἔχει·› παρέχει. *T*

VII 30 (p. 181, 12) ‹διῆρται·› γράφεται διεῖρται. *T*

VII 31 (p. 181, 21) ‹ὀδαξᾶται·› κνήθεται. *L*[1]

274, 5–13) Ἰκάριον· Ἀθηναῖος οὗτος ὁ Ἰκάριος, ᾧ πρώτῳ Διόνυσος ἐπιξενωθεὶς γεωργῷ ὄντι φιλοφρονήματι τοῦτον τετίμηκε τῆς ξενίας τὴν τῆς ἀμπέλου φιλοπονίαν διδάξας. φυτεύσας τοιγαροῦν καὶ ἐπιμελησάμενος τοῦ δωρήματος, εἶτα κατὰ καιρὸν τρυγήσας καὶ ἀποθλίψας τὸν οἶνον καὶ πιεῖν τοῖς συνεργαζομένοις παρασχὼν ἀήθει τῷ πόματι εἶχε παρειμένους τοὺς πεπωκότας. νομίσαντες οὗτοι τὸν γεύσαντα τούτου τοῦ οἴνου περιειργάσθαι αὐτὸν κτείνουσιν ὡς φαρμακέα.
12–13 Hdn. παρων. p. 881, 22–23 Τέως πόλις Ἰωνίας. τὸ ἐθνικὸν Τήϊος. ἔστι γὰρ πρῶτον Τέϊος καὶ Τεῖος καὶ Ἰωνικῶς Τήϊος. Steph. Byz. τ 107 Τέως· πόλις Ἰωνίαςς. ἔστι δὲ μέση Ἰωνίας, ὡς Ἡρόδοτος ἐν ᾱ (I 170, 3). ἣν πρῶτον ἔκτισεν Ἀθάμας, ὅθεν Ἀθαμαντίδα καλεῖ αὐτὴν Ἀνακρέων (PMG 463). ἐκλήθη δὲ ἀπὸ τῆς Ἀθάμαντος θυγατρὸς Ἀρᾶς. σκοπουμένου γὰρ τοῦ Ἀθάμαντος ἔνθα ἱδρύσει τὸν λαόν, ἀθύρουσα οἷα δὴ παῖς ἐκ λίθων οἰκίαν δειμαμένη ἔλεγεν „ἕως σὺ χῶρον ἐσκόπεις, τέως ἐγὼ πόλιν σοι ἐδειμάμην". καὶ διὰ τοῦτο ἡ πόλις οὕτως ὠνομάσθη. τὸ ἐθνικὸν Τήιος. ἔστι γὰρ πρῶτον Τέιος καὶ Τεῖος καὶ ἰωνικῶς Τήιος. **14** Hsch. φ 215 φασκώλιον· βαλάντιον δερμάτινον (Ael. NA VI 10). φάσκωλος δὲ τὸ μέγα, εἰς ὃ τὰ ἱμάτια ἐμβάλλεται (Aristoph. fr. 336, 2 K.-A.). **16** Cf. schol. V 47 (p. 123, 9) ad διείρας. **19** Phot. α 325 ἀδαξῆσαι· τὸ κνῆσαι, οὐκ ἐν τῷ ‹ο› ὀδαξῆσαι. καὶ ἀδαχεῖν· τὸ κνήθειν.

VII 31 (p. 181, 22) ‹ἀκαλήφαι·› [κ]νίδη καὶ ἀ[κα]λήφη [ταὐ]τό. *L*[1]

VII 32 (p. 182, 9) ‹εἰ μήπω·› γράφεται εἰ μήποτε. *L*[1]

VII 33 (p. 182, 15) ‹ῥοάν·› ῥοήν. *T*

VII 34 (p. 182, 24) ‹γράμμα·› ἀντὶ τοῦ γραφαί. *L*[1]

VII 35 (p. 183, 5) ‹στόρθυγγας·› στόρθυγξ τὸ ἄκρον τοῦ δόρατος ἢ τὸ τοῦ βέλους σιδήριον. *L*[1]

VII 35 (p. 183, 9) ‹κεροῦσαν·› κερασφόρος. *V*

VII 35 (p. 184, 7) ‹μοιχῶντας·› νοθεύοντας. *T*

VII 35 (p. 184, 9) ‹τῇ ἀντιλογίᾳ·› διά. *T*

VII 37 (p. 185, 1) ‹ἔμβραχυ·› γράφεται κἂν βραχύ. *L*[1]

VII 37 (p. 185, 4) ‹ἐκπεσόντος·› τοῦ πωλευτοῦ ἐκπεσόντος ἀπὸ τοῦ ἐλέφαντος, φαίνεται γὰρ συγκαθῆσθαι καὶ τὸν πωλευτήν. *L*[1]

VII 39 (p. 186, 5) ‹ὑποκλυσθέντες·› καταβαπτισθέντες. *T*

VII 42 (p. 187, 5) ‹τὴν ἑαυτοῦ φρουράν·› τὴν ἀσφάλειαν ἑαυτοῦ. *T*

VII 44 (p. 189, 10) ‹ὀδαξησμῷ·› a. κνησμονῇ. *L*[1]
b. ὀδαξησμὸς ἡ κνησμονή. *z*

VII 44 (p. 189, 22) γύνις· γίνεται μαλακός. *F*

VIII 1 (p. 191, 3) ‹θηρατικοί·› θηρατικὸς ὁ ἐπιτηδειότητα ἔχων ἐν τῇ θήρᾳ. *z*

VIII 1 (p. 191, 4) ‹καταγνῶναι·› ἀκριβῶς γνῶναι. *T*

VIII 1 (p. 191, 12) ‹εἰς τὴν μητέρα·› εἰς τὴν φύσιν τῆς μητρὸς τὴν κυνείαν ἀποκαθίσταται, διαιρεθεὶς τῆς φύσεως τοῦ τίγρεως. *L*[1]

VIII 1 (p. 191, 21) ‹ἔκνιζεν·› a. παρεκίνει ἀπὸ μεταφορᾶς τῶν ὑπ' ἔρωτος κινουμένων εἰς λύπην. *L*[1]
b. διήγειρεν. *T*

VIII 2 (p. 192, 15) ‹ὡς ἄθλῳ·› ἐπ' ἄθλῳ. *L*[1]

VIII 2 (p. 192, 17) ‹τυχών·› γράφεται ἐντυχών. *L*[1]

1–2 Hsch. α 2246 ἀκαλῆφαι· κνίδαι. **6–7** Syn. σ 241 στόρθυγξ· τὸ ἄκρον τοῦ δόρατος, ἢ τὸ τοῦ βέλους σιδήριον (Su. σ 1144; Phot. σ 591). **20** Et. Sym. γ 181 γύνις· ὁ γυναικώδης καὶ μαλακός· παρὰ τὸ γυνὴ παρώνυμον γύνις, ὡς Δάφνη Δαφνίς, νύμφη νυμφίς.

1–2 supplevi

VIII 2 (p. 193, 5) ‹ἀρκυωροῖς·› a. τοῖς φύλαξι τῶν ἀρκύων. L^1

b. ἀρκυωρὸς ὁ ἐπιτετραμμένος τὴν φροντίδα τῶν ἀρκύων καὶ σκοπιωρὸς ὁ ἐπιτετραμμένος τὴν φροντίδα τοῦ σκοποῦ, ἤγουν τῆς βίγλας. καὶ σκοπιωρεῖταί τις ἀντὶ τοῦ ἀποσκοπεύει. *z*

VIII 3 (p. 193, 21) ‹ὀχοῦντες·› a. βαστάζοντες. L^1

b. φέροντες. *T*

VIII 4 (p. 194, 14) ‹καθιέντων·› κατὰ τοῦ στόματος πεμπόντων. L^1T

VIII 4 (p. 194, 18) ‹προάγονται·› ἀντὶ τοῦ προάγουσι. L^1T

VIII 5 (p. 194, 24) ‹ἕδρας·› ἕδρας τῶν ὀρνίθων. *T*

VIII 7 (p. 195, 12–13) ‹περὶ τὴν τῶν Ἰνδῶν θάλατταν·› ‹π›αρά. *T*

VIII 7 (p. 195, 15) ‹ἐκθνήσκειν·› μετρίως νεκροῦται. *T*

VIII 8 (p. 196, 1) ‹ὑπὸ πλήθους·› μεγάλης χολῆς. *T*

VIII 8 (p. 196, 7) ‹τοὺς ἀθέρας·› τὰ κοινῶς ἄγανα. L^1

VIII 8 (p. 196, 10) ‹σπληνία·› a. ὀθόνια. *L*

b. ἰατρικὴ λέξις δηλοῦσα δεσμὰ ἐσχηματισμένα εἰς σπληνὸς εἶδος. L^1

VIII 9 (p. 197, 4) ‹ἐπισιμώσαντες·› a. ἀντὶ τοῦ συναγαγόντες. L^1

b. συνάξαντες. *T*

VIII 9 (p. 197, 17) ‹ἐν δὲ τῷ τέως·› ἐν τῷ παρόντι ἐκείνῳ σωρῷ. *T*

VIII 9 (p. 197, 20) ‹δέα·› φόβοι. *T*

1–5 Harp. s.v. ἀρκυωρός (p. 58, 13–15 Dindorf = α 237 Keaney)· Λυκοῦργος ἐν τῇ κατὰ Μενεσαίχμου εἰσαγγελίᾳ (fr. 86 Conomis). ὁ τὰς ἄρκυς, τουτέστι τὰ λίνα, φυλάττων. Syn. α 2129 ἀρκυωρός· ὁ τὰς ἄρκυς, τουτέστι τὰ λίνα, φυλάττων. (Su. α 3962; Phot. α 2834). **16** Schol. Nic. Ther. 803b ἀθέρων· ἀθέρας φησὶ τὸν φλοιὸν καὶ τὰς θήκας τοῦ σίτου· ἀνθέρικες τὰ κοινῶς ἄγανα, ἅπερ ὁ στάχυς προβάλλεται, ἐκκλίνων τὰς ἐκ τῶν μικρῶν ζῴων βλάβας, ὡς ὁ Μέγας Βασίλειος (Hex. 42 E). **17–19** Phot. σ 466 σπληνίον· οὐ τὸ φάρμακον, ἀλλὰ τὸ ὀθόνιον· καὶ σπλῆνα αὐτὸ τὸ πτύγμα τοῦ ὀθονίου. **25** Cf. scholl. I 15 (p. 9, 10) ad δέους, I 16 (p. 9, 18) ad τοῦ δέους et IV 61 (p. 99, 23) ad δέει.

10 ἀντὶ τοῦ om. T | ‹προάγ›ουσι T **25** φόβη T : correxi

VIII 10 (p. 198, 5) ‹ἐν τῇ Ὄσσῃ·› ὄσσα ἡ φήμη καὶ ἡ μαντεία καὶ ὄνομα ὄρους Θετταλικοῦ. *z*

VIII 11 (p. 198, 18) ‹παρείας·› Παρίας λίθος, I. *V*

VIII 15 (p. 200, 23) ‹μανότητος·› a. μανότης ἡ ἀραιότης καὶ ἔκλυσις· «ἀτρεμοῦσα γὰρ ὡς ὑπό τινος συμφυοῦς μανότητος». *z*

b. ἀραιότητος. *T*

VIII 17 (p. 201, 27) ‹ἐγγραύλεις·› αἱ ἐγγραύλεις καὶ ἐγκρασίχολοι καὶ λυκόστομοι λέγονται. τούτων ἡ πυκνὴ καὶ συνεχὴς νῆξις βόλος καλεῖται. *z*

VIII 17 (p. 202, 14) ‹ἁλιάδας·› ἁλιὰς τὸ ἁλιευτικὸν πλοῖον. *z*

VIII 18 (p. 202, 18) ‹τῇ πυρρινίδι·› τῇ Τυρ‹ρ›ηνίδι. *L^1*

VIII 20 (p. 203, 18) ‹Ἀντανδρίᾳ·› Ἀντάνδρῳ. *L^1*

VIII 20 (p. 203, 20) ‹Σκάμανδρος·› ὁ ἐν τῇ Τροίᾳ Σκάμανδρος καὶ Ξάνθος ὠνομάσθη ἐπεὶ ξανθὰς ἀποφαίνει πιούσας τὰς ὄϊς. *z*

VIII 21 (p. 204, 8) ‹κατειλεῖ·› δεσμεῖ. *T*

VIII 21 (p. 204, 8) καταιονήμασιν· καταβροχαῖς. *z*

VIII 21 (p. 204, 22) ‹ἀνίῃ·› ἀναπέμπετο. *T*

VIII 26 (p. 206, 9) ‹ἐλεφαντίσκια·› ἐλεφαντίσκια τὰ ἔκγονα τῶν ἐλεφάντων Αἰλιανὸς ὀνομάζει. *z*

VIII 27 (p. 206, 19) ‹ἔλλοπα·› ἔλλοψ εἶδος ἰχθύος. *z*

VIII 27 (p. 207, 2) ‹καταφρονήσουσιν·› δαπα‹νήσουσιν›. *T*

IX 1 (p. 208, 4) ‹καταδρομαῖς·› καταδύσεις. *T*

Diog **IX 3 (p. 209, 5)** ‹σέρφον·› πτερωτὸν μύρμηκα ὡς Ἀριστο-

1–2 [Hdn.] Epim. p. 103 ὄσσα, ἡ φήμη καὶ ἡ μαντεία· Ὄσσα, ὄνομα ὄρους. Lex. spir. p. 209 Ὄσσα, ἡ φήμη, καὶ ἡ μαντεία, καὶ ὄνομα ὄρους. Cf. schol. I 48 (p. 21, 19) ad ὀττεύονται. **4–6** Hsch. μ 241 *μανότης· ἀραιότης (Plat. Tim. 72 c). **10–11** [Hdn.] Epim. p. 223 ἁλιάς, πλοῖον ἁλιευτικόν. Cf. schol. XI 12 (p. 265, 21) ad τὴν ἁλιάδα. **22** [Hdn.] Epim. p. 30 ἔλλοψ, ἄφωνος, ὁ ἰχθύς, καὶ κλίνεται ἔλλοπος. **25–109,2** Hsch. σ 433 σέρφοι· οἱ πτερωτοὶ μύρμηκες (Aristoph. Av. 82; Nicoph. com. fr. 1, 2 K.-A.). Phot. σ 148 σέρφοι· οἱ πτερωτοὶ μύρμηκες, οὓς ἡμεῖς νύμφας. οὕτω Δίδυμος (fr. 13 Schmidt). Κάσσιος δὲ Λογγῖνος (fr. 65 Patillon-Brisson) σέρφος πτηνόν τι μικρὸν κώνωπι ἐμφερὲς κατὰ τὸ μέγεθος· μετὰ δὲ τοῦ τ στέρφους φησὶν εἶναι τοὺς πτερωτοὺς μύρμηκας. Su. σ 256 σέρφος· ζῷον μυρμηκῶδες. σέρφον ἐνόρχην σφαγιάζειν. καὶ παροιμία· ἔνεστι κἀν μύρμηκι κἀν σέρφῳ χολή.

12 Τυρηνίδι L^1 : correxi **25** μύρμηκ‹α› De Stefani

φάνης Σφηξί (352). καὶ παροιμία ὕπεστιν· «ἔνεστιν κἀν μύρμηκι καὶ σέρφῳ χολή». ἄλλοι δὲ θηρίδιόν τι μικρὸν ἀποδεδώκασι. *L*

IX 4 (p. 209, 20) ‹μαλακιεῖν·› μαλακιεῖν λέγουσι τοὺς ὑπὸ Diog κρύους κεκμηκότας καὶ συνεσπασμένους. *L*

IX 5 (p. 209, 23) ‹κατηγορεῖ·› κατηγορῶ σου τόδε καὶ κατηγορεῖ τὸ σκυλάκιον τὸ προελθὸν πρῶτον τῆς μητρὸς τὸν πατέρα ἤγουν δεικνύει ἐν ἑαυτῷ. *z*

IX 10 (p. 211, 24) ‹μόνος δὲ ἄρα ἐν αὐτοῖς·› εἶδος ἀετοῦ ἐστιν ὃς τοῦ Διὸς κέκληται, ὃς οὐχ ἅπτεται κρεῶν, ἀλλὰ πόαν σιτεῖται. *z*

IX 13 (p. 212, 23) ‹σύνθεμα·› κατασκεύασμα. *T*

IX 15 (p. 214, 1–2) ‹τῷ τοξικῷ·› εἶδος βοτάνης οὕτω λεγόμενον παρ' ἰατροῖς. L^1

IX 16 (p. 214, 11) ‹μαλακιοῦσαν·› a. χαυνουμένην. L^1

b. ‹μαλκιοῦσαν·› μαλκιεῖν κυρίως τὸ ὑπὸ κρύους κεκμηκέναι Diog καὶ συνεσπάσθαι. Αἰλιανός· «οὐκοῦν μαλκιοῦσαν ἐκ τῶν κρυμῶν τῶν ζῴων τὴν ὄψιν ὑποθερμαῖνον τὸ μάραθρον καθαίρει, καὶ ὀξυωπέστερον ἀποφαίνει». *z*

IX 17 (p. 214, 21) ‹τῆς εὐθημοσύνης·› τῆς εὖ ἐχούσης κατασκευῆς. L^1T

IX 17 (p. 215, 4) ‹τὸ κλύσμα·› τὸ κλυδώνιον. L^1

IX 17 (p. 215, 5) ‹στεγανόν·› στέγον. L^1T

IX 33 (p. 220, 19) ἀβρότονον· ἡ βοτάνη ἡ ἀναιροῦσα τὰς ἕλμινθας. *z*

IX 36 (p. 222, 9) ‹ἄδωνιν·› ἄδωνις ὄνομα ἰχθύος, ὃς οὕτως

3–4 Hsch. μ 195 μαλκίειν· τὸ ὑπὸ ψύχους συνεσπάσθαι τὰς χεῖρας. μ 196 μαλκίετον· μαλακῶς καὶ ἀσθενῶς ἔχετον. ἐπιεικῶς δὲ τοὺς ὑπὸ κρύους ἐσκληκότας (κεκμηκότας H: corr. Cobet) μαλκίειν λέγουσιν. Phot. μ 72 μαλκιῆν· ὑπὸ κρύους κατεσκληκέναι καὶ δυσκίνητος εἶναι. [Zon.] s.v. μαλακιεῖν· τοὺς ὑπὸ κρύους κεκμηκότας λέγουσι καὶ συνεσπασμένους. Cf. schol. IX 16 (p. 214, 11) ad μαλκιοῦσαν. **5–7** Schol. Eur. Or. 28 (ed. Dindorf) κατηγορεῖν· κατηγορεῖ τὸ σκυλάκιον τὸ προελθὸν πρῶτον τῆς μητρὸς τὸν πατέρα ἀντὶ τοῦ δεικνύει ἐν ἑαυτῷ. **15–18** Cf. schol. IX 4 (p. 209, 20) ad μαλακιεῖν.

1 Σφιγξί L : corr. De Stefani | κἂν L : corr. De Stefani | μύρμηκι $L^{p.c.}$ μύρμηκα $L^{a.c.}$ **2** σεριφω L : corr. De Stefani **3** λέγουσι scripsi : λέ( ) L λέγει Alpers **4** ὑποκρύους L : corr. Alpers **19** εὖ ἐχούσης om. T

ὠνομάσθη ἐπεὶ τὴν γῆν ἔχει φίλην καὶ τὴν θάλασσαν, ὥσπερ ὁ Ἄδωνις ὁ τοῦ Κινύρου παῖς δύο εἶχεν ἐρομένας θεάς, τὴν μὲν ὑπὸ γῆν οὖσαν, τὴν δὲ ἄνω γῆς. *z*

IX 42 (p. 224, 10–11) ‹τῷ ἑτέρῳ τῶν ὀφθαλμῶν ὁρῶσι·› οἱ θύννοι τῷ σκαιῷ ὀφθαλμῶν οὐχ ὁρῶσιν. Αἰσχύλος (fr. 308 R.)· «τὸ σκαιὸν ὄμμα παραβαλὼν θύννου δίκην». *z*

IX 43 (p. 224, 23) ὑποπρησθέντες· ἀντὶ τοῦ ὀγκωθέντες. *z*

IX 48 (p. 226, 9) ἐπιβαίνονται· γράφεται ἐπιμαίνονται. *L*[1]

IX 53 (p. 227, 20) ‹δέκα ἄλλοι·› γράφεται δεκάδα. *L*[1]

IX 54 (p. 227, 30) ‹ὀσφρήσωνται·› ὀσφραίνομαι ἐνεστώς, ὀσφρήσομαι μέλλων. *z*

IX 63 (p. 231, 15) ‹τοῦ θοροῦ·› θορὸς τὸ τῆς ἀφροδισίας ὀχείας. *L*

X 6 (p. 235, 7) ‹αὔρας μαλακάς·› ἀντὶ τοῦ μαλακοπνούς, ἡδείας. *L*[1]

X 8 (p. 235, 13) ‹θηλάζει·› ἐντεῦθεν δῆλον ὅτι θηλάζει ἡ μήτηρ τὸ βρέφος, ἀντὶ τοῦ θηλὴν προτείνει, οὐχὶ τὸ βρέφος θηλάζει τὴν μητέρα. ἐνταῦθα γὰρ περὶ τῆς θηλείας φησὶν ὅτι ἡ μήτηρ θηλάζει. ἐπὶ ταύτης τῆς σημασίας καὶ Φιλόστρατος χρῆται ἐν τῷ δευτέρῳ τῶν εἰς τὸν Τυανέα Ἀπολλώνιον (Vit. Apoll. II 14), λέγων περὶ τῶν λεαινῶν τῶν συλλαμβανουσῶν ἀπὸ τῶν παρδαλέων τὸ «ὅθεν κρύπτουσιν αὐτὰ καὶ θηλάζουσιν ἐν σκολιαῖς λόχμαις πλασάμεναι ἀφημερεύειν πρὸς θήραν». *L*[1]

X 9 (p. 235, 30) ‹πελιδνόν·› μολυβόχρουν. *L*[1]

X 10 (p. 236, 8) ‹ὑφίστασθαι·› ἀφίστασθαι ὀφείλει. *L*[1]

X 10 (p. 236, 18) ‹τέλειοι·› τὴν ἰσχὺν δηλονότι. *L*[1]

X 10 (p. 236, 20) ‹κατεάξαντες·› κατάξαντες ὀφείλει. *L*[1]

12–13 Hsch. θ 649 θορός· βάτης, ἀφροδισιαστής. *ὀχεία, ἡ ἔκκρισις τοῦ σπέρματος. **16–23** Cf. schol. VII 12 (p. 169, 26) ad θηλάζουσι. **24** Schol. Nic. Ther. 272 πελιδναί· μέλαιναι, μολυβδόχρους.

1 ὠνομάσθαι z : correxi **26** ζήτει praepos. scholio L[1]

X 12 (p. 237, 3) ‹ἐλέφαντος·› ἐλέφας ζῶον καὶ ὁ ἀπὸ τῶν mosch
ὀστέων αὐτοῦ κόσμος ἐλεφάντινος. σύνηθες δὲ τοῖς ποιηταῖς καί τισι τῶν πεζολόγων συγγραφέων ἀντὶ τῶν μερῶν τοῖς τῶν ὅλων ὀνόμασι χρῆσθαι, καθὸ Ὅμηρος «βοῦν ἀζαλέην» (Il. VII 238–239) λέγει, ἤγουν βύρσαν, καὶ «ὡς δ' ὅτε τις ἐλέφαντα γυνὴ φοίνικι μιήνῃ» (Il. IV 121), ἤγουν ἐλεφάντινον ὀστοῦν, καὶ «κεφαλὴν ἴκελος Διὶ τερπικεραύνῳ, Ἄρεϊ δὲ ζώνην» (Il. II 478–479), ὥσπερ ἂν εἰ ἔλεγεν Ἄρης τὴν ζώνην καὶ τὴν κεφαλὴν Ζεύς. *fghnq*

X 12 (p. 237, 3) ‹ὄγκος·› ὄγκος μὲν ἐπὶ σώματος, κόμπος δὲ mosch
ἡ διὰ λόγων ἔπαρσις. *fghnq*

X 12 (p. 237, 3) ‹πάνυ·› ἰστέον ὅτι πολλὰ τῶν ἐπιρρημάτων mosch
τὰ προτακτικὰ τῶν τριῶν γενῶν ἄρθρα λαμβάνουσι καὶ ἐπιθέτων ὀνομάτων χώραν ἀναπληροῦσιν, οἷον ὁ πλησίον, ἡ πλησίον καὶ τὸ πλησίον, ὁ πέλας, ἡ πέλας καὶ τὸ πέλας, ὁ πάνυ, ἡ πάνυ καὶ τὸ πάνυ. ἃ δὲ ἄκλιτα μένοντα, πτώσεις ἔχουσι μετὰ τῶν ἄρθρων καὶ ἀριθμούς, κατὰ τὰ ἑβραικὰ ὀνόματα, οἷον ὁ ἔγγιστα, τοῦ ἔγγι-

1–8 Hsch. ε 2033 ἐλέφαντα· τὸ ἐλεφάντινον ὀστοῦν· «ὡς δ' ὅτε τις ἐλέφαντα γυνή» (Hom. Il. IV 141). Eust. in Il. v. 1 p. 720, 19–23 ἰστέον δέ, ὅτι ἐλέφαντα μὲν λέγει τὸ ἐλεφάντινον ὀστοῦν, τῷ τοῦ ὅλου ὀνόματι ὀνομάζων τὸ μέρος. ᾧ τρόπῳ καὶ βοῦς τὸ δέρμα, ἡ βύρσα δηλαδή. Schol. Pind. Ol. I 41 (p. 9 Σεμιτέλος) ἐλέφαντι· ἤγουν ἐλεφαντίνῳ ὀστῷ, τῷ τοῦ ὅλου ὀνόματι ὀνομάζων τὸ μέρος, ᾧ τρόπῳ καὶ βοῦς, τὸ δέρμα, ἡ βύρσα δηλαδή· καὶ Ὅμηρος (Il. IV 141)· «ὡς δ' ὅτε τίς τ' ἐλέφαντα γυνὴ φοίνικι μιήνῃ»· ἀντὶ ἐλεφάντινον ὀστοῦν τῷ φοινικῷ χρώματι βάψῃ. **9–10** Schol. Anth. Pal. IX 442, 4 p. 61 Luppino ὄγκον· κόμπος ἡ διὰ λόγου ἔπαρσις, ὄγκος καὶ ἐπὶ σώματος. **11–112,2** Syncell. Synt. 1545–1554 εἰδέναι δὲ χρὴ ὅτι τὰ προτακτικὰ τῶν τριῶν γενῶν ἄρθρα πολλάκις τῶν ἐπιρρημάτων προτασσόμενα δι' ὅλων τῶν πτώσεων καὶ ἀριθμῶν, ἐπιθέτων ἀναπληροῦσι ὀνομάτων χώραν, φυλαττομένης δηλαδὴ τῆς ἀκλίτου φυσικῆς ἐπιρρηματικῆς ἰδιότητος, οἷον «ὁ πάλαι, τοῦ πάλαι, τῷ πάλαι, τὸν πάλαι» καὶ μέχρι τῶν πληθυντικῶν καὶ ἐπὶ τῶν τριῶν γενῶν, οἷον «ἡ πάλαι» καὶ «τὸ πάλαι»· καὶ πάλιν «ὁ πλησίον, τοῦ πλησίον, τῷ πλησίον, τὸν πλησίον» καὶ «ἡ πλησίον, τῆς πλησίον»· «ὁ πέλας, τοῦ πέλας, ἡ πέλας, τῆς πέλας»· καὶ τὰ πληθυντικὰ «οἱ πλησίον, αἱ πλησίον, οἱ πέλας, αἱ πέλας», «ὁ ἔγγιστα» καὶ «οἱ ἔγγιστα» καὶ «αἱ ἔγγιστα»· «ὁ πάνυ, τοῦ πάνυ» καὶ «ἡ πάνυ, τῆς πάνυ»· «ὁ ἄνω» καὶ «ἡ ἄνω» καὶ «ὁ ἀνωτάτω» καὶ «ἡ ἀνωτάτω».

1 ἐλέφας ζῶον f g h q ἐλέφαντος ἡ εὐθεία ὁ ἐλέφας n **3** γραφέων n **12** προτακτινὰ f προστακτικὰ g **14–112,2** ἡ πέλας – ὡσαύτως om. g **15** ἃ δὴ ἄκλιτα h n q **16** καὶ τὰ ἑβραικὰ n κατὰ τὰ ἑβραικὰ cett. | οἷον om. n

στα, τῷ ἔγγιστα, οἱ ἔγγιστα, τῶν ἔγγιστα καὶ ἐπὶ τῶν ἄλλων ὡσαύτως. *fghnq*

mosch **X 12 (p. 237, 3–4)** a. ‹πάνυ μέγας·› τὸ μέγας μεγάλου κλίνεται ἀπ' ἄλλης εὐθείας ἀχρήστου καὶ διὰ τοῦτο παρασεσιωπημένης, τὰ τοιαῦτα δὲ ἑτερόκλιτα λέγεται, οἷον γυνὴ γυναικός, πολὺς πολλοῦ καὶ ἕτερα, ἐφ' οἷς συμβαίνει τὰς μὲν εὐθείας πλαγίας ἐν χρήσει μὴ ἔχειν οἰκείας, τὰς δὲ πλαγίας ταὐτὸ μὲν ταῖς εὐθείαις ταύταις σημαίνειν, εὐθείας δὲ μὴ ἔχειν οἰκείας ἐν χρήσει, δι' ἃ δὴ συνέρχονται καὶ τελείαν κλίσιν ἀποτελεῖν. τοῦτο δὲ καὶ ἐπὶ πολλῶν ῥημάτων συμβαίνει ὡς εἶναι τόνδε μὲν τυχὸν τὸν ἐνεστῶτα ἐν χρήσει, τούτου δὲ τὸν μέλλοντα ἄχρηστον, τόνδε δὲ τὸν μέλλοντα ἐν χρήσει καὶ ταὐτὸ τῷ ἐνεστῶτι τούτῳ σημαίνοντα, οἰκεῖον δὲ ἐνεστῶτα ἐν χρήσει μὴ ἔχοντα. καὶ ἐπὶ τοῦ ἀορίστου καὶ τῶν ἄλλων χρόνων ὁμοίως, ἃ συνάπτεται καὶ τελείαν κλίσιν ἀποτελεῖ, οἷον φέρω, οἴσω, ἤνεγκα, ἀφ' ὧν ποιητικῶς μὲν φερτόν, κοινῶς δὲ οἰστὸν τὸ αὐτό, καὶ ἀνύποιστον τὸ μὴ οἰστόν, καὶ ὀϊστὸς τὸ βέλος κατὰ διάλυσιν. ἀπὸ δὲ τοῦ οἴσω, ὃ δηλοῖ τὸ ὑπολήψομαι, ὃ ποιητικῶς γράφεται ἐν τοῖς ἐνεργητικοῖς, ἀνώϊστον τὸ ἀνέλπιστον διὰ τοῦ Ω μεγάλου. τρέχω, δραμοῦμαι, ἔδραμον· πίπτω, πεσοῦμαι, πέπτωκα· ὑπομιμνήσκω, ὑπομνήσω· μένω, μεμένηκα· μέλει, μελήσει, ὃ πρῶτον οὐκ ἔχει πρόσωπον οὔτε δεύτερον, καὶ πολλὰ ἕτερα. *fhnq*

mosch b. μέγιστος. *n*

mosch **X 12 (p. 237, 4)** ‹ἐδώδιμα·› a. ἐδώδιμον τὸ βρώσιμον παρὰ τὸ ἔδειν. *fhnq*

mosch b. δυνάμενα βιβρώσκεσθαι. *n*

3–5 Choer. in Theodos. I p. 122, 15–21 τὸ δὲ λᾶας τὸ προσηγορικὸν καὶ τὸ μέγας τὸ ἐπίθετον καὶ συνεσταλμένον ἔχουσι τὸ α καὶ διὰ καθαροῦ τοῦ ος κλίνονται, οἷον ὁ λᾶας τοῦ λάαος καὶ κατὰ κρᾶσιν τῶν δύο αα εἰς ἓν μακρὸν τοῦ λᾶος, ‹M 462› λᾶος ὑπὸ ῥιπῆς· καὶ πάλιν ὁ μέγας τοῦ μέγαος, ἡ γὰρ μεγάλου γενικὴ ἑτερόκλιτός ἐστιν ὡς ἀπὸ τῆς μεγάλος εὐθείας, ἐξ ἧς καὶ ἡ εὐθεῖα τῶν πληθυντικῶν οἱ μεγάλοι. **24–25** Hsch. ε 543 ἐδώδιμος· τρωκτός. βρώσιμος.

1 [οἱ] ἔγγιστα n **3** [τ]ὸ μέγας n **6–7** τὰς μὲν εὐθείας πλαγείας f τὰς εὐθείας πλαγίας n q **9** ἀποτελεῖ h$^{p.c}$ n q **10–11** τυχὸν post τὸν ἐνεστῶτα transp. h **11–12** τούτου δὲ τὸν μέλλοντα – ἐν χρήσει om. q **11–12** τόνδε τὸν μέλλοντα n **17** ὑπολείψομαι h **18** ὃ ante ποιητικῶς om. n **20** ὑπομνήσω om. h

X 12 (p. 237, 4) ‹ὅτι μή·› εἰ μή. *n* mosch

X 12 (p. 237, 5) ‹προβοσκίς·› a. προβοσκὶς καὶ προνομαία mosch
ταὐτό· τὸ μὲν ἀπὸ τοῦ βόσκεσθαι, τὸ δὲ ἀπὸ τοῦ νέμεσθαι. *fhnq*

b. ἡ προνομαία. *n* mosch

X 12 (p. 237, 5) ‹κεράτων·› κέρας τὸ τῶν ζώων καὶ ἀπὸ mosch
τούτου κέρας ἡ βασιλεία, καὶ τὸ κοινῶς κερατάριον, καὶ μέρος τῆς παρατάξεως κέρατι ζώου ἐοικός. δύο δὲ ταῦτα εἰσί· τὸ μὲν δεξιόν, τὸ δὲ εὐώνυμον. κέρας καὶ ὁ στενὸς καὶ ἐπιμήκης λιμήν, ὡς ὁ τῆς Κωνσταντίνου. *fhnq*

X 12 (p. 237, 6) ‹ἦν·› σύνηθες τοῖς Ἀττικοῖς τὸ τῷ ἦν ἀντὶ mosch
τοῦ ἔστι χρῆσθαι. *fhnq*

X 12 (p. 237, 7) ‹ἐπιθυμιάσαι αὐτοῦ·› ἀπ' αὐτοῦ. *n* mosch

X 12 (p. 237, 7) ‹ἀποδιδράσκει·› ἀποφεύγει. *n* mosch

X 13 (p. 237, 22) ‹εὐημερίας·› ἀντὶ τοῦ εὐδίας. L^1

X 13 (p. 237, 28) κόλλοψ· λέγεται τὸ νωτιαῖον καὶ τραχηλιαῖον τοῦ βοὸς δέρμα, διὰ τὸ εἰς κόλλαν εὐθετεῖν. *W*

X 13 (p. 238, 2) ‹πεπωρωμένῳ·› πεπηγμένῳ. L^1

X 14 (p. 238, 24–25) ‹ἐξ ὑπτίας νέοντα·› τριπλῶς φησὶ τὸν ἱέρακα πέτεσθαι· κατά τε πλάτος τοῦ ἀέρος, καὶ κατὰ ὕψος, καὶ πάλιν εἰς βάθος ἀφ' ὕψους κάτω, ὅτε καὶ ὕπτιος φέρεται. τοῦτο γάρ φησι τὸ «ὡς ἐξ ὑπτίας νέοντα», ἤγουν ἐξ ὑπτίας κινήσεως καὶ τὸ ἐπαγόμενον τοῦτο λέγει τὸ «πρὸς τὸν οὐρανὸν ὁρᾷ». L^1

X 14 (p. 239, 2) ‹ἔκτοκον·› ἔγγονον. L^1

2–3 Hsch. π 3598 *προνομαία· προβοσκ[ησ]ίς. **5–9** [Zon.] s.v. κέρας. καὶ ὄνομα ποταμοῦ. καὶ τὸ κέρατον καὶ τὸ κερατάριον καὶ ἄλλα πολλὰ σημαίνει. **10–11** Cf. schol. I 2 (p. 2, 11) ad ἦν. **13** Cf. schol. IV 61 (p. 99, 23) ad ἀποδιδράσκουσι. **15–16** [Zon.] s.v. κόλλοψ· ἡ χορδή, καὶ τὸ νωτιαῖον, καὶ τὸ τραχηλιαῖον δέρμα τοῦ βοός. διὰ τὸ εἰς κόλλαν ἐπιτήδειον εἶναι. Schol. Plat. Resp. 531b Greene κολλόπων· κολάβων. οὕτω δὲ λέγονται τὰ τῶν χορδῶν ἐπιτόνια, περὶ ἃ εἴλυνται αὗται. τὸ γὰρ νωτιαῖον τοῦ τραχήλου τοῦ βοὸς μέρος κόλλοψ καλεῖται, διὰ τὸ εἰς κόλλαν εὐθετεῖν.

2 προνομέα f **3** ταὐτόν n **4** προνομέα n : correxi **8** τὸ δὲ εὐώνυμον. κέρας καὶ ὁ στενὸς f h q τὸ δὲ ἐξευώνυμον μέρος, καὶ ὁ στενὸς n **9** Κωνσταντίνου πόλεως n **10** σύνηθες δὲ h | τὸ τῷ ἦν scripsi τὸ ἦν f n $q^{a.c.}$ τῷ ἦν h $q^{p.c.}$

mosch **X 15 (p. 239, 15)** ‹ἄθηλυ·› a. ἰστέον ὅτι καὶ ὁ θῆλυς γράφεται καὶ ἡ θήλεια καὶ τὸ θῆλυ. ἐπὶ μὲν οὖν τῶν ἐπικοίνων γενῶν εἰ ἀρρενικῶς προφέρονται οἷον ὁ ἀετὸς οὕτω λέγεις καὶ τὰ θήλεα αὐτῶν ὁ ἀετὸς ἡ θήλεια· εἰ δὲ θηλυκῶς οἷον ἡ χελιδὼν οὕτω λέγεις τὰ ἄρρενα ἡ χελιδὼν ὁ ἄρρην. *fgnq*

mosch b. τὰ προπερισπώμενα ὀνόματα ἢ παροξύτονα ἢ ὀξύτονα δισύλλαβα ἀναβιβάζουσιν ἐν τῇ συνθέσει τὸν τόνον καὶ τοῦ ἁπλοῦ τὴν κλίσιν φυλάττει, οἷον δοῦλος εὔδουλος εὐδούλου, θῆλυ ἄθηλυ ἀθήλεος, πλησίος παραπλήσιος παραπλησίου, χιτὼν εὐχίτων εὐχίτωνος, αἰὼν εὐαίων εὐαίωνος· πλὴν τῶν εἰς ΩΝ βαρυτόνων. ταῦτα γὰρ καὶ τὴν κλίσιν φυλάττουσι τοῦ ἁπλοῦ καὶ τὸν τόνον, οἷον μέδων μέδοντος, Αὐτομέδων Αὐτομέδοντος, καὶ τῶν εἰς ΩΝ περισπωμένων, οἷον Ξενοφῶν, φιλοξενοφῶν φιλοξενοφῶντος. τὰ δὲ τροχαϊκὰ ῥήματα τὰ προπερισπώμενα οὐκ ἀναβιβάζει τὸν τόνον ἐν τῇ συνθέσει· οἷον εἶπε κατεῖπε, εἶδε κατεῖδε, πλὴν τοῦ οἶδα σύνοιδα καὶ οἶσθα σύνοισθα. *fgnq*

mosch **X 15 (p. 239, 15)** ‹εἰς τὴν σφαῖραν·› ἐντὸς τῆς σφαίρας. *n*

1–5 Syncell. Synt. 77–81 ἐπίκοινα δὲ ὅταν ἡ αὐτὴ φωνὴ μετὰ τοῦ αὐτοῦ ἄρθρου, οἷον «ἡ χελιδών» ἐπὶ τοῦ ἀρσενικοῦ καὶ θηλυκοῦ προφέρηται· διαστέλλοντες δὲ τὸ ἄρσεν ἀπὸ τοῦ θήλεος, λέγομεν «ἡ χελιδὼν ὁ ἄρσην», καὶ «ἡ χελιδὼν ἡ θήλεια»· καὶ ὁ ἀετός ἐπὶ τοῦ ἀρσενικοῦ καὶ θηλυκοῦ, διαστέλλοντες δὲ τὸ θῆλυ ἀπὸ τοῦ ἄρσενος, λέγομεν «ὁ ἀετὸς ἡ θήλεια» καὶ «ὁ ἀετὸς ὁ ἄρσην». **11–13** Hdn. κλίσ. ὀνομ. p. 727, 24–33 τὰ εἰς ων λήγοντα σύνθετα εἴτε βαρύτονα ἢ εἴτε ὀξύτονα εἴτε περισπώμενα τὴν τῶν ἁπλῶν φυλάττει κλίσιν οἷον χθών χθονός ἐνοσίχθων ἐνοσίχθονος (ὁ τὴν γῆν κινῶν), Μέμνων Μέμνονος Ἀγαμέμνων Ἀγαμέμνονος, τέκτων τέκτονος ἀρχιτέκτων ἀρχιτέκτονος, γέρων γέροντος ὠμογέρων ὠμογέροντος, Μέδων Μέδοντος Αὐτομέδων Αὐτομέδοντος, χιτών χιτῶνος χαλκοχίτων χαλκοχίτωνος, αἰών αἰῶνος εὐαίων εὐαίωνος, θυρών θυρῶνος προθυρών προθυρῶνος, κοιτών κοιτῶνος προκοιτών προκοιτῶνος, δαιτυμών δαιτυμόνος φιλοδαιτύμων φιλοδαιτύμονος, Ξενοφῶν Ξενοφῶντος φιλοξενοφῶν φιλοξενοφῶντος, Ποσειδῶν Ποσειδῶνος μισοποσείδων μισοποσείδωνος.

1 [ἰστ]έον n | ὁ θῆλυς f g q ἡ θῆλυς n **3** ἀρρενικῶς προφαίνονται n | ὁ ante ἀετὸς om. f | λέγεις τὰ θήλεα g q λέγεις τὴν θήλειαν n **4–5** λέγεις τὸν ἄρρενα n **7** τὸν λόγον q τὸν τόνον cett. **9** παραπλησίον g **10** εὐαίως g **11** καὶ τὴν κλήσιν g$^{a.c.}$ **12** μέδον g$^{a.c.}$ **13** Ξενοφῶν Ξενοφῶντος n fort. recte **14** ἀναβιβάζουσι n

X 15 (p. 239, 16) ‹εἴκοσιν·› a. τὸ εἴκοσι, τὸ πέρυσι, τὸ τοιοῦτο, τὸ τοσοῦτο καὶ τὸ ταὐτὸν εἰ φωνῆεν ἐπιφέρεται προσλαμβάνουσι τὸ N, εἰ σύμφωνον δὲ οὐδαμῶς. *fgnq* mosch

b. ἐπί. *n* mosch

X 15 (p. 239, 16) ‹ἡμερῶν·› ἡμέρα κοινόν, ἀφ᾽ οὗ ἰσημερία καὶ ἡμερησία ὁδὸς καὶ διάστημα ἡμερήσιον, ὃ ἄν τις ἐπὶ μιᾶς ἡμέρας διέλθοι. ἦμαρ δὲ ποιητικόν, ἀφ᾽ οὗ αὐτῆμαρ ἐπίρρημα, ἤγουν ἐν μιᾷ ἡμέρᾳ, καὶ ἐννῆμαρ ἐν ἐννέα. *fgnq* mosch

X 15 (p. 239, 16) ‹δράσας·› ποθήσας. *n* mosch

X 15 (p. 239, 16) ‹θάλψας·› a. θάλπειν τὸ θερμαίνειν, καὶ ἀπὸ τούτου θαλπωρὴ ποιητικῶς, ὃ κοινῶς λέγεται θάρρος καὶ θάρσος. *fgnq* mosch

b. θερμάνας τὴν σφαῖραν. *n* mosch

X 15 (p. 239, 17) ‹τῇ ἐπὶ ταύταις·› τῇ μετὰ τὴν ὀκτωκαιεικοστήν. *n* mosch

X 15 (p. 239, 17) ‹προάγει·› ἐξάγει. *n* mosch

X 15 (p. 239, 18) ‹Αἰγυπτίων·› ἐπί. *n* mosch

X 15 (p. 239, 18) ‹μάχιμοι·› μάχομαι καὶ πολεμῶ καὶ παλαίω καὶ τἄλλα ὅσα οὐ μᾶλλον ἐνέργειαν ἐμφαίνουσιν ἢ πάθος πρὸς δοτικὴν ἔχει τὴν σύνταξιν, ἀναμαχέσασθαι δέ ἐστι τὸ μετὰ τὴν ἧτταν ἀνακαλέσασθαι τὴν μάχην. ἀπὸ τοῦ μάχεσθαι μάχιμος ὡς ὁ ὠφέλιμος ἀπὸ τοῦ ὠφελῶ. *fgnq* mosch

X 15 (p. 239, 18) ‹δακτυλίων·› δάκτυλοι οἱ τῶν χειρῶν καὶ τῶν ποδῶν. ὀνομάζεται δὲ ἕκαστος αὐτῶν οὕτως· ἀντίχειρ ὁ τῶν mosch

1–3 Schol. Aristoph. Plut. 982 (ed. Dübner) τὸ εἴκοσιν Ἀττικὸν μετὰ τοῦ ν. **5–8** Moschop. Sched. p. 19 ἦμαρ, ἡ ἡμέρα, ἀφ᾽ οὗ ἐννῆμαρ ἐπίρρημα ἀντὶ ἐν ἡμέραις ἐννέα, καὶ αὐτῆμαρ ἐπίρρημα καὶ αὐτό, ἀντὶ τοῦ ἐν αὐτῇ τῇ ἡμέρᾳ. **10–12** Porph. Quaest. Hom. (rec. V) 64 Sodano εἰ δ᾽ ὁ φόβος ψύχει, δῆλον ὡς τὸ θάρσος θάλπει· εἰκότως ἄρα «θαλπωρὴν» λέγει τὸ θάρσος. **18–22** Epim. Hom. μ 40 μαχήσομαι (Γ 290)· μαχῶ μαχήσω· τὸ μαχῶ ἐκ τοῦ μάχω βαρυτόνου, ὃ οὐκ εἴρηται, τὸ δὲ παθητικὸν μάχομαι· ὁ γὰρ χαρακτὴρ παθητικός ἐστι, τὸ δὲ σημαινόμενον ἐνέργειαν δηλοῖ. **23–116,5** [Hippocr.] Epist. ad Ptol. p. 289 ὀνόματα δακτύλων, ἀντίχειρ, λιχανός, μέσος (ὃς καὶ σφάκελος), παράμεσος (ὃς καὶ ἐπιβάτης), καὶ μικρὸς (ὃς καὶ μύωψ).

2 τοσοῦτον q | τὸ ταὐτὸ n | φ[ω]νῆεν n **3** σύμφ[ωνον] n **6** ἡμερησ[ία] n ἡμερισία g **7** ἡμ[έρας] n **8** ἐν ἐννέα f n q καὶ ἐννέα g **19** ἐνέργειαν σημαίνουσιν cum ἐμφαίνουσιν s.l. n **22** ὁ ante ὠφέλιμος om. n **23–24** τῶν ante ποδῶν om. n

ἄλλων κεχωρισμένος, ὁ μετ᾽ ἐκεῖνον λιχανός, εἶτα σφάκελος, ὁ μετ᾽ αὐτὸν ἐπιβάτης, καὶ ὁ πάντων ἔσχατος καὶ μικρότατος μύωψ. ἀπὸ τούτου δάκτυλοι καὶ οἱ τῷ ἡρωϊκῷ μέτρῳ ἁρμόζοντες πόδες, καὶ δακτύλιοι οἱ ἐπὶ τῶν δακτύλων φορούμενοι, ὥσπερ ἀπὸ τοῦ τραχήλου ἐπιτραχήλιοι κόσμοι. *fgnq*

mosch **X 15 (p. 239, 19)** ‹αἰνιττομένου·› a. αἰνίττομαι τὸ συμβολικῶς δηλῶ. *fgnq*

mosch b. συμβολικῶς δηλοῦντος. *n*

mosch **X 15 (p. 239, 19)** ‹νομοθέτου·› νόμος ἔγγραφος συνήθεια, συνήθεια δὲ ἄγραφος νόμος· γίνεται δὲ νόμος παρὰ τὸ νέμω τὸ μερίζω, νέμω δὲ δηλοῖ καὶ τὸ βόσκω, καὶ νέμεται τὸ βόσκεται, ἀφ᾽ οὗ νομὴ καὶ εὐνομία, ἡ καλὴ νομή. λέγεται εὐνομία καὶ ἐπὶ τῆς καλῶς τοῖς νόμοις χρωμένης πόλεως. *fgnq*

mosch **X 15 (p. 239, 19)** ‹δεῖν·› δέον εἶναι. *n*

mosch **X 15 (p. 239, 19)** ‹ἄρρενας·› ὁ ἄρρην καὶ ἄρσην λέγεται, ὥσπερ τὸ θάρρος θάρσος, καὶ ἀναλογώτερον τὸ ἄρσην ἐστίν, ἀπὸ γὰρ τοῦ ἀρόσαι γίνεται. πυρρὸς δὲ καὶ πυρσὸς διαφέρει· τὸ μὲν γὰρ τὸν ὑπολεύκους ἔχοντα τὰς τρίχας δηλοῖ, πυρσὸς δὲ ἐπὶ τῆς εἰς ὕψος αἰρομένης φλογὸς λαμβάνεται. *fgnq*

6–8 Moschop. Sched. p. 154 αἰνίσσομαι τὸ διὰ συμβόλων αἰνιγματωδῶς δηλῶ. **9–10** Lex. Theaet. 159 νόμος· ἡ ἔγγραφος συνήθεια, συνήθεια δὲ ἄγραφος νόμος. **10–13** Choer. Epim. p. 31, 17–22 νόμος· παρὰ τὸ νέμω τὸ μερίζω νέμος καὶ νόμος. τὸ νέμω πόσα σημαίνει; τέσσαρα. τί καὶ τί; νέμω τὸ μερίζω, ἐξ οὗ καὶ νόμος, καὶ ὄνομα τὸ μεμερισμένον πᾶσι· νέμω τὸ βόσκω, ἐξ οὗ καὶ νομεύς, ὁ βοσκός, καὶ νομὴ ἡ βοσκή· νέμω τὸ πορεύομαι, ἐξ οὗ καὶ νέμεται, τὸ ἐπιπορεύεται· νέμω τὸ μέμφομαι, ἐξ οὗ καὶ νέμεσις ἡ μέμψις. Thom. Mag. Ecl. p. 249, 18–250, 2 ἀπὸ τοῦ νέμομαι τὸ βόσκω νομὴ ἡ βοσκή, καὶ εὐνομία, ὅταν νομῆς εὖ ἔχωσι τὰ ζῷα· ἀπὸ δὲ τοῦ νέμω τὸ μερίζω νόμος, καὶ διανομὴ ἡ πρὸς πολλοὺς δόσις καθ᾽ ἕνα· ὅθεν καὶ εὐνομία, ὅταν πόλις καλῶς ὑπὸ νόμων διοικῆται. **15–17** Schol. Hom. Od. 1, 1f ἄνδρα· ἀνὴρ παρὰ τὸ ἀνύειν δύνασθαι γέγονε, γυνὴ δὲ παρὰ τὸ γεννᾶν, ἄρσην δὲ παρὰ τὸ ἀρόσαι. **17–19** [Zon.] s.v. πυῤῥός· ὁ ξανθός. s.v. πυρσός. ὁ λαμπτήρ· ἡ πυρκαϊά.

3 ἡρωϊκῷ f g q ἐπικῷ n **4–5** ἐπὶ τοῦ τραχήλου g n **7** δηλοῖ f n **9** [ἔγγρ]αφος n **10** [γί]νεται n **11** καὶ ante τὸ βόσκω om. n **13** χρομένης g **15** ὁ ἄρην g | καὶ ὁ ἄρσην n **16** καὶ ante ἀναλογώτερον om. n **16–17** ἀπὸ γὰρ τοῦ ἀρόσομαι g ἀπὸ τοῦ ἀρόσαι n ἀπὸ γὰρ τὸ ἀρόσαι q **19** εἰς ὕψος post αἰρομένης transp. q | εἰς ante ὕψος om. g | φλογὸς λέγεται (λαμβάνεται s.l.) q

X 15 (p. 239, 20) ‹πάντῃ·› κατὰ πάντα. *n* mosch

X 15 (p. 239, 21) ‹μετείληχεν·› τὸ λαγχάνω αἰτιατικῇ συντάσσεται κοινῶς, ποιητικῶς δὲ γενικῇ, οἷον λελάχωσι πυρός (cf. Hom. Il. VII 79–80 etc.)· μεταλαγχάνειν δὲ ἀεὶ γενικῇ. *fgnq* mosch

X 16 (p. 240, 1) ‹ἀλφῶν·› ἀλφὸς ἡ νόσος καὶ ἀλφὸς ὁ ἄνθρωπος ὁ πάσχων τὸ νόσημα. L^1

X 17 (p. 240, 16) ‹ταῖς τροφαῖς·› γράφεται τῶν τροφῶν. L^1

X 17 (p. 240, 17) ‹ἐξίτηλον·› ἐξίτηλον κυρίως ἐπὶ τῶν βαπτομένων ὅταν ἀποβάλωσι τὸ χρῶμα, ᾧ ἐναντίον τὸ δευσοποιόν. L^1

X 17 (p. 240, 21) ‹μιγνυμένων·› πηγνυμένων. L^1

X 17 (p. 241, 1) ‹αἱ ναῦς·› σημείωσαι αἱ ναῦς ἐπὶ τῆς εὐθείας τῶν πληθυντικῶν. L^1

X 17 (p. 241, 2) ‹ἐπιβουλῆς·› τῆς λεπτῆς ἐπινοίας. L^1

X 18 (p. 241, 4) ‹ἀκούω·› τὸ ἀκούειν κυρίως ἀπὸ γενικῆς εἰς αἰτιατικὴν ἔχει τὴν σύνταξιν, καὶ εἰ μὲν χωρὶς τοῦ ὀργάνου κεῖται δι᾽ οὗ τις ἀκούει ἀόριστόν ἐστι παρά τινος ἀκούει, εἴτε παρὰ τοῦ πρώτως εἰπόντος, εἴτε δι᾽ ἄλλου μέσου, εἴτε διὰ γραπτῶν λόγων. ἀκούει δὲ τοῖς ὠσὶ τὸ παρόντος αὐτοῦ τοῦ λέγοντος ἀκούειν καὶ μὴ δι᾽ ἄλλου μέσου ἢ διὰ γραπτῶν λόγων, ὥσπερ ὁρᾶν τοῖς ὀφθαλμοῖς τὸ μὴ διὰ φαντασίας ὁρᾶν ἢ ἀναπλάττειν τὰ ὑπ᾽ ἄλλων εἰρημένα, ἀντιδιαιρεῖται γὰρ πρὸς ταῦτα τὸ ὁρᾶν τοῖς ὀφθαλμοῖς. καὶ καθόλου δὲ ἐφ᾽ οἷς ἐστι πρὸς ἄλλο ἀντιδιαίρεσις τὸ ὄργανον προσλαμβάνεται καὶ ἐπίθετον ἐπὶ τῶν φύσει προσόντων τῷ πράγματι, mosch

2–4 Georg. Lacap. Epim. p. 132, 12–15 Lindstam σημείωσαι ὅτι τὸ λαγχάνω συντάσσεται καὶ γενικῇ καὶ αἰτιατικῇ. ὅτε δὲ συντάσσεται γενικῇ, νοεῖται ἡ αἰτιατικὴ ἐλλειπτικῶς, οἷον· ἔλαχον οὐσίας καὶ ἔλαχον ὕπνου, ἀντὶ τοῦ μέρος οὐσίας καὶ μέρος ὕπνου. **5–6** Schol. Nic. Ther. 332d *ἀλφοί· νόσος τις, ἡ λεγομένη λέπρα. **8–9** Et. Gud. s.v. ἐξίτηλον· ἀμαυρόν, ἀφανές, εὐτελές, χαῦνον· ἀπὸ μεταφορᾶς τῆς πορφύρας, ἥτις, ὅταν μὴ ἔχῃ τὸ βάμμα δευσοποιόν, τῷ χρόνῳ ἐξίησι τὸ τεθηλός. τὸ δὲ δευσοποιὸν τίθεται κυρίως ἡ λέξις ἐπὶ τῶν βαπτομένων ἐρίων· δευσοποιὸς γὰρ λέγεται βαφὴ ἡ ἔμμονον καὶ δυσέκπλυτον ἔχουσα τὸ ἄνθος. **14–15** Syncell. Synt. 651–654 τὰ πρὸς αἴσθησιν λαμβανόμενα, πρὸς ἀκοήν, γεῦσιν, ὄσφρησιν, καὶ πρὸς γενικὴν συντάσσεται καὶ πρὸς αἰτιατικήν· ἀκούω σου καὶ ἀκούω σε, ὀσφραίνομαί σου καὶ ὀσφραίνομαί σε, γεύομαί σου καὶ γεύομαί σε· καὶ τὸ αἰσθάνομαι ὁμοίαν σύνταξιν ἔχει.

10 ζήτει praepos. scholio L^1 **18** ἀκούειν δὲ τοῖς ὠσὶ n **20** ἀναπλάττοντα codd. : correxi **21** πρὸς ante ταῦτα om. n

οἷον βαδίζω τοῖς ποσίν, ἀντιδιαιρεῖται γὰρ πρὸς τὸν ἐφ᾽ ἵππον βαδίζοντα, καὶ τύπτω τῇ χειρί, δυνατὸν γὰρ τύψαι καὶ διὰ ῥάβδου καὶ δι᾽ ἑτέρων, καὶ διδάσκω τῷ στόματι, δυνατὸν γὰρ διδάσκειν καὶ διὰ πράξεως· καὶ τάφρος δὲ ὀρυκτὴ λέγεται πρὸς τὰς ὑπὸ παρόδου ὕδατος γενομένας ἢ ἄλλου τρόπου τινός. εἰ δὲ μή ἐστι πρὸς ὃ ἀντιδιαιρεθήσεται τὸ λεγόμενον περιττὸν ἢ τὸ ὄργανον προσλαμβάνειν ἢ τὸ τοιοῦτον ἐπίθετον, οὕτω λευκὴ χιὼν λέγεται, ἤγουν οὐ φαντασίαν μὲν παρέχουσα λευκότητος ὥσπερ τὸ ὕδωρ, μὴ φύσει δὲ οὖσα τοιαύτη, ἀλλ᾽ ἐκ τῆς τῶν πεπυκνωμένων νεφῶν ἀποθραύσεως καὶ κοπῆς, φύσει λευκὴ γινομένη, διὰ τῆς ἀφρώδους συμπήξεως τῶν ὑγρῶν. ἀπὸ τοῦ ἀκούω ἀκοὴ ἡ ἀκουστικὴ δύναμις καὶ τὸ ἀκουόμενον, ὥσπερ ἀπὸ τοῦ ὁρᾶν ὅρασις ἡ ὁρατικὴ δύναμις καὶ τὸ ὁρώμενον, καὶ ἀπὸ τοῦ ὀσφραίνεσθαι ὄσφρησις, ἐπὶ τῆς ὀσφραντικῆς δυνάμεως καὶ ἐπὶ τοῦ ὀσφρωμένου, οἷον ἡ ὄσφρησις τοῦ ῥόδου ἡδεῖα, καὶ γεῦσις ἡ γευστικὴ δύναμις καὶ ἐπὶ τοῦ γευστοῦ, οἷον ἡ γεῦσις τοῦ μέλιτος γλυκεῖα, καὶ ἁφὴ ἡ αἴσθησις δι᾽ ἧς αἰσθανόμεθα τὰ θερμὰ καὶ ψυχρά, καὶ τὰ μαλακὰ καὶ σκληρά, καὶ τραχέα καὶ λεῖα, καὶ ἐπὶ τῶν ὑποκειμένων τῇ ἁφῇ, οἷον ἁφὴ ἡ τῶν πτερῶν μαλακή, ἡ δὲ τῆς πέτρας σκληρά. καὶ καθόλου αἴσθησις ἡ αἰσθητικὴ δύναμις καὶ τὰ ὑποκείμενα τῇ αἰσθήσει, ὡς τὸ νοῦς μὲν οὖν ἤδη καὶ αἴσθησις, ἀκούειν καὶ τὸ νοεῖν, καὶ παρακούειν τὸ παρανοεῖν, καὶ ἀκούεται ὁμοίως καὶ παρακούεται, καὶ εἰσακούει μὲν ὁ παρακαλούμενος, ὑπακούει δὲ ὁ δοῦλος, ὅθεν

16–18 Psell. Opusc. 55, 1098–1103 ε΄ αἰσθήσεις, ὅτι κατὰ τὸν ἀριθμὸν τῶν αἰσθητῶν καὶ τὰ αἰσθητήρια. ἡ ἁφὴ δοκιμάζει τραχέα, λεῖα, σκληρά, μαλακά, ἅπερ εἰσὶν ἐν τοῖς στερεοῖς, γεῦσις γλυκύ, πικρόν, ἁλμυρόν, ἅπερ ἐν ὑγροῖς, ὄσφρησις δυσώδη, εὐώδη, ἅπερ ἐν ἀτμοῖς, ἡ ἀκοὴ ψόφων καὶ ἤχων γνωστική, ἃ περὶ πληγὴν ἀέρος, ἡ ὄψις περὶ τὰ πνεύματα, ἃ ἐν τῷ λεπτοτάτῳ καὶ αἰθεροειδεῖ πνεύματι. **19–22** Cf. schol. I 6 (p. 4, 17) ad ἀκούω.

2 γὰρ post δυνατὸν om. n **4** κατάφορος f καὶ τάφρου n **8** ἡ φαντασία n **10** λακὴ g | γενομένη $g^{a.c.}$ n | ἀφρόδους f **14** καὶ ἐπὶ τοῦ ὀσφρωμένου g n ἐπί om. f ὀσφραινομένου q **17** [τὰ] θ̣ερμὰ n **18** [τρα]χέα n **19** [καὶ] καθόλου n **21** ἀκούει n **21–22** καὶ παρακούειν τὸ παρανοεῖν om. g

ὑπήκοος· ἀντακούει δὲ ὁ πρότερος εἰπών, εἶτα συμβαίνουσαν τῇ ἑαυτοῦ ἐρωτήσει δεχόμενος τὴν ἀπόκρισιν. *fgnq*

X 18 (p. 241, 4) ‹τὸν κριόν·› κριὸς ἐπὶ τῶν προβάτων τὸ mosch
ἄρρεν· ἐπὶ δὲ τῶν αἰγῶν τὸ ἄρρεν κοινῶς μὲν ὁ τράγος, ποιητικῶς δὲ ὁ αἴξ. κριὸς δὲ λέγεται καὶ ὄργανον τειχομαχικόν. *fgnq*

X 18 (p. 241, 4) ‹τό·› ἰστέον ὅτι τὸ ΤΟ τὸ ἄρθρον οὐδέποτε mosch
κουφίζεται, ἀλλ᾽ ἀεὶ συναλείφεται, καὶ εἰ μὲν μετὰ τοῦ Ι εἰς Ο καὶ Ι δίφθογγον, οἷον τὸ ἱμάτιον θοιμάτιον, εἰ δὲ μετὰ τοῦ Α εἰς Α, οἷον τὸ ἀληθὲς τἀληθές, εἰ δὲ μετὰ τοῦ Ο ἢ Ε εἰς ΟΥ δίφθογγον, οἷον τὸ ἔμπροσθεν τοὔμπροσθεν, τὸ ἔπος τοὖπος, τὸ ἔμπαλιν τοὔμπαλιν, τὸ ὄνομα τοὔνομα. καὶ πάντα δὲ τὰ ἄρθρα συναλείφονται· τὸ μὲν Ο τῆς εὐθείας τοῦ ἀρσενικοῦ μετὰ τοῦ Ε εἰς Α, ὁ ἕτερος ἅτερος, ὁμοίως καὶ ἐπὶ τῶν ἄλλων πτώσεων, τοῦ ἑτέρου θατέρου. τὸ δὲ Ω τῆς δοτικῆς μετὰ μόνου τοῦ Α συναλείφεται εἰς αὐτὸ πάλιν τὸ Α, οἷον τῷ ἀνδρὶ τἀνδρί. ἐπὶ δὲ τῶν θηλυκῶν τὸ Η καὶ Ε εἰς Α, οἷον ἡ ἑτέρα ἁτέρα, καὶ ἐπὶ τῶν ἄλλων πτώσεων ὁμοίως, τῆς ἑτέρας θατέρας. *fgnq*

X 18 (p. 241, 4) ‹ἕξ·› τὸ ἕξ εἰ συντεθῇ μετά τινος ἀπὸ συμ- mosch
φώνου ἀρχομένου τρέπει τὸ Ξ εἰς Κ, οἷον ἑκκαίδεκα ἑκκαιδέκατος· ἀπὸ τούτου ἕκτος ὁ ἔσχατος τῶν ἕξ, ὥσπερ ἀπὸ τοῦ πέντε πέμπτος καὶ ἀπὸ τοῦ ἑπτὰ ἕβδομος, τραπέντος τοῦ Π εἰς Β καὶ τοῦ Τ εἰς Δ, οὐκ ἔξω λόγου, μέσον γὰρ τὸ μὲν Β τοῦ Π καὶ Φ, τὸ δὲ Δ τοῦ Θ καὶ Τ· καὶ ἀπὸ τοῦ ὀκτὼ ὄγδοος κατὰ τὴν τοιαύτην ἀκολουθίαν. οἱ ποιηταὶ δὲ τὸ δέκατος καὶ ἑνδέκατος καὶ τοῖς τοιούτοις ἀκολουθήσαντες ἑβδόματος κἀνταῦθα φασὶ καὶ ὀγδόατος. ἰστέον δὲ ὅτι πρὸς μὲν τὴν ἐρώτησιν τοῦ πόσος ἀποκρινόμεθα δέκα τυχὸν

1–2 Planud. Epim. p. 68 Lindstam ἀκούει μὲν ὁ ἁπλῶς λέγοντος ἀκούων. ἀντακούει δὲ ὁ εἰπὼν πρότερος, εἶτα τοῖς αὐτοῦ λόγοις συμβαίνουσαν δεχόμενος τὴν ἀπόκρισιν. [Moschop.] Voc. Att. s.v. ἀντακούω δὲ πρότερος μὲν εἰπών, εἶτα τοῖς ἐμαυτοῦ λόγοις συμβαίνουσαν τὴν ἀπόκρισιν δεχόμενος. **3–5** Choer. in Theodos. I p. 289, 20–23 ὅτι γὰρ λέγεται καὶ ὁ αἴξ ἀρσενικῶς, ἐδήλωσεν ὁ ποιητὴς εἰπὼν (Hom. Il. IV 105–106) «αὐτίκ᾽ ἐσύλα τόξον ἐΰξοον ἰξάλου αἰγὸς ἀγρίου, ὅν ῥά ποτ᾽ αὐτὸς ὑπὸ στέρνοιο τυχήσας [βάλε] Πέτρης ἐκβαίνοντα».

8 διφθόγγου g[a.c.] n | τὸ ἱμάτιον τὸ θοιμάτιον n | εἰ δὲ μὲ τὰ f **12** τὸ μὲν τὸ Ο n **15** οἷον τῷ ἀνδρὶ f q οἷον om. n οἷον ὦ ἀνδρὶ g **17** θατ[έρας] n καθετέρας q **19** ἀρχομέ[νου] τρέπεται n | ἕξ καὶ δέκα ἑκκαιδέκατος n **24** ἐν τοῖς τοιούτοις n **26** τοῦ πόσου n

ἢ ἕνδεκα, πρὸς δὲ τοῦ πόστος τὸ δέκατος καὶ ἑνδέκατος καὶ τὰ τοιαῦτα· ἄμφω γὰρ ταῦτα τὸ πόσος καὶ πόστος ἐπὶ διωρισμένου μὲν ποσοῦ λέγεται. διαφέρει δὲ τῷ τὸ μὲν ἀριθμὸν ζητεῖν, τὸ δὲ πόστος ἀριθμοῦ, μόριον τὸ ἔσχατον καὶ μέχρι τίνος προῆλθε τί, διὸ καὶ εἰς ΣΤΟΣ λήγει, κατὰ τὴν ἀκολουθίαν τοῦ τέταρτος, ἑκκαιδέκατος, πολλοστός. *fgnq*

mosch **X 18 (p. 241, 4)** ‹ἓξ μηνῶν·› ἐπὶ τῶν ‹μηνῶν› τῶν χειμερίων. *n*

mosch **X 18 (p. 241, 5)** ‹ἀριστερᾶς·› ἐπάνω. *n*

mosch **X 18 (p. 241, 5)** ‹κεῖσθαι·› κεῖσθαί ἐστι τὸ ἔχειν πως θέσιν ἐν τόπῳ. διαιρεῖται δὲ εἰς τρία, εἰς τὴν ἀνάκλισιν, τὴν καθέδραν καὶ τὴν στάσιν, καὶ ἔγκειται μὲν τίς τινι δεόμενος, ἤγουν προσμένει. σύγκειται δὲ δύο τινά· καὶ συγκείμενα τὰ συντιθέμενα ἢ τὰ συμπεφωνημένα, οἷον παρὰ τὰ συγκείμενα ἐποίησεν. προκείμενον δὲ τὸ ἔμπροσθεν ἢ τὸ πρότερον τινὸς κείμενον. παράκειται ἀντὶ τοῦ πλησίον κεῖται, ἀντίκειται ἀντὶ τοῦ ἐναντιοῦται, ἐπίκειται δέ τινι νόσος ἤ τι τοιοῦτον, καὶ περίκειται μέν τινι στέφανος, ἐπίκειται δὲ πῖλον, καὶ περίκειμαι ὄνομα καλὸν ἢ πλοῦτον ἢ ἀρετήν. ἀπόκειται δὲ χρήματα καὶ ἀποκείμενα καὶ ἀπόθετα ἐπὶ τῶν φυλακῆς ἀξίων πραγμάτων, ἃ καὶ κειμήλια λέγεται. ὑπόκειται τῷ ζῴῳ ὁ ἄνθρωπος, καὶ ὑπόκειται παρ' Ὁμήρῳ ὁ Ἀγαμέμνων βασιλεὺς τῶν Ἑλλήνων, καὶ ὑποτίθεται τοῦτον οὗτος βασιλέα. ὑποτίθεμαι δὲ καὶ τὸ συμβουλεύω, ὅθεν κοινῶς μὲν ὑποθήκη ἡ συμβουλή, ποιητικῶς δὲ ὑποθημοσύνη. ὑποθήκη λέγεται καὶ τὰ διδόμενα τοῖς δανείζουσι κατέχειν ἕως ἂν αὐτοῖς ἀποκαταστῶσι

10–12 [Archyt.] p. 5, 10–11 ὁ γὰρ περιτιθέμενος καὶ αὐτὸς πάντως κεῖταί που κατὰ μίαν τινὰ τοῦ κεῖσθαι θέσιν, στάσιν καὶ καθέδραν καὶ ἀνάκλισιν. **13–14** Schol. Philostr. Im. I 17 p. 240 Webb σύγκειται ἀντὶ τοῦ συντεθειμένον ἐστὶ καὶ ἡρμοσμένον, ἀφ' οὗ συγκείμενα τὰ συντιθέμενα καὶ ἡρμοσμένα καὶ ἀπὸ τούτου τὰ συμπεφωνημένα, οἷον παρὰ τὰ συγκείμενα ἐποίησεν.

1 τῷ δέκατος g q | καὶ τὸ ἑνδέκατος n **2** τὸ πόσος f g q τοῦ πόσου n **3** διαφέρει δὲ τὸ τῷ μὲν ἀριθμὸν f διαφέρει μὲν τῷ τὸ μὲν ἀριθμὸν ([δ]ὲ τό in marg.) n **5** ΤΟΣ n **6** καὶ ἑκκαιδέκατος δέ n | πολοστός n **13** [καὶ συγκε]ίμενα n **14** [πα]ρὰ τὰ συγκείμενα n **16** ἀντίκειται δὲ ἀντὶ τοῦ n **17** ἢ τὸ τοιοῦτον n | τι ante τοιοῦτον om. q **18** περίκειται ὄνομα n **18–19** περιλαμβάνουσι γὰρ ταῦτα οὐκ ἐπίκεινται post ἢ ἀρετήν add. n **20** ἃ κειμήλια g **21–22** ὁ Ἀγαμέμνων ὁ βασιλεὺς n **22** τοῦτον om. n **24** λέγονται n

τὰ χρήματα. διαφέρει δὲ ἐνέχυρον τῷ τὸ μὲν ἐνέχυρον ἐπὶ δακτυλίων λέγεσθαι καὶ ζωνῶν καὶ ἑτέρων τοιούτων κινητῶν, τὴν δὲ ὑποθήκην ἐπὶ οἰκιῶν καὶ ἀγρῶν καὶ τῶν ἄλλων ὅσα ἀκίνητά ἐστι. συνθήκη δὲ ἡ συναρμογὴ δύο τινῶν ἢ λίθων ἢ ξύλων, καὶ ἡ συμφωνία ὃ λέγεται καὶ σύνθημα οὐδετέρως, καὶ ποιητικῶς συνθεσία. *fgnq*

X 18 (p. 241, 5) ‹καθεύδειν·› a. τὸ καθεύδειν, τὸ κοιμᾶσθαι mosch
καὶ τὸ ἰαύειν ὡς ἐπὶ τὸ πολὺ μὲν τὸ ὑπνώττειν δηλοῦσιν, ἐνίοτε δὲ καὶ ψιλὴν κατάκλισιν ἐπὶ τῆς εὐνῆς, ὡς ἐν τῷ «ἔνθα κάθευδεν ἀναβάς» (Hom. Il. I 611) καὶ «πολλὰς μὲν νύκτας ἀύπνους ἰαύον» (Hom. Il. IX 325) καὶ «Εὐρυνόμη δ' ἄρ' ἐπὶ χλαῖναν βάλε κοιμηθέντι» (Hom. Od. XX 4), ἤγουν πεσόντι. *fgnq*

b. ὑπνώττειν. *n* mosch

X 18 (p. 241, 6) ‹αἱρῇ·› κρατῇ. *n* mosch

X 18 (p. 241, 6) ‹περιλαμβάνῃ ὕπνος·› περιλαμβάνει ὁ ὕπνος mosch
καὶ περιχεῖται, οὐκ εἰσδύεται, ὅθεν νήδυμος παρὰ τοῖς ποιηταῖς λέγεται, παρὰ τὸ ΝΗ στερητικὸν μόριον καὶ τὸ δύω, ἀφ' οὗ δίδυμοι ἄνδρες δύο δηλονότι ἀπὸ μιᾶς καταδύσεως. ἑνικὰ δὲ τοῦτο οὐκ ἔχει, τὰ δύο γὰρ οὐδέποτ' ἂν ἓν γένοιτο. ἐπὶ δὲ κυρίου ὀνόματος οὐδὲν κωλύει ὁ Δίδυμος λέγεσθαι. *fgnq*

7–12 Porph. Quest. Hom. p. 32 MacPhail καὶ γὰρ τὸ "καθεύδειν" ἐνίοτε δηλοῖ τὴν ψιλὴν κατάκλισιν ἐπὶ τῆς εὐνῆς, εἴπερ καὶ τὸ κοιμηθῆναι καὶ τὸ ἰαύειν. [Moschop.] Voc. Att. s.v. τὸ καθεύδειν τὸ κοιμᾶσθαι τὸ ἰαύειν. δηλοῦσι μὲν τὸ ὑπνοῦν, ἐνίοτε δὲ λαμβάνονται καὶ ἐπὶ τῆς ψιλῆς κατακλίσεως. Cf. scholl. I 8 (p. 5, 7) ad καθευδούσας et I 8 (p. 5, 9) ad καθεύδουσιν. **14** Cf. scholl. I 4 (p. 3, 20) ad τὸν ᾑρημένον et I 33 (p. 16, 7) ad αἱρεῖν. **15–20** Eust. in Il. v. 1 p. 252, 20–22 ὥσπερ δὲ ἀπὸ τοῦ δύω δύμος καὶ νήδυμος, οὕτω καὶ δύμος δίδυμος· δίδυμοι γὰρ οἱ ὄντες δύο ἐν γαστρὸς καταδύσει μιᾷ. οἱ δὲ νήδυμον ὕπνον φασὶ τὸν ἡδὺν πλεονασμῷ τοῦ νῦ. Moschop. Sched. p. 102 δίδυμοι δύο ἀπὸ μιᾶς καταδύσεως τῆς γαστρός, ὅπερ ἑνικὰ οὐκ ἔχει. Schol. Hom. Il. II 2c[1] νήδυμος· Ἀρίσταρχός φησιν ἐκ τοῦ δύνω δύμος καὶ ἐν ἐπεκτάσει νήδυμος (ὅθεν καὶ οἱ δίδυμοι δύο ἐκ μιᾶς καταδύσεως τῆς γαστρός).

1 ἐνέχυρον[1] ἐνεχύρου n q **2** λέγεται n **10** πολλὰς [μὲν] n **16** περιχεῖ[ται] n **17** καὶ τοῦ δύω g q **18** δύο post δηλονότι transp. n **19** γένοιντο f mosch **X 18 (p. 241, 6)** ‹ὕπνος·› ἀπὸ τοῦ ὕπνος ὑπνόω ὑπνῶ καὶ ὑπνώττω ἐπὶ ταὐτοῦ, καὶ ἀμφότερα γὰρ ἀμετάβατα. ἐπὶ δὲ τοῦ τυφλοῦν καὶ τυφλώττειν οὐχ οὕτως ἔχει· τυφλόω γὰρ τυφλῶ ἕτερον· τυφλώττω δ᾽ ἐγὼ ἀντὶ τοῦ τυφλός εἰμι. *fgnq*

mosch **X 18 (p. 241, 7)** ‹ἔμπαλιν·› κατὰ τὸ ἀντίστροφον. *n*

mosch **X 18 (p. 241, 7)** ‹ἀναπαύεσθαι·› παρὰ μὲν τὸ ἀναπαύεσθαι ἀνάπαυσις, ὃ καὶ ἀνάπαυλα λέγεται, παρὰ δὲ τὸ καταπαύειν κατάπαυσις μέν, οὐ μὴν δὲ καὶ κατάπαυλα. *fgnq*

mosch **X 18 (p. 241, 7)** ‹κατὰ δὲ τῆς δεξιᾶς·› a. δεξιὰ χεὶρ καὶ ἀπὸ τούτου δεξιὸν τὸ ἐπιτήδειον καὶ τὸ ἀγαθόν, ὡς πετόμενος ὄρνις δεξιὰ σήματα φέρει, ἤγουν ἀγαθά, καὶ δεξιὸν οὐδὲν ἡ τύχη ὑπὲρ ἐμοῦ ἐβουλεύσατο. *fgnq*

mosch b. ἐπάνω. *n*

mosch **X 18 (p. 241, 7)** ‹κεῖσθαι·› πλευρᾶς δηλονότι. *n*

mosch **X 18 (p. 241, 7)** ‹οὐκοῦν·› οὔκουν ἐπίρρημα ἀρνητικόν, οὐκοῦν δὲ σύνδεσμος συλλογιστικός. *fgnq*

mosch **X 18 (p. 241, 8)** ‹κατάκλισιν·› ἀνάκλισις ἐπὶ τοῦ διόλου κεῖσθαι καὶ μὴ μέρος μὲν κεῖσθαι, μέρος δὲ ἵστασθαι ὡς ἐπὶ τοῦ καθημένου, καὶ κατάκλισις ὁμοίως. ἀνάκλησις δὲ διὰ τοῦ Η ἡ ἀναζήτησις καὶ ἡ ἀνόρθωσις καὶ ἡ ἀνάκτησις. μετὰ δὲ τῆς ΕΝ ἐγκλίνεσθαι τὸ ἔν τινι κεκλίσθαι ὡς ἐπὶ κλίνης νοσῶν, ὅθεν ἐγκλινόμενα ῥήματα καὶ ὀνόματα τὰ ἐφ᾽ ἑτέρῳ κεκλιμένα, οἷς καὶ τοῦ

1–4 [Moschop.] Voc. Att. s.v. τυφλώττω ἀντὶ τοῦ τυφλός εἰμι. τυφλόω δὲ τυφλῶ ἕτερον. ὑπνῶ δὲ καὶ ὑπνώττω ταὐτόν. s.v. ὑπνῶ καὶ ὑπνώττω ταὐτόν. Schol. Philostr. Im. I 2 p. 219 Webb τυφλόω τυφλῶ ἕτερον, τυφλώττω δὲ ἐγώ, ἀντὶ τοῦ τυφλός εἰμι. ὑπνόω δὲ ὑπνῶ, καὶ ὑπνώττω τὸ αὐτό. **5** Cf. schol. I 49 (p. 21, 26) ad ἔμπαλιν. **6–8** Thom. Mag. Ecl. p. 36, 3–4 ἀνάπαυσις καὶ κατάπαυσις γράφεται· ἀνάπαυλα δὲ μόνον, οὐχὶ κατάπαυλα. **9–12** Cyr. δ 105 Hag. δεξιός· ἀγαθός. Syn. δ 94 δεξιός· ἀγαθός, ἐπιτήδειος (Su. δ 232; Phot. δ 186). **15–16** Ptol. Diff. voc. p. 403 Heylbut οὔκουν παροξυτόνως μὲν τὸ καταφατικόν, ἴσον ὂν τῷ οὐχὶ οὖν οἷον οὔκουν ἀπιστεῖν, οὐκοῦν δὲ περισπωμένως σύνδεσμος συλλογιστικὸς καὶ σημαίνει ἀπόφασιν.

2 ἐπὶ τοῦ αὐτοῦ n **3** τυφλώω f **4** δὲ ἐγὼ n **6** ἀναπάβεσθαι g **8** καὶ ante κατάπαυλα om. f **10** καὶ τὸ ἀγαθὸν f g q τὸ om. n **11** σήματα φαίνει g q **15–16** δὲ post οὐκοῦν om. q **20** καὶ ἀνόρθωσις καὶ ἡ ἀνόρθωσις διὰ τοῦ Ι καὶ ἡ ἀνάκτησις g καὶ ἡ ἀνόρθωσις διὰ τοῦ Ι, καὶ ἡ ἀνάκτησις om. f n q : καὶ ἡ ἀνόρθωσις καὶ ἡ ἀνάκτησις dub. scripsi **22** τὰ ante ἐφ᾽ ἑτέρῳ om. g

οἰκείου μεταδιδόασι τόνου καὶ ὑπ' ἐκείνων κουφίζονται. καὶ ἐγκέκλιται τὰ ζυγοστατούμενα καὶ εἰς μέρος ῥέποντα, ὅθεν ἔγκλισις ἡ ῥοπὴ τοῦ λογισμοῦ πρός τι, ἤγουν ἡ βούλησις. ἀπὸ τοῦ προτέρου ἔγκλιμα ἐν ᾧ κατακλίνεται ὁ κυβερνήτης, ἔγκλημα δὲ διὰ τοῦ Η ὁ φόνος ἤ τι τοιοῦτον ἀπὸ τοῦ ἐγκαλεῖν, ὅθεν καὶ τὰ ἐγκληματικὰ πράγματα. μετὰ τῆς ΕΙΣ εἰσκαλεῖν τὸ εἴσω τινὰ καλεῖν, μετὰ τῆς ΕΞ ἐκκλίνειν τὸ ἀποφεύγειν. ὄνομα δὲ ἔκκλητος καὶ ἐκκλησία διὰ τοῦ Η ἀπὸ τοῦ καλεῖν. ἰστέον δὲ ὅτι ὅπερ ἐπὶ τοῦ συνηθροισμένου πλήθους ἐν δικαστηρίῳ ἢ ἐπὶ τῶν πωλούντων καὶ ὠνουμένων ἀγορὰ λέγεται· καὶ ἐπὶ τοῦ βουλευτηρίου βουλή, ἤγουν τὸ συνηθροισμένον τῶν βουλευτῶν πλῆθος· τοῦτο ἐπὶ τῶν συνελθόντων ἐπὶ ζητήσει θείων πραγμάτων ἔκκλητος λέγεται καὶ ἐκκλησία καὶ σύνοδος. καὶ προσκαλεῖται μέν τις εἰς συμμαχίαν τινά, ὅθεν πρόσκλησις ἐπὶ τούτου, προκαλεῖται δὲ τὸ στράτευμα τὸ ἀντίπαλον αὐτῷ μέρος εἰς μάχην, ὅθεν πρόκλησις ἐπὶ τούτου. καὶ μετακλίνειν μὲν τὸ μεταπίπτειν, μετακαλοῦμαι δέ τινα, ἤγουν εἰς ἐμαυτὸν διά τινος ἄγω. καὶ παρακαλῶ μὲν τὸν θεόν, ὅθεν παράκλησις, καὶ παρακαλεῖ με τὰ πράγματα, ἤγουν ἕλκει καὶ παρακινεῖ με, παρακλίνω δὲ τὴν δίκην, ἤγουν οὐκ ὀρθῶς αὐτὴν ἀλλὰ σκολιῶς κρίνω. καὶ ἐπικαλοῦμαι μὲν τὸν ποιητὴν τοῦ παντός, καὶ ἐπικαλεῖται Ἕλλην τὰ δαιμόνια, ὅθεν ἐπίκλησις δαιμονίων, ἐπικλίνει δὲ ὁ νοσῶν ἑαυτὸν πρὸς τοὺς κουφίζοντας.

8–15 [Moschop.] Voc. Att. s.v. ἀγορὰ τὸ συνηθροισμένον πλῆθος καὶ ὁ τόπος ἐν ᾧ συναθροίζεται καὶ ὁ τόπος ἐν ᾧ πωλεῖται τὰ ὤνοια (l. ὤνια). s.v. προσκαλοῦμαι τινὰ εἰς πόλεμον, καὶ πρόκλησις ἐπὶ πολέμου. Schol. Anth. Pal. IX 359, 1 p. 30 Luppino ἀγορὰ τὸ συνηθροισμένον πλῆθος. καὶ ὁ τόπος ἐν ᾧ συναθροίζονται. καὶ ἔνθα πωλεῖται τὰ ὤνια.

1–2 [κα]ὶ ἐγκέκλιται n **2–3** [ἔγ]κλισις n **3** βούλευσις g **6** ἴσω g **7** ὄνομα ἔκκλητος g **10** ἐπὶ τῶν βουλευτηρίων n **11** τὸ συνηθροισμένον τῆς βουλῆς πλῆθος g τὸ τῶν βουλευτῶν συνηθροισμένον πλῆθος n **12** λέγεται om. n **18** παρακαλεῖ μετὰ πράγματα g **19** παρακλίνω δέ τοι δίκην q **19–20** οὐκ ὀρθῶς ταύτην n **22** ν[οσῶν] n

ἰστέον δὲ ὅτι παρ' Ὁμήρῳ ἡ κλίσις τὴν περιοχὴν σημαίνει καὶ τὰ ἐπ' αὐτοῦ ἐσχηματισμένα ῥήματα ὡς οἱ Τρῶες παρ' αὐτῷ κατὰ ἄστυ πεφυζότες καλῇσιν ἐπάλξεσιν εἰσὶ κεκλιμένοι, ἤγουν περιεχόμενοι, καὶ Ἀχαιοὶ σάκε' ὤμοισι κλίνουσιν (cf. Il. XXII 1–4), ἤγουν περιέχουσιν· ἀπὸ γὰρ τοῦ κλείω τοῦτο ποιεῖ, καὶ δῆλον ἀφ' ὧν ἀλλαχοῦ λέγει· «οὐδὲ πύλησιν εὗρ' ἐπικεκλιμένας σανίδας» (Il. XII 120–121). *fgnq*

mosch **X 18 (p. 241, 8)** ‹ἀμείβει·› a. ἀμείβειν τὸ ἀλλάττειν, παραμείβειν δὲ τὸ παρέρχεσθαι, καὶ ἀμείβομαι ποιητικῶς τὸ ἀποκρίνομαι. *fgnq*

mosch b. ἀλλάττει. *n*

X 19 (p. 241, 15) ‹ἀνηρτημένας·› ταῖς ἐλπίσι δηλονότι. *L*[1]

1–7 Porph. Quaest. Hom. p. 222–224 MacPhail ἠγνόησαν οἱ πολλοὶ ὅτι ἡ "κλίσις" παρ' Ὁμήρῳ τὴν περιοχὴν σημαίνει, καὶ πάντα τὰ ἐσχηματισμένα ἀπ' αὐτῆς ῥήματα, οἷον «οἱ δὲ ῥηγμῖνι θαλάσσης κεκλίαται, χώρης ὀλίγην ἔτι μοῖραν ἔχοντες» (Il. XVI 67–68). λέγει γὰρ ὅτι περιεχόμενοι ὑπὸ τῶν Τρώων ἐπὶ ῥηγμῖνι θαλάσσης συνηλάθησαν. οὕτως λύσεις καὶ τὸ «ὡς οἱ μὲν κατὰ ἄστυ πεφυζότες ἠύτε νεβροὶ ἱδρῶ ἀπεψύχοντο πίον τ' ἀκέοντό τε δίψαν, κεκλιμένοι καλῇσιν ἐπάλξεσιν· αὐτὰρ Ἀχαιοὶ τείχεος ἆσσον ἴσαν, σάκε' ὤμοισι κλίναντες» (Il. XXII 1–4). λέγει γάρ· περιεχόμενοι τῷ τείχει οἱ Τρῶες, οἱ δ' Ἀχαιοὶ τὰ σάκη περιέχοντες τοῖς ὤμοις. καὶ τὸ «εὗρεν ἔπειτα μάχης ἐπ' ἀριστερὰ θοῦρον Ἄρηα ἥμενον, ἠέρι δ' ἔγχος ἐκέκλιτο καὶ ταχέ' ἵππω» (Il. V 355–356) δηλοῖ περιείχετο· καὶ τὸ «κεῖθ' ἁλὶ κεκλιμένη ἐριβώλακος ἠπείροιο» (Od. XIII 235), κεῖται περιεχομένη. πάλιν ὡσαύτως καὶ τὸ «ὅς ῥ' ἐν Ὕλῃ ναίεσκε μέγα πλούτοιο μεμηλὼς λίμνῃ κεκλιμένος» (Il. V 708–709) δηλοῖ περιεχόμενος. καὶ τὸ «οἳ δὴ νῦν ἕαται σιγῇ, πόλεμος δὲ πέπαυται ἀσπίσι κεκλιμένοι» (Il. III 134–135) ἀντὶ τοῦ περιεχόμενοι ὑπὸ τῶν ἀσπίδων. γέγονε δὲ ἀπὸ τοῦ κλείω· τὸ γὰρ ἀποκλεισθὲν περιέχεται· «οὐδὲ πύλησιν εὗρ' ἐπικεκλιμένας σανίδας» (Il. XII 120–121). τὸ δ' αὐτὸ παρίστησι καὶ τὸ «ἀλλ' ἐν γὰρ Τρώων πεδίῳ πύκα θωρηκτάων πόντῳ κεκλιμένοι ἑκὰς ἥμεθα (Il. XV 739–740), ἀντὶ τοῦ ὑπὸ τοῦ πόντου περιεχόμενοι. **8–10** Georg. Lacap. Epim. pp. 69, 22–70, 4 Lindstam ἀμείβειν λέγεται καὶ ἀντὶ τοῦ ἀλλάττειν, ὡς παρ' Ἰουλιανῷ (cf. Symp. sive Caes. 4)· «πρῶτος εἰσῄει Τιβέριος, πολλὰ ἀμείβων χρώματα, ὥσπερ ὁ χαμαιλέων». ἀμείβειν λέγεται καὶ ἀντὶ τοῦ διέρχεσθαι καὶ διαβαίνειν, οἷον· πολλοὺς τόπους ἀμείβει, ἀντὶ τοῦ διέρχεται, ὡς ἐνταῦθα καὶ ἐν Θουκυδίδῃ· «καὶ τὴν ἐν τῷ στενῷ τῶν Κορινθίων θάλασσαν ἀμείψαντες». Cf. schol. I 24 (p. 13, 13) ad ἀμείβουσαι.

1 π[αρ' Ὁ]μήρῳ n **1–2** τὰ ἀπ' αὐτοῦ g n q **3** κεκλημένοι g **6** οὐδὲ γὰρ πύλησιν n | εὗρεν ἐπικεκλιμένας g **8** ἀλάττειν g

X 20 (p. 241, 28) ‹δῆγμα·› ὥσπερ μέτρον τὸ μετροῦν καὶ τὸ μετρούμενον οὕτω δῆγμα τὸ δάκνον ὥσπερ ἐνταῦθα καὶ ἡ ἀπὸ τοῦ δάκνοντος πληγή. *L*[1]

X 21 (p. 242, 2) ‹τοὺς Ὀλυμπίους·› θεοὺς δηλονότι. *L*[1]

X 21 (p. 242, 4) ‹ἐξαρπαζομένων·› ὑπὸ τῶν κροκοδείλων δηλονότι. *L*[1]

X 21 (p. 242, 8) ‹περσεῶν·› περσέα ἡ ῥοδακινέα. *L*[1]

X 21 (p. 242, 22) ‹ἐμβάλλουσιν·› εἰς τὰς λίμνας δηλονότι. *L*[1]

X 24 (p. 244, 8) ‹λεπίσι·› λεπίδας νοήσειεν ἄν τις τὰ φλούδια ὡς τὰ τοῦ λάβρακος ἢ τὰ τοῦ κεφάλου καὶ τῶν τοιούτων. φολίδας ὡς τὰ τοῦ συάκου καρφ[ία]. *L*[1]

X 24 (p. 244, 21) ‹ἀπόμοτον·› γράφεται ἀπότομον. *L*[1]

X 27 (p. 246, 3) ‹πτοίαν·› γράφεται ἀσχολίαν, ὡς φαμὲν ἐπτόητο ὁ δεῖνα περὶ λόγους. *L*[1]

X 27 (p. 246, 6) ‹ἐξηνέμωται·› δίκην ἀνέμου τρέχει. *L*[1]

X 28 (p. 246, 12) ‹ἔχουσι·› διάκεινται. *L*[1]

X 29 (p. 246, 30) ‹σχῆμα·› τὴν θέσιν. *L*[1]

X 29 (p. 247, 18) ‹δοκεῖ·› ἀληθὲς δηλονότι. *L*[1]

X 30 (p. 248, 2) ‹τοῖς ὀστράκοις·› τοῖς ἐλύτροις. *L*[1]

X 34 (p. 249, 20) ‹συνανήχθησαν·› συνέπλευσαν. *L*[1]

X 34 (p. 249, 22) ‹μοιχείοις·› a. μοιχίοις ἤγουν ἐφόροις μοιχείας ὁ δεῖνα διὰ τοῦ Ι γράφει. καὶ ζήτει. ὡς ἀπὸ τοῦ μοιχὸς μοίχιος. *L*[1]

b. ἐφόροις μοιχείας. *L*[1]

1–3 Choer. in Hephaest. p. 179, 8–10 λέγεται δὲ τὸ μέτρον πολλαχῶς. ἔστι γὰρ μέτρον τὸ μετροῦν καὶ τὸ μετρούμενον. Moschop. Comm. Hes. Op. 349 (p. 227, 30–31 Gaisford) μέτρον λέγεται τὸ μετροῦν καὶ τὸ μετρούμενον· ἐνταῦθα τὸ πρότερον. **7** [Hdn.] Epim. p. 106 περσέα, ἡ ῥοδακινέα. Su. π 1369 περσέα· ῥοδακινέα. Schol. Nic. Al. 99c περσείης· δένδρον ἐστὶ περσέα, ἡ ῥοδακινέα. **16** Cf. scholl. I 21 (p. 11, 26) ad ἔχοντες et I 52 (p. 22, 18) ad ἔχει. **19** Su. ε 924 ἔλυτρον· κάλυμμα, ἐκπέτασμα. ἐνείλημμα ὁμοίως. καὶ ἡ θήκη τοῦ δόρατος. σημαίνει καὶ τὸ τοῦ ὀστρέου ὄστρακον. Schol. Opp. Hal. I 326 ἐλύτροις· ὀστράκοις.

9 ζήτει praepos. scholio L[1] **11** συάκου vocabulum novum : σύακος vel συακίου fort. scribendum | καρφ[ία] supplevi **12** ζήτει praepos. scholio L[1]

X 36 (p. 250, 14) ‹τενάγεσι·› τέναγος λέγεται ὅταν ἐπὶ πέλματος λιβαδιαίου ἐπιπολάζῃ ὕδωρ ὀλίγον. *L*[1]

X 44 (p. 252, 27) ‹ἀχέταν·› ἠχητικόν. *L*[1]

X 47 (p. 254, 2) ‹ἆθλον·› οὐ καλῶς εἴρηκεν· τὰ γὰρ ἆθλα τοῖς νικῶσι δίδοται. *L*[1]

X 48 (p. 254, 9) ‹μετ᾽ αὐτόν·› τὴν ἱστορίαν ἢ τὸν μῦθον. *W*

X 48 (p. 254, 15) ‹κατὰ τὴν Δίκην·› τὸ δίκαιον. *L*[1]

X 48 (p. 254, 28) ‹προσπεσόν·› πλησιότητα δηλονότι. *L*[1]

X 48 (p. 254, 31) ‹ἑαυτῷ·› ἐν. *L*[1]

X 48 (p. 255, 10) ‹ὦσεν καὶ ἧσεν·› ἐν ἑτέρῳ ἔλειπ[ε] τὸ ὦσ[εν]. *L*[1]

X 48 (p. 255, 15) ‹σοβαρώτερον·› ὀγκηρότερον, ἀντὶ τοῦ πλουσιώτερον. *L*[1]

X 48 (p. 255, 22) ‹χεῖρον·› ζήτει εἰ χῆρον. *L*[1]

X 50 (p. 257, 2) ‹συλήσαντα·› κατακερματίσαντα, κόψαντα. *L*[1]

X 50 (p. 257, 6) ‹ἐκδίκου·› ἀδίκου. *L*[1]

X 50 (p. 257, 8) ‹ὀλίγαις·› ἡμέραις δηλονότι. *L*[1]

X 50 (p. 257, 14) ‹καθαγιζομένων·› ἱερουργουμένων. *L*[1]

X 50 (p. 257, 23) ‹ἐπιτιμῶν·› ἡ ΕΠΙ ἐπίτασιν δηλοῖ. *L*[1]

XI 1 (p. 258, 8) ‹παραβάλλει·› πλησίον τίθησι ὡς ἐπὶ τραπέζης, ἀφ᾽ οὗ παραβλήματα αἱ τροφαί. *L*[1]

XI 2 (p. 259, 8) ‹Πυθῶνος·› τοῦ δράκοντος τοῦ λεγομένου

1–2 Syn. τ 92 τενάγη· διάβροχοι κάθυγροι τόποι· πηλώδη πελάγη. ἢ ἰλύς, ἐπιπολάζοντος ὕδατος οὐ πολλοῦ καὶ βοτάνης ἐπιφαινομένης τῷ ὕδατι (Su. τ 305; Phot. τ 149). **3** Schol. Aeschyl. Prom. 575 (ed. Smyth) ἀχέτας· ὁ ἠχητικός. **12–13** Hsch. σ 1308 *σοβαρός· ὑπερήφανος, αὐθάδης. σεμνός· ἀπὸ τοῦ σέβας. ἢ συβαρὸς καὶ πλούσιος, ἀπὸ Συβαριτῶν. **17** Orion Etym. s.v. ἐκδικος. ὁ ἄδικος, ὁ ἔξω τοῦ δικαίου. **21–22** Eust. in Od. v. 1 p. 42, 46–43, 2 παραβάλλεσθαι γάρ φησι καὶ τὸ ἐξαπατᾶν ἐξ οὗ καὶ παραβαλέταιρος ὁ ἀπατῶν τοὺς φίλους, ἀλλὰ καὶ τὸ ἁπλῶς παρατιθέναι. ἀφ᾽ οὗ καὶ παράβλημα κοινῶς, τὸ ζῴοις εἰς τροφὴν παρατιθέμενον. Cf. schol. IV 8 (p. 76, 25) ad παραβάλλειν. **23–127,3** Syn. πύθω· σήπω. καὶ τὸ πυθόμενος· σηπόμενος. ἔνθεν καὶ ἡ Πυθία, διὰ τὸ ἐν ἐκείνῳ τῷ τόπῳ σαπῆναι τὸ τοῦ δράκοντος σῶμα (Su. π 3138; Phot. π 1521). Su. δ 210 Δελφοί· τὸ ἱερὸν τοῦ Ἀπόλλωνος. οὕτω δὲ ἐκλήθη διὰ τὸ τὸν Δελφύνην δράκοντα ἐκεῖ εὑρεθῆναι, ὃν ἀπέκτεινεν ὁ Ἀπόλλων. Πυθὼ δέ, διὰ τὸ ἐκεῖ σαπῆναι.

10–11 supplevi

Δελφύνου, ὃν ἐφόνευσεν ὁ Ἀπόλλων· ἀπὸ μὲν οὖν τοῦ Δελφύνου ἐκλήθη ὁ τόπος Δελφοί, ἀπὸ δὲ τοῦ σαπῆναι τὸν δράκοντα ἐκεῖ πεσόντα, ἐκλήθη Πυθών, πύθω γὰρ τὸ σήπω. *L*[1]

XI 3 (p. 259, 18–19) ‹σαίνουσι καὶ αἰκάλλουσιν·› θέλγουσιν. *L*[1]

XI 8 (p. 261, 2) ‹τῆς πανηγύρεως·› ἴσως δοκεῖ μὴ παραγίνεσθαι γυναῖκα εἰς τήνδε τὴν πανήγυριν. *L*[1]

XI 10 (p. 262, 16) ‹διαρρεύσῃ·› διαδραμένη πλατυνθῇ. *L*[1]

XI 10 (p. 262, 19) ‹ἐνταῦθα·› τότε. *L*[1]

XI 10 (p. 262, 28) ‹ἐνηβητήρια·› ἡβητήρι[α] κυρίως οἱ τ[ό]ποι ἐν οἷς οἱ ἐν ἥβῃ γυμνάζον[ται]. *L*[1]

XI 10 (p. 263, 5) ‹γλυκύ·› τὸ ὕδωρ ἢ τὸ πίνειν. *L*[1]

XI 10 (p. 263, 5) ‹εἰς ὄγκον·› εἰς πάχος. *L*[1]

XI 10 (p. 263, 7) ‹θεοφάνια·› ἑορτάζουσι γὰρ ἐν ταὐτῷ καὶ τὴν τοῦ Νείλου ἀνάβασιν καὶ τὴν τοῦ Ἄπιδος γένναν. θεοφάνια γὰρ ἡ τοῦ Ἄπιδος ἀνάδειξις παρ' Αἰγυπτίοις. *L*[1]

XI 10 (p. 263, 18) ‹Ὥρῳ·› Ὧρος θεὸς παρ' Αἰγυπτίοις, ὁ αὐτὸς τῷ Ἡλίῳ. *L*[1]

XI 11 (p. 264, 20) ‹κεκοσμημένος·› σπουδάζων θεοὺς μιμεῖσθαι. *L*[1]

XI 11 (p. 265, 5) ‹ἔχθιστόν ἐστι·› ἄλλο τι δηλονότι ἔχθιστον ὡς τὸ ψεῦδος. *L*[1]

XI 12 (p. 265, 16) ‹διείραντες·› ἐμπλέξαντες διὰ τῶν ῥινῶν, ἤγουν τῶν μυκτήρων. *L*[1]

XI 12 (p. 265, 21) ‹τὴν ἁλιάδα·› τὸ ἁλιευτικὸν πλοῖον. *L*[1]

4–5 [Zon.] s.v. σαίνω· †τὸ κινῶ.† τὸ θέλγω. Gennad. Schol. Gramm. p. 438 τὸ ε πρὸ τοῦ κ ψιλοῦται, πλὴν τοῦ αἰκάλλω, τὸ θέλγω. **9** Cf. schol. I 8 (p. 5, 17) ad ἐνταῦθα. **10–11** Schol. Eur. Hipp. 1096 ὡς ἐγκαθηβᾶν· ἐννεάσαι. ἡβητὰς τρέφεις διὰ τὸ ἔχειν τόπους εἰς τὸ ἡβᾶν ἐπιτηδείους. ὅθεν καὶ ἡβητήρια τὰ γυμνάσια. **13** [Zon.] s.v. ὄγκος· ἡ ἔπαρσις. †ἢ τὸ πάχος†. **25** Cf. schol. VIII 17 (p. 202, 14) ad ἁλιάδας.

1 ⟦πυθῶνος⟧ Δελφίνου[1] L[1] : correxi | Δελφίνου[2] L[1] : correxi **3** πεύθω L[1] : corr. Dettori **6** ζήτει praepos. scholio L[1] **10–11** supplevi

mosch **XI 13 (p. 265, 25)** ‹τοῦ βουκόλου·› νομεὺς καθολικὸν ὄνομα κατὰ τοῦ βουκόλου, τοῦ αἰπόλου, τοῦ ποιμένος, τοῦ ἱπποφορβοῦ καὶ ἑτέρων λεγόμενον. καὶ βουκόλος μὲν ὁ βόας βόσκων, καὶ ἀπὸ τούτου ἀποβουκολεῖν τὸ πλανᾶν. ποιμὴν δὲ ὁ νομεὺς τῶν προβάτων, αἰπόλος τῶν αἰγῶν, ἱπποφορβὸς τῶν ἵππων. *fnq*

mosch **XI 13 (p. 265, 26)** ‹νύμφης·› νύμφη λέγεται ἡ γυνὴ ὅτε συζεύγνυται τῷ ἀνδρί, ὃ ποιητικῶς λέγεται νυός. νύμφαι καὶ δαιμόνια τινὰ θήλεα, καὶ ἔστι καθολικὸν ὄνομα, καὶ διαιρεῖται εἰς Ἀμαδριάδας, Ὀρεστιάδας ἐπὶ τῆς ξηρᾶς, καὶ Νηρηΐδας καὶ Νηΐδας ἐπὶ τῶν ὑγρῶν, ὧν τὸ μὲν ἐπὶ θαλάττης, Νηΐδες δὲ ἐπὶ λιμνῶν· «νύμφαι» γὰρ «κρηναῖαι κοῦραι Διός» παρ' Ὁμήρῳ (Od. XVII 240) καὶ ἔτι «νύμφαι Ὀρεστιάδες κοῦραι Διός» (Il. VI 240). *fnq*

mosch **XI 13 (p. 265, 27)** ‹Πόδαργον·› ἀργὸν τὸ βραδέως ἐπί τι κινούμενον, ἀφ' οὗ πόδαργος κατ' ἀντίφρασιν ὁ ποδῶκυς· ἀργὸν καὶ τὸ λευκόν, ὃ ποιητικῶς ἀργύφεον λέγεται. *fnq*

1–5 Schol. Philostr. Im. I 6 p. 225 Webb ποιμὴν δὲ ὁ τῶν προβάτων νομεύς, ὃς ποιητικῶς λέγεται ποιμάνωρ, καὶ ποίμνιον ἡ ἀγέλη τῶν προβάτων, ὥσπερ ἡ τῶν αἰγῶν αἰπόλιον, καὶ αἰπόλος ὁ νομεὺς αὐτῶν. I 9 p. 230 Webb ἔστι δὲ κυρίως νομεὺς ὁ κοινῶς βοσκός, καὶ διαιρεῖται εἰς αἰπόλον, ποιμένα, βουκόλον, συβώτην, ἱπποφορβὸν καὶ τὰ τοιαῦτα. ἔστι δὲ ὁ μὲν αἰπόλος νομεὺς αἰγῶν, ὁ ποιμὴν δὲ προβάτων, ὁ βουκόλος βοῶν, ὁ συβώτης χοίρων, ὁ ἱπποφορβὸς ἵππων. **6–13** Schol. Eur. Hec. 324 (ed. Dindorf) νύμφαι· νύμφη ἡ ἄρτι εἰς γάμον ἐρχομένη, ἥτις ποιητικῶς νυὸς λέγεται. νύμφαι καὶ τὰ τῶν πηγῶν ὕδατα καὶ αἱ ἔφοροι τούτων δαίμονες παρ' Ἕλλησιν· ἐνταῦθα δὲ νύμφαι ἁπλῶς αἱ ἄνδρας ἔχουσαι γυναῖκες. **8–13** Mosch. Sched. p. 227 Νηρηΐδες αἱ ἐν θαλάσσῃ νύμφαι. Νηΐδες, αἱ καὶ ναΐδες, αἱ ἐν ποταμοῖς καὶ κρήναις καὶ λίμναις. νύμφαι δὲ αἱ Ὀρεστιάδες καὶ Ἀμαδρυάδες καὶ Ἀδρυάδες αἱ ἐν τοῖς ὄρεσι. παρὰ δὲ τῷ Ὁμήρῳ καὶ νύμφαι καὶ κρηναῖαι, αἳ λέγονται «κοῦραι Διός». **14–15** Schol. Aristoph. Nub. 129 βραδύς· ἀργός. **14–16** Mosch. Sched. p. 230 ἀργὸς δὲ ὀξυτόνως ὁ λευκὸς ἢ ὁ μὴ ἐργαζόμενος, ὃς καὶ ἀεργὸς λέγεται ποιητικῶς, ἢ ὁ ταχὺς κατ' ἀντίφρασιν. καὶ ἀπὸ μὲν τοῦ πρώτου γίνεται ἀργύφεον ποιητικῶς, τὸ λευκόν, καὶ ἄργυρος. **15–16** Hsch. α 7048 ἀργός· λευκός. ταχύς.

2 κἀπὶ τοῦ βουκόλου n **3** [καὶ βου]κόλος n **3–4** ἀπὸ τούτου om. n **4** [τὸ] πλανᾶν n **5** ὁ τῶν αἰγῶν n | δὲ ante ὁ τῶν ἵππων add. n **7** ζεύγνυται n **10–11** δὲ post Νηΐδες om. n

XI 13 (p. 266, 1) ‹ἑλέσθαι·› ἑλεῖν τὸ λαβεῖν καὶ ἑλέσθαι καὶ τὸ φονεῦσαι παρ' Ὁμήρῳ, κατ' ἔλλειψιν τῆς ΑΝΑ προθέσεως, ὃ κοινῶς ἀνελεῖν λέγεται μετὰ τῆς προθέσεως, καὶ ἑλεῖν τὸ καταλαβεῖν παρ' αὐτῷ, ὡς τὸ «ζωὸν ἕλον» (cf. Hom. Il. VI 38). *fnq* mosch

XI 13 (p. 266, 1) ‹φασί·› ἀπὸ τοῦ φημὶ φάσις, λέξις ὡς μέρος καταφάσεως ἢ ἀποφάσεως λαμβανομένη, καὶ προφήτης καὶ ὑποφήτης. ἀπὸ τοῦ λέγω λόγος καὶ λόγιος, ὁ λόγῳ χρῆσθαι δυνάμενος διὰ παίδευσιν, οὐ τῷ προφορικῷ μόνον ἀλλὰ καὶ τῷ ἐνδιαθέτῳ, ὃ ποιητικῶς λέγεται ἐπήτης παρὰ τὸ ἔπος, ἤγουν ὁ ἐν λόγοις ἄριστος. ὁ αὐτὸς ἂν εἴη καὶ ὁ «οὐκ ἀποφώλια εἰδώς» (Od. V 182) παρ' Ὁμήρῳ· ἄλλο δέ ἐστιν ἐπήτης καὶ λόγιος, καὶ ἄλλο ἐχέφρων ὃς καὶ φρόνιμος λέγεται καὶ ἀγχίνους. τὰ μὲν γάρ ἐστιν ἀπὸ φύσεως, τὰ δὲ ἀπὸ παιδεύσεως. *fnq* mosch

XI 15 (p. 266, 23) ‹ζηλοτυπίαν·› ζηλοτυπίαν εἰπών, τῇ μετ' ὀλίγον ἐπαγαγὼν «εἰς γάμον ἀδικούμενον», ἐδήλωσ[ε] τὴν σημασίαν τῆς ζηλοτυπίας, ὅτι ἐπὶ γάμου τέτακται κυρίως. *L*[1]

XI 15 (p. 266, 23) ‹ἐνεργοτάτην·› γράφεται ἐναργεστάτην. *L*[1]

XI 15 (p. 266, 28–29) ‹πείρας τοῖν κεράτοιν·› ἀντὶ τοῦ πείρας τῷ κέρατι διήλασεν αὐτὸ δι' ἀμφοτέρων. πείρω γὰρ τῷδε ὡς

1–2 Lex. Vind. ε 250 ἑλεῖν ἀντὶ τοῦ λαβεῖν. καὶ ἀντὶ τοῦ φονεῦσαι κατὰ ποιητάς· ἑλέσθαι δὲ ἀντὶ τοῦ προκρῖναι. **7–13** Schol. Hom. Od. V 182 ‹προσ›ρηθεὶς γὰρ οὕτω «ἦ δὴ ἀλιτρός ἐσσι, καίπερ οὐκ ἀποφώλια εἰδώς», οὕτως ἂν εἴη ὁ αὐτὸς ὃς «ἐπητὴς {δ'} ἐστίν» (Od. XIII 332), ‹ὁ› παρὰ τὸ "ἔπος" γέγονεν, ὥσπερ παρὰ τὸν "λόγον" "λόγιος"· λόγιος δὲ ὁ πεπαιδευμένος καὶ τῷ λόγῳ καὶ τῷ ἔπει χρῆσθαι δυνάμενος διὰ τὴν παίδευσιν, λόγῳ δὲ οὐ τῷ προφορικῷ μόνῳ, ἀλλὰ καὶ τῷ ἐνδιαθέτῳ· ὁ δ' αὐτὸς ἂν εἴη ἄριστος ἐν μύθοις, ὥσπερ "ἀγχίνους" καὶ "ἐχέφρων" ὁ ἐν βουλῇ ἄριστος. καὶ γὰρ ἀγχίνοια καὶ φρόνησις συνήρτηται λογιότητι, ὃ καὶ ἐξηγεῖται συλλαβὼν {περὶ} λογιότητα καὶ ἀγχίνοιαν καὶ φρόνησιν ἐν οἷς φησι πρὸς τὸν αὐτόν «ἐπεὶ σὺ μέν ἐσσι βροτῶν ὄχ' ἄριστος ἁπάντων βουλῇ καὶ μύθοισιν» (Od. XIII 297–298)· ὁ γὰρ ἄριστος ἐν βουλῇ ὁ φρόνιμος καὶ ἀγχίνους, ὁ δὲ ἄριστος ἐν μύθοις ὁ ἐπητὴς καὶ λόγιος· τοιοῦτος δ' ἂν εἴη ὁ οὐκ ἀποφώλια εἰδὼς μόνος. Mosch. Sched. p. 60 λόγιος, ὃς ποιητικῶς ἐπήτης λέγεται, παρὰ τὸ ἔπος. δηλοῖ δὲ τὸν πεπαιδευμένον καὶ ἄριστον ἐν λόγοις καὶ τῷ λόγῳ χρῆσθαι δυνάμενον τῷ τε προφορικῷ καὶ ἐνδιαθέτῳ. **12** [Zon.] s.v. ἐχέφρων· φρόνιμος.

2 ἔλειψιν n q **5** φαῦσις n **8–9** κ[αὶ τῷ] ἐνδιαθέτῳ n **10** καὶ ὁ οὐκ ἀποφώλια f ὁ om. n q **12** ὃς f q ὃ n **15** supplevi

ὀργάνῳ, τόδε ὡς ὄργανον γὰρ ἔδει θεῖναι τὸ κέρας· ἤγουν ἔπειρεν ἀμφοτέρους τῷ κέρατι. *L*[1]

XI 16 (p. 267, 23) ‹εὐθύωρον·› εὐθυωρὸν εὕρηται παρά τισι τῶν ῥητόρων. ὀξυτόνως ἀντὶ τοῦ κατ᾽ εὐθεῖαν ἢ κατ᾽ αὐτὴν τὴν ὥραν· ὡς ἐν τῷ «εὐθυωρὸν ἀπεβίω» (Men. Prot. fr. 31, 2 Blockley). *L*[1]

XI 16 (p. 268, 1) ‹ἄπαστοι·› αἱ τροφαὶ δηλονότι, ἃς οὐκ ἔφαγεν ὁ δράκων. *L*[1]

XI 18 (p. 268, 28) βύσας· ἀντὶ τοῦ κρύψας· βύειν δὲ κυρίως τὸ κοινῶς στουπώνω, ὡς φαμὲν κυψελόβυστος. *L*[1]

XI 18 (p. 269, 1) ‹παρθένον λύσασαν·› παρθένος λύσασα δεῖ γράφειν. *L*[1]

XI 19 (p. 270, 20) ‹ἐφορείῳ·› ἐφόρειον λέγεται ὁ τόπος ἐν ᾧ οἱ ἔφοροι κάθηνται. *W*

XI 20 (p. 270, 21) Ἀδρανός· πόλις καὶ δαίμων ἐναργής. *F*

XI 20 (p. 271, 3) ‹εὐγενῶς·› μεγαλοπρεπῶς, ἀρχοντικῶς· εὐγένεια γὰρ κατὰ Ἀριστοτέλην ἡ τοῦ γένους ἐνδοξότης (cf. Polit. 1283a, Rhet. 1390b). *L*[1]

XI 20 (p. 271, 4) ‹παροινούντων·› [εἰ]πὼν ἄγειν τοὺς κύνας ἕκαστον τῶν μεθυόντων οἴκαδε, ὑποκατιὼν λέγει πράττεσθαι δίκας τοὺς παροινοῦντας, καὶ φαίνεται ἀπὸ τούτου ἄλλο εἶναι τοὺς παροινοῦντας. μεθύει γὰρ ὁ πεπλησμένος μὲν οἴνου, οὐ μὴν ἀτακτῶν ὑπὸ οἴνου, πάροινος δὲ ὁ ἐξαγόμενος ὑπὸ μέθης καὶ ὑβριστὰ ποιῶν. *L*[1]

XI 21 (p. 271, 10–11) ‹φοῖνιξ τὸ ἔλυτρον·› φοινικοῦν χρῶμα ἔχων κατὰ τὸ ἔλυτρον. *L*[1]

3–6 Su. ε 3520 εὐθυωρόν· ἀντὶ τοῦ κατ᾽ εὐθεῖαν. οὕτως Ἀντιφῶν (fr. 39 Thalheim) καὶ Ξενοφῶν (An. II 2, 16). Εὐθυωρόν, αὐτῇ τῇ ὥρᾳ. «τὸ δὲ βέλος ἀνεῳγμένον προφθάσαν τὸ στόμα, ἐκεῖσε ἐμπεσὸν κατέπαυσε τὴν πτῆσιν. καὶ δὴ ὁ Κὼχ εὐθυωρὸν ἀπεβίω» (Men. Prot. fr. 31, 2 Blockley). **9** Hsch. β 1330 *βύουσαν· κρύπτουσαν. **13–14** Plut. Apoph. Lac. 232f–233a Χίων ποτὲ κατ᾽ ἐπιδημίαν ἀπὸ δείπνου ἐμεσάντων ἐν τῷ ἐφορείῳ καὶ χεσάντων ἐπὶ τῶν δίφρων, ἔνθα οἱ ἔφοροι ἐκάθηντο, τὸ μὲν πρῶτον ἰσχυρῶς ἀνεζήτουν τοὺς ποιήσαντας μὴ πολῖται τυγχάνουσιν. **23–24** Hsch. π 970 *πάροινος· ἁμαρτωλός. μεθυστής. ὑβριστής, λοίδορος. ἔκλυτος. Cyr. π 80 Hag. πάροινος· μέθυσος· ἔκλυτος.

19 supplevi

XI 22 (p. 271, 16) ‹ἀεικίνητον·› τότε παύεται τοῦ κινεῖσθαι, ὅταν ἀποθάνῃ· ἀλλοτρόπως δὲ οὔ, ἀεικίνητον γὰρ τὸ ζῷον. *L^1*

XI 24 (p. 272, 18) ‹ἔχει μὲν πρόμηκες τὸ στόμα·› ἢ ἔνι μὲν προμήκης τὸ στόμα, ἢ ἔχει μὲν πρόμηκες τὸ στόμα. *L^1*

XI 28 (p. 273, 12) ‹γενναῖον·› ἀνδρεῖον. *L^1*

XI 28 (p. 273, 13) ‹ἀνέστησε·› ἀναστάτους ἐπόνησεν. *L^1*

XI 30 (p. 273, 18) ‹ἐκτρέφειν·› ἐντελῶς καὶ διαρκῶς. *L^1*

XI 31 (p. 273, 28) ‹τὴν ἱππείαν·› τὴν παίδευσιν τὴν ἱππικὴν τὴν περὶ τὸν ὡρισμένον τόπον τοῦ ἱπποδρόμου. *L^1*

XI 31 (p. 274, 3) ‹γεννικόν·› ἀνδρεῖον. *L^1*

XI 31 (p. 274, 7) ‹σαλεύουσαν·› σαλεύειν ἐπὶ νεὼς λέγεται κυρίως· ἀπὸ τοῦ σάλος ὁ κλύδων. ἐπεὶ δὲ ἡ σαλεύουσα ἐπὶ ἀγκύρας ναῦς πλέον ἔνι τοῦ κινδύνου ἢ τῆς σωτηρίας· διὰ τοῦτο λέγεται σαλεύει ἐπὶ παιδὶ ὥσπερ καὶ ἐνταῦθα· σαλεύουσαν ἐπὶ τῷ πάθει, ἀντὶ τοῦ κινδυνεύσαν. *L^1*

XI 31 (p. 274, 27) ‹ἐκυδροῦτο·› ἀντὶ τοῦ ἠλαζονεύετο ἐπὶ τῇ ἐφ᾽ αὐτῷ δόξῃ. *L^1*

XI 32 (p. 275, 4) ‹διαξαίνων·› εἰς λεπτὰ τέμνων. *L^1*

XI 32 (p. 275, 7) ‹ἐκπλήττεται·› ἐξίσταται ἑαυτόν. *L^1*

XI 32 (p. 275, 8) ‹ὀρθήν·› ἀληθινήν. *L^1*

XI 32 (p. 275, 15) ‹πόρρω τοῦ χρόνου·› ὥσπερ λέγεται πόρρω ἀντὶ τοῦ μακρὰν τοπικῶς, ἀλλὰ καὶ πόρρω ἀντὶ τοῦ εἰς βάθος, ὡς πόρρω νυκτῶν, οὕτω καὶ πόρρω τοῦ χρόνου, ἀντὶ τοῦ εἰς πολὺν χρόνον. *L^1*

XI 37 (p. 277, 24) ‹τευθίς·› τὸ λεγόμενον καλαμάριν. *L^1*

XI 37 (p. 277, 25) ‹μαλακόστρακα·› οὕτως ὀνομάζονται ὅτι

5 Hsch. γ 353 *γενναῖος· ἀνδρεῖος. εὐγενής. **11–15** [Moschop.] Voc. Att. s.v. σαλεύειν κυρίως ἐπὶ νεὼς λέγεται ὅταν ἐπ᾽ ἀγκύρας κινῆται, καὶ ἀστατῇ ὑπὸ τῶν κυμάτων ταραττομένη· σάλος γὰρ ἡ ταραχὴ τῆς θαλάττης. Schol. Philostrat. Im. I 23 p. 246 Webb τὸ σαλεύειν κυρίως ἐπὶ νεὼς λέγεται, ὅταν ὑπὸ τῶν κυμάτων ταράττηται. σάλος γὰρ ἡ ταραχὴ τῆς θαλάσσης. **21–24** [Hdn.] Epim. p. 112 πόῤῥω, ἀντὶ τοῦ μακράν. [Moschop.] Voc. Att. s.v. πόρρω ἀντὶ τοῦ μακρὰν καὶ ἀντὶ τοῦ εἰς βάθος, ὡς πόρρω σοφίας ἐγένετο. **25** Cf. schol. V 41 (p. 120, 16) ad τευθίδες. **26–132,2** Su. μ 95 μαλακόστρακοι· ἰχθύες, ὅσα ἐκδύεται· οἷον ἀστακοί, καρίδες, πάγουροι, καρκίνοι. ταῦτα δὲ μόνα ἐκδύονται.

9 ζήτει in fine scholii add. L^1

ἀπορρίπτουσι κατὰ μῆνα τὸ ὄστρακον καὶ καταλείπονται μαλακά. L^1

XI 37 (p. 278, 5) ‹πάλαξ·› τὸ λεγόμενον κοινῶς σφάλακας. L^1

XI 40 (p. 279, 19) ‹περσαῖαι·› περσέαι αἱ ῥοδακινέαι. L^1

XII 3 (p. 281, 1) ‹ἀξιόχρεων εἰς αἰδῶ·› a. ἐπεὶ πρῶτος Ὅμηρος ἐκαινοτόμησε τὰ τοιαῦτα, ἔχει αὐτὸν ὁ Ἀλκμὰν ἀξιόπιστον εἰς τὸ πείθειν τοὺς ἀνθρώπους, ἵνα αἰδῶνται τὸν Ἀλκμᾶνα ὡς ἀκολουθήσαντα τῷ Ὁμήρῳ εἰς τὰ τοιαῦτα καὶ μὴ καθάπτωνται ὡς καινοτόμου. L^1

b. τὸν Ὅμηρον, τὸν πρῶτον ταῦτα τολμήσαντα. L^1

XII 4 (p. 281, 13) ‹ἠγκυλημένος·› ἀγκύλους ὄνυχας ἔχων. L^1

XII 4 (p. 281, 15) ‹ἀπεκρίθησαν·› ἀφιερώθησαν διαιρεθέντες. L^1

XII 5 (p. 282, 1) ‹τούς τε ὑμνησίους·› τοὺς ᾄδοντας ἐγκώμια τῷ Ἡρακλεῖ. L^1

XII 6 (p. 283, 24) ‹εἴραντας·› ἐμπλέξαντας σχοίνῳ ἢ σουβλίσαντας. L^1

XII 7 (p. 284, 26) ‹δικαιοῦσι·› κολάζουσι δικαίως καὶ δικαιωτήρια τὰ κολαστήρια. L^1

XII 10 (p. 287, 12–13) ‹κατὰ μυὸς ὄλεθρον·› ἡ παροιμία ἐπὶ τῶν κατὰ μικρὸν μαραινομένων καὶ ἀποθνησκόντων. L^1

XII 15 (p. 289, 23–24) ‹τῆς ἐπιβάθρας·› τῆς βάσεως. L^1

XII 15 (p. 290, 3) ‹ἐκλέγειν·› ἀντὶ τοῦ ἐκσπᾶν. L^1

XII 16 (p. 290, 8–9) ‹τοῦ γόνου·› γόνος καὶ γονὴ ταὐτό. L^1

XII 16 (p. 290, 13) ‹ἦδ' ὅς ὁ ὄνος·› ἔν τινι μῆδος ὄνος. L^1

XII 16 (p. 290, 18) ‹ἔχουσα·› εἰ μὲν τὸ ὑπομεῖναι ἀπαρέμφατον νοήσαιμεν, ἔχουσαν ὀφείλει γράφειν, εἰ δὲ εὐκτικόν, ἔχουσα· εἶτα ἐξ ἀποστάσεως «οἱ σοφοὶ τοὺς τούτων γάμους φασίν». L^1

XII 16 (p. 290, 19) ‹τοὺς τούτων γάμους·› κατά. L^1

18–19 Hsch. δ 1804 δικαιωτήρια· κολαστήρια (Plat. Phaedr. 249 a). **20–21** Diogen. Paroem. cent. 6, 66 μυὸς ὄλεθρος· διὰ τὸ ἀπορρεόντων τῶν μυῶν τῶν μελῶν θνήσκειν αὐτούς. εἴρηται δὲ ἐπὶ τῶν ἀπράκτως ἀποθανόντων. Mich. Apost. cent. 9, 28 κατὰ μυὸς ὄλεθρον· ἐπὶ τῶν κατὰ μικρὸν ἀπορρεόντων καὶ ὑπεκχωρούντων τοῦ βίου. οἱ γὰρ μῦς ἀποθνήσκοντες καθ' ἑαυτοὺς ἐκ μηδεμιᾶς ἐπιβουλῆς, ἀποῤῥεόντων αὐτοῖς τῶν μελῶν, κατὰ μικρὸν ἀπέρχονται τοῦ βίου. 22 Hsch. ε 4621 ἐπίβαθρον· μισθὸς τῆς βάσεως τῆς εἰς τὴν ναῦν, τουτέστιν ναῦλον (Hom. Od. XV 449).

XII 24 (p. 294, 6) ‹χυανέαις σταγόσι·› πλήρης ἐστὶ στιγμάτων κυανῶν, βραχέων κατὰ τὸ μέγεθος τῶν σταγόνων. L^1

XII 24 (p. 294, 17) ‹στεγκιαί·› οἶμαι †στελγκιαί† ὀφείλειν· στελγίδες τὰ ξύστρα τινά. *V*

XII 30 (p. 299, 9) ‹τοὺς Γαλάτας·› Κελτοὺς καὶ Γαλάτας τοὺς αὐτοὺς καλεῖ. *L*

XII 31 (p. 299, 18) ‹ζῴων·› γράφεται ἀνθρώπων. *F*

XII 38 (p. 302, 19) ‹χελώνειον·› χελώνειον τὸ τῆς χελώνης ὄστρακον. L^1

XII 41 (p. 304, 14) ‹φονᾷ·› ἀντὶ τοῦ φονικῶς πνέειν. *W*

XIII 17 (p. 321, 15) ‹παλευτρίαις·› ἀπατητικαῖς. L^1

XIV 5 (p. 332, 26) ‹ἕλκει·› εἰκός ἐστι λοιπόν, εἰ ἀληθίζεις ταυτὶ λέγων, ἰᾶσθαι τοὺς ὑδρωπικοὺς διὰ τῶν ταγμάτων κεράτων. *a*

XIV 20 (p. 343, 25) ‹καταβαυκαλᾷ·› βαυκαλᾶν τὸ τιθηνεῖσθαι μετ᾽ ᾠδῆς τὰ παιδία, ἀφ᾽ οὗ μεταφορικῶς ἐνταῦθα ἀντὶ τοῦ χαυνοῖ καὶ μαλακίζει. L^1

XV 9 (p. 365, 27) ‹κύρβεις·› τρίγωνοι πίνακες ἐν οἷς οἱ περὶ τ‹ῶν ἱερῶν καὶ πολιτικῶν νόμοι ἐγγεγραμμένοι ἦσαν›. *L*

XV 11 (p. 367, 17) ‹γαλεοῦς·› γράφεται λαγωοῦς. *F*

XV 13 (p. 369, 19) ‹καρδιώττει·› τὴν καρδίαν ἀλγεῖ. L^1

XV 29 (p. 378, 22) ‹ἴκταρ·› ἐγγὺς ἤτοι πλησίον. L^1

3–4 Hsch. σ 1721 στελγίς· ξύστρα. **5–6** Cf. schol. VI 44 (p. 150, 15) ad τὸν Γαλάτην. **8–9** Cf. schol. VII 16 (p. 172, 21) ad τὸ χελώνειον. **11** Su. π 290 ἡμένη πελειάς· ἐπὶ τῶν ἁπλουστάτων, κατὰ ἀντιπαρεξέτασιν τῆς παλευτρίας. αἱ γὰρ ἐξιπτάμεναι ἀπατῶσιν ἑτέρας· παλεῦσαι γὰρ τὸ ἀπατῆσαι σημαίνει. **15–17** Cyr. βαυ 102 Dr. βαυκαλᾶν· τιθηνεῖσθαι μετ᾽ ᾠδῆς τὰ παιδία (Phot. β 102). Et. M. s.v. βαύκαλον· μαλακιζόμενον, τρυφερόν, καὶ ὡραϊστήν. **18–19** Phot. κ 1235 κύρβεις· τρίγωνοι πίνακες, ἐν οἷς οἱ περὶ τῶν ἱερῶν νόμοι ἐγγεγραμμένοι ἦσαν καὶ οἱ πολιτικοί· καὶ ἄξονες δὲ ἐκαλοῦντο οἱ περὶ τῶν ἰδιωτικῶν ἔχοντες τοὺς νόμους καὶ τετράγωνοι. [Zon.] s.v. κύρβεις· τρίγωνοι πίνακες, ἐν οἷς οἱ περὶ τῶν ἱερῶν καὶ πολιτικῶν νόμων ἐγγεγραμμένοι ἦσαν. **21** Phot. κ 182 καρδιώττειν· τὴν καρδίαν ἀλγεῖν Σικελιῶται, ὃ ἡμεῖς βουλιμιᾶν. **22** Cyr. ι 111 Hag. ἴκταρ· ἐγγύς. ἀπὸ τοῦ ἱκνεῖσθαι. Su. ι 277 ἴκταρ· πλησίον. ἐγγύς· εἴρηται δὲ παρὰ τὸ ἐφικνεῖσθαι. καὶ παροιμία (Diog. Paroem. cent. III 46 et al.)· οὐδ᾽ ἶκταρ βάλλει. εἴρηται δὲ κατὰ γλῶτταν ὥσπερ τὸ διωλύγιον.

13 ὑδροπικοὺς a : correxi **19** e [Zon.] s.v. κύρβεις exempli gratia restitui

XVI 5 (p. 381, 21) ‹πεπάτηκας·› ἀνέγνως. *V*

XVI 12 (p. 384, 13) ‹χοῦν·› εἶδος μέτρου. *V*

XVI 17 (p. 387, 17) ‹μεγάλη θαλάττῃ·› τινὲς μὲν λέγουσι ὅτι μεγάλην θάλατταν καλεῖ τὸν ὠκέανον ἢ τὸ μέγα πέλαγος. *e*

XVI 21 (p. 392, 5) ‹ἵππουριν·› ὁ ἐξ ἱππείων τριχῶν λόφος· ἔστι δὲ καὶ πόας εἶδος. *FH*

XVI 32 (p. 399, 8) ‹θρία·› τὰ τῆς συκῆς φύλλα. *FH*

XVI 33 (p. 399, 18) ‹θρανίου·› διφρίου ἢ ὑποποδίου. *H*

XVII 8 (p. 408, 24) ‹ταύτης δὲ τὰ κάτω μέχρι τῶν στέρνων·› γράφεται ταύτης δὲ τὰ στέρνα μέχρι τῶν κάτω. *V*

XVII 47 (p. 428, 21) ‹ταῖς ἐκείνου σπείραις περιπεσὼν ἕρμασιν·› σπεῖρα τὸ τάγμα καὶ μεταφορικῶς ἡ περιπλοκή· ὅθεν καὶ σπειρηδὸν ἀντὶ τοῦ περιπεπλεγμένως. *d*

Epil. (p. 431, 21) ‹γραφεὶς κάλλιστα·› γράφεται γραφεὶς κάλ[λι]στος. *V*

2 Schol. Nic. Ther. 103e χοός· εἶδος μέτρου· ὁ χοῦς ἱστᾷ λίτρας θ΄. **5–6** Hsch. ι 862 ἵππουριν· ἱππείαις θριξὶ κεκοσμημένη, ἢ τὸν λόφον ἔχουσα περικεφαλαία τοιαύτη κατεσκευασμένον (Hom. Il. III 337). καὶ πόας εἶδος. **7** Hsch. θ 741 θρῖα· φύλλα συκῆς, ἢ ἀμπέλου ‹ὡς Ἀπολλόδωρος› καὶ τὰ ἐν αὐτοῖς δεσμούμενα βρώματα. Cyr. θ 164 Hag. θρῖα· τὰ φύλλα τῆς συκῆς. **8** Su. θ 453 θρανίον· θρᾶνος καὶ θράνια, ταπεινά τινα διφρίδια καὶ ὑποπόδια δὲ λέγονται (καὶ ἡ παρὰ τῷ ποιητῇ θρῆνυς). **12–14** Hsch. σ 1448 *σπεῖραι· τάγματα. ἢ συστροφαί. Cyr. σ 153 Hag. σπεῖραι· πλήθη στρατευμάτων· φάλαγγες· τάγματα. [Zon.] s.v. σπειρηδόν· περιπεπλεγμένως.

INDICES

Numeri ad paginas lineasque huius editionis referunt.

INDEX NOMINVM

INDEX GRAMMATICVS ET RHETORICVS

INDEX AVCTORVM IN SCHOLIIS LAVDATORVM

INDEX SCHOLIORVM QVAE VARIAS LECTIONES AD AELIANI TEXTVM PERTINENTES PRAEBENT

www.ingramcontent.com/pod-product-compliance
Lightning Source LLC
Chambersburg PA
CBHW060820310726
48980CB00002B/358
9783110401318